William K. Everson

Klassiker des Horrorfilms

Herausgegeben von
JOE HEMBUS

Deutsche Erstveröffentlichung

Goldmann Verlag München

Für Rat und Hilfe dankt der Autor Alex Gordon von der 20th Century-Fox, James Card vom George Eastman House, Ken Wlaschin vom British Film Institute, Jacques Ledoux vom belgischen Royal Film Archive. Besonderer Dank gebührt Joseph Goldberg für die Überlassung seltener Standfotos und Jonas Mekas für die Genehmigung, Teile eines Artikels zu benutzen, den ich für die erste Ausgabe von *Film Culture* geschrieben habe, sowie Alan Barbour für die Genehmigung zum Nachdruck einer Arbeit, die ich für seine *Screen Facts* geschrieben habe.

Deutsch von Rudolf Fischer

Titel der Originalausgabe:
Classics of the Horror Film

1. Auflage · Januar 1980 · 1.–30. Tsd.

Made in Germany
© der Originalausgabe 1974 by William K. Everson
Published by arrangement with Citadel Press, a subsidiary of Lyle Stuart, Inc.
© der deutschen Ausgabe 1980 by Wilhelm Goldmann Verlag, München
Umschlagentwurf: Atelier Adolf & Angelika Bachmann, München
Gesamtherstellung: St. Otto-Verlag, Bamberg
Verlagsnummer: 10205
Lektorat: Cornelia Schmidt-Braul
Herstellung: Peter Papenbrok
ISBN 3-442-10205-7

Inhalt

1 Einführung 9
2 Die Stummfilme: 20
   The Phantom of the Opera · (Das Phantom der Oper)
   The Magician · (Der Zauberer)
   Sparrows (Spatzen)
   The Wizard · (Der Hexenmeister)
   The Man Who Laughs · (Der lachende Mann)
   Dr. Mabuse
3 Frankenstein und seine Erben 45
4 Vampyr 70
5 Murder by the Clock · Mord nach der Uhr 78
6 Dr. Jekyll and Mr. Hyde · Dr. Jekyll und Mr. Hyde 81
7 Freaks · (Freaks) 85
8 The Old Dark House · (Das alte finstere Haus) .. 88
9 White Zombie · (Weißer Zombie) 92
10 The Mummy · Die Mumie 96
11 Dr. X · (Dr. X) 102
12 King Kong · King Kong und die weiße Frau 105
13 Mystery of the Wax Museum · (Das Geheimnis des Wachsfigurenkabinetts) 112
14 Murders in the Zoo · (Morde im Zoo) 120
15 Island of Lost Souls · (Insel der verlorenen Seelen) 122
16 The Ghoul · (Der Ghul) 125
17 The Black Cat · (Die schwarze Katze) 129
18 Mark of the Vampire · (Das Zeichen des Vampirs)
   London After Midnight · (London nach Mitternacht) 133
19 Mad Love · (Wahnsinnige Liebe) 138
20 The Black Room · (Das schwarze Zimmer) ... 142
21 The Walking Dead · (Die wandelnden Toten) .. 145
22 Der Man Who Changed His Mind · (Der Mann, der es sich anders überlegte) 148
23 The Devil Doll · (Die Teufelspuppe) 151
24 The Devil Commands · (Der Teufel befiehlt) ... 155
25 Man Made Monster · (Vom Menschen geschaffenes Monster) 158
26 The Night Has Eyes · (Die Nacht hat Augen) ... 163
27 Dr. Cyclops · Dr. Zyklops 165
28 Zwei Geisterfilm-Klassiker: 169
   The Uninvited · Der unheimliche Gast
   Dead Of Night · Traum ohne Ende
29 The Lady and the Monster · (Die Lady und das Monster) 178
30 Strangler of the Swamp · (Der Würger vom Moor) 181
31 The Body Snatcher · Der Leichendieb 186
32 Katzenmenschen: 189
   Cat People · Katzenmenschen
   Night of the Demon (Die Nacht des Dämonen)
   The Curse of the Cat People · (Der Fluch der Katzenmenschen)
33 Ein letzter Blick in die Runde 196
34 Vampire 199
   Nosferatu – Eine Symphonie des Grauens
   Nosferatu – Phantom der Nacht
   Dracula · Dracula
   Dracula's Daughter · (Draculas Tochter)
   Dracula (1958) · Dracula
   Kiss of the Vampire · Der Kuß des Vampirs
   La Maschera del Demonio · Die Stunde, wenn Dracula kommt
   Et Mourir de Plaisir · Und vor Lust zu sterben
   The Fearless Vampire Killers · Tanz der Vampire
   Jonathan
35 Werwölfe 221
   The Wolf Man · (Der Wolfmensch)
   The Undying Monster · (Das Monster, das nicht stirbt)
36 Edgar Allan Poe 225
37 Wahnsinn 232
38 Spukhäuser 235
39 Spuk und Besessenheit 246
40 Register und Suchliste der deutschen Titel 258

Zur deutschen Ausgabe

Die deutsche Ausgabe der bio-filmographischen Citadel-Buchreihe orientiert sich prinzipiell an den Originaltiteln der Filme. Dies scheint uns schon deshalb die praktischste Methode, weil immer nur ein Teil des jeweils abgehandelten Lebenswerkes oder Genres in der Bundesrepublik auf den Kino- und/oder Fernsehmarkt gekommen ist. Und selbst unter den Filmen, die bei uns im Kino oder im Fernsehen zu sehen waren und sind, sind solche, die ihren deutschen Titel öfter gewechselt haben. Andererseits sind wir bemüht, alle kommerziellen deutschen Titel, das heißt, die deutschen Kino- und Fernseh-Titel sowie die deutschen Titel von Co-Produktionen, möglichst lückenlos zu dokumentieren und dem Leser die entsprechende Orientierung leichtzumachen.

Bei Filmen, die in der Bundesrepublik weder im Kino noch im Fernsehen gezeigt wurden, wird als deutscher Titel eine wörtliche oder sinngemäße Übersetzung des Originaltitels in Klammern angegeben, also etwa so The Devil Doll (Die Teufelspuppe). *Deutsche Titel, die nicht in Klammern stehen, sind also die deutschen Kino- und/oder Fernseh-Titel. Das Register läßt sich gleichzeitig als Suchliste der Original- und der dazugehörigen deutschen Titel benutzen; hier finden sich auch die deutschen Titel aller Filme, die im Text nur unter ihrem Original-Titel behandelt werden.*

Der Begriff »gotischer Horror« (gothic horror), den der Autor unseres Buches häufig benutzt, ist den Horrorfilm-Liebhabern ein vertrauter Terminus und in der Literaturgeschichte das Signalelement der Gattung »gotischer Horror-Roman«, zu dessen Ahnherr der Engländer Horace Walpole mit seinem 1764 veröffentlichten *The Castle of Otranto – A Gothic Story* wurde. Der gotische Horror beschwört eine verwesende, schauerliche, morbide Welt, die nicht notwendigerweise die Welt der Gotik (im Sinne der allgemeinen und besonders der Kunstgeschichte) ist und nicht unbedingt zentraleuropäische Züge haben muß; berühmt ist Poes Definition, daß die Heimat dieser Schrecken nicht Deutschland, sondern die Seele ist. »Die emotionale Atmosphäre der gotischen Horrorgeschichte bebt vor Gefahr und Terror, und ein düsteres Milieu forciert noch den allgegenwärtigen Hauch von Geheimnis und Angst; zur Szenerie der meisten ›Gothics‹ gehören alte, einsame, zerfallene Burgen und Abteien mit dunklen Korridoren und verbotenen Zimmern sowie heulende Stürme über dichten Wäldern, weglosen Mooren und finsteren Grabstätten; in diesem Milieu werden bizarre Themen des Bösen und der Perversion abgehandelt, wobei die Zerstörung einer Seele, sei es durch einen Pakt mit den Mächten des Bösen und die Vollbringung einer unsühnbaren Tat, oft die Hauptrolle spielt.« H. R. Steeves, der das in einer Analyse des gotischen Horror-Romans schreibt, schließt seine Ausführungen mit dem auch für die Filmgeschichte wichtigen Hinweis: »Es gibt kaum einen heutigen Detektiv-, Spionage- oder Science Fiction-Roman, der nicht bewußt oder unbewußt der gotischen Form verpflichtet wäre.« Der neben den Werken von Poe bis heute bekannteste und für den Film folgenreichste gotische Horror-Roman ist natürlich Mary Shelleys *Frankenstein* von 1818.

Der Autor dieses Buches ist einer der Pioniere der populären Filmliteratur und einer der produktivsten und vielseitigsten Filmhistoriker der Welt. William K. Everson wurde 1929 in England geboren; seit 1950 lebt und arbeitet er in den USA. Er ist Filmdozent an der New York University und an der New School and the New School of Visual Arts in New York, außerdem hat er Gast-Vorlesungen und Seminare an vielen amerikanischen und europäischen Universitäten und Filmschulen gehalten. Er ist der Direktor des Filmfestivals von Telluride (Colorado), das für die Vereinigten Staaten das ist, was die Hofer Filmtage für die Bundesrepublik sind. Everson ist Mitarbeiter fast aller wichtigen Filmzeitschriften der Welt und hat folgende Bücher geschrieben: *Classics of the Silent Screen; The Western; The American Movie, The Films of Laurel & Hardy* (deutsche Ausgabe demnächst in der Citadel-Filmreihe); *The Bad Guys; The Art of W.C. Fields; A Pictorial History of the Western; The Films of Hal Roach; The Detective in Film; Claudette Colbert; American Silent Film* und *Love in the Film.*

Der Übersetzer Robert Fischer, geboren 1954, ist einer der erfolgreichsten deutschen Filmjournalisten, Mitarbeiter der Zeitschriften und Korrespondenzen *Vampir, Filmtelegramm, Filmbeobachter* und *Zitty,* Autor der Bücher *Regie: Alfred Hitchcock; Kino 78* (mit Doris Dörrie), *Kino 79/80* und Übersetzer von André Bazins Klassiker *Orson Welles.* Im Einvernehmen mit William K. Everson hat Robert Fischer die 1974 erschienene Originalausgabe der Klassiker des Horrorfilms auf den heutigen Stand fortgeschrieben.

DER HERAUSGEBER

Klassiker des Horrorfilms

1 Einführung

Frankenstein (1931): Urbild gotischen Horrors.

In einem Artikel über den Regisseur Ernst Lubitsch las ich neulich zu meiner Überraschung, daß dieser Mitte der zwanziger Jahre – in rascher Reihenfolge und mit der linken Hand – fünf Meisterwerke zustande gebracht hat. Für mich war ein Meisterwerk immer die glanzvolle Krönung im Werk eines Künstlers, und nur wenn sich jemand ungewöhnlicherweise auf mehr als einem Gebiet betätigte – wie etwa Michelangelo – konnten ihm eventuell mehrere gelingen. Aber Meisterwerke wurden noch nie und in keiner Kunstform mit der linken Hand und *en masse* geschaffen, schon gar nicht beim Film, wo der Gesichtspunkt der kommerziellen Auswertbarkeit immerhin auch noch zu berücksichtigen ist. Mit dieser Vorbemerkung will ich nur (bedauernd) festhalten, daß heutzutage allzu leicht mit Superlativen umgegangen wird, und zwar in einer Weise, die sie oft sogar ihre eigentliche Bedeutung verlieren läßt. Vielleicht macht sich auch der Titel dieses Buches in ähnlicher Weise schuldig. Bevor wir also einzelne Horrorfilme unter die Lupe nehmen, ist es notwendig, daß wir die Kriterien erläutern, nach denen unsere »Klassiker« ausgewählt wurden.

Das Horrorfilm-Genre (fast ebenso schwierig zu definieren wie »Klassiker«) ist eine Filmgattung, die zwar einige großartige Streifen hervorgebracht hat, aber eigentlich wesentlich mehr hervorgebracht haben sollte. Mehr als bei jeder anderen Sorte von Film hängt ihr Erfolg davon ab, inwieweit das Publikum durch Manipulieren der Emotionen zum Fürchten gebracht werden kann. Ein Regisseur, der ständig mit Monstern, übernatürlichen Dingen und bizarren Kulissen zu tun hat, braucht sich nicht viel um Logik oder Realismus zu kümmern. Er mag es bevorzugen, auf Sensationshascherei zu verzichten und mehr auf ein ekliges Unbehagen zu zielen – oder aber er erschlägt sein Publikum mit Schockeffekten. In jedem Fall steht ihm das komplette filmische Reservoir an Techniken, Methoden und Verfahren zur Verfügung: Farbe, Ton, Dialog, Schnitt, Musik, Trickeffekte. Wo ein Komödienregisseur vielleicht eine besonders witzige Szene oder Sache fallenläßt, weil sie die Balance oder die Logik seines gesamten Films zerstören würde, braucht der Regisseur eines Horrorfilms nicht so streng mit sich zu sein. Einige der schauerlichsten Szenen in Horrorfilmen waren tatsächlich unwesentlich für die Handlung und oft ohne logische Erklärung. In James Whales *The Old Dark House* gibt es mehrere solcher Momente. Und es ist bezeichnend, daß die Regisseure der besten Horrorfilme dieses große Reservoir an Tricks und Techniken mit Phantasie und sicherem Geschmack verwendet haben.

Die subtilsten und grauenerregendsten Augenblicke in Robert Wises *The Body Snatcher* entstehen durch Andeutung und behutsame Montage; hemmungslose Attacken durch eine Serie von Schock-Nahaufnahmen gibt es nicht. Ein ausgezeichnetes Beispiel dafür, wie man das Publikum »manipulieren« und zum Gelingen einer Horrorszene beitragen lassen kann, liefert *Isle of the Dead,* einer der späteren Val-Lewton-Filme für RKO. Die Regie des früheren Cutters Mark Robson ist etwas plump und prätentiös, und so verdankt der Film denn auch die beste Szene Robsons Fähigkeit, Ton und Bild auf optimale Weise zu schneiden. Die Handlung dreht sich um eine Reisegruppe, die auf eine vom Krieg heimgesuchte, verseuchte Insel vor Griechenland verschlagen wird. Unter anderem gibt es da Katherine Emery, eine Frau mittleren Alters, die unter kataleptischen Anfällen leidet und eine panische Angst davor hat, während eines solchen Anfalls lebendig begraben zu werden. Der Zuschauer ist sich natürlich darüber im klaren, daß eben diese Situation unausweichlich eintreten wird, und die Spannung steigt noch durch die permanente Angst der Frau und ihre Bitten, man möge sich vor ihrer Beerdigung vergewissern, daß sie auch wirklich tot ist. Gegen Ende des Films stirbt sie scheinbar tatsächlich, man untersucht sie – mit negativem Ergebnis –, und sie wird beerdigt.

Das Publikum ist längst soweit gebracht worden, zu glauben, daß sie nicht tot ist, und so erwartet man die schreckliche Szene ihres Erwachens im Grab. Als diese endlich kommt, ist man verblüfft, wie einfach und unaufdringlich und mit welcher fast schon sadistischen Mißachtung der kollektiven Zuschauererwartung sie realisiert ist. Es ist Nacht, und die Kamera fährt langsam die leichte Steigung zu dem Grabgewölbe hinauf, in dem der Sarg ruht. Die Musik schwillt an zu einem Crescendo; das Publikum wartet voller Spannung auf den unvermeidlichen Schrei oder das Geräusch des aufbrechenden Sargholzes. Doch plötzlich ist Stille, abgesehen von dem Geräusch tropfenden Wassers, einem Geräusch, das seinerseits die Konzentration des Zuschauers beansprucht, ehe es identifiziert werden kann. Die Kamera bleibt einen Augenblick stehen: Jetzt wird es sicher gleich passieren. Vielleicht hat sich die Frau schon aus dem Sarg befreit, und die Pforten des Grabes werden gleich aufspringen. Ob sie wohl durch das Erlebnis verrückt geworden ist? Die Zeit reicht gerade für solche Mutmaßungen, und dann beginnt die Kamera, wieder zurückzugleiten. Also passiert doch nichts; der Schock wird wohl aufgespart für eine spätere Szene.

Die Spannung des Publikums löst sich, und in diesem Moment – als ob die Reaktion mit der Stoppuhr abgepaßt wäre – passiert es. Man hört einen Schrei aus dem Innern der Gruft und das Geräusch von an dem Sargdeckel kratzenden Fingernägeln. Doch die Kamera setzt ihren unbeirrbaren Rückzug ohne weiteren Kommentar fort, und die Szene blendet aus. Die Zuschauer sind nicht nur in einem unbedachten Moment überrascht worden, sondern ihre erneute Spannung wird auch nicht wieder gelöst, denn der Film verrät uns nicht, was geschehen ist. Wir wissen nur, daß die Frau noch lebt – was wir sowieso schon wußten. Doch diese eine Einstellung, die nichts zeigt und nichts verrät, eine Einstellung ohne ein Element der Bedrohung und ohne eine einzige Person auf der Leinwand, ist zu einem der schauerlichsten Augenblicke der Filmgeschichte geworden!

Wenn wir einmal den »spaßigen« Aspekt der Horrorfilme – die Monster und die knisternden elektrischen Laboratorien – außer acht lassen und voraussetzen, daß das Gelingen eines Horrorfilms davon abhängt, ob er sein Publikum das Fürchten lehren kann, so waren die besten Horrorfilme stets diejenigen, die mehr auf Andeutung als auf offene Darstellung gesetzt haben. Kein Regisseur könnte je eine Szene zustande bringen, die dem gleich käme, was sich die Phantasie eines Menschen ausmalen kann. Er kann höchstens eine Andeutung liefern – und sich darauf verlassen, daß der individuelle Zuschauer sich diese Andeutung auf die für ihn schreckenerregendste Weise ausmalt. Fritz Lang war sich darüber vollständig im klaren und ließ deshalb die Kindsmorde in *M* außerhalb des Bildes geschehen: Er wußte, daß er in jedem anderen Falle Szenen bekommen hätte, die anstößig und geschmacklos sein und möglicherweise der Zensur zum Opfer fallen würden und die vor allem nicht die beklemmende Wirkung hätten, die er erreichen würde, wenn er gar nichts offen zeigte und es den erwachsenen Zuschauern überließe, selbst die Details einzufügen. Betroffene Eltern haben sich bestimmt dabei weitaus düsterere Bilder vorgestellt als Jugendliche, die in dem Film hauptsächlich einen Thriller sahen, aber in allen Fällen konnte die menschliche Phantasie das einzelne, konkrete Bild, das Lang, hätte er sich für das Zeigen eines Mordes auf der Leinwand entschieden, geschaffen haben könnte, ersetzen und erweitern.

Aus diesem Grunde war der Stummfilm nur begrenzt in der Lage, wirklich bemerkenswerte Horrorfilme hervorzubringen. Der Horrorfilm braucht zwar nicht logisch oder realistisch zu sein, doch er muß *überzeugen*, um seine Wirkung zu erzielen. Und er ist um so überzeugender, je weniger er zeigt und – wie im Falle von *M* und *Isle of the Dead* – je mehr er andeutet. Wenn der Stummfilm auch ungeheuer subtil sein konnte und mit bestimmten Filmen (besonders mit gefühlsbetonten Themen) entsprechenden Tonfilmen sogar überlegen war, indem die Stille

Fritz Lang, der Regisseur von *Mabuse* und *M*.

Peter Lorre als psychopathischer Kindermörder in *M*.

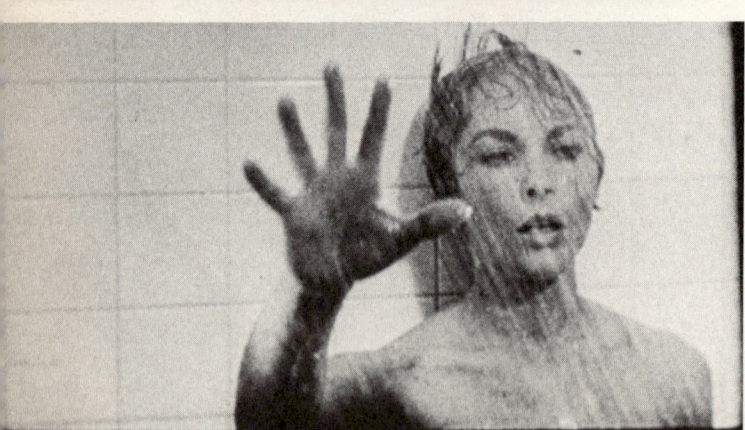

und der fehlende Dialog auf vorteilhafte Weise genutzt wurden, gab es umgekehrt andere Filme, die die totale Realität der Dialoge und Toneffekte gebraucht hätten. Deshalb gibt es auch keine stummen Äquivalente zu solch frenetischen Tonfilmen wie *20th Century* oder *The Front Page*. Wollte ein Stummfilm Horror erzeugen, so konnte er Ahnung, Verunsicherung und Schrecken nicht durch jene realistischen kleinen Effekte, die oft den Ton bedingen, erzeugen und auch nicht dadurch die Spannung erhöhen, daß er die Zuschauer nächtlichen Geräuschen lauschen ließ. (Auch erschwerte die praktisch ununterbrochene Musikuntermalung bei Stummfilmen ein subtileres Ausnutzen der Stille.) In *The Body Snatcher* wird einer der größten Zuschauerschocks dadurch ausgelöst, daß sich völlig unerwartet Nüstern und Nase eines Pferdes von links ins Bild schieben, begleitet von einem lauten Schnauben — eine gewöhnliche Sache, denn die Szene spielt in einem Stall; aber der *plötzliche* Geräuscheinsatz war hier entscheidend. In einem Stummfilm hätte dies nie funktioniert. Da er ohne derartige Subtilitäten auskommen mußte, wirkte der stumme Horrorfilm oft wie ein Tableau: Er war hübsch anzuschauen (die Kulissen, die Ausstattung und das Licht waren oft superb), doch es blieb nichts ungesagt. Der Zuschauer lehnte sich zurück und genoß diese Filme, wurde aber niemals von ihnen gefesselt oder gar manipuliert.

Nun ist es aber interessant, daß sich der frühe dänische Film — vor 1913 sicher weiter entwickelt als der amerikanische Film — der Möglichkeiten der angedeuteten Leinwandschrecken bewußt war, obgleich nicht immer fähig, deren gesamtes Potential auszunutzen. Die frühen dänischen Ein- und Zweiakter-Melodramen hatten ein überraschendes wiederkehrendes Motiv: das Begraben bei lebendigem Leibe. Die Nordisk Films Kompagni betonte in ihrer Werbung, daß die Wirkung dieser Thriller garantiert sei, da ja jeder Zuschauer automatisch Angst vor dem Tode und Angst vor Dunkelheit habe. *Den Dødes Halsbaand* (1910) hat anscheinend viel von der Atmosphäre von *Isle of the Dead:* Ein scheinbar totes Mädchen wird zusammen mit dem Verlobungsgeschenk ihres Liebsten — einer Halskette — begraben. Ein Einbrecher will die Halskette stehlen, sieht aber, daß sich das Mädchen zu rühren beginnt. Er holt rasch den Verlobten, sie laufen beide zur Gruft zurück und finden das Mädchen sehr lebendig vor. Der Film ist leider nicht mehr vorhanden, doch aus einer recht ausführlichen Inhaltsangabe läßt sich schließen, daß sich der größte Teil des Films draußen vor der Gruft abspielt und sich die Spannung langsam darauf zuspitzt, was drinnen in der Dunkelheit passieren mag. Der Filmkritiker der amerikanischen

Bilder des Grauens aus Alfred Hitchcocks *Psycho* (1960).

Fachzeitschrift *The Moving Picture World* macht (für diese frühe Phase der Filmkritik) sehr scharfsinnig darauf aufmerksam, daß eigentlich sehr wenig wirklich gezeigt wird und daß es das, was angedeutet bleibt, ist, worauf es ankommt. *Spøgelset i Gravkaelderen,* von derselben Produktionsfirma im folgenden Jahr herausgebracht, war ein ähnlicher Film.

Die extreme Wichtigkeit des Tons für die Wirkung von Horrorfilmen kann daran abgelesen werden, wie Kinder auf sie reagieren. Horror-Stummfilme wie etwa *The Phantom of the Opera* machen Kindern heute kaum noch Angst (bei Kindern der zwanziger Jahre, die an Schrecken und Angst weniger gewöhnt waren, lag der Fall sicher anders); sie überzeugen sie einfach nicht und wirken auf sie nur wie eine Form von Pantomime. Aber der Tonfilm-Horror wirkt glaubwürdig und überzeugend, und die Kinder reagieren völlig anders. Mädchen neigen dazu, sich eher vor den grausigen Bildern zu fürchten: Sie vergraben den Kopf in ihren Händen und schauen von der Leinwand weg, noch ehe eine schreckliche Szene überhaupt anfängt. Sie hören auf den Ton und benützen ihn als Leitfaden dafür, wann wieder gefahrlos auf die Leinwand geblickt werden kann.

Für Jungen dagegen sind Horrorfilme eine Art Mutprobe. Besonders in den späten dreißiger Jahren in England galt dies, als Horrorfilme von der Zensur ein »H« bekamen und erst ab 16 Jahren freigegeben waren. Dieses Gesetz wurde streng überwacht und eine Übertretung mit einer hohen Geldstrafe belegt. Auf diese Weise bot der Horrorfilm den britischen Jugendlichen doppelt Gelegenheit, ihre Männlichkeit unter Beweis zu stellen. Zunächst einmal war es für einen reif wirkenden Dreizehnjährigen schon eine Leistung, kaltblütig eine Karte zu kaufen und hineinzugehen. (Wem der Einlaß verweigert wurde, weil er ohne Frage zu jung aussah, fiel sofort in Ungnade.) Einmal im Saal, kam die größere Mutprobe, nämlich die ganze Vorstellung auszuhalten und nicht feige stiftenzugehen. Natürlich waren Horrorfilme in den dreißiger Jahren nicht übermäßig grauenerregend – aber trotzdem: die erste Begegnung mit dem verbotenen »H«-Zertifikat auf der Leinwand, der durch die schaurige Vorspannmusik ausgelöste Selbstzweifel (hatte man nicht doch einen Fehler gemacht, war man schon bereit für derartige Dinge?), der Vorsatz, sich auf das Schlimmste gefaßt zu machen – all das ergab zusammen eine Art Ritual, das, hatte man es einmal überstanden, gar nicht einmal zu verachten war.

Heutzutage kennt die britische Jugend ohne Zweifel riskantere Spielchen, um als männlich zu gelten. Für kleinere Jungen sind Horrorfilme allerdings immer noch so etwas wie eine »Prüfung«; sie haben zwar die gleichen Ängste wie die Mädchen, sind aber vielleicht etwas neugieriger. Während ein Mädchen sich anhand der Tonspur orientiert, wird ein Junge auf eben diese ganz verzichten, sobald er sich fürchtet. Er wird weiterhin auf den Film schauen, hält sich nun aber die Ohren zu, löscht den Ton und damit die Realität aus und reduziert den Film auf eine stummfilmhafte Pantomime. Er läßt sich vom Bild leiten und wird die Hände erst dann von den Ohren nehmen und in die Bild-und-Ton-Realität zurückkehren, wenn ihm das Bild auf der Leinwand zeigt, daß der Horror abgeschwächt oder vorläufig zu Ende ist.

Zu entscheiden und zu beurteilen, was ein »Klassiker« ist und was nicht, ist ein Problem, das Kunstkritiker schon seit Jahrhunderten beschäftigt; kein Wunder also, daß innerhalb der noch kein Jahrhundert alten Filmkunst die Meinungen darüber of weit auseinandergehen. Schon in solch einer kurzen Zeitspanne haben wir beobachten können, daß Filme, die einmal als Meisterwerke bezeichnet wurden, heute lediglich als Marksteine gelten; umgekehrt haben sich Filme, von denen man vor dreißig Jahren glaubte, sie seien von vorübergehendem Interesse, nur weil sie ihre Zeit so exakt widerspiegelten (oder vielleicht aus anderen Gründen), unerwarteterweise als von permanentem Wert herausgestellt.

Aber können wir hier so ohne weiteres das Wort »permanent« benutzen? Wer will sagen, welche Filme in fünfhundert Jahren – historisch oder künstlerisch – noch von bleibender Bedeutung sein werden? Nun gibt es aber, nach heutigen Maßstäben beurteilt, einige wenige Horrorfilme, die man nicht nur als klassische Horrorfilme, sondern als klassische Filmwerke bezeichnen kann. Carl Dreyers *Vampyr* ist sicherlich ein Film, der die Grenzen seiner eigenen Kategorie sprengt und in jeder Hinsicht ein großes Werk ist. Andere können nur als relative Klassiker in ihrem Genre betrachtet werden. In den vierziger Jahren entstanden so viele billige, minderwertige, klischeebehaftete »B«-Horrorfilme, daß, im Vergleich zu Filmen wie *Voodoo Man* oder *Return of the Apeman,* mittelmäßige, aber immerhin stilvolle Filme wie *The Wolf Man* und *Son of Dracula* darunter herausragen. Der Graben zwischen den Billigproduktionen und solchen erstklassigen Filmen wie *The Body Snatcher* und *Night of the Demon* ist indes so gewaltig, daß es ganz und gar nicht unvernünftig erscheint, diese als Klassiker einzuordnen.

Der Ursprung der Filme spielt ebenfalls eine große Rolle: Die Anstrengung und Initiative, die man für einen Film wie *Strangler of the Swamp* aufwandte, der in den vorsichtig kalkulierenden PRC-Studios entstand, machen ihn in vieler Hinsicht zu einem bemerkenswerten Film als einen zugegeben besseren Streifen wie *The Monster and the Lady*, ein *Delux-Special* der Republic-Production. Mehr als

Phantom of the Opera: Claude Rains kappt in der Neuverfilmung von 1943 den Kronleuchter.

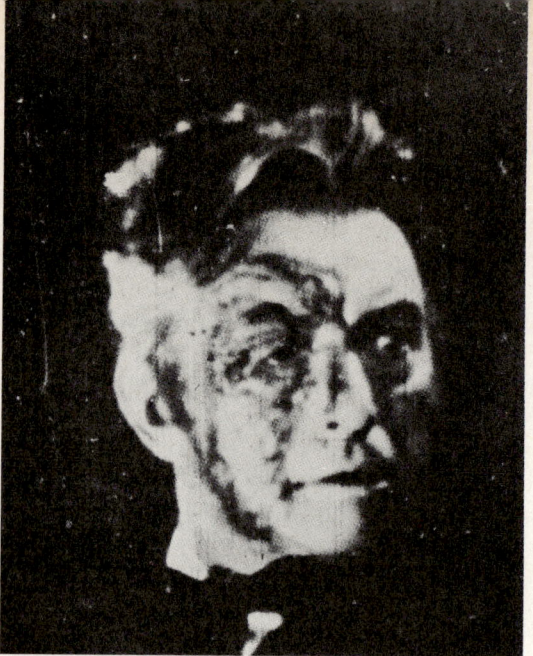

Das demaskierte Phantom: Claude Rains' Makeup wirkt harmlos, verglichen mit Chaneys Fratze in der Version von 1925.

Strangler of the Swamp (1945): Rosemary LaPlanche und Charles Middleton in einer ambitionierten und phantasievollen Horror-Billigproduktion.

Day of the Triffids (1963): In den sechziger Jahren vermischen sich zusehends Horror und Science-Fiction – Janette Scott im Griff einer tödlichen Pflanze.

dreißig Jahre nach seiner Entstehung kann eine Würdigung von *Strangler of the Swamp* natürlich weder dem (inzwischen verstorbenen) Regisseur noch der (inzwischen erloschenen) Produktionsfirma Mut machen, doch ist es sicherlich nicht zu spät, dem Film den schuldigen Tribut zu zollen.

Ein weiterer wichtiger Gesichtspunkt ist die Zeit der Entstehung. Was ihren Inhalt betrifft, mögen die stilvollen gotischen Horrorfilme der frühen dreißiger Jahre, aus heutiger Sicht betrachtet, wirklich zahm erscheinen, doch früher waren die Zeiten noch einfacher. Horrorfilme waren neu, Tonfilme ebenso. Die Zensur (die offizielle wie die elterliche) war schärfer, und für Kinder war es weniger leicht, Horrorfilme zu sehen. Filme, die damals für Erwachsene gedacht und gemacht waren, sind heute regelmäßig in Jugendvorstellungen und im Fernsehprogramm zu sehen. In den dreißiger Jahren stand das Publikum unter ständigem Druck und reagierte auf schockierende Szenen empfindlicher (fast jeder hatte eben unter der Depression zu leiden), aber man war auch wesentlich weniger abgehärtet gegen die Schrecken des täglichen Lebens. Heute kann jedes Kind unter verschiedenen Fernsehprogrammen wählen und nicht nur die großen Horrorfilme von früher und die immer blutrünstigeren und brutaleren Horrorfilme der letzten Jahre sehen, sondern auch den realen, ungeschminkten Nachrichten-Horror mit Kriegen und Bandenterror. In den Kinos, wo der Konkurrenzkampf unter den Filmen immer stärker geworden ist, gibt es zwei Arten von Horrorfilmen: Erstens, die Parodien und Verulkungen; zweitens diejenigen, die versuchen, ihre Vorläufer auf die einzige Weise zu übertreffen, die sie kennen, durch gräßliche Schocks und Widerwärtigkeiten. Es ist keine Kunst, die Zuschauer mit Hilfe von Blut, Köpfeabhacken, detaillierten Morden, Großaufnahmen von schwimmenden Herzen und Augäpfeln anzuekeln und es ihnen schlecht werden zu lassen. Das ist der einfachste, faulste Trick der Welt. Und es erweist sich immer wieder, daß der wirkungsvollste Leinwandhorror nach wie vor der ist, der am wenigsten Details zeigt.

Die beste Szene in *Theatre of Blood* (1973) ist ein Mord, den man nur über ein Sprechfunkgerät mithört. Dies ist nicht nur die witzigste Szene in einem Film, der häufig zu blutdürstig ist, um alle seine komischen Möglichkeiten auszuschöpfen, sondern es

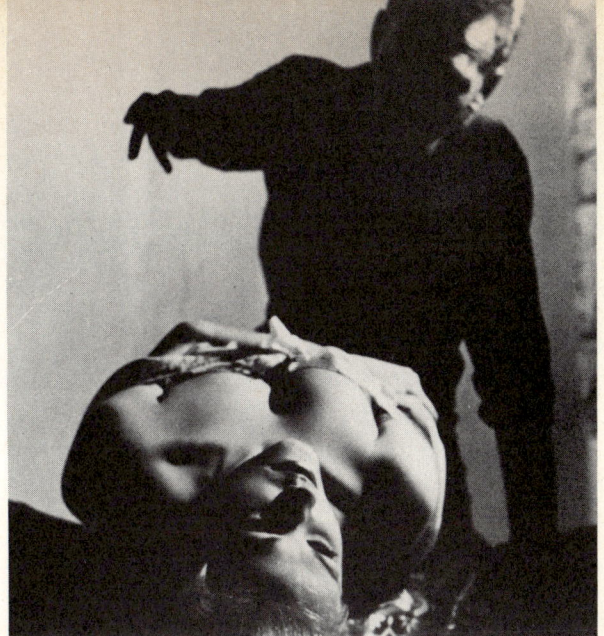

Caltiki, il mostro immortale (1960): Stil wird in den Fließband-Gruselfilmen der sechziger Jahre durch Gewalt und Sex ersetzt.

The Mummy (1932): Boris Karloff und Zita Johan.

Dr. Terror's House of Horrors (1965): Eine abgeschlagene, blutende Hand bedroht Christopher Lee in diesem jüngeren Horror-Episodenfilm, der sich auf Blut und Widerwärtigkeiten konzentriert.

ist auch einer der schauerlichsten Momente, denn es überläßt die Einzelheiten eines qualvollen Todes vollkommen dem Zuschauer. Obwohl niemand behauptet, diese neue Art von Horrorfilmen sei große Kunst, gibt es offensichtlich einen Absatzmarkt dafür, und ihr permanentes Ausbreiten gräßlicher Einzelheiten und physischer Schocks hat diese Zutaten alltäglich gemacht. Der einzige Grund, daß ein derartiger physischer Schock (eine blutige, abgeschlagene Hand, die aus einem Bild an der Wand kommt) in *And Now the Screaming Starts* (1973) wirklich seine Funktion erfüllt und das Publikum buchstäblich aufschrecken läßt, ist, daß er so früh in dem Film kommt, noch ehe man mit Milieu und Atmosphäre vertraut gemacht war. Bestimmt macht er die Zuschauer schon ganz zu Anfang des Films hellwach, aber er ist auch der Beginn einer monotonen Parade ähnlicher Schocks im Verlauf des restlichen Films. Für den Kinogänger von heute, abgestumpft durch Blutgespritze und gewöhnt an immer offeneren Sex, mag es kaum vorstellbar sein, daß die langsamen, bedächtigen, unaufdringlichen und häufig theatralischen Gruselfilme der frühen dreißiger Jahre den Zuschauern wirklich Angst machen konnten. Und doch gelang ihnen eben dies, und zwar so wirkungsvoll, daß es keinen Grund dafür gab, die Filme durch aufgebauschte Werbekampagnen an den Mann zu bringen. Die schlichte Schlagzeile »Sie lebt!« reichte völlig aus, die Leute auf Karloffs Mumie in *The Mummy* gespannt zu machen.

Die Kritiker meinten es ernst, wenn sie das Publikum davor warnten, daß diese Filme starker Tobak seien und labile Seelen lieber zu Hause bleiben sollten. Im Lichte der Welt von heute sind diese Filme nicht länger furchterregend (die Realität hat sie längst überholt), doch als stilvolle Beispiele gotisch-romantischen Melodrams haben sie die Zeit recht gut überdauert. Da es eher wir, die Zuschauer, und nicht so sehr die Filme sind, die sich verändert haben: ist es fair, einem Film wie *Frankenstein* den Klassiker-Status abzuerkennen, nur weil er nicht mehr den Schauder erzeugt, den er früher verursacht hat? Viele Filme (jedes Genres) sind oft weit wichtiger durch das, was sie zu ihrer Zeit an Neuerungen und Einfluß auf andere Regisseure zustande gebracht haben, als durch ihre manchmal kurzzeitigen Verdienste als individuelle Kunstwerke. Chaplins *A Woman of Paris,* Murnaus *Der letzte Mann* und D'Arrasts *Laughter* sind allesamt Filme, die durch spätere, bessere Werke verdrängt worden sind: Aber diese späteren hätte es vielleicht gar nicht erst gegeben ohne die Neuerungen und wegweisenden Elemente der Pionier-Werke. Dies gilt ganz besonders im Bereich des Horrorfilms.

Der Sinn dieser langen Vorrede ist es, zu betonen, wie unmöglich es ist, zu entscheiden, was eigentlich ein »Klassiker« ist, oder zu dogmatisch zu sein in bezug darauf, was ein Horrorfilm ist. Filme wie Jack Claytons *The Innocents* und Albert Lewins *The Picture of Dorian Gray* enthalten weit mehr wahren und anspruchsvollen Horror als Edward Dmytryks *The Devil Commands.* Alfred Hitchcocks *Psycho* ist ein weiterer Fall. Bei seiner Erstaufführung mochte ihn so gut wie niemand. Als Psycho-Thriller war er der Vorläufer einer ganzen Welle von solchen Filmen. Kritiker waren allgemein gegen ihn. Es hat nie eine offizielle Revidierung dieser Ansicht gegeben, und doch konnten Kritiker schon nach wenigen Jahren, nachdem »schwarze« Komödien und Thriller alltäglicher geworden waren und Hitchcock ein paar enttäuschende Filme gemacht hatte, diese zerreißen, indem sie darauf verwiesen, daß sie doch weit unter dem »klassischen« Format von *Psycho* lägen.

Die Voraussetzungen für eine Aufnahme in dieses

The Picture of Dorian Gray (1945): Obwohl kein reiner Horrorfilm, ist diese Oscar Wilde-Verfilmung doch gruseliger als die traditionellen Horrorfilme seiner Zeit. Hurt Hatfield als Dorian Gray vor dem gräßlichen Bildnis, das an seiner Stelle altert.

The Picture of Dorian Gray: George Sanders und Hurt Hatfield.

dieser Bemerkung könnte man Filme wie *Strangler of the Swamp* und *Man Made Monster* getrost begraben und vergessen. Doch die eher langweilenden Philosophen neigten gewöhnlich dazu, Spielverderber zu sein und kurz vor dem Schlußtitel umständlich zu moralisieren, ohne sich eigentlich das Recht dazu verdient zu haben. Die besessenen Wissenschaftler, wenngleich sie auch im letzten Akt, wenn ihre kleine Welt um sie herum zusammenbrach, ein schlimmes Ende fanden, waren da weitaus positiver in ihrem Begehren, »ewiges Leben« zu erschaffen und »Schönheit für alle Zeiten zu erhalten«. Mit diesem etwas unbescheidenen Ziel tauchen auch *The Ghoul* und *The Magician* in diesem Buch auf und erheben Anspruch auf seinen Titel, Schulter an Schulter mit *The Old Dark House* und *The Bride of Frankenstein*, wahren »Klassikern des Horrorfilms«.

Buch sind also sehr willkürlich. Zum größten Teil – obwohl es Ausnahmen gibt – habe ich mich auf Filme beschränkt, die nichts weiter sein wollen als eben Horrorfilme, wodurch praktisch alle späteren Science-Fiction-Filme, *The War of the Worlds, Them!* und psychologische Thriller wie die erste Fassung von *Love from a Stranger* oder der britische *The Drive By Night* ausgeschlossen werden, allesamt Filme, die sicherlich Horrorelemente zu bieten haben. Filme wie Hitchcocks *Psycho* und *The Birds* oder Polanskis *Rosemary's Baby* sind bereits so gründlich besprochen, analysiert, interpretiert und auseinandergenommen worden, daß jeder weitere Kommentar nicht nur überflüssig und zeitverschwenderisch wäre, sondern wahrscheinlich auch von unserer anhaltenden Freude an diesen Filmen ablenken würde. Mittlerweile hat *Psycho* bestimmt schon *The Birth of a Nation, Potemkin* und *Citizen Kane* als der meistbeschriebene Film aller Zeiten überrundet, während die Szene des Mordes unter der Dusche zweifellos den Weltrekord als die Sequenz hält, die von Filmstudenten am beständigsten in Seminararbeiten erwähnt wird. So ist es wohl ratsamer, *Psycho* und einige andere sich auf ihren blutverklebten Lorbeeren ausruhen zu lassen und stattdessen etwas Lärm um ein paar der zugegebenermaßen unbedeutenderen Mitglieder derselben Familie machen.

Als Führer können wir uns nur an die verrückten Doktoren oder an die gelehrten alten Philosophen wenden, die so viele unserer geliebten Horrorfilme bevölkern. Mit einem vielsagenden Nicken seines greisen Kopfes warnt uns Professor Van Sloan: »Ach, meine Freunde, es gibt Dinge, denen man besser nicht auf den Grund gehen sollte!« Und gemäß

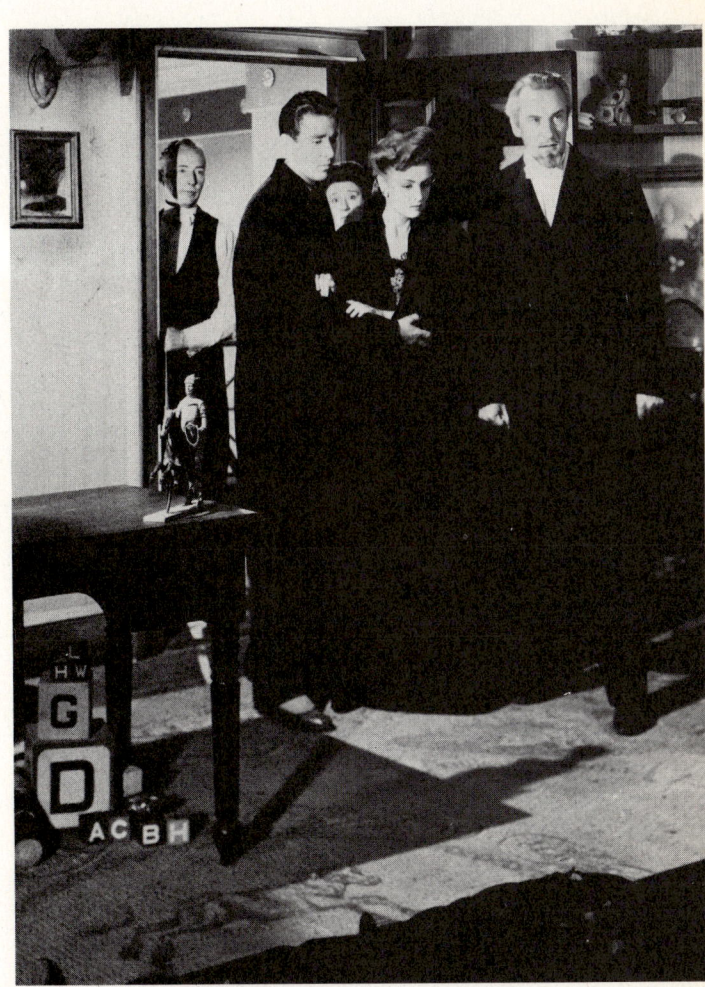

The Picture of Dorian Gray: Peter Lawford, Donna Reed und George Sanders bei der Enthüllung von Dorians schrecklichem Geheimnis.

2 Die Stummfilme

Dante's Inferno (1935): In diesen Höllenvisionen zeigt sich deutlich der Einfluß des zehn Jahre älteren Films *The Magician*. (Regisseur Harry Lachman war an beiden Filmen beteiligt.)

THE PHANTOM OF THE OPERA
(DAS PHANTOM DER OPER) 1925

Regie Rupert Julian. *Regie der zusätzlichen Szenen* Edward Sedgwick. *Drehbuch* Raymond Shrock und Elliott J. Clawson, nach dem Roman von Gaston Leroux. *Kamera* Virgil Miller, Charles Van Enger, Milton Bridenbecker. *Art Director* Charles D. Hall. *Produktion* Universal. *Darsteller* Lon Chaney, Mary Philbin, Norman Kerry, Gibson Gowland, Snitz Edwards, John St. Polis, Arthur Edmund Carewe, Virginia Pearson, Edith Yorke, Anton Vaverka, Bernard Siegel, Cesare Gravina, John Miljan, Ward Crane, Chester Conklin.

Sieht man heute *The Phantom of the Opera,* ist man jedesmal enttäuscht, und trotzdem kann der Film – schon allein deshalb, weil er das schönste Beispiel für Lon Chaneys unvergleichliche pantomimische Kunst ist – als »Klassiker« gelten. Die Universal scheute keine Mühen, damit der Film sowohl in künstlerischer als auch in handwerklicher und kommerzieller Hinsicht ihren früheren Chaney-Film, *The Hunchback of Notre Dame,* übertreffen würde. Das sollte aber auch nicht zu schwer sein; *The Hunchback* verdankte den größten Teil seines enormen Erfolges der erstaunlichen Leistung Chaneys. Ansonsten war er ein schwülstiger und sogar ein wenig altmodischer Film, auf jeden Fall aber eine sparsame Produktion.

The Phantom of the Opera – aufwendiger, weniger düster und bedrückend, reich an Farben und Melodrama – erfüllte von Anfang an die Voraussetzung für einen Kassenerfolg. Und die Universal, für die der Film der wichtigste und sicher teuerste seit von Stroheims *Foolish Wives* war, wollte sicher gehen, daß er in jedem Falle ein hundertprozentiger Renner würde. Sequenzen in Technicolor wurden als künstlerische Neuheit eingefügt. Als der Film fertig war, glaubte man, er sei etwas ungeschliffen und ließe gewisse zuschauerträchtige Elemente vermissen. Deshalb eiferte die Universal, wo nachträgliche Änderungen eigentlich nicht üblich waren, der MGM nach: Man arrangierte Testvorführungen, plante neu, schnitt neu, drehte nach. Komische Elemente und Liebesszenen wurden als Kontrast zu dem grotesken Horror eingeschoben. Ein großer Teil des neuen Materials wurde zwar schließlich doch nicht verwendet, aber die endgültige Fassung sah trotzdem so aus, als hätten hier zu viele Köche den Brei verdorben.

Es ist zweifelhaft, daß das Überarbeiten dem Film wirklich half, denn seine grundlegenden Vorzüge waren schöne, aufwendige Kulissen sowie die ausdrucksvolle Pantomime Chaneys – Qualitäten also, die schon von Anfang an da gewesen waren. Wenn das ganze Hin und Her dem Film letztlich auch nichts brachte, so hat es ihm jedenfalls auch nicht geschadet; die Verzögerungen und die Publicity machten schon sehr früh auf den Film neugierig, und er erwies sich als einer der größten Kassenschlager des Jahres – eines Jahres übrigens, das auf jeden finanziellen Erfolg angewiesen war: Soeben war das Radio als neue Errungenschaft in amerikanischen Haushalten eingeführt worden, und dieses neue, kostenlose Medium hatte die gleiche negative Auswirkung auf die Kinokasseneinnahmen wie das Fernsehen in den fünfziger Jahren.

The Phantom of the Opera, der seine Wurzeln im französischen Melodrama hat und in Handlungsabfolge und Situationen an alte Fortsetzungsgeschichten erinnert, ist mit seiner Serie von schauerlichen Höhepunkten eher Melodram als Horrorfilm. Im Jahre 1925, noch ehe Horror auf der Leinwand alltäglich war, verlieh Chaneys furchterregendes Makeup dem Film eine stetige Note des Schreckens. Am Anfang des Films trat er jeweils nur kurz in Erscheinung, und die erste Hälfte wurde benutzt, um Spannung und Rätsel um das Phantom aufzubauen. Die Maske ließ auf geschickte Weise gerade genug von seinem Mund sehen, um ahnen zu lassen, daß der Rest abscheulich und gräßlich aussehen mußte.

Zu Beginn des Films entführt das Phantom den vielversprechenden jungen Opernstar Christine (Mary Philbin) und trägt das Mädchen in seine Behausung unterhalb des Opernhauses. Sie hat Grund, ihm dankbar zu sein (für die Ratschläge, die er ihr heimlich durch die Wand ihrer Garderobe zugeflüstert hat); doch verständlicherweise hat sie auch Angst vor ihm. Sein eigenes Verhalten ist eine merkwürdige Kombination verschiedener Motive: Rache, väterliche Liebe, Begierde. Die unvermeidliche Szene der Demaskierung wird sicher und gekonnt vorbereitet und schließlich mit viel Zögern und Zurückhaltung präsentiert. Das Phantom sitzt an der Orgel und hält einen Moment im Spiel inne, um etwas zu sagen; Christines Hände, zum Herunterreißen der Maske ausgestreckt, kommen langsam näher, schweben einen Moment unschlüssig in der Luft, ziehen sich aber rasch wieder zurück, als sich das Phantom umdreht. Die eigentliche Demaskierung ist eine sehr schön arrangierte Episode, die den Zuschauer gleich zweimal zusammenfahren läßt. Christine und das Phantom schauen beide in die Kamera; als sie ihm endlich die Maske vom Gesicht reißt, steht sie hinter ihm und sieht nicht sein enthülltes scheußliches Gesicht. Für das Publikum war und ist dies eine schockierende Szene. Jetzt dreht sich das Phantom um, und wir sehen es nun mit Christines Augen. Sein Aussehen hat sich mit einem Male völlig

Lon Chaney als Erik, das Phantom.

Lon Chaney droht damit, das Opernhaus zu zerstören, wenn Christine (Mary Philbin) ihm nicht gehorcht.

verändert (verzerrt und nicht ganz scharf), und es beginnt, sich dem entsetzten Mädchen langsam zu nähern.

Der Rest des Films mag durchaus Schwächen haben, aber diese eine Szene muß sicherlich als einer der besten Momente des Leinwand-Terrors bezeichnet werden. Sie ist mehr als nur eine gelungene »Schock-Szene«, denn an dieser Stelle des Films ist das Publikum längst soweit, Sympathie für das Phantom zu empfinden. Die Zuschauer zittern, hegen aber zwiespältige Gefühle: Identifikation mit der Heldin in einer prekären Situation und Mitleid mit dem Phantom. Keine andere Auftrittsszene oder Demaskierung eines Film-Monsters – nicht einmal der sorgfältig aufgebaute erste Auftritt von King Kong oder die berühmte Demaskierung gegen Ende von *The Mystery of the Wax Museum* – hat jemals die Wirkung dieser bemerkenswerten Szene erreicht.

In der farbigen Neuverfilmung der vierziger Jahre wurde die Demaskierungsszene als der schauerlichste Moment des ganzen Films bis ganz zum Schluß hinausgezögert. Es war der unbefriedigende Höhepunkt eines Films, der insgesamt recht ansehnlich war, wenngleich man mehr »Oper« als »Phantom« zu sehen bekam. In der Version mit Lon Chaney dagegen war die Demaskierung ein großer Augenblick in der Mitte des Films, und es wurde wohlweislich nicht versucht, ihn noch an Horror zu übertreffen.

Chaneys Gesicht blieb für den Rest des Films enthüllt. Das Tempo erhöhte sich, und aus einer unheimlichen Stimmung wurde eine Reihe von spannenden Aktionsszenen mit einer Verfolgungsjagd als Höhepunkt. Die sorgfältig ausgearbeiteten Kulissen kamen dabei voll zur Geltung, und auch die Kameraarbeit war beachtlich. Hin und wieder gab es Bilder, von denen eine eigene Kraft ausging: Etwa wie das Phantom sich unter Wasser an ein Opfer heranmacht, wobei es durch einen Schlauch atmet, und wie seine Hand plötzlich auftaucht und das Opfer in den Tod zieht; oder die Verfolger, die sich behutsam durch die Katakomben vorwärtsbewegen, die Arme erhoben, um sich vor der Schlinge des Phantoms zu schützen.

Über weite Strecken verließ sich der Regisseur Rupert Julian auf den Aufwand der Ausstattung, die melodramatische Handlung und Chaneys Kunst. Und damit hatte er vielleicht sogar recht getan: Ein besserer Regisseur hätte sicherlich einen stärkeren Film zustande gebracht (vor allem denkt man an Alan Crosland, ein Meister guten Melodrams), aber vielleicht wäre in diesem Falle der Film durch zusätzliche Stilisierung und formale Kunst seiner feuilletonistischen Einfachheit und Reize beraubt worden. Chaneys erschreckendes, groteskes Make-up hätte es entschuldigt, wenn er sich bei dieser Rolle auf die Wirkung dieser totenkopfähnlichen Maske verlassen hätte, doch dem ist nicht so: Weil ihm die Feinheiten des Mienenspiels nicht zur Verfügung standen, entwickelte er eine reizvolle, beredte Körpersprache, besonders durch die Bewegungen seiner Hände.

James Whale und Claude Rains müssen seine Leistung genau studiert haben, denn viele von Rains' Gesten in *The Invisible Man* (1933) sind offensichtlich Chaneys Kopf- und Handbewegungen in diesem Film abgeschaut. Die Anmut und Lebendigkeit von Chaneys darstellerischer Leistung wird durch die Steifheit des von Norman Kerry gespielten Helden noch unterstrichen. Wie so viele Horrorfilm-Helden (vor allem David Manners in den Universal-Gruselfilmen der dreißiger Jahre) ist Kerry in Krisensituationen praktisch nicht zu gebrauchen; einmal, als seine Hilfe dringend benötigt wird, fällt er sogar in Ohnmacht. Manners, einem sensiblen, schwächlichen Helden, konnte man diese Art von Unfähigkeit noch verzeihen, aber nicht dem uniformierten, strahlenden, gutaussehenden Kerry in der Tradition Errol Flynns. Bei so einem unzuverlässigen Helden erwärmte man sich um so mehr für das erprobte Phantom und fühlte, daß dessen aufopfernde Treue zur Heldin irgendwie belohnt werden müßte. Bei den auf den Kopf gestellten moralischen Wertbegriffen in heutigen Filmen kann man vielleicht eine vierte Version von *The Phantom of the Opera* erwarten, in der das allgegenwärtige Phantom seine Christine in die Katakomben des Opernhauses entführt – und wenn sie nicht gestorben sind, leben sie heute noch.

Eine Anmerkung noch zu der »Zerstückelung« des Films. Viele der jetzt zur Verfügung stehenden Kopien sind in Wirklichkeit stumme Fassungen einer vertonten Wiederaufführung von 1930. Damals war der Film noch einmal neu geschnitten worden, mit zusätzlichen Gesangs- und Opernsequenzen, eigentümlichen Dialogsätzen und der Einführungsrede eines mysteriösen Mannes in den Katakomben. Musik und Toneffekte schwächten die Plumpheit dieser neuen Schnittversion zwar ein wenig ab, doch bei den noch vorhandenen Kopien dieser Fassung – *ohne* den Ton – ist der Schnitt völlig unmöglich. Trotz aller nachträglichen Änderungsmaßnahmen ist der Film wohl nie derartig ungeschliffen gewesen, und wie unzulänglich sein Schnitt auch gewesen sein mag, muß es doch eine Freude gewesen sein, die authentische 35mm-Kopie mit allen Einfärbungen, Tönungen und gelegentlichen Technicolor-Inserts zu erleben.

THE MAGICIAN
(DER ZAUBERER) 1926

Regie Rex Ingram. *Drehbuch* Rex Ingram, nach einer Geschichte von Somerset Maugham. *Kamera* John F. Seitz. *Produktionsleitung* Harry Lachman. *Art Director* Henri Menessier. *Schnitt* Grant Whytock. *Regieassistenz* Michael

Powell. *Produktion* Metro-Goldwyn. *Darsteller* Alice Terry, Paul Wegener, Ivan Petrovich, Firmin Gemier, Gladys Hamer, Henry Wilson, Stowitz, Michael Powell.

Obwohl sowohl der Schriftsteller Somerset Maugham als auch der Prestige-Regisseur Rex Ingram sich dadurch wohl wenig geschmeichelt fühlen würden, ist *The Magician* eines der wenigen authentischen Stummfilm-Beispiele für das Horrorfilm-Nebengenre der »verrückten Wissenschaftler«. Die Geschichte handelt von Doktor Haddo, der, verrückt oder nicht, ein richtiger Hexenmeister ist und mit Hilfe alter Aufzeichnungen einen Weg gefunden hat, künstliches Leben zu erschaffen. Ein entscheidender Punkt bei dem Experiment ist allerdings die Beschaffung des »Herzensblutes einer Maid«. Die Aufzeichnungen sind überraschend exakt in bezug auf die übrigen Eigenschaften des Mädchens bis hin zur Augenfarbe, und diese stimmen fast völlig mit den körperlichen Merkmalen von Alice Terry überein. Die unbestreitbar hübsche Miss Terry war vielleicht ein wenig zu reif, um die für die Rolle erforderliche Jugend und sexuelle Unschuld glaubhaft zu machen, aber da sie mit Produzent und Regisseur Rex Ingram verheiratet war, läßt sich diese kleine Diskrepanz verzeihen.

Nachdem er Miss Terry aufgespürt und beschlossen hat, sie für sein Experiment zu verwenden, reißt der Doktor eine Seite aus Svengalis Notizbuch heraus, und von diesem Punkt an ähnelt das Drehbuch stark dem von *Trilby* (1915, Regie: Maurice Tourneur), bis zu dem wilden, verworrenen Ende des spektakulären Laborexperiments, dem rechtzeitigen Einschreiten des Helden, einem Kampf auf Leben und Tod und der traditionellen Feuersbrunst, bei der das Laboratorium samt Schloß in Flammen aufgeht.

Sämtliche Rex-Ingram-Filme – die legendären wie *Mare Nostrum*, die wenigen Kassenerfolge, *Scaramouche*, *The Four Horsemen of the Apocalypse*, und die weniger bekannten Filme wie *The Conquering Power* und *The Garden of Allah* – enttäuschen automatisch, wenn man sie heute sieht. (Dabei ist es schwierig, sie anderswo als in Filmarchiven zu sehen, und selbst dort gibt es große Lücken in der Ingram-Chronologie.) Der Grund dafür ist vermutlich, daß Ingram seine Filme im wesentlichen als Maler anging. Als schwacher Dramatiker war er weder ein sehr filmischer Bearbeiter der Werke anderer Schriftsteller, noch ein phantasievoller Übersetzer des geschriebenen Wortes in stumme Filmbilder. Man braucht nur einmal seinen Film über die Französische Revolution, *Scaramouche*, mit D. W. Griffiths *Orphans of the Storm* zu vergleichen (der ein Jahr *früher* entstanden war), um Ingrams Unzulänglichkeiten zu erkennen. Griffiths Film ist pulsierend und packend, voller temporeichem Rhythmus und Details, die ihm Leben und Authentizität verleihen. Ingrams Film dagegen, der hauptsächlich aus Halbtotalen und Totalen besteht, wirkt wie ein starres Tableau, mit einer steifen Duellszene und selbst in seinen spektakulärsten Massenszenen ohne Elan. Aber Ingram war ein geschickter Bildarrangeur und Lichtkünstler; wenn man einmal das Glück hat, einen seiner Filme in einer Original-35mm-Kopie mit all ihrem Reichtum an Klarheit und feinster Farbtönung zu sehen, wird daraus sofort eine völlig andere Sache.

Da die dramatische Struktur eines Films ganz eindeutig gegenüber seiner visuellen Schönheit zweitrangig ist, wäre es geradezu unfair (und oft nicht möglich), Ingrams Werk akkurat zu beurteilen, ohne Zugang zu den Originalkopien zu haben. Leider gibt es den Großteil seiner Filme nur noch (wenn überhaupt) in Schwarzweiß-Kopien, dabei meistens noch nicht einmal vom Negativ gezogen. Kopieranstalten duplizieren sie lieblos und ohne Feingefühl und sind in erster Linie an einer Massenproduktion für das Fernsehen interessiert, nach dem Motto: Solange man noch alles erkennen kann, ist es schon in Ordnung. Was dabei herauskommt, kann die Qualität der Originalkopien nur noch ahnen lassen, welche vielleicht keine dramaturgischen Kunstwerke, aber doch Meisterwerke der Bildgestaltung waren.

Es überrascht nicht, daß Ingram ein Anhänger Maurice Tourneurs war, des größten aller visuellen Regisseure, und daß viele seiner Filme – einschließlich *The Magician* – Bildkompositionen enthielten, die als fast direkte Huldigung der Methoden Tourneurs betrachtet werden können. Nun ist *The Magician* aber auch ein Film, der auf die bildgestalterische Dichte, die in den ersten Kopien zweifellos vorhanden war, angewiesen ist: Die vorteilhaft genutzten Schauplätze Paris und Nizza vermischen auf interessante Weise romantische und dokumentarische Elemente, während die Traumsequenzen (mit einem barocken Bacchanal im Hades) oder der düstere Terror des Schloßlaboratoriums (mit dem tosenden Ofen unter dem Fußboden – ein treffendes Höllensymbol) auf auffallend verschiedene Weise ausgeleuchtet und entworfen sind. Offensichtlich veränderte Ingram für jede Szene ein wenig sein photographisches Konzept, und sein Kameramann John Seitz, einer der besten auf seinem Gebiet, war voll in der Lage, diese visuellen Nuancen zu liefern. Und doch sind die einzigen erhalten gebliebenen Kopien – zu Beginn der siebziger Jahre angefertigte Sicherheitskopien – ausnahmslos stumpf, flach, flau und von der gleichen blassen und ausgewaschenen Qualität in allen sieben Akten. Aber das ist alles, was üb-

Ivan Petrovich und seine Verlobte Alice Terry lernen den Hexenmeister Paul Wegener kennen.

Der Zauberer liest die magische Formel, die ihm helfen soll, künstliches Leben zu erschaffen.

Im Laboratorium des Hexenmeisters liefern sich Wegener und Petrovich einen Kampf auf Leben und Tod.

riggeblieben ist, und es ist immer noch besser als nichts; man erweist Ingram einen schlechten Dienst damit, doch gleichzeitig wird so eine große Lücke in unserem Wissen über den stummen Horrorfilm geschlossen.

The Magician basiert auf der »Karriere« des berühmt-berüchtigten Aleister Crowley, der auch zwei der interessantesten Horror-Tonfilme, *The Black Cat* mit Boris Karloff in der Crowley-Rolle und *Night of the Demon* mit Niall McGinnis, inspiriert hat. In den zwanziger Jahren waren Horrorfilme noch kein Genre für sich (Chaney ausgenommen), und die Kritiker verachteten sie im allgemeinen, bezeichneten sie als »unnötig« und für Kinder gefährlich. Von *The Magician* sprach die Kritik als geschmacklos, fürchterlich und »wenig unterhaltend«, ungeachtet seiner Zurückhaltung.

Somerset Maugham persönlich konnte Ingrams Bearbeitung, die stellenweise derartig unklar war, daß ein Nachschlagen in der Vorlage fast schon eine Notwendigkeit wurde, auch nicht seinen Segen geben.

An einer Stelle des Films versetzt der Doktor sein potentielles Opfer in Trance und läßt es eine erotische Vision der Hölle erleben. Seltsamerweise sagt er ihr nachher (in einem knappen Zwischentitel ohne eine folgende Erläuterung), daß sie ihren Verlobten nun nicht mehr heiraten könne. Hinzu kommt, daß der Film in Europa entstand, mit einer größtenteils europäischen Besetzung, und der Deutsche Paul Wegener hätte sicherlich Schwierigkeiten gehabt, fließend englisch zu sprechen. Dennoch sieht man in den Szenen nach dem Bacchanal, wie Wegeners Lippen langsam das Wort »rape« (»Vergewaltigung«) formen, und Alice Terrys Reaktion zerstreut jeden Zweifel. Ob die Vergewaltigung eine wirkliche oder eine eingebildete war, wird nie ganz geklärt, aber

Wegeners Begeisterung für das »Herzensblut einer Maid« in seinem bevorstehenden Experiment hat dadurch anscheinend nicht nachgelassen. Übrigens ist die Mitwirkung Harry Lachmans als Produktionsleiter erwähnenswert: Lachmans eigener, späterer Film *Dante's Inferno* ist durch die Höllen-Sequenzen in diesem Film wohl stark beeinflußt worden. (Weitere embryonale Talente, die mit *The Magician* zu tun hatten, waren Michael Powell, der Ingrams Assistent war und nebenbei eine komische Rolle als Engländer in der Jahrmarkt-Szene spielte, und – in einer Nebenrolle als Alice Terrys Freundin – Gladys Hamer, die Mutter von Robert Hamer, dem Regisseur der schauerlichen Spiegel-Episode in *Dead of Night* sowie vieler bekannter britischer Filme.)

Die Verbindung des Svengali-Themas mit dem des »verrückten Wissenschaftlers« macht *The Magician* zu einem zwar nicht gänzlich gelungenen, aber doch faszinierenden Werk. Die Höhepunktszenen mit dem Laborexperiment im Schloßturm und dem wilden Nebeneinander von purem Horror und bizarrem Humor (einschließlich der »komischen Figur« eines Zwerges als Laborassistent) haben so große Ähnlichkeit mit den ersten beiden *Frankenstein*-Filmen der Universal, daß man spürt, daß James Whale den Film gesehen haben muß und sich von ihm ebenso beeindrucken und inspirieren ließ wie schon von Wegeners früherem *Der Golem*. Sogar die Modellaufnahme des Schloßturmes bei Szeneneinleitungen und bei der Explosion am Schluß ist das Ebenbild des Modells in *The Bride of Frankenstein*. Außerdem hat der Film noch mit denen James Whales gemeinsam, daß er in seinen ironischen Momenten am besten ist. Meistens ist er zu ernst, doch es gibt Augenblicke, in denen seine blumige Art auszuufern droht und Ingram diese in den Griff bekommt, indem er sich über eine Situation lustig macht, die das Publikum sowieso zum Lachen gebracht hätte. »Er sieht aus wie jemand aus einem Bühnenmelodram«, bemerkt Alice Terry nach einer Begegnung mit dem bizarren Dr. Haddo. Paul Wegener hat dies gehört, erstarrt, rümpft die Nase, wirft sich seinen Mantel um die Schultern und schreitet finsteren Blickes von dannen – der perfekte Bühnenabgang!

Ebenso wie Rex Ingrams vier andere, letzte Filme für MGM (darunter *Mare Nostrum* und *The Garden of Allah*) entstand auch *The Magician* in Ingrams Riviera-Studios und an Schauplätzen in Frankreich. Und wie alle anderen war er – vielleicht zum Teil wegen der lockeren Drehmethoden und des Fehlens der Studio-Disziplin – ein kommerzieller Mißerfolg, im Gegensatz zu seinen in Hollywood produzierten MGM-Filmen, die sehr viel Geld einspielten.

SPARROWS
(SPATZEN) 1926

Regie William Beaudine. *Drehbuch* C. Gardner Sullivan, nach einer Geschichte von Winifred Dunn. *Kamera* Charles Rosher, Karl Struss, Hal Mohr. *Art Director* Harry Oliver. *Zwischentitel* George Marion, jr. *Produktion* Mary Pickford/UA. *Darsteller* Mary Pickford, Gustav von Seyffertitz, Roy Stewart, Mary Louise Miller, Charlotte Mineau, Spec O'Donnell, Lloyd Whitlock, A. L. Schaeffler, Monty O'Grady.

Sparrows beginnt mit einer außerordentlich stimmungsvollen Totalen eines trüben Sumpfes (in Wirklichkeit ein Modell, doch so gut gemacht und

Rex Ingram, Regisseur von *The Magician:* Bei seinem Aussehen hätte er selbst Filmstar werden können.

beim Drehen so fachmännisch an die lebensgroßen Kulissen angepaßt, daß es nie auffällt), mit Bäumen, die aus schlammigem Grund wachsen und deren Zweige sich weit hinunterbiegen, und einem baufälligen Farmhaus mittendrin. Der erste Zwischentitel erklärt uns:

> »Des Teufels Anteil an der Schöpfung war ein bestimmter Sumpf im Süden – ein Meisterwerk des Grauens. Und Gott ließ ihn gewähren, denn er weiß gute Arbeit zu schätzen.«

Dann, als eine dunkle, hagere, schattenhafte Figur zwischen den Bäumen entlangschleicht, folgt der zweite Zwischentitel:

> »Nun ging der Teufel noch weiter und ließ Mr. Grimes in dem Sumpf wohnen.«

Mr. Grimes wird von dem teuflisch aussehenden Gustav von Seyffertitz dargestellt, und durch eine einzige kurze Einstellung – er kratzt sich die Stoppeln am Kinn und denkt über etwas nach, das seine Augen glänzen und ihn böse grinsen läßt – wird schon wenige Sekunden nach Beginn des Films jeder Zweifel ausgeräumt, daß wir es hier mit dem Bösewicht der Geschichte zu tun haben. Bei einer Vorführung des Films 1973 in New York begann ein kleiner Knirps, den seine Mutter ohne Zweifel in der Annahme mitgenommen hatte, dies sei eine schöne, harmlose Sache, unruhig hin und her zu rutschen.

Mr. von Seyffertitz leitet eine Art Babyfarm; Mütter, die zu krank, arm oder überarbeitet sind, um ihre Kinder selbst zu versorgen, schicken diese mit allem Geld, das sie zusammenkratzen können, zur Pflege dorthin. Mr. Grimes steckt das Geld ein, das soeben zusammen mit einer einfachen Puppe und lieben Zeilen auf einem Zettel abgegeben worden ist. Er betrachtet die Puppe einen Moment und zerquetscht ihr Gesicht dann mit der Hand, wobei der Daumen das aufgemalte Auge praktisch ausdrückt. (Das zuschauende Kind war mittlerweile sichtlich und hörbar verstört, trotz der Versicherungen seiner Mutter, der Mann sei nicht wirklich böse, sondern »tue nur so«.) Als ob er sie lügen strafen wollte – und haargenau aufs Stichwort –, wirft Gustav die nunmehr entstellte Puppe in den Treibsand, wo sie sogleich beginnt, langsam und unausweichlich zu versinken: Erst verschwinden die bemalten Bäckchen und zum Schluß das ausgestreckte Porzellanärmchen unter dem Schlick. (Entsetzt heulend stürmte das Kind auf den nächstgelegenen Ausgang zu, die Mutter dicht auf den Fersen. Sie wurden nicht mehr gesehen.)

Wenn *Sparrows* in den siebziger Jahren, wo wir schließlich an Horror auf der Leinwand gewöhnt sind, eine solche Wirkung haben kann, fragt man sich, wie die Reaktion im Jahre 1926 gewesen sein muß. Zu der Zeit machte Mary Pickford nicht mehr als einen Film pro Jahr. Das war dann jeweils ein teurer, besonderer Film, ein Leckerbissen, auf den man sich freute und den man genießen konnte. Und obgleich ihre Filme zwar eigentlich für den erwachsenen Zuschauer gemacht wurden, war es doch allen klar, daß ein großer Teil ihres Publikums aus Jugendlichen bestand. *Sparrows* ist nämlich – trotz einigen Zugeständnissen hier und da – ein reiner Horrorfilm, von dessen Schrecken diese Eröffnungsszenen lediglich einen milden Vorgeschmack vermitteln. Seyffertitz preßt als Mr. Grimes nicht nur das letzte Geld aus unglücklichen Müttern heraus, sondern verkauft seine Schützlinge auch noch an Farmer als Feldarbeiter und adoptiert – dies ist die eigentliche Geschichte des Films – das entführte Kind eines Millionärs. In der Rolle seines mißratenen Sohnes hilft ihm Spec O'Donnell, der die Kinder ärgert, herumschubst und verpetzt und sich auf die Zeit freut, wenn er seinem Papa helfen darf, sie loszuwerden und in den Sumpf zu werfen – was, wie die Zwischentitel andeuten, bereits mehr als einmal passiert ist. Mary Pickford, das älteste der Kinder (die alle in Anbetracht der schmalen Kost aus rohen Kartoffeln ein wenig zu wohlgenährt aussehen), ist ihr Mutterersatz und ihre Beschützerin, die einzige, die groß und stark genug ist, um sich schließlich gegen Mr. Grimes wehren zu können, dessen Hinken (das mit der Behendigkeit der Kinder kontrastiert) ihnen den einzigen, winzigen Vorteil verschafft.

Sparrows wurde von drei der besten Kameramänner Hollywoods (zwei von ihnen, Rosher und Struss, standen auch bei dem schönsten aller Stummfilme, Murnaus *Sunrise*, hinter der Kamera) photographiert und ist ein gutes Beispiel für ihre ausgezeichnete, stimmungsvolle Kameraarbeit und für ihr Ausleuchten ebenfalls hervorragender und gut entworfener Kulissen. Die Schwärze des ganzen Films – mit Schlamm, Schmutz, Stürmen und Blitzen als wichtige Elemente – läßt ständig eine Dickens'sche Art von Horror entstehen. Neben der eigentlichen, physischen Bedrohung gibt es Armut, Hunger und die Tatsache, daß sowohl Gott als auch die Menschen anscheinend diesen Unschuldigen den Rücken gekehrt haben. Mary Pickford, die vielleicht erkannt hatte, daß sie etwas weit gegangen war, tut ihr Bestes, um nach Kräften etwas Fröhlichkeit zu verbreiten. Oft werden (nach der Art Disneys in dem späteren *Bambi*) Szenen voller Humor und Zartgefühl eingeschoben und die Sequenzen, in denen die Erwachsenen ihre schändlichen Pläne schmieden, unterbrochen (oft so, daß sie an dramaturgischer Spannung

Spec O'Donnell droht, Mary Pickfords kleinen Schützling in den Sumpf zu werfen.

verlieren), um uns darüber auf dem laufenden zu halten, was die Kinder im selben Moment aushecken. Allerdings haben auch die komischen Szenen ihre makabre Seite: Spec O'Donnell, der ein Baby in den Treibsand werfen will, fällt selbst hinein und wird, indem man ihm eine Schlinge um den Hals wirft und mit einem Pferd herauszieht, gerettet (und fast dabei stranguliert). Da er bei der Sache auch noch Papas Rübenfeld verwüstet hat, wird er nach seiner Rettung nicht etwa getröstet, sondern noch mehr bestraft.

Der Versuch, von der Farm zu fliehen, nimmt den Großteil der zweiten Hälfte des Films in Anspruch, und jede Möglichkeit, quälende Spannung zu erzeugen, wird genutzt. Grimes ist den Kindern mit seinen Hunden auf der Spur, und Mary und ihre Schutzbefohlenen – einige von ihnen so klein, daß sie noch nicht laufen können und sich bei den anderen an den Hals klammern – werfen bei ihrer Flucht Schachteln und haufenweise Heu auf den Treibsand und machen sich über diese wankende »Brücke« davon, die schon eingesunken und nicht mehr zu sehen ist, bevor sie sie überquert haben. Sie retten sich auf die Bäume, schwingen sich an Kletterpflanzen über den Schlamm und balancieren über einen großen, morschen Ast, der – in einer brillant realisierten Trickaufnahme – mehr und mehr zu brechen droht und sich der Sumpfoberfläche zuneigt, wo bereits ein Haufen gefräßiger Krokodile auf sie wartet.

Mary Pickford war eine sehr religiöse Frau und brachte häufig Elemente christlichen Glaubens in ihre Filme ein. Dies würde durchaus zum Thema von *Sparrows* passen, doch manchmal wird es recht geschmacklos und platt. Marys Heldinnen scheinen eine Art »heißen Draht« zu Gott zu unterhalten, und an wenigstens einer Stelle in *Sparrows* schaut Mary nach einer göttlichen Intervention himmelwärts, überlegt einen Moment und nickt dann zustimmend

Gustav von Seyffertitz als Mr. Grimes. Seyffertitz war seit seinem Schornsteinfeger-Schurken in *The Water Babies* auf sadistische Bösewichte spezialisiert.

mit dem Kopf! Doch die sentimentalen und pathetischen Szenen in *Sparrows* sind – gestalterisch wie emotionell – so gut gemacht, daß man Mary diese Geschmacksverirrung gerne vergibt. Weniger verzeihlich sind da schon die – nach soviel vorzüglicher Leistung völlig überflüssigen – sogenannten Publikumsattraktionen. Der rundherum logische und zufriedenstellende Höhepunkt des Films ist die Rettung der Kinder aus dem Sumpf und Grimes' unvermeidlicher Tod im Treibsand. Aber in dem Bewußtsein, daß dies ja ihr einziger, spezieller Film dieses Jahres ist, ist es Mary anscheinend unmöglich, es damit bewenden zu lassen. Die Kinder suchen Zuflucht auf einem Motorboot, welches dann, als die Kidnapper versuchen, der Polizei zu entwischen, in eine hektische Jagd durch die Gewässer verwickelt wird.

Die Verfolgungsjagd ist, da das Publikum schon vollauf befriedigt ist, nicht nur unnötig, sondern der Film fällt dadurch arg ab. Sie ist derartig wenig überzeugend gemacht, daß ihre ziemlich offensichtlichen Modellaufnahmen den vorher so sorgfältig erzeugten Eindruck der Echtheit praktisch wieder aufheben. Und nach dieser Jagd vergeudet Mary zuviel Zeit damit, den in die Länge gezogenen letzten Akt mit komischen Szenen vollzupacken, die für die voraufgegangenen Schrecken entschädigen sollen. Dies ist einer der Filme, bei denen man den dringenden Wunsch hat, von der Schere Gebrauch zu machen, um die Wirkung des Films zu verbessern. Trotzdem bleibt es ein schauerliches Stück Leinwand-Horror, von dem man sich gerne daran erinnern läßt, welch reichhaltige Vielfalt in den Pickford-Filmen steckte und was für ein kraftvoller Regisseur William Beaudine (in der Tonfilmzeit wegen seiner Selbstbescheidung auf »B«-Filme und Programmfüller nie ernst genommen) in den zwanziger Jahren war.

THE WIZARD
(DER HEXENMEISTER) 1927

Regie Richard Rosson. *Drehbuch* Harry O. Hoyt und Andrew Bennison, mit Zwischentiteln von Malcolm Stuart Boylan, nach der Geschichte *Balaoo* von Gaston Leroux. *Kamera* Frank Good. *Produktion* Fox. *Darsteller* Edmund Lowe, Leila Hyams, Gustav von Seyffertitz, E. H. Calvert, Barry Norton, Oscar Smith, Perle Marshall, Norman Trevor, George Kotsomaros, Maude Turner Gordon.

Nachdem vor kurzer Zeit der scheinbar verschollene Film *Mystery of the Wax Museum* nach einem

Der Affenmensch bedroht Edmund Lowe.

Vierteljahrhundert wieder aufgetaucht ist, gebührt jetzt *The Wizard* der Platz des faszinierendsten und gesuchtesten aller verschollenen Horrorfilme. Leider sind bereits alle in Frage kommenden Archive ergebnislos durchforstet worden: Fox, die den Film produzierte, besitzt nichts mehr davon, und wenn er überhaupt noch einmal auftauchen sollte, dann vermutlich in irgendeinem europäischen Archiv, in dem er vielleicht unbeachtet unter einem irreführenden neuen Titel abgelegt ist. *The Wizard* ist daher der einzige Film in diesem Buch, der besprochen wird, ohne vorher noch einmal zu bewundern gewesen oder von einer lange zurückliegenden Vorstellung her noch im Gedächtnis zu sein. Er ist ein Film, der in eine solche Übersicht hineingehört, und doch ist es schwierig, seinen möglichen Stellenwert zu bestimmen, da das, was man über den Film weiß, sehr widersprüchlich ist.

Der Film basiert auf einer 1912 geschriebenen Geschichte von Gaston Leroux, dem Autor von *Phantom of the Opera* und anderen Ausflügen in gallisches *Grand Guignol*. Seine Vorlage war in einem ernsten, allerdings etwas blumigen Stil verfaßt. Der Film der Fox machte daraus naheliegenderweise eine haarsträubende Geschichte: Der verrückte Dr. Coriolos, dargestellt von Gustav von Seyffertitz, benutzt ein Affenwesen (gespielt von George Kotsomaros, dessen Aussehen und Körperbau ihn mehr als einmal derartige Rollen spielen ließen), um an denen Rache zu nehmen, die er dafür verantwortlich macht, daß sein Sohn wegen Mordes hingerichtet

Noch wird Affenmensch George Kotsonaros von seinem Mentor Gustav von Seyffertitz gut behandelt.

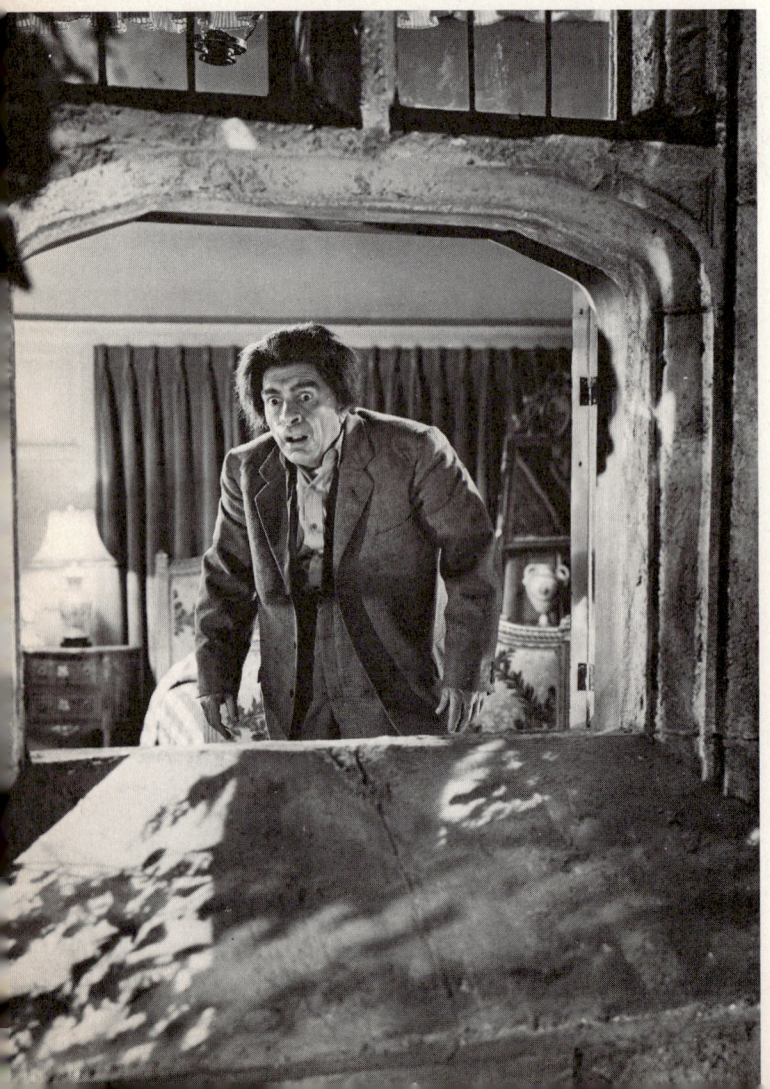

wurde. Es ist eine Variation des damals so populären Musters einer Thriller-Komödie um ein »altes Haus«. In der Tat kam eine andere Bearbeitung eines ähnlichen Stoffes, *The Gorilla,* eine Woche früher in die Kinos, und auch da standen Komik und Spannung nebeneinander. Aber *The Gorilla* war wenigstens von vornherein als halbe Komödie angelegt; *The Wizard* dagegen zwang einer ernstgemeinten Thrillervorlage komische Zutaten wie etwa die üblichen »dummen Polizisten« auf, um von einer momentanen Mode zu profitieren. Aus Kritiken erfährt man, daß die komödiantischen Einschübe zu zahlreich und aufdringlich waren; der Entschluß, den Film in diese Richtung zu steuern, wurde vermutlich während der Dreharbeiten gefaßt. Das Drehbuch des Films, das heute noch existiert, enthält weniger Komödieneffekte als der fertige Film. Man kann daraus auch ablesen, daß die Figur des Affen ein bestimmtes Chaney-ähnliches Pathos erhalten sollte, was allerdings von keiner der Kritiken bestätigt wird.

Punkte, die eigentlich für den Film sprechen, sind seine Kürze (nur sechs Akte), die Tatsache, daß Richard Rosson Regie führte, ein exzellenter Action-Regisseur, der seine Filme stets temporeich gestaltete, und vor allem der Umstand, daß Frank Good hinter der Kamera stand. Alle Kritiken lobten übereinstimmend die Qualität der gruseligen Kameraeffekte. Good war ein ausgezeichneter Kameramann, der viele »B«-Filme der dreißiger Jahre um seine großartige, kristallklare und geschickt arrangierte Kameraarbeit bereichert hat. Die Kamerfahrten durch das »alte Haus« mit Spinnweben, zupackenden Händen und weiteren Standard-Zutaten hätten *The Wizard* heute sicher zu einem Paradebeispiel für Goods praktisch unerkanntes Talent gemacht. Einmal abgesehen von dem Spaß, den der Film an sich gemacht hätte, und der Freude, die das Erleben von Gustav von Seyffertitz in einer Rolle nach seinem Format bereitet hätte, vermißt man ihn wahrscheinlich am meisten wegen der großen Lücke in unserer Kenntnis von Goods Kameraarbeit in der Stummfilmzeit.

Während der ursprüngliche Film vermutlich unwiederbringlich verloren ist, gibt es noch Zugang zu einer weniger wichtigen, aber doch interessanten Neuverfilmung, einem »B«-Film der Fox aus dem Jahre 1942. Er trägt den Titel *Dr. Renault's Secret* und vereinfacht die Handlung im Sinne der gebräuchlichen Formel »Experiment der Wissenschaft«, aber er verlegte den Schauplatz wieder zurück nach Frankreich und benutzte wieder die sympathische, Chaney-ähnliche Konzeption des Affenmenschen, der diesmal von J. Carroll Naish verkörpert wurde. Gustav von Seyffertitz wurde von George Zucco abgelöst, einem zwar weniger teufli-

Dr. Renault's Secret:
J. Carroll Naish.

Dr. Renault's Secret, die stark veränderte Neuverfilmung mit George Zucco als Wissenschaftler und J. Carroll Naish als Affenmensch.

Dr. Renault's Secret: George Zucco.

schen, doch keinesfalls unwürdigen Nachfolger. Inszeniert von dem stets interessanten Harry Lachman, mit einer guten Kameraarbeit von Virgil Miller und wirklich gelungenen Kulissen und Bauten von Richard Day und Nathan Juran, war ein ansehnlicher, 58 Minuten langer »B«-Film, der viel teurer wirkte als er tatsächlich war.

THE MAN WHO LAUGHS
(DER LACHENDE MANN) 1928

Regie Paul Leni. *Drehbuch* Dr. Bela Sekely, J. Grubb Alexander, Charles Whittaker, Marion Ward und May MacLean, nach dem Roman von Victor Hugo. *Kamera* Gilbert Warrenton. *Art Director* Charles D. Hall. *Kostüme* David Cox und Vera West. *Schnitt* Maurice Pivar und Edward Cahn. *Regieassistenz* Louis Friedlander (Lew Landers), Jay Marchant und John Voshell. *Produktion* Universal (Paul Kohner). *Darsteller* Conrad Veidt, Mary Philbin, Olga Baclonova, Josephine Crowell, George Siegmann, Brandon Hurst, Sam de Grasse, Cesare Gravina, Stuart Holmes, Nick de Ruiz, Edgar Norton, Torben Meyer, Julius Molnar jr., Charles Puffy, Frank Pulgia, Jack Goodrich, Carmen Costello, Lon Poff, Zimbo der Hund.

The Man Who Laughs entstand zwischen Paul Lenis *The Cat and the Canary* (1927) und *The Last Warning* (1928) und gehörte zu jenen Hollywood- bzw. Universal-Filmen, die vom europäischen und besonders vom deutschen Film beeinflußt waren. Paul Fejos, ein weiterer wichtiger Regisseur von Rang, arbeitete in derselben Richtung; sein Film *The Last Performance*, ebenfalls mit Veidt und Mary Philbin in den Hauptrollen, war ein interessantes, aber weniger spektakuläres Beispiel des gotischen Filmstils jener Zeit. Selbst ein paar von Universals »B«-Western hatten in diesen Jahren etwas Germanisches an sich.

Obwohl der Film gar nicht als Horrorfilm angelegt war und eigentlich auch keiner ist, hat Veidts Titelfigur immerhin so viel von einem Monster an sich, daß die Nahaufnahmen von seinem fürchterlichen Gesicht zu den damals kassenträchtigsten Einstellungen überhaupt gehörten. Hauptsächlich aus diesem Grunde ist der Film auch nicht in Vergessenheit geraten. Der Film basiert auf einer Geschichte von Victor Hugo, in der eine Bande Geächteter ein breites häßliches, unauslöschliches Grinsen in die Gesichter von kleinen Kindern ritzt, was diese später zu Jahrmarkts- oder Zirkusattraktionen macht. In dem Prolog wird Gwynplaine, ein kleiner Junge, auf diese Weise entstellt, und zwar aus zusätzlicher Vergel-

Der Prolog: Edelmann Conrad Veidt vor seiner Folter durch den bösen König (Sam de Grasse) und dessen Narren (Brandon Hurst).

In einer Szene, die in der endgültigen Fassung des Films nicht vorkommt, sucht der junge, herumirrende Gwynplaine Zuflucht bei einer Familie, deren Kinder wie er mit einem grotesken, ewigen Grinsen gezeichnet sind.

tung an seinem Vater (zusätzlich zu dessen Tod in der Eisernen Jungfrau), der ein politischer Gegner des Königs war.

Der auf sich gestellte Gwynplaine bewahrt während eines Schneesturms ein blindes Mädchen vor dem Erfrieren, und beide schließen sich einer Zirkustruppe an. Jahre später ist Gwynplaine ein bekannter Clown und verliebt in das Mädchen, das er gerettet hat. Dieses ist immer noch blind, sieht nur die Schönheit seiner Seele und nicht die Häßlichkeit seines Gesichtes. Diverse Komplikationen und Intrigen bringen seine adelige Abstammung ans Licht. Er geht an den Hof, doch sein scheußliches Grinsen wird dort erst als beleidigender Affront gegen die Königin aufgefaßt. Zuletzt aber, nach Trennung und Arrest, kann er zu seiner Dea zurückkehren, gerade als ihr Schiff Segel setzt für die Fahrt in die Neue Welt.

Der Film war offensichtlich der Versuch der Universal, an den Erfolg ihrer anderen Victor Hugo-Bearbeitung, *The Hunchback of Notre Dame,* anzuknüpfen, und in filmischer Hinsicht war er diesem weit überlegen – sorgfältiger produziert, phantasievoller ausgestattet und ganz sicher besser inszeniert. Doch ihm mangelte es an Publikumskraft eines Lon Chaney. (Veidts Leistung war subtil, aber stilisiert und besaß weder die Wärme noch die Bedrohlichkeit von Chaneys Quasimodo.)

The Man Who Laughs mit Tod Browning als Regisseur und Lon Chaney in der Titelrolle hätte nicht unbedingt einen besseren Film bedeutet, aber immerhin eine großartige Möglichkeit der Zusammenarbeit für dieses Team. Das Grauen und die Grausamkeit des Films stellten nur den logischen und notwendigen Teil eines wesentlich größeren Ganzen dar und waren nicht in sich schon – wie in Brownings Filmen – seine einzige *raison d'être*. Universal versuchte, Hugos etwas schwerfällige und düstere Geschichte zu popularisieren, indem mehrmals vom Originalstoff abgewichen wurde; so beispielsweise bei dem Happyend (das recht gut paßt und gerechtfertigt wirkt) und der an Dumas erinnernden Verfolgungsjagd und den Degenkämpfen, die diesem vorausgehen.

Um die ziemlich passiven Nebenfiguren geheimnisvoller zu machen und mit Horrorelementen auszustatten, wurden sie häufig aus betont bizarren Blickwinkeln oder mit Licht- und Schatteneffekten aufgenommen. Zu Beginn des Films machen sich König James (Sam de Grasse) und sein bösartiger Narr Barkilphedro (Brandon Hurst als Hauptbösewicht des Films, wie bereits in *The Hunchback of Notre Dame*) auf den Weg, um Folter und Hinrichtung beizuwohnen; die Kamera nimmt sie in einer langen, ausgedehnten Fahrt und aus der Untersicht auf und verwandelt sie dadurch in überirdische Dämonen. Die Einstellung scheint das Vorbild für viele andere dieser Art mit Karloff und Lugosi in späteren Horrorfilmen wie *The Black Cat* und *The Raven* zu sein. Eine Movietone-Tonspur (auf dem Filmstreifen) sollte ebenfalls helfen, den Film für das Publikum attraktiver zu machen. Die Musik ist hin und wieder ganz passend, manchmal plump (die andauernde Verwendung von *British Grenadiers* soll die Illusion erzeugen helfen, daß die total germanischen Kulissen das England des 17. Jahrhunderts darstellen), dann wieder abschweifend (laufender Gebrauch der Themen aus Murnaus *Sunrise* in entsprechendem Kontext, z.B. das Musikmotiv für das betrunkene Schwein aus jenem Film hier als Verstärkung der Possen des betrunkenen Stuart Holmes) und an einer Stelle katastrophal: Als Verpackung für die Schlußszene könnte man ein Lied eventuell gerade noch akzeptieren, und sicher löste so etwas in späteren Stummfilmen wie *Seventh Heaven* oder *Four Sons* Gefühle aus (damals!). Doch Erno Rapees sehr modernes *When Love Comes Stealing* über eine zarte Liebesszene zu legen, ist einfach eine bedauernswerte Geschmacksverirrung. Auch bei den Geräuscheffekten wurde stellenweise unverhältnismäßig übertrieben.

Trotz seiner Länge und Langsamkeit ist er ein ungemein sehenswerter Film. Der hervorragende Prolog mit seinen düsteren Folterkammerszenen, dem Schneesturm, an Galgen baumelnden Leichen und dem einsam zurückbleibenden Kind, als das Schiff den Hafen verläßt, setzt einen hohen Standard an vi-

Eine weitere Szene, die in dem fertigen Film nicht verwendet wurde: Gwynplaine (Conrad Veidt), wieder in edlem Stande, trinkt auf die Gesundheit des blinden Mädchens (Mary Philbin), das ihn liebt.

Ein Arbeitsfoto der Gerichtsszene. Später werden durch Spiegeltrick-Aufnahmen eine Decke, Balkone, Zuschauer und luxuriöse Kronleuchter hinzugefügt!

sueller Ausdruckskraft. Den ganzen Film hindurch gibt es in Struktur, Schnitt und Bildgestaltung Hinweise auf intelligente Anleihen bei Griffith und dem deutschen Film; die Szene, in der eine Gestalt aus den grabähnlichen Schatten eines englischen Gefängnisses heraustritt, ist eine exakte Nachbildung des ersten Auftritts von Graf Orlock in dem deutschen *Nosferatu*.

Die Episode, in der die Herzogin Josianna (Olga Baclanova) versucht, Gwynplaine zu verführen (sie entfernt seine Maske und küßt seinen entstellten Mund auf eine Weise, die zugleich Lust und Ekel verrät) gipfelt in einigen der bemerkenswertesten Szenen von Sinnlichkeit und tierischer Leidenschaft, die die Leinwand je gesehen hat. Dabei zeigt sich wieder einmal, daß wahre Erotik weder Nacktszenen noch offenen Sex nötig hat. Übrigens plante Kirk Douglas – ironischerweise ein Schauspieler, dessen starres Breitwand-Grinsen zu einem seiner weniger attraktiven Markenzeichen geworden ist – Ende der sechziger Jahre eine große, aufwendige Neuverfilmung. Das Projekt wurde abgeblasen, nachdem es Douglas schließlich gelungen war, eine Kopie dieser ursprünglichen Universal-Fassung aufzutreiben und anzuschauen. Vermutlich fand er den Film zu düster und weniger geeignet für eine Star-Rolle als er gedacht hatte. Wahrscheinlich liegt es auch an diesen Eigenschaften, daß der Stoff nie wieder verfilmt wurde, wenn auch seine Grundidee wohl Ray Russell zu seiner kurzen Horrorgeschichte *Mr. Sardonicus* anregte, die dann auch auf die Leinwand kam (1961). Dumas wird immer wieder verfilmt; selbst Hugos schwärzere, ernstere *The Hunchback of Notre Dame* und *Les Miserables* haben für zahlreiche Neuverfilmungen in der ganzen Welt herhalten müssen. Doch Universals *The Man Who Laughs* von 1928 ist immer noch Hollywoods einzige Version dieser höchst makabren Geschichte.

DR. MABUSE, DER SPIELER
1922

Regie Fritz Lang. *Drehbuch* Thea von Harbou, nach dem Roman von Norbert Jacques. *Kamera* Carl Hoffmann. *Bauten* Carl Stahl-Urach, Otto Hunte, Erich Kettelhut, Karl Vollbrecht. *Produktion* Uco-Film. Verliehen durch die UFA in zwei Teilen zu je zehn Akten. *Darsteller* Rudolf Klein-Rogge, Bernhard Goetzke, Aud Egede Nissen, Alfred Abel, Paul Richter, Gertrude Welcker.

DAS TESTAMENT DES DR. MABUSE
1932

Regie Fritz Lang. *Drehbuch* Thea von Harbou. *Kamera* Fritz Arno Wagner, Karl Vash. *Bauten* Karl Vollbrecht, Emil Hasler. *Musik* Hans Erdmann. *Produktion* Nero-Film (Seymour Nebenzahl). *Darsteller* Rudolf Klein-Rogge, Otto Vernicke, Gustav Diessl, Oskar Beregi, Were Liessem, Camilla Spira, A. E. Licho, Karl Meixner, Theodor Loos, Theo Lingen.

DIE TAUSEND AUGEN DES DR. MABUSE
1930

Regie Fritz Lang. *Drehbuch* Fritz Lang, Heinz Oskar Wuttig, Jan Fethke. *Kamera* Karl Loeb. *Musik* Bert Grund. *Bauten* Erich Kettelhut, Johannes Ott. *Produktion* CCC-Filmkunst (Artur Brauner). *Darsteller* Wolfgang Preiss, Dawn Addams, Peter van Eyck, Gert Fröbe, Werner Peters.

IM STAHLNETZ DES DR. MABUSE
1961

Regie Harald Reinl. *Drehbuch* Ladislas Fodor, Marc Behm. *Musik* Peter Sandloff. *Produktion* CCC-Filmkunst/SPA Cinematografica Rom/Criterion (Artur Brauner). *Darsteller* Gert Fröbe, Lex Barker, Daliah Lavi, Rudolf Forster, Wolfgang Preiss, Fausto Tozzi, Werner Peters, Rudolf Fernau, Joachim Mock, Laura Solari.

Obwohl Dr. Mabuse seinen Ursprung in einem einzigen literarischen Werk hat, machten ihn Fritz Lang und das Kino zu einer ebenso bekannten Figur wie die Erz-Schurken Dr. Fu Man Chu und Professor Moriarty, die ihre Notorität ganzen Buch-Serien verdanken. Genau wie jene Allmacht-Phantasten gebietet er über eine weltweite Organisation, die er mit beispielloser Tüchtigkeit leitet, und wie Fu Man Chu und Moriarty geht es ihm nicht um die bloße Anhäufung von Reichtümern, sondern um die Manipulation von Macht und Menschen. Außerdem ist Mabuse ein Hypnotiseur in der Tradition Caligaris. Obgleich alle *Mabuse*-Filme vom Aufbau her Kriminal-Melodramen sind, enthalten sie sämtlich übernatürliche Elemente und Glanzleistungen blanken Horrors, was ihre Aufnahme in diese Übersicht mehr als rechtfertigt.

Lange glaubte man die komplette Fassung von *Dr. Mabuse, der Spieler* in zwanzig Akten verloren, und viele Jahre mußten wir uns mit der drastisch gekürzten Version in acht Akten zufriedengeben, wie sie in Großbritannien und den USA verliehen wurde. Im Jahre 1966 stand dann die vollständige, ursprüngliche Schnittfassung wieder zur Verfügung. Viele wiederentdeckte primitive Filme (denn obwohl 1922 entstanden, ist *Dr. Mabuse, der Spieler* im Vergleich zu Langs anderen Arbeiten primitiv) erweisen sich als enorm lebendig und reizvoll; das war beispielsweise bei *Les Vampires* und anderen Feuillade-Serials aus Frankreich ohne Zweifel der Fall. *Dr. Mabuse, der Spieler* enttäuscht dagegen ein wenig, wenn man bedenkt, daß er nur vier Jahre älter ist als der höchst ausgefeilte *Metropolis*. Allerdings ist das in etwa so, als wäre man von Griffiths *Judith of Bethulia* enttäuscht, weil dieser nur zwei Jahre vor *The Birth of a Nation* entstand. Umgekehrt ist es richtiger: Man sollte lieber die innerhalb so kurzer Zeit erreichten meisterlichen Leistungen der späteren Filme bewundern.

Für sich betrachtet, ist *Dr. Mabuse, der Spieler* ein faszinierendes Werk, nicht nur wegen seiner Verwandtschaft mit detaillierten Kriminalromanen und seinen offensichtlichen Wurzeln in den frühen Fortsetzungsfilmen, sondern auch weil man hier in ihrer frühen Form so viele der Themen, Charaktere, Situationen und sogar Einstellungen entdecken kann, die in Langs späteren Filmen – ganz besonders in *Metropolis, Spione* und den beiden *Mabuse*-Fortsetzungen – immer wiederkehren. Langs Welt des Verbrechens war immer dunkel und alptraumhaft, doch hier hatte er diese Ebene noch nicht ganz erreicht. Die Welt ist eher grau als schwarz und eher traumgleich als alptraumhaft. Alle Figuren – die Guten wie die Bösen – scheinen wie in somnambuler Trance durch ihre weiten, unfreundlichen Zimmer zu schweben.

Am erstaunlichsten ist Langs relativ nüchterne Behandlung des melodramatischen Inhalts. Seine späteren Filme hatten beachtliches Tempo und Dynamik, und hier setzt er Action-Sequenzen oder Verfolgungsjagden ganz methodisch nur an den Stellen ein, wo sie am effektvsten sind, und läßt sie nie zu lang werden. Dieser vielleicht etwas zu bedächtige

Rhythmus erinnert an die erste Fassung von *Das indische Grabmal* (von Lang geschrieben, von Joe May inszeniert) und Langs eigene Neuverfilmung des Stoffes in den fünfziger Jahren. Möglicherweise folgte der noch nicht ganz selbstsichere Lang sorgfältig einer Methode, von der er wußte, daß sie annehmbar war. Der zu häufige Einsatz der Irisblende bremst den Film noch mehr. Lang mochte Filme mit Überlänge aus taktischen Gründen (vor allem in der Tonfilmära), nicht nur, weil er sich in diesem Rahmen wohlfühlte, sondern auch, weil, wie er 1963 allen Ernstes bemerkte, »...wenn meine Filme überlang waren, sie das Programm des Abends füllten und ich das *ganze* Geld bekam!«

Doch selbst wenn der Einfluß Joe Mays und des Kriminalromans dazu neigte, Langs Kreativität zu verwässern, gibt es immer noch genügend Hinweise auf spätere Glanzleistungen. Die bizarre und beklemmende Architektur der Bauten, die funktionale und surrealistische Kulissen verbinden, ist oft hervorragend. Die gesamte Eröffnungssequenz an der Börse (Mabuse hat die Dokumente eines Handelsvertrages gestohlen und ist zur Stelle, um die Aktien billig aufzukaufen, als die Nachricht bekannt wird und Panik ausbricht; sobald die Dokumente wiedergefunden sind, stabilisiert sich die Lage wieder, und er kann teuer verkaufen!) verschafft dem Film einen großartigen Start. Langs Talent, das Alltägliche unvermittelt in eine unwirkliche Welt des Schreckens umschlagen zu lassen, wird sehr schön in der Kartenspielszene deutlich, wenn das scheußliche Gesicht Mabuses plötzlich aus dem völlig schwarzen Hintergrund heraus nach vorne schießt wie eine bösartige Spinne in einem unsichtbaren Netz. (Mabuse, Hypnotiseur und Psychiater, verkleidet sich, fädelt es ein, mit reichen, einflußreichen Männern zu spielen, bringt sie hypnotisch dazu, falsch zu spielen und benutzt sie und ihren Reichtum später, wenn sie verhaftet und entehrt sind und zu ihm – als Mabuse – zur Behandlung kommen, als Pfandobjekte in seinem Unternehmen.)

Es gibt willkommene Momente voller Humor, doch irgendwie gelingt es ihnen immer, der Haupthandlung nicht im Wege zu stehen, so daß – im Gegensatz zu Alfred Hitchcocks gewolle heiterem Umgang mit ähnlichem Material – man niemals aufgefordert wird, irgendetwas nicht mit absoluter Ernsthaftigkeit zu betrachten. Und wenn Lang Action- und Verfolgungsszenen angeht, baut er sie mit einfachen, aber unerwarteten Mitteln auf, mit gegenläufigen Bewegungen auf zwei Ebenen. Als Staatsanwalt von Wenk zum Beispiel in einer Sequenz Mabuses Auto verfolgt, fährt dieses unter einer Eisenbahnbrücke hindurch und biegt *rechts* ab. Fast gleichzeitig (und dies ist ein optischer Effekt, was bestätigt, daß Lang die Wirkung bewußt war) sieht man die Räder eines Zuges die Brücke in entgegengesetzter Richtung überqueren. Diese Art von Bewegung innerhalb des Bildes sollte Lang mehr und mehr einsetzen. Hier kommt sie natürlich nicht durch Montage zustande, doch in *Metropolis* entsteht derselbe temporeiche Effekt durch einen direkten Schnitt – von Klein-Rogge, der nach rechts aus dem Bild fällt (vom Dach einer Kathedrale) auf die Menschenmenge unten, die auf die linke Seite des Bildes drängt.

Lang selbst hat gesagt, daß er vor allem deshalb daran interessiert gewesen sei, *Dr. Mabuse, der Spieler* zu machen, weil es ihm gleichzeitig erlaubt habe, die schockierenden Zustände wie Kriminalität und Perversion zu attackieren, die im Nachkriegs-Deutschland um sich griffen. Es stimmt, daß keines der Opfer Mabuses sehr sympathisch ist. Die meisten sind Parasiten der Gesellschaft, die ein unausgefülltes, nutzloses Leben führen. Mabuse ernährt sich von ihnen wie ein Wolf von krepierenden Tieren, nicht aus Notwendigkeit, sondern weil in einer ziellosen, dekadenten Welt das Spiel mit dem Schicksal anderer Menschen der letzte aufregende Zeitvertreib ist. Die feinen Herrschaften benehmen sich wie versackte Schlafwandler, und selbst der virile Hull (Paul Richter), scheinbar der Held des ersten Teils, ist Lang so wenig sympathisch, daß er ihn fast beiläufig in einer Totalen ermorden läßt und sein Tod daher von einem späteren Zwischentitel bestätigt werden muß. Ein Zeichen der Zeit ist vielleicht, daß Mabuse den Expressionismus und die moderne Kunst verachtet und als bloßen Zeitvertreib für die Reichen ansieht; später wurden Langs Bösewichte zum Teil dadurch als dekadent charakterisiert, daß sie nun Sammler moderner Kunstwerke geworden waren!

Aber der soziologische Aspekt in *Dr. Mabuse, der Spieler* ist weniger wichtig als das Melodrama. Lang behauptet, daß man ihm nicht »erlaubt« habe, den Film auf seine Weise zu drehen, doch ich weiß nicht: Bei allen seinen Filmen mit einer – wirklichen oder vorgeblichen – Botschaft *(Metropolis, Fury, You Only Live Once)* hat man den Eindruck, daß ihm Gesellschaftskritik eigentlich wurscht ist und er viel glücklicher ist, wenn er mit Licht und Kamera bizarre Szenen voller kriechender Spannung austüfteln kann. Trotz aller angedeuteten Degeneriertheit in *Dr. Mabuse, der Spieler* (der allererste Zwischentitel bezieht sich auf Drogensucht, und es gibt ein witziges Allzweck-Cabaret, in dem verschiedene Code-Wörter eine Vielzahl von Lastern abrufen können!), hat er weniger Ähnlichkeit mit einem dekadenten Deutschland der zwanziger Jahre als eher mit einem alten Roman von Robert Louis Stevenson oder Bram Stoker, der mit Automobilen und Nacht-

Rudolf Klein-Rogge als Dr. Mabuse.

Rudolf Klein-Rogge in einer seiner vielen Verkleidungen.

klubs etwas modernisiert worden ist (ähnlich wie die Sherlock-Holmes-Filme der Universal, die so aussahen, als spielten sie während des Zweiten Weltkrieges). Manchmal vergißt man ganz und gar, daß der Film in der Gegenwart spielt, und man erschrickt, wenn man dann ein Auto aus den Caligari-Schatten auftauchen sieht. Im Jahre 1922, als die Realität den Film von allen Seiten umgab, muß er noch weniger zeitgenössisch gewirkt haben.

Mehr als in *Spione* und den späteren *Mabuse*-Filmen ist hier der Schurke der wirkliche Held, genau wie Fu Man Chu der Held der Sax-Rohmer-Romane ist. Rudolf Klein-Rogge, Langs bevorzugter Bösewicht, war Chaney, Karloff und Lugosi in einem. Er war auch der erste Ehemann der Drehbuchautorin Thea von Harbou, die später Fritz Langs Frau wurde! Sein prächtiges Gesicht, schön und böse zugleich, wird hier auf exzellente Weise bei einigen erstklassigen Verkleidungen eingesetzt, die so überzeugend sind, daß selbst das Publikum nicht immer gleich erkennt, daß er sich dahinter verbirgt. (Mabuse verbringt so viel Zeit damit, sich zu verkleiden und genau im richtigen Moment an der richtigen Stelle zu sein, daß man sich fragt, woher er noch die Zeit nimmt, sich um den Rest seiner mächtigen Organisation zu kümmern!) Aufgrund des Einflusses der Buchvorlage – sie ist immer wieder neu aufgelegt worden und soeben als Taschenbuch erschienen, obwohl Mabuse schon lange wieder von der Leinwand verschwunden ist – wird bei diesem Film erhebliches Gewicht auf den persönlichen, großen Zweikampf zwischen Mabuse und dem humorlosen, aber hartnäckigen Staatsanwalt von Wenk gelegt.

Der Held in *Spione* ist ein naiver James-Bond-Vorfahre und Kommissar Lohmann aus *M* und *Das Testament des Dr. Mabuse* ein menschlicherer, aber nicht sehr aktiver Gegner. Wenk hat hier die Rolle eines Sherlock Holmes oder Nayland Smith; er ist wesentlich tiefer in die Vorgänge verwickelt und setzt sich auch persönlich stärker ein. Auch Mabuse überläßt – wie Moriarty – wenig seiner Organisation und stellt sich lieber persönlich zum Kampf. Seine Ziele sind weniger unbescheiden als in späteren Jahren, aber seine Motive werden klarer definiert, was ihn zu einem menschlicheren (und etwas weniger bedrohlichen) Gegner macht. Hin und wieder ist er sogar Mensch genug, um Wut und Enttäuschung zu zeigen; die späteren genialen Verbrecher waren viel

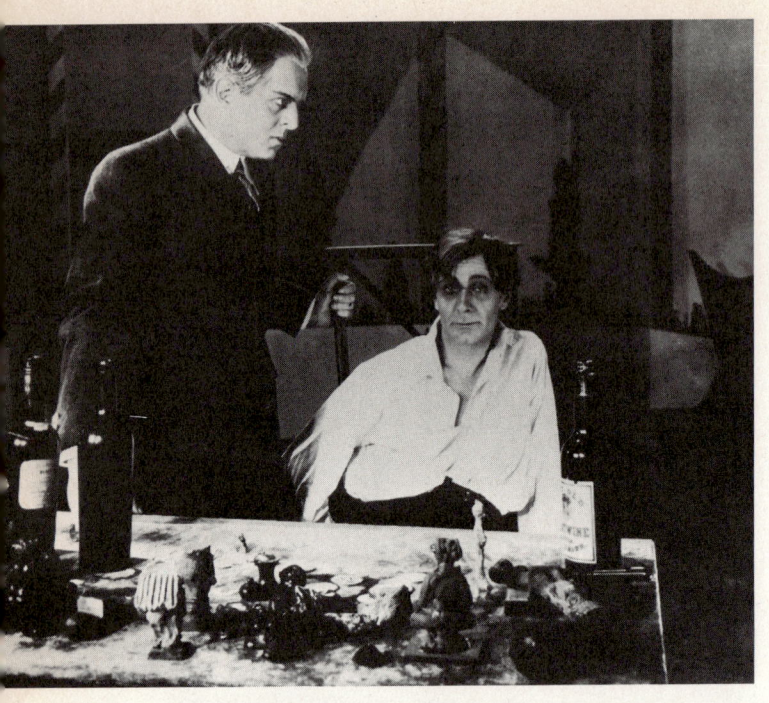

Dr. Mabuse und eines seiner Opfer: Alfred Abel (rechts).

Ein Beispiel für die weitläufigen, düsteren Räume und die expressionistischen Dekorationen von *Dr. Mabuse*.

zu sehr von sich überzeugt, um sich so etwas zu erlauben. Mabuse hat zwar seine ausgedehnte Organisation, seine Bande blinder Geldfälscher, seine als Gaskammern verwendbaren Autos und ein Laboratorium voller Schlangen, doch ist es eindeutig seine eigene, dynamische Persönlichkeit, die sein Imperium zusammenhält. Nach seinem totalen Triumph im ersten Teil ist es ziemlich bitter, wenn man sieht, wie er im zweiten Teil zur Strecke gebracht wird – obgleich wir wissen, daß er in den dreißiger Jahren zurückkehrt, um sich zu rächen, und dann noch einmal in einer ganzen Reihe von Filmen in den sechziger Jahren auftaucht.

Obwohl der zweite Teil wesentlich mehr äußere Handlung besitzt – der Detektiv, der unter Mabuses hypnotischem Einfluß sein Auto in einen Steinbruch lenkt und umkommt, die Schießerei; das Ausheben der Bande und Mabuses impressionistischer Verfall in den Wahnsinn, wenn die Geister seiner Opfer ihn umzingeln und sich die Maschinen seiner Falschmünzerwerkstatt in monsterhafte Roboter verwandeln – hat er einen langsameren Rhythmus und ist weniger aufregend als der erste Teil. Man hat den Eindruck, als habe sich Lang in der ersten Hälfte Mühe gegeben, die Figur Mabuses aufzubauen und alle erzählerischen Tricks und Kniffe zu diesem Zweck einzusetzen, wogegen es ihm im zweiten Teil anscheinend darum ging, seine Geschichte auf vollkommen ernste Weise zu erzählen und zu Ende zu bringen. Bei Lang sind scheinbar überflüssige und beziehungslose Einzelheiten oft kraftvolle Höhepunkte (siehe die Vision des Molochs und die zum Leben erwachenden Statuen der »sieben Todsünden« in *Metropolis*), und es ist schade, daß er den »komischen« Aspekt des zweiten Teils völlig ignoriert.

Auf gewisse Weise ist es verständlich, daß die Verleiher in Großbritannien und den USA sich für eine einteilige, gestraffte Fassung entschieden und gegen eine Veröffentlichung des Films in zwei Teilen. (Dies ist eine recht häufige Entscheidung, wenn es um die außereuropäische Auswertung von zweiteiligen Filmen geht; Langs Neuverfilmung von *Das indische Grabmal* wurde gleichfalls auf Normallänge zusammengestrichen und in den USA unter dem Titel *Journal to the Lost City* verliehen). Doch der zweite Teil ist nur im Vergleich zum ersten enttäuschend. In bezug auf seine Horror-Aspekte ist er vielleicht sogar interessanter. Auf jeden Fall war es nie Langs Absicht, daß beide Teile hintereinander vorgeführt werden sollten; wenn man sie in einem Abstand von Tagen oder Wochen sieht, fallen die Unterschiede in Stil und Tempo nicht mehr so deutlich auf und auch weniger ins Gewicht.

Langs zweiter *Mabuse*-Film – ein Tonfilm, genau

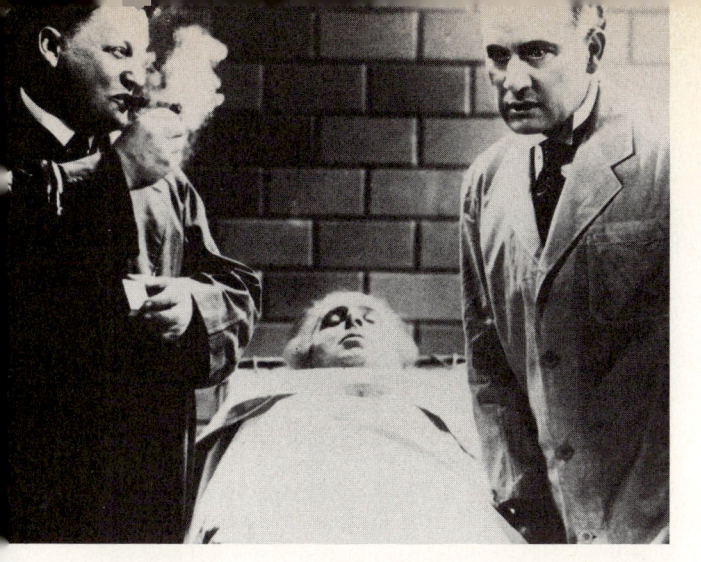

Das Testament des Dr. Mabuse: Kommissar Lohmann (Otto Wernicke), der tote Mabuse (Rudolf Klein-Rogge) und Professor Baum (Oskar Beregi).

zehn Jahre nach dem ersten entstanden – ist in vieler Hinsicht eine seiner besten Arbeiten und enthält sicherlich einige seiner gelungensten Sequenzen schaurigen Horrors. *Das Testament des Dr. Mabuse* (wieder mit Rudolf Klein-Rogge als Mabuse, doch sieht er eingefallen und wesentlich älter aus, als der Zwischenraum von zehn Jahren hätte erwarten lassen) erlangte so etwas wie Berühmtheit, als es von Goebbels verboten wurde. Augenblicklich schmuggelte man den Film aus Deutschland hinaus, und zur gleichen Zeit floh auch Lang. Die Gründe für diese Maßnahme (ausführlich dargelegt in Siegfried Kracauers *Von Caligari bis Hitler*) waren anti-nazistische Haltung und die Tatsache, daß hier Hitler- und NS-Parolen in den Mund des verrückten Mabuse und seiner Schergen gelegt wurden. Allerdings ist es fraglich, ob das deutsche Publikum erkannt hätte, daß Professor Baum (der Leiter der Irrenanstalt, dessen Geist und Körper in Mabuses Hände fallen) ein Nachfolger von Dr. Caligari ist, und sogar ziemlich unwahrscheinlich, daß es den Film als Propaganda gegen die »Neue Ordnung« aufgefaßt hätte.

Was Goebbels verboten hatte, war ein wundervoll fesselndes, schauriges Stück Melodram, dessen vorgeblich anti-nazistische Haltung auf alle Fälle überbewertet worden ist. Während des Krieges, als der Film selbst, der Lang hätte widerlegen können, nicht zur Verfügung stand, beschrieb der Regisseur dessen propagandistische »Botschaft« auf eine Weise, die einen wesentlich deutlicheren Anti-Nazismus hätte erwarten lassen. In den frühen fünfziger Jahren kam dann eine englisch synchronisierte Fassung in den Verleih, und die neuen Dialoge fußten zum Teil auf Langs Behauptungen. (Daneben gab es noch andere seltsame sprachliche Abweichungen; im Original gelingt es dem Kommissar nie, abends sein Büro zu verlassen und in die Oper zu gehen; weil man wohl annahm, das amerikanische Publikum würde einen so kulturbeflissenen Bullen nicht kaufen, wurde »Oper« in »Boxkampf« geändert!)

Lang nahm die Autoverfolgungsjagd aus seinem ersten *Mabuse*-Film als Anregung für einen ausgedehnten Höhepunkt des zweiten, und ebenso taucht der Mord im Auto aus diesem Film später im dritten *Mabuse* wieder auf. Es ist sogar die Art und Weise des Mordes, die einen langgedienten Beamten auf den Gedanken bringt, daß Mabuse dahinterstecken könnte. Und es gibt eine Verbindung zu *M,* denn es ist derselbe mürrische, methodische Kommissar Lohmann (Otto Wernicke), der sowohl den Kindesmörder als auch Mabuse zur Strecke bringen soll. Lang erweist sich auch als prophetisch in bezug auf ein beliebtes Melodrama-Klischee der vierziger und fünfziger Jahre, indem er seinen verrückten Meisterverbrecher zu einem Verehrer grotesker moderner Kunst macht! Ebenso wie *Dr. Mabuse, der Spieler* steht auch dieser Film in der Tradition alter Fortsetzungsfilme, ohne indessen eine bloße Aneinanderreihung billiger Spannungseffekte zu sein. Man findet hier in etwa die gleiche stetig-methodische Steigerung wie in einem Laurel-und-Hardy-Film; die Spannung wird im letzten Drittel fast unerträglich, es gibt abwechselnd Horror-Sequenzen und konventionelle Kriminalfilm-Episoden, so daß die Stimmung ständig wechselt und schließlich buchstäblich in einem alptraumhaften Höhepunkt mit Sabotage, Feuer und Verfolgungsjagd explodiert, und dann kommt – wie im ersten Film – der Verfall in den Wahnsinn.

So wie *Metropolis* als Langs entscheidender Beitrag zum Science-Fiction-Genre betrachtet werden kann, ist dieser *Mabuse* – trotz seines Krimi-Rahmens – Langs einziger richtiger Horrorfilm. Seine Spannung und Melodramatik fesseln den Zuschauer (besonders eine langwierige Flucht aus einem verschlossenen Raum, den der Held unter Wasser setzt, um so die Wucht einer bevorstehenden Explosion zu dämpfen), doch ist es die unerwartete Schaurigkeit der übernatürlichen Elemente, die den nachhaltigsten Eindruck hinterläßt. Der Geist des toten Mabuse, der kommt, um von dem Körper seines Untergebenen Besitz zu ergreifen, der expressionistische Gebrauch von Glas und verzerrten Blickwinkeln, um eine subjektive Sicht aus den Augen eines Verrückten zu vermitteln, und vor allem die Autojagd am Schluß sind Szenen von regelrechter Alptraumqualität.

Diese Verfolgungsjagd – mit ihren gelegentlich negativ kopierten Bildern, wodurch der nun vollständige Wahnsinn von Mabuses Opfer verdeutlicht werden soll, und den von den Autoscheinwerfern erhellten weißen, wogenden Umrissen gespenstischer

Bäume – machte nicht nur auf die Zuschauer einen starken Eindruck, sondern auch auf Filmemacher. In der Eröffnungssequenz von Jacques Tourneurs *Night of the Demon* ist der Einfluß dieser Szene eindeutig spürbar – runde 20 Jahre später!

Langs unglaubliche Fähigkeit, unsere alltägliche Umgebung in eine gänzlich schwarze Welt des Schattens und der Bedrohung zu verwandeln, wird durch eine Szene gegen Ende des Films perfekt verdeutlicht. Als die Polizei vorsichtig Mabuses Bande umstellt, wirft einer der Gangster einen Blick aus dem Fenster, um zu sehen, was draußen vorgeht. Zum ersten Mal in dem ganzen Film sehen wir Sonnenlicht und normales Verkehrstreiben, mit Straßenbahnen, Fußgängern und Leuten, die ihren täglichen Geschäften nachgehen. Es ist schon fast erschreckend, wenn wir jetzt erkennen, wie vollständig wir Langs beklemmende, im Atelier entstandene Welt bis zu dieser Stelle akzeptiert haben. Selbst zum Schluß läßt Lang seinen Griff nicht locker: Als Baum/Mabuse wahnsinnig wird, bleiben wir nicht etwa bei den Beamten, sondern werden stattdessen zusammen mit Mabuse eingesperrt. Die letzte Einstellung des Films zeigt die ins Schloß fallende Tür der Zelle, deren zwei Gucklöcher uns anstarren wie unmenschliche, spionierende Augen. Das ist eine perfekte Metapher für ein Leben unter einer tyrannischen Diktatur, und doch hat sich Lang bei seinen Versuchen, die NS-feindliche Gesinnung des Films zu erhärten, darauf seltsamerweise nie bezogen.

Das amerikanische Publikum sah Langs französische Fassung des Films in den vierziger und die gekürzte und synchronisierte Version in den fünfziger Jahren. Die vollständige deutsche Originalfassung stand erst wieder Ende 1973 zur Verfügung (und die *New York Times* feierte begeistert ihre Enthüllung), doch diejenigen, die den Film in den dreißiger Jahren gesehen hatten, empfanden ihn jetzt als eigenartig träge und langsam. Selbst als er neu war, hatte er schon seine überlangen, durchhängenden Stellen; jetzt war man so an die gekürzte Fassung gewöhnt, daß er einem übertrieben lang vorkam. Was seine Melodramatik betrifft, kam die gekürzte, synchronisierte Version dem Film wirklich zugute: Alle Schnörkel wurden herausgeschnitten und der Film auf seine melodramatische Essenz reduziert. Das verlieh ihm nicht nur ein schnelleres Tempo, sondern auch konzentrierteren Schrecken; im Original wird diese Spannung durch die langen »normalen« Abschnitte (und vor allem durch die ausgedehnte Liebesgeschichte) untergraben. In diesem Fall ist – betrachtet man die Sache einmal nüchtern vom Endresultat her und unter Außerachtlassung der Absicht und Integrität des Schöpfers – das Original tatsächlich eher verbessert als verstümmelt worden. Das Original ist fünf Akte länger als die gekürzte Version, doch diese fünf Akte bestehen hauptsächlich aus Ausweitungen von Szenen, die beibehalten wurden. Keine inhaltlichen Elemente, Figuren oder Ereignisse wurden weggelassen. Zugegeben, ein großer Teil der Subtilität ging verloren; Lang hatte Zeit, in seiner kompletten Fassung überzeugendere Motivationen aufzubauen. Seine brillante Eingangsszene – ein Mann, halb verrückt vor Angst, versteckt sich vor unsichtbaren Feinden in einem Raum, den ein gleichfalls unerklärliches Donnern und Vibrieren erfüllt (erst später wird klar, daß es sich um Mabuses Falschmünzerwerkstatt handelt) – wurde in der beschnittenen Fassung gekürzt und dadurch abgeschwächt: Ein Kommentar erklärt sofort, daß dies die Falschmünzerwerkstatt ist. Aber abgesehen von diesem einen Lapsus war es eine intelligent gemachte und respektvolle Bearbeitung.

Lang behauptet, daß er anfangs diesen zweiten *Mabuse*-Film gar nicht machen wollte und erst durch dessen NS-feindlichen Unterton überzeugt worden wäre. Er war sogar noch weniger gewillt, 1960 einen dritten *Mabuse*-Film zu machen, denn er fühlte, daß ein Mabuse nach der perfekten Organisation der Superverbrechen der Nazis ein Anachronismus sein würde. Dennoch ließ er sich schließlich überreden, *Die tausend Augen des Dr. Mabuse* zu drehen, wobei ihm diesmal gefiel, daß sein Verbrecher (nicht Dr. Mabuse selbst, sondern ein Anhänger, der seine Methoden und Ambitionen nach denen des toten Doktors ausrichtet) sich einer ultramodernen Technologie und Apparate bedient, von denen viele während des Zweiten Weltkrieges vom NS-Geheimdienst perfektioniert worden waren.

Wir brauchen uns an dieser Stelle nicht sehr eingehend mit *Die tausend Augen des Dr. Mabuse* zu beschäftigen; es ist ein überraschend glatter und stilvoller Thriller, wenn man bedenkt, daß der Regisseur siebzig Jahre alt war, als er 1960 diesen Film machte. Doch es ist hauptsächlich ein *Thriller,* der Motive aus den ersten *Mabuse*-Filmen wiederaufgreift und eine Verfolgungsjagd mit typischer Schießerei als Höhepunkt hat. Doch diesmal gab es weder Horror-Elemente noch Übernatürliches. Der Film bedeutete für Lang einen gelungenen Abschied von der Leinwand: Er war wieder in seinem Heimatland Deutschland, und er hatte gleichzeitig zu seinem altvertrauten Filmstoff zurückgefunden. Der Erfolg des Films veranlaßte seinen Produzenten, eine ganze Serie neuer *Mabuse*-Filme anrollen zu lassen, und man bat Lang, auch weiterhin dabei Regie zu führen – aber er hatte kein Interesse an derartiger Massenware und sagte klugerweise ab. Die Reihe der Filme, die nun folgten, war immerhin im Einzelfall durchaus von Interesse. Der ursprüngliche Dr. Mabuse tauchte wieder

Ein billiger und obskurer kleiner Horrorfilm, einer von vielen, die den Eindruck erweckten, ihr Star sei Lon Chaney, indem sie einen Schauspieler verpflichteten, der ihm ähnlich sah!

auf (natürlich jünger und kräftiger), um sein Imperium des Verbrechens auf einer Ebene zu organisieren, die größer war als je zuvor. Langs *Das Testament* wurde praktisch wörtlich neu verfilmt, und Gert Fröbe war in der Rolle des Kommissar Lohmann ein exzellenter Nachfolger Otto Wernickes, aber leider wurde – mit Blick auf den internationalen Markt – auch noch Lex Barker als amerikanischer Agent hineingebracht. Die meisten der *Mabuse*-Filme nach Lang waren solide gemacht, ließen aber an Stil vermissen, indem sie die Figur Mabuses nur als Anlaß oder Vorwand für Tricks und Action nach der Art James Bonds benutzten. So spielte in einem Film Unsichtbarkeit eine Rolle, und in einem anderen waren die Gangster als Froschmänner in Unterwasser-Verbrechen aktiv. Doch ein Film bildete eine Ausnahme: *Im Stahlnetz des Dr. Mabuse* erwies sich als eine Art Hommage an Lang und ein Mabuse-Mosaik, obwohl der Produzent sicher nicht ahnte, wie gut sein Film eigentlich war. Viele Figuren und Situationen basieren direkt auf bestimmten Lang-Filmen: Die Eingangssequenz im Zug stammt zugleich aus *Dr. Mabuse, der Spieler* und dem späteren *Spione*. Ansonsten baut er eine typische Lang-Welt auf, in der eine Kirche und eine Irrenanstalt gleichermaßen Fassaden für die Verbrecherorganisation sind und in der Originalität und Einfallsreichtum in bezug auf die Bösewichte (sowie ein Wiederbeleben von Mabuses Verkleidungskunst) den nichtigen Schnickschnack der Bond'schen Spionagegeschichten ersetzen. Das Drehbuch des Films stammte von einem Veteranen, dessen eigene Wurzeln bis in die »goldene Zeit« des späten Stumm- bzw. frühen Tonfilms zurückreichen. Der Film wirkt auf angenehme Weise altmodisch – bis hin zu einigen umständlichen Mordmethoden – und kommt etwas schneller ins Rollen, als Lang lieb gewesen wäre. Er zog es vor, bedächtig anzufangen und sich systematisch und stetig zu steigern. Die neue Methode ist es, sehr früh ein hohes Maß an Spannung zu erreichen und dieses dann zu halten. Langs Arbeitsweise ist altmodischer, aber befriedigender. Allerdings standen ihm auch Künstler wie Klein-Rogge zur Verfügung, und er brauchte sich nicht um ein Publikum zu kümmern, das an die verführerische, kurzlebige Sensationsmache des Fernsehens gewöhnt ist, das die Aufmerksamkeit des Zuschauers erregen muß, noch ehe er auf ein anderes Programm umschalten kann.

Trotz seiner bemühten Nachahmung von Langs Situationen, Milieu und Figuren fehlen dem Film einige wesentliche Dinge. Er ist eher zu deutlich in seiner Darstellung der verschiedenen Morde (ein Opfer wird mit einem Flammenwerfer in Brand gesetzt, ein anderes in einem Säurebecken aufgelöst!), und es gibt Gangster, die den Helden in Schlägereien verwickeln. Sobald die Bedrohlichkeit deutlich wird – und oft ist es Bedrohung auf physischer Ebene –, gibt es für die Phantasie wenig Möglichkeit, sich ihre eigenen Ängste und Schrecken auszumalen. Auch spielt ein Großteil des Films bei hellichtem Tage; und wenn man sehen kann, was vor sich geht und wenn der Held nur die Flucht ergreifen oder Hilfe holen kann, verschwindet jede Alptraumqualität. Doch es ist trotzdem Langs Welt oder zumindest eine bemerkenswerte Nachahmung, und er hätte sich dessen nicht zu schämen brauchen.

3 Frankenstein und seine Erben

The Bride of Frankenstein: Die Dorfbewohner haben das Monster lebend gefangen und schleppen es davon.

FRANKENSTEIN
FRANKENSTEIN 1931

Regie James Whale. *Drehbuch* John L. Balderston, Garret Fort, Francis Edwards Faragoh, nach dem Roman von Mary W. Shelley und dem Bühnenstück von Peggy Webling. *Kamera* Arthur Edeson. *Art Director* Herman Rosse. *Produktion* Universal. *Darsteller* Colin Clive, Boris Karloff, Mae Clarke, John Boles, Edward Van Sloan, Dwight Frye, Frederick Kerr, Lionel Belmore, Marily Harris.

Frankenstein ist ein Pionierwerk des Genres; aber der Film wurde gedreht, noch ehe der griffige Terminus »Horrorfilm« in Mode kam und war eigentlich gedacht als eine Art Morality Play, ein Werk, das dem Zuschauer nicht nur angenehme Schauer über den Rücken laufen läßt, sondern ihm auch ein Anliegen vermittelt. Der schwer lesbare, bizarre Roman von Mary Shelley bildete lediglich den Ausgangspunkt für den Film, und Whales Fassung ist außerdem die Bearbeitung eines als hochoriginell geltenden Konzeptes, das ein anderer bedeutender Regisseur, Robert Florey, entworfen hatte. Die Kritik, die nicht ahnen konnte, daß der Film ein ganzes Genre wesentlich härterer Schocker nach sich ziehen würde, lobte im allgemeinen seine formalen Qualitäten und war von der herben Poesie hinter der Horror-Fassade beeindruckt. Sie warf aber auch die Frage auf, ob dem Zuschauer eine derart beklemmende Geschichte zugemutet werden könne, und ob das Kino nicht die moralische Verpflichtung habe, solch gräßlichen Themen lieber aus dem Wege zu gehen.

Heute erscheint die Geschichte von Dr. Frankenstein, der aus Leichenteilen ein Monster schafft, wie das Modell für die unzähligen Imitationen und Fortsetzungen, die folgten. Die relativ primitive Machart des Films – beispielsweise das völlige Fehlen einer Musikuntermalung und die auffälligen »Außenaufnahmen« im Studio – verleiht ihm in gewisser Hinsicht einen groben Realismus, den die späteren, glatteren Filme nicht haben. Das Wort »relativ« sollte dabei betont werden, denn für die Zeit seiner Entstehung war es ein äußerst gut gemachter und stilvoller Film. Lediglich das Fehlen der Musik machte ihn in technischem Sinne altmodisch, und er erwies sich bei zahllosen Wiederaufführungen immer wieder als so erfolgreich, daß es verwundert, daß Universal nicht auf den Gedanken kam, ihn durch eine Filmmusik zu modernisieren.

Colin Clive, der gerade den Stanhope in James Whales früherem *Journey's End* – immer noch ein starker, dramatischer Film und in keiner Weise ein unbedeutenderer Whale, wenngleich sein Erstlingswerk – gespielt hatte, war ein wundervoll fanatischer, besessener, zerrissener Frankenstein. In weiteren wichtigen Rollen brillierten Edward Van Sloan und Dwight Frye, die sich im Verlaufe ihrer Karrieren auf derartige Charaktere spezialisieren sollten. Doch es war die kraftvolle Persönlichkeit Boris Karloffs (in seiner ersten Hauptrolle, nachdem er seit mehr als zehn Jahren Statist, Komparse oder Bösewicht gewesen war und nur äußerst selten befriedigende Rollen bekommen hatte), die gerechterweise am meisten Aufsehen erregte.

Zwei entscheidende Kürzungen haben *Frankenstein* seit seiner Uraufführung beeinträchtigt. Die eine ist das Entfernen von Clives Dialogsatz »Jetzt weiß ich, was es heißt, sich wie Gott zu fühlen!« nachdem das Monster erfolgreich zum Leben erweckt worden ist; ein häßlicher Bildsprung bezeugt heute noch in allen Kopien diese fromme Zensurmaßnahme. Die andere ist die bekanntere Szene: Karloff spielt fröhlich mit einem kleinen Mädchen an einem See und wirft es arglos ins Wasser, weil er denkt, es müsse genauso schwimmen wie die Blumen, die es hineingeworfen hat. Am Anfang waren die Zuschauer entweder von der scheinbaren Brutalität der Szene schockiert oder durch ihre Ungereimtheit amüsiert; das Ergebnis war in jedem Falle Gelächter – und das Zerstören der Stimmung. Die Szene wurde geschnitten, obwohl das plötzliche Auftauchen des Vaters mit dem schlammbedeckten toten Kind auf dem Arm nun unglücklicherweise eher ein bestialisches als ein durch Unwissenheit bedingtes Verbrechen vermuten läßt.

Frankenstein zeigt nicht nur, daß Whale den stummen und besonders den deutschen Film genau studiert hatte (es gibt eindeutige Hinweise auf *Das Kabinett des Dr. Caligari* und *Der Golem*), sondern zeugt auch von der Bühnendramatik, die immer ein Hauptmerkmal für Whales Arbeit sein sollte.

Beißender Humor ist ebenfalls zu spüren, wenngleich auch in diesem ersten Film, der ernster gemeint war als die meisten seiner Nachfolger, noch nicht so deutlich, und Baron Frankenstein, der joviale Vater, der eigenartigerweise trotz seines Namens und seiner Abstammung eher britisch als teutonisch wirkt, wird als Kontrast zu der sonst ziemlich bedrückenden Atmosphäre eingesetzt. Die Bühnendramatik wird wohl nirgends deutlicher als in der Szene, in der das Monster geschaffen wird, was Dr. Frankenstein buchstäblich für seine Gäste, die er von ihren Sesseln aus seinem Experiment zusehen läßt, in Szene setzt. Wenn das Monster dem Publikum enthüllt wird, wird die Konfrontation zunächst hinausgezögert und dann langsam gesteigert. Wir sehen das Monster in verschiedenen Nahaufnahmen, und die Handlung geht nicht weiter, bevor wir es nicht genau betrachtet haben. Das ist, als ob ein populärer

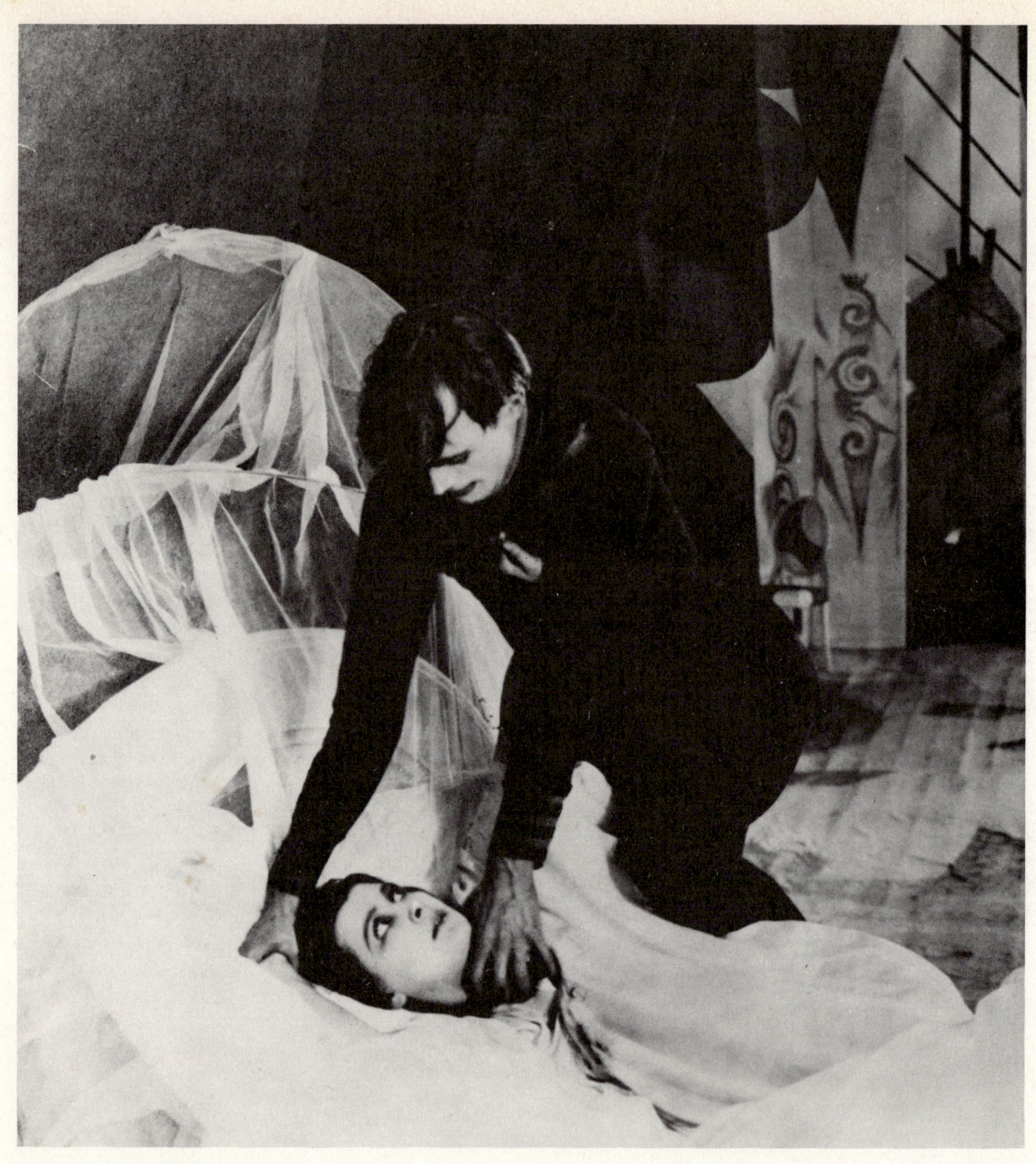

Conrad Veidt und Lil Dagover.

Frankenstein (1931): Boris Karloff und Mae Clarke.

Im Vergleich mit einer Szene aus dem deutschen Klassiker *Das Kabinett des Dr. Caligari* (1919) wird die enge Verbindung zwischen James Whales Film von 1931 und dem deutschen Stummfilm deutlich.

47

Eindrucksvolle Beispiele der hohen Dekorationen, die in *The Bride of Frankenstein* (1935) verwendet wurden. Links Dwight Frye, rechts Ernest Thesiger und Colin Clive.

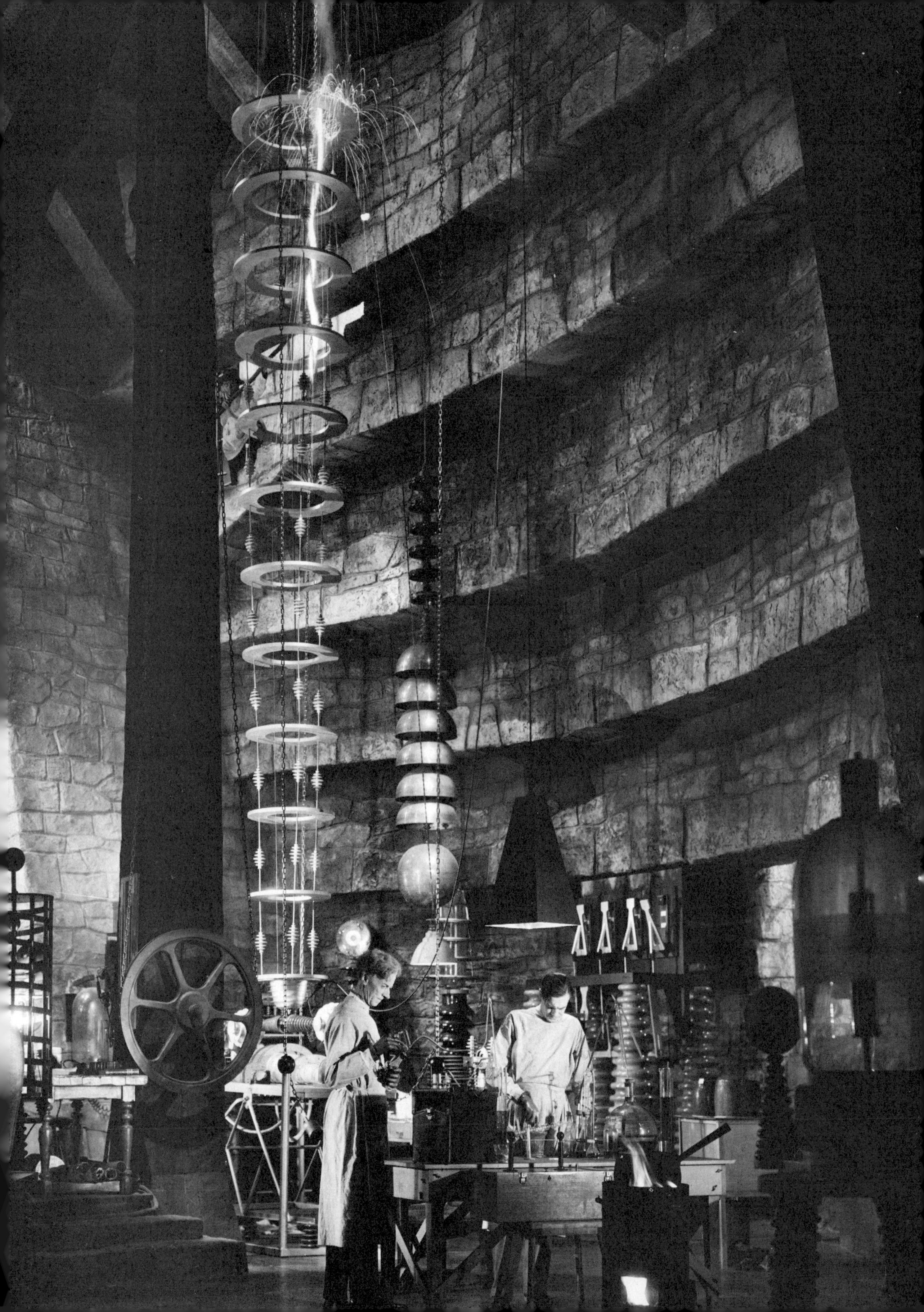

Boris Karloff in einer ersten Monster-Maske; das Makeup wurde später leicht verändert.

Schauspieler bei seinem ersten Auftritt in einem Stück erst einmal abwartet, den Applaus entgegennimmt und dann erst in seinem Spiel fortfährt. Diese stufenweise Enthüllung seiner Horror-Hauptfigur ist ein Verfahren, das Whale auch in anderen Filmen auf gelungene Weise anwendet: vornehmlich in *The Old Dark House* und zweimal in *The Bride of Frankenstein*.

Bravouröse Auftritte und Abgänge kennzeichnen sämtliche Filme Whales, ebenso wie sein Gebrauch von riesigen Fenstern im Hintergrund, wodurch ein natürlicher, wenn auch nicht realistischer Proszeniumsbogen entstand. Auch ließ Whale häufig seine stets beweglichen Kameras durch die Wände der mehrteiligen Kulissen *hindurch* fahren, wie um uns daran zu erinnern, daß hier nichts real ist, sondern alles eine Fingerübung in Bühnendramaturgie. Am besten wußte er wohl Schnitt (Totale, Schnitt: Nahaufnahme), Kamerabewegung und Licht so anzuwenden, daß ein bestimmter Dialogsatz seine größte Wirkung erzielte. In einem Interview mit der *New*

Frankenstein: Das Monster versucht, seinen Schöpfer umzubringen. Karloff und Colin Clive.

York Post im August 1973 betonte die Filmschauspielerin Susan Clark die Notwendigkeit »fundierter« Rollen und Dialoge, damit der Schauspieler einen Eindruck hinterlassen kann. Sie fragte: »Wie soll jemand mit dem Satz ›Gib mir mal bitte den Kartoffelsalat‹ beim Zuschauer eine dramatische Wirkung erzielen?« Anscheinend hat sie nie erlebt, wie Ernest Thesiger unter James Whales Regie einen sogar noch simpleren Satz vorbringt: »Nehmen Sie doch noch Kartoffeln!« – einer der Höhepunkte in *The Old Dark House!*

THE BRIDE OF FRANKENSTEIN
FRANKENSTEINS BRAUT 1935

Regie James Whale. *Kamera* John Mescall. *Drehbuch* John L. Balderston, William Hurlbut. *Musik* Franz Waxman. *Special Effects* John Fulton. *Produktion* Universal (Carl Laemmle jr.). *Darsteller* Boris Karloff, Colin Clive, Valerie Hobson, Elsa Lanchester, Ernest Thesiger, O. P. Heggie, Dwight Frye, John Carradine, Walter Brennan.

Es beginnt mit einem donnernden Gewitter, bei dem Mary Shelley in einem geräumigen Zimmer, begleitet von einem lieblichen Menuett, von den weiteren Abenteuern Dr. Frankensteins und seines Monsters berichtet. Augenblicklich sind wir wieder bei der brennenden Ruine der alten Mühle, wo sich der Höhepunkt des ersten Films abspielte. Es wird ein bißchen gemogelt, indem so getan wird, als sei Frankenstein durch die Hand seines Monsters umgekommen; erst nach einer pompösen Beerdigungsprozession läßt man ihn zu Hause wieder zu sich kommen. *The Bride of Frankenstein* ist der mit Abstand beste der acht *Frankenstein*-Filme der Universal und wahrscheinlich auch der beste aller Filme mit einem vom Menschen geschaffenen Monster, egal aus welcher Zeit. Beurteilt man einen Horrorfilm lediglich aufgrund des puren Grauens, das er vermittelt, müßte *Bride* vielleicht einen zweiten Platz einnehmen, doch was Stil, Gestaltung, Drehbuchgehalt, Darstellung, Musik und praktisch jede andere Einzelheit betrifft, ist er tatsächlich unübertroffen. Als eine Fingerübung in gotischem *Grand Guignol* ist er besser als sein Vorgänger, und dennoch – trotz seines aufwendigen Budgets – gelingt es ihm, vieles von der unbehauenen Qualität des Originals zu behalten, was den späteren Filmen nicht gelungen ist oder was diese wohl eher absichtlich vermieden haben.

Zugegeben, der Film hat seine Schwächen. Er gibt sich etwas zu deutlich Mühe, der absolute Spitzenfilm seines Genres zu werden, und obwohl ihm das

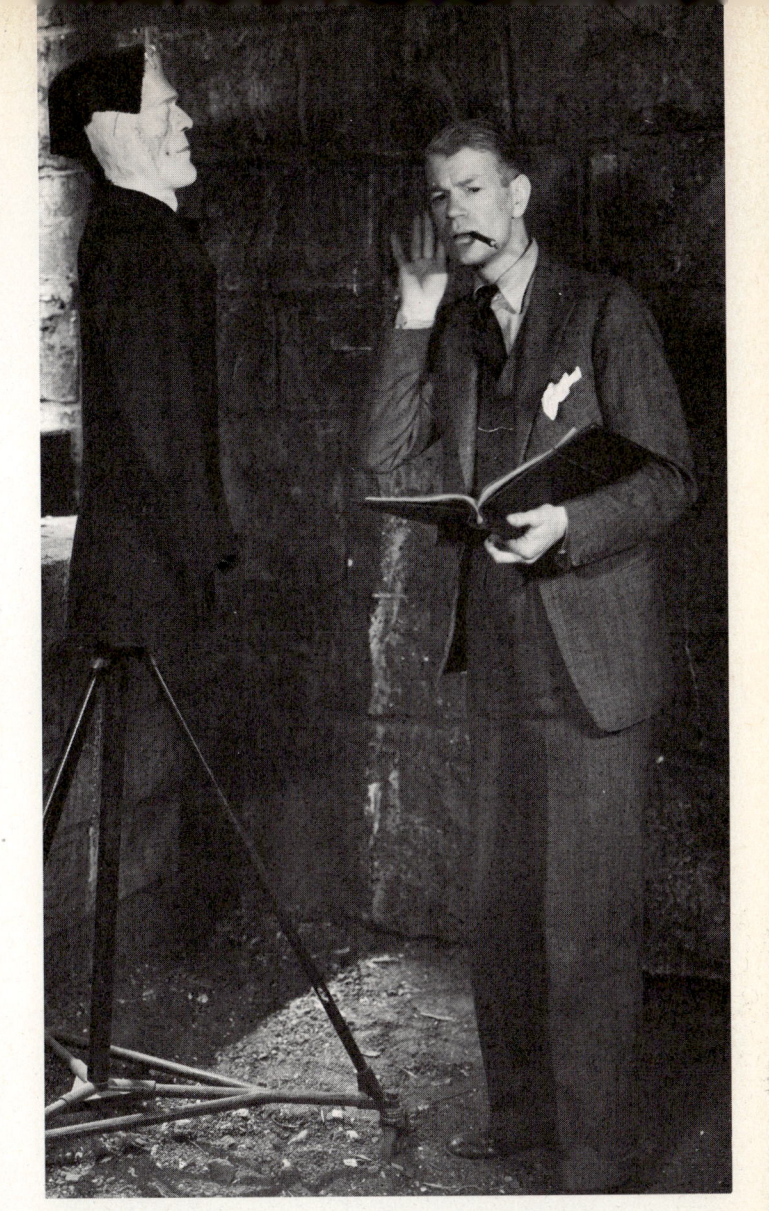

James Whale posiert für den Standfotografen während der Dreharbeiten zu *Frankenstein*.

auch gelungen ist, so arbeitet seine von der ersten Szene an ununterbrochene Folge von Schocks und Sensationen eher gegen als für ihn. Man hat nie mehr Angst vor dem Monster als in seiner ersten Szene in der verkohlten Mühle; mit weniger Schocks und einer subtileren Zeichnung ihres Charakters wurden Murnaus Nosferatu und Mamoulians Mr. Hyde im Verlaufe ihrer Filme *mehr und mehr* schreckenerregend. Auch ist die gelegentliche Vermischung von Sex und Religion stellenweise schon fast anstößig und wird nur durch Whales guten Geschmack oder Karloffs wirklich ergreifende Darstellung gerettet. Es gibt nur wenige andere Schauspieler, die in der Szene überzeugt hätten, in der Karloff von der Meute an eine Art Kruzifix gehängt und von der

The Bride of Frankenstein:
Das geflüchtete Monster sucht Zuflucht auf dem Friedhof.

Kamera fast wie eine Christus-Figur aufgenommen wird; oder in der delikaten und eigenartig berührenden Szene, in der Karloff versehentlich über den spinnwebenbedeckten Körper des Mädchens stolpert, das zu seinem weiblichen Gegenstück gemacht werden soll, und er ihr das Gesicht streichelt, wobei er fröhlich vor sich hinsummt.

Ebenso wie der erste *Frankenstein,* ließ sich auch *The Bride of Frankenstein,* ursprünglich als *The Return of Frankenstein* angekündigt, stark vom deutschen Stummfilm inspirieren. Elsa Lanchesters Kopfbewegungen und die Bildausschnitte bei ihren Nahaufnahmen verweisen eindeutig auf Brigitte Helm als Roboter in Fritz Langs *Metropolis.* Tatsächlich war auch Brigitte Helm – ebenso wie Louise Brooks – auf der Liste der Schauspielerinnen, die Whale für die Rolle der Monsterbraut im Kopf gehabt hatte. Für kurze Zeit wurde der Film in einer Länge von mehr als 90 Minuten vorgeführt, und er zeigt Anzeichen dafür, daß nachträgliche Änderungen an ihm vorgenommen worden sind, Szenen dem fertigen Film hinzugefügt wurden und eine herausgeschnitten ist (nachdem das Monster Frankensteins Braut entführt hat), was einen Dialogsatz Ernest Thesigers völlig unverständlich werden läßt. Die Schnittfolge wirkt ein bißchen ungenau. Es scheint, als habe Dr. Frankenstein in Sünde gelebt, da er und seine Verlobte bereits vor der Ehe zusammenwohnen. Auch die Zeit der Handlung ist etwas unklar; Thesiger kommt Alexander Graham Bell in der Erfindung des Telefons zuvor (er nennt es schlicht »einen elektrischen Apparat«), verwendet jedoch viele Dinge aus der Zeit *nach* Bell in seinem Labor. Die strenge Moral der dreißiger Jahre kommt aber recht deutlich in der Mahnung des Bürgermeisters zum Ausdruck: »It is high time every man and his *wife* was home in bed (Höchste Zeit, daß jeder mit seiner Ehefrau zu Bett liegen sollte).«

Doch wir sollten hier nicht so knausrig und spitzfindig sein. Dies ist ein pralles, kurzweiliges Märchen, das neben all seiner Spannung auch zu ergreifen vermag. Karloffs darstellerische Leistung bleibt eine seiner besten überhaupt, obwohl Ernest Thesiger in der großartig geschriebenen und bravourös gespielten Rolle des verrückten Dr. Praetorius, der vor seiner makabren Arbeit gern einen kleinen Imbiß aus Brot und Käse zu sich nimmt und dabei einem Totenkopf zuprostet, ihm natürlich die Schau stiehlt. Auch Dwight Frye hat in diesem Film ein paar seiner besten und pikantesten Dialogsätze zu sagen.

Obwohl der Film ausschließlich im Studio entstanden ist (im Gegensatz zu *Frankenstein,* der ein oder zwei reale Außenaufnahmen aufweist und bewußt die Heiterkeit der natürlichen Welt mit der alptraumhaften Welt der Laboratorien, Galgen und

Dr. Praetorius und seine Handlanger finden den Leichnam, den sie zur Erschaffung der Monsterbraut benötigen.

Dr. Frankenstein bekommt bei seiner Arbeit Hilfe von dem verrückten Dr. Praetorius, gespielt von Ernest Thesiger.

Dwight Frye als Assistent der Wissenschaftler; medizinisch völlig ahnungslos, aber talentiert im Beschaffen »frischer Herzen«.

Als das Monster sich mit einem Einsiedler anfreundet, kommt es in den Genuß zu rauchen…

…und zu trinken. In dieser kuriosen Szene wird beim Ausblenden das Kreuz (links) betont.

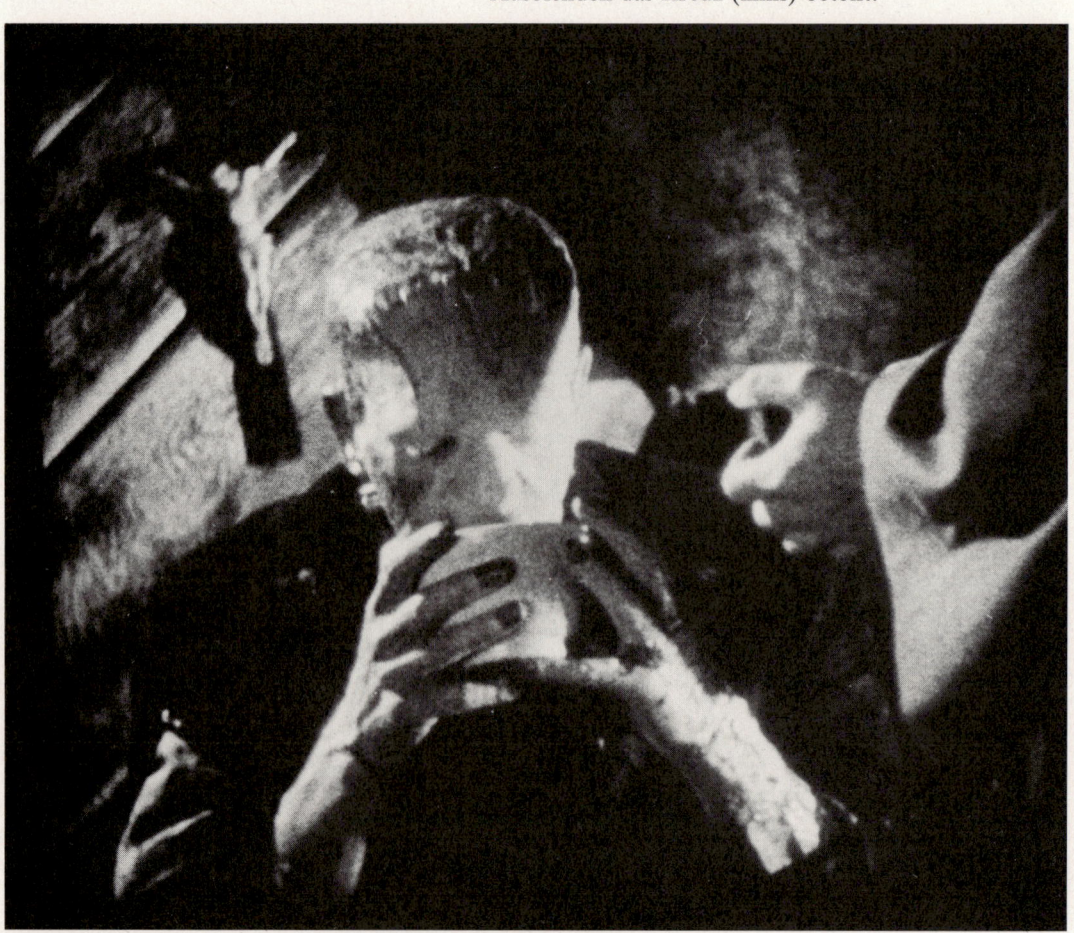

Die Erschaffung eines neuen Monsters. Ausgewickelt ist es Elsa Lanchester.

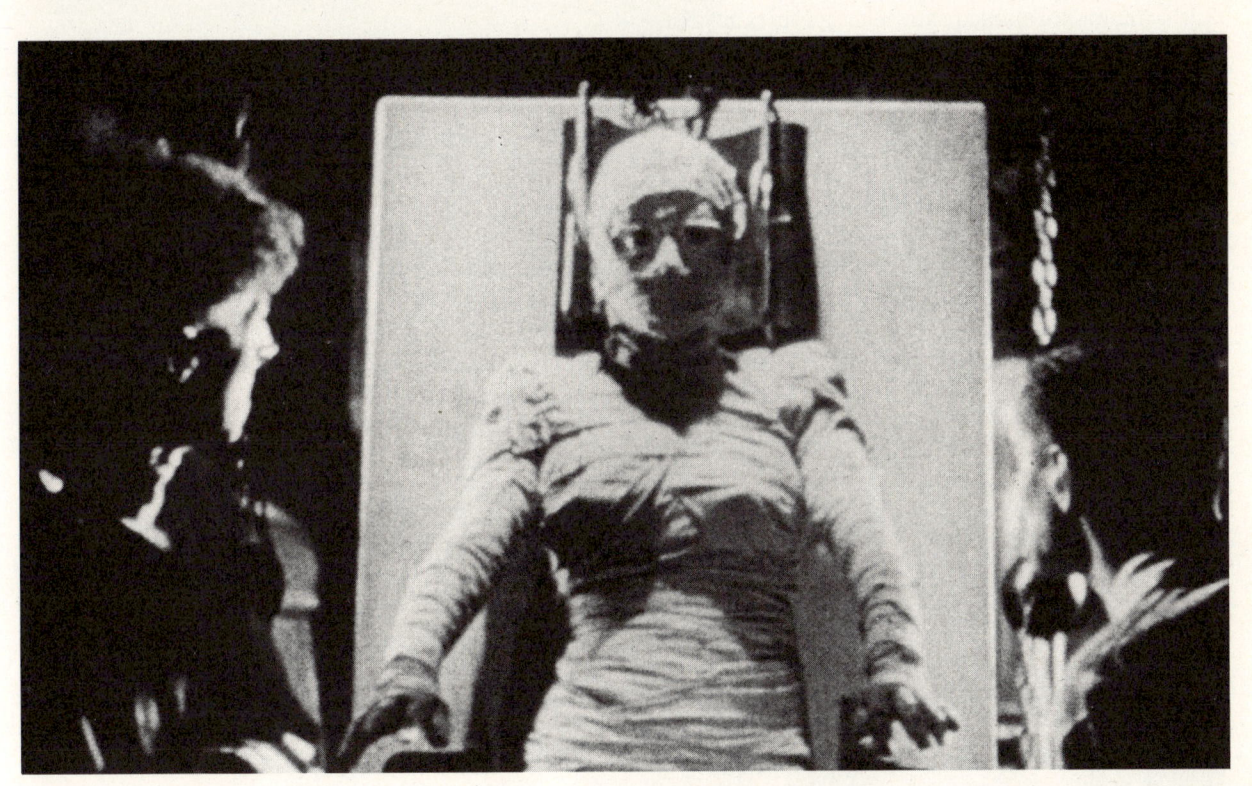

Friedhöfe kontrastiert) und auf die Außen-Bauten keine besonders große Sorgfalt verwandt wurde, wirken die Kulissen in dem vorherrschenden grauen Zwielicht doch kompakt und überzeugend. Die Trickaufnahmen – besonders Thesigers Miniaturmenschen in den Flaschen, einer hauptsächlich komisch gemeinten Episode – sind äußerst raffiniert, und die langen Szenen im Laboratorium sind die besten und ausgefeiltesten, die je für diese Art von Film geschaffen wurden. (Allein die Laboratoriumskulisse, deren Höhe durch eine gekippte Kamera noch verstärkt wird, ist wunderschön.) Franz Waxmans Musik – von dem Marschmotiv, wenn die dümmlichen Dorfbewohner wieder einmal zu ihren Fackeln greifen, bis zu dem Glockenkonzert, das den Auftritt der Braut begleitet – ist gleichfalls hervorragend. Die Innendekorationen machen geschickten Gebrauch von gemalten Schatten und Standarddekorationen (die Gruft stammt aus *Dracula* und wurde später in *The Mystery of Edwin Drood* benutzt) und sind sämtlich sehr schön entworfen. Daß freilich im rechten Augenblick ein riesiger, für Monster-Maße konfektionierter Steinthron mit Kette und Nackenzwinge parat steht, legt zwingend den Verdacht nahe, daß in dieser Gegend ständig überdimensionierte Delinquenten ihr Unwesen treiben.

Die Handlung vermenschlicht diesmal das Monster ein wenig; sie läßt es Kontakt zu einem blinden Eremiten finden, macht es mit den Freuden des Trinkens und der Musik bekannt und erlaubt ihm, ein paar Brocken Englisch zu lernen – eine Sequenz, die lose auf einer ähnliche Episode im ursprünglichen Roman basiert. Seine neue Denkfähigkeit bewegt es, Dr. Frankenstein und dessen Braut im letzten Akt Freiheit und Leben zu schenken, während es sich selbst, seine Partnerin und den schillernden Dr. Praetorius (der eigentlich immer wie ein echter Freund zu ihm war), mit einem dieser nützlichen Allzweck-Schalter umbringen will, die es in den meisten Horrorfilm-Laboratorien für ein bequemes Schluß-Abräumen gibt. »Berühre ja nicht diesen Schalter, oder du wirst uns alle in die Luft jagen!« warnt Dr. Praetorius. Wofür er sonst da ist, wird nicht näher erklärt, ebensowenig wie die Tatsache, daß das Monster die nun folgende Feuersbrunst überlebt (wie sich in der Fortsetzung herausstellt) und seine Partnerin nicht.

SON OF FRANKENSTEIN
(FRANKENSTEINS SOHN) 1939

Regie Rowland V. Lee. *Drehbuch* Willis Cooper. *Kamera* George Robinson. *Art Directors* Jack Otterson, Richard Riedel. *Musik* Frank Skinner. *Produktion* Universal. *Darsteller* Basil Rathbone, Boris Karloff, Bela Lugosi, Lionel Atwill, Josephine Hutchinson, Emma Dunn, Donnie Dunagan, Edgar Norton, Gustav von Seyffertitz, Lionel Belmore.

Obwohl James Whale noch bei Universal beschäftigt war und dort 1939 *Green Hell* drehte, bekam nun Rowland V. Lee die Leckerbissen zugeteilt und wurde für *Son of Frankenstein*, *Tower of London* und *The Sun Never Sets* verpflichtet, allesamt Filme, die viel eher dem Talent Whales entsprochen hätten. Lee hatte längst nicht so viel Gespür wie Whale und glitt wesentlich öfter in Geschmacklosigkeiten ab. Allerdings verstand es Lee ausgezeichnet, den Stil anderer zu imitieren, und so ist das Beste in *Son of Frankenstein* das, was an Whale erinnert. Lees eigener Stil war schwerfällig und germanisch, und *Son of Frankenstein* ist mit seinen zehn Akten viel zu lang, um eine Stimmung des Terrors oder fesselnder Spannung aufrechterhalten zu können. Wenn schon ein kleines Kind offensichtlich keine Angst vor dem Monster hat, haben wir, die Zuschauer, eigentlich auch keinen Grund, uns zu fürchten. Außerdem untergräbt der Film durch seine Versuche, »anspruchsvoll« zu wirken, die physische Handlung: Der erste Auftritt des Monsters kommt sehr spät, und Szenen der Gewalt – Morde, nächtliche Raubzüge, die Szenen im Laboratorium – wirken oberflächlich.

Ernest Thesiger und der praktische Hebel, der zum Schluß die Vernichtung des Monsters, der Braut und Thesigers herbeiführen wird.

Dennoch ist es ein faszinierender Film, der allein schon aufgrund seiner Ausstattung, seines Lichts und seiner allgemeinen visuellen Schönheit ohne Zweifel als der zweitbeste Film der Serie eingestuft werden muß. Mit Hilfe von Regen, Donner und tiefer Dunkelheit schafft er sich seine eigene Alptraumwelt: Nie sieht man die Sonne oder spürt man frische Luft, und die einzigen Bäume, die es gibt, sind abgestorben. Die kleine Stadt ist so unwirklich wie Douglas Fairbanks' Bagdad, aber auch genauso überzeugend, denn Lee zeigt sie uns nie in Zusammenhang mit Dingen, die real *sind*. Alles und jedes – vom Regen über den Türklopfer bis zu der verformten Treppe – bekommt übergroße, traumartige Proportionen. Es ist eine der aufregendsten und sicher germanischsten visuellen Stimmungen, die je in einem Hollywoodfilm geschaffen wurden, was besonders für jene ziemlich prosaische Zeit bemerkenswert ist.

Das Monster kann zwar nicht mehr sprechen, doch seine Menschlichkeit wurde in seiner Liebe zu seinem Freund Ygor (ein ehemaliger Schafhirte, der auf irgendeine Weise dem Galgen entronnen ist) und seiner Faszination für Bücher mit Kinderreimen beibehalten. Allerdings ist es wieder so stark wie früher: Es macht die Gegend unsicher, indem es alle Geschworenen umbringt, die für Ygors »Exekution« verantwortlich waren, und zum Schluß wird es beseitigt, indem man es in eine vulkanähnliche Schwefelgrube stößt. Die Dorfbewohner haben sich ihre zweifelhafte Zuverlässigkeit bewahrt: Zu Beginn des Films noch übertrieben feindselig, sind sie am Schluß, wenn sie Baron Frankenstein auf dem Bahnhof verabschieden, die Freundlichkeit und Beflissenheit selbst ... ohne indes zu ahnen, daß Sir Cedric Hardwicke, ein weiterer Frankenstein-Sohn, ein paar Stationen weiter schon auf seinen Einsatz wartet!

Die Handlung ist in *Son of Frankenstein* ein wenig logischer als in seinem Vorläufer. Die darstellerischen Leistungen sind kontrolliert; Lugosi ist besonders gut und ergreifend als Ygor (eine seiner besten und am meisten unterschätzten Rollen) und Atwill verleiht einer starken Figur Würde und eine erstklassige Diktion. Nur Rathbone übertreibt bedauerlicherweise arg, selbst wenn man die hysterische Note, die im Konzept seiner Rolle steckt, berücksichtigt. Die Dialoge sind ein Genuß, wobei die besten Stellen die scheinbar nebensächlichen Sätze sind, die – im Gegensatz zu den bedeutungsschwangeren Dialogen in *The Bride of Frankenstein* – nur in ihrem Kontext komisch wirken.

»Ein seltsames Land...«, sinnt Rathbone, als er den Wald mit seinen toten Bäumen und seinem Trockeneis-Nebel betrachtet. Wenn er das Monster

Son of Frankenstein (1939): Das Monster hat einen neuen Freund: Ygor, gespielt von Bela Lugosi.

untersucht, diagnostiziert er auch, daß »kein menschliches Herz so schlagen kann«, wobei er ganz vergißt, daß es jenes »ganz frische« Herz ist, welches der eifrige Dwight Frye auf seine etwas direkte Art im vorhergehenden Film beschafft hat. Das feierliche kleine Sprichwort des Hausmädchens – »Ist das Haus erfüllt von Grauen, die Betten Kopf an Kopf sollst bauen« – ist ein Stück transsylvanischer Folklore, das es sich zu merken lohnt, ebenso wie Lugosis zweideutiger Satz »Es hilft mir dann und wann!« wenn er von seiner Intimität mit dem Monster spricht. Atwill macht eine herrlich taktlose Bemerkung, als er die Verstümmelung eines Opfers beschreibt (»Der Karren ist ihm genau über die Brust gefahren ... dabei brach ihm das Herz!«) und die Decke gerade soviel anhebt, um der trauernden Witwe der Leiche einen Blick darauf zu gönnen. Aber der vielleicht beste Satz kommt, als der arme Edgar Norton, der Assistent des Doktors verschwunden ist. Ein hilfsbereiter Diener erklärt: »Wir haben ihn rauf ins Kinderzimmer geschickt, um Babys Tablett zu holen, und seitdem ward er nicht mehr gesehen.« Sätze wie dieser passen vortrefflich in die surrealistische Alptraumatmosphäre des ganzen Films, in dem ein menschenfressendes Baby durchaus nichts Ungewöhnliches wäre.

Ein Beispiel für die schönen Bauten in *Son of Frankenstein,* die im Film selbst sogar noch besser aussehen (höher und besser ausgeleuchtet). Edgar Norton, Basil Rathbone, Josephine Hutchinson, Donnie Dunnagan und Emma Dunn.

Son of Frankenstein: Basil Rathbone, Lionel Atwill.

THE GHOST OF FRANKENSTEIN
(FRANKENSTEINS GEIST) 1942

Regie Erle C. Kenton. *Drehbuch* Scott Darling, nach einer Geschichte von Eric Taylor. *Kamera* Milton Krasner, Woody Bredell. *Art Director* Jack Otterson. Musikalische Leitung Charles Previn. *Produktion* Universal (George Waggner). *Darsteller* Lon Chaney jr., Evelyn Ankers, Sir Cedric Hardwicke, Ralph Bellamy, Bela Lugosi, Lionel Atwill, Doris Lloyd, Olaf Hytten, Leyland Hodgson, Janet Ann Gallow, Otto Hoffman, Dwight Frye, Barton Yarborough, Holmes Herbert.

Die Schwefelgrube hat dem Monster anscheinend nicht geschadet (von einer etwas akuteren Schwerfälligkeit abgesehen), und indem es direkt von einem Blitz getroffen wird, erlangt es zumindest einen Teil seiner Kraft wieder. Zuflucht findet es erneut bei dem treuen Ygor, der die Bauchschüsse, die ihm Basil Rathbone beigebracht hatte, ebenfalls unbeschadet überstanden hat. »Wir gehen in ein anderes Land – wo es besser ist als hier!« sagt Ygor; eine unbestreitbare Feststellung angesichts der desolaten Umgebung mit abgestorbenen Bäumen, in der er seinen Entschluß fällt. Und so machen sie sich auf den Weg in die Heimatstadt eines weiteren Frankenstein-Sohnes, der sich gezwungen fühlt, das Experiment seines Vaters zu wiederholen. Wieder einmal geht es darum, ein normales Gehirn in des Monsters Kopf zu pflanzen; und wieder einmal – mit Lugosi und Atwill bei der Hand – ist das Vorhaben zum Scheitern verurteilt.

The Ghost of Frankenstein ist der letzte gute und einigermaßen ernsthafte Film der Universal-*Frankenstein*-Reihe, der letzte, der in der Lage war, einen echten Frankenstein als Wissenschaftler vorzuführen, und wahrscheinlich der am wenigsten anerkannte Film der gesamten Serie. Er wird oft abgelehnt, weil er nicht so gut ist wie die ersten drei (was sich auch nicht abstreiten läßt) und weil er das Absinken der Reihe auf Programmfüller-Niveau ankündigte. Dabei ist er aber den drei Schundfilmen, die noch kommen sollten, ehe die Universal die Serie mit einem Abbott- und Costello-Juxfilm abwürgte, weit überlegen. Und für sich betrachtet ist er ein Paradebeispiel seines Genres und reicht, was die Drehbuchqualität, Spannung, Besetzung, Aufwendigkeit und den Rhythmus betrifft, mit denen seine rasanten sechs Akte vollgestopft wurden, fast an jene andere 68-Minuten-Kostbarkeit, *The Most Dangerous Game*, heran.

Wenn er weniger Stil hat und mehr Wert auf Action und Sensationen legt, dann zum Teil deshalb, weil der fähige und vielseitige Erle C. Kenton (dem

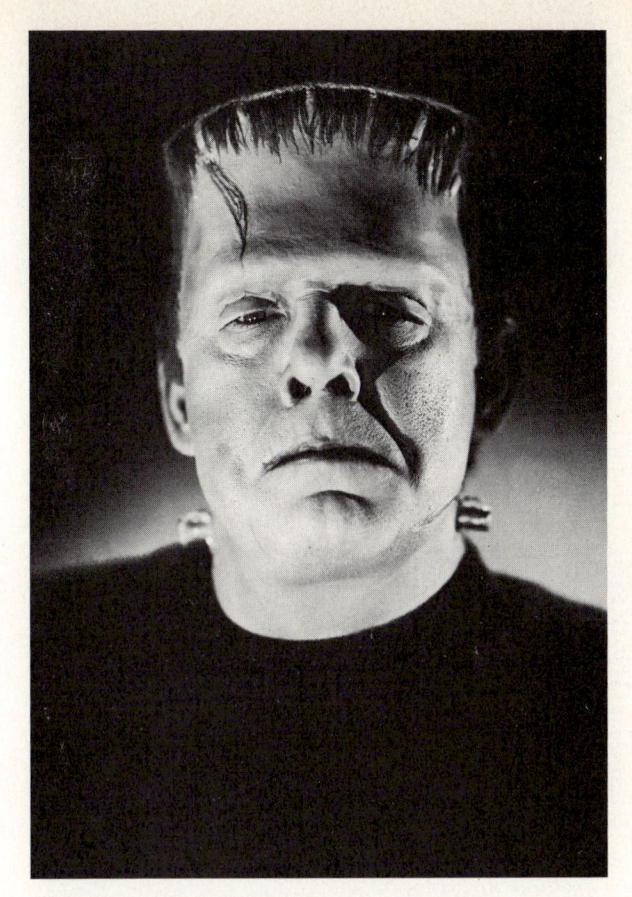

The Ghost of Frankenstein (1942): Lon Chaney jr. übernimmt die Rolle des Monsters.

Horrorfilme bereits vertraut waren) eben doch kein James Whale war und weil Lon Chaney jr., der Karloff ablöste, das Monster nur als Bestie spielte (unterstützt durch verzerrende Kamera-Einstellungen vom Boden her, die seine Größe betonen sollten) und die natürliche Sympathie, die Karloff der Rolle verliehen hatte, vermissen ließ. Einige der grausigen Details des Films – das Gehirn, das auf einem Wägelchen ins Labor und in die Großaufnahme gerollt wird, und das Gesicht des Monsters, wie es in der Feuersbrunst am Schluß verbrennt – erschienen im Jahre 1942 als ziemlich starker Tobak, wirken aber heute, wo Horrorfilme das Publikum an blutige, abstoßende Anblicke gewöhnt haben, weniger schockierend.

Es gibt in der *Frankenstein*-Serie von Film zu Film ins Auge springende Ungereimtheiten, und auch *The Ghost of Frankenstein* hat da seinen Anteil abbekommen. Die Dorfbewohner, die am Ende von *Son of Frankenstein* vor Glück strahlten, sind zu Beginn dieses Films wieder voller Schwermut und Verzweiflung. »Mein Kind ist hungrig … es gibt kein Brot!« klagt eine jammernde Mutter, als sei das Monster

59

The Ghost of Frankenstein: Evelyn Ankers, Sir Cedric Hardwicke, Janet Ann Gallow und Lon Chaney jr.

auch daran schuld. Mindestens zwei der Stadträte, die in *Son* getötet wurden, sind hier immer noch im Amt. In *Bride* hatte das Monster sprechen gelernt, und in *Son* war es dann wieder stumm; hier, mit Lugosis Gehirn im Schädel, spricht es wieder. Doch im nächsten Film, in dem Lugosi selbst das Monster spielt, hat es seine Stimme wiederum verloren! Im Dialog gibt es ein paar seltsame Anachronismen: »Nach der Herbstwahl wird es einen neuen Bürgermeister geben!« ist eine Drohung, die für Mitteleuropa viel zu amerikanisch klingt!

Die Besetzung ist aber groß in Form: Dwight Frye stürmt los, um die Zerstörung von Frankensteins Schloß ins Rollen zu bringen, und Atwill untertreibt auf unnachahmliche Weise, wenn er von der »leichten Fehlkalkulation« spricht, durch die er seine Zulassung als Arzt verloren hat. Und der gute alte Sir Cedric Hardwicke, der Atwill an dieses Vorkommnis ziemlich taktlos erinnert, muß sich ein ironisches, verächtliches »Aber *Sie* haben Pionierarbeit geleistet...!« sagen lassen, während Atwill ihn mit Blicken durchbohrt. Hardwicke ist natürlich blutsverwandt mit Colin Clive und Basil Rathbone, der in einer kurzen Szene recht eindrucksvoll als der Geist des Vaters erscheint. Wie immer bei Universal sind die Special Effects – Laborszenen, Feuer, Schloßexplosion – makellos ausgeführt und die Modellaufnahmen nahezu perfekt.

The Ghost of Frankenstein ist in vielfacher Hinsicht der letzte der guten, alten Horrorfilme. Val Lewton, *The Uninvited* und *Dead of Night* waren dabei, das Genre anspruchsvoller zu gestalten. *The Ghost* ist vielleicht schon eine Fließbandproduktion, aber immerhin eine gute, durch und durch professionelle und höchst unterhaltsame – der ehrenhafte Abschluß eines bemerkenswerten Jahrzehntes erstklassiger Gruselfilme.

FRANKENSTEIN: Der Rest

Universals übrige vier *Frankenstein*-Filme fallen zwar ungemein ab und sind nicht einmal Klassiker auf vergleichbarer Ebene, doch sie verdienen zumindest kurze Beachtung. Da die ersten vier *Frankensteins* die grundlegenden Muster so oft durchgespielt und wiederholt hatten, wußte man buchstäblich nicht, welchen Weg man einschlagen sollte. Universal dachte sich deshalb die neue Masche aus, gleich zwei ihrer Filmmonster in eine Geschichte zu packen. Als erstes entstand so 1943 *Frankenstein Meets the Wolf Man,* mit Abstand der schwächste Film der Serie. Es war eine glatte, solide Arbeit, mit demselben Tempo und derselben rationellen Tüchtigkeit gemacht, die Regisseur Roy William Neill zur selben Zeit auch auf Universals modernisierte Sherlock-Holmes-Thriller verwendete. Zu seinen Vorzügen gehört eine von Universals besten und atmosphärisch dichtesten Friedhof-Sequenzen, eine spannende Episode, die dem Film einen starken Anfang verschaffte. Im Grunde war der Film eine Fortsetzung von *The Wolf Man* und das Monster eigentlich nur so etwas wie ein Gaststar.

Aus bestimmten Gründen besann sich Universal bei diesem Film laufend anders (was bei ihren größeren Produktionen selten und bei einem Programmfüller fast nie der Fall war), und während und nach den Dreharbeiten wurden Änderungen vorgenommen. Eine der ursprünglichen Entscheidungen war gewesen, direkt bei *The Ghost of Frankenstein* weiterzumachen und das Monster blind bleiben zu lassen. Lugosi spielte die Rolle so, und auch ganz wirkungsvoll. Später wurde die Idee wieder verworfen – aber nicht so konsequent, daß man nun sämtliche bereits vorhandenen Szenen neu drehte, so daß Lugosis Bewegungen und Handlungen jetzt manchmal unmotiviert erscheinen, da er *nicht* blind sein soll. Mehr Zeit und Sorgfalt wurde für Chaneys Wolfsmensch-Figur aufgewendet, einschließlich wesentlich ausgefeilteren Makeup-Wechseln vom Menschen zur Bestie. Im ersten Film waren die Verwandlungen gezeigt worden, indem man sich auf seine Füße beschränkte und eine Veränderung des Gesichtes für die Schlußszene reservierte. Hier nun sind die sauber realisierten Verwandlungen durch Nahaufnahmen seines Gesichtes zu sehen. Der einzige Vertreter der Frankenstein-Sippe ist Ilona Massey, die dieselbe Figur spielt wie Evelyn Ankers in *The Ghost of Frankenstein.*

Frankenstein Meets the Wolf Man (1943): Der Film beginnt vielversprechend mit einer Friedhofsszene, in der Lon Chaney jr., ein Werwolf, wieder zum Leben erwacht, als Grabräuber seine Ruhe stören...

...und alsbald macht er wieder die Gegend unsicher.

Die Tatsache, daß Lon Chaney jr. und Bela Lugosi (links) gleich groß waren, ließ das Monster weniger bedrohlich erscheinen.

ler und freundlicher fotografiert, und ein in die Länge gezogenes Dorffest ermöglichte Gesang- und Tanzeinlagen. Nur hin und wieder entsteht eine dichte Atmosphäre – wie etwa im Vorspann, dessen Titel und Namen aus Rauchfäden aus Reagenzgläsern geformt wurden. Da der Film genügend Geld einspielte, machte Universal 1945 mit *The House of Frankenstein* weiter, der ursprünglich unter dem originelleren Titel *The Devil's Brood* angekündigt wurde. Kein Mitglied der illustren Ärzte-Familie trat in diesem Opus auf, wenngleich Frankensteins altes Laboratorium und seine Notizbücher mit ins Spiel gebracht wurden. Die Eingangssequenz spielt in einer Gefängniszelle und zeigt den verrückten Wissenschaftler Dr. Niemann (Boris Karloff), der einem buckligen Psychopathen (J. Carrol Naish) erzählt, wie Frankenstein das Gehirn eines Hundes in den Kopf eines Menschen verpflanzt hat – etwas, was der wackere Doktor bestimmt nie versucht hat. Nach ihrer Flucht treffen und töten sie Professor Lampini (George Zucco), in dessen wandernder Horrorschau die leblosen Körper des Monsters (Glenn Strange), des Wolfsmenschen (Chaney) und des Grafen Dracula zu bewundern sind. Selbstverständlich dauert es nicht lange, und Karloff hat die Jungs wieder zum Leben erweckt, damit sie für ihn ein paar persönliche Rechnungen begleichen können.

Dracula, den diesmal John Carradine verkörpert, ermordet den Bürgermeister und verfällt dann wieder zum Skelett, als er es nicht schafft, vor Sonnen-

Chaney findet als der Wolfsmensch, der irgendwie von den Toten auferstanden ist, heraus, daß sein Vater (damals gespielt von Claude Rains) aus Gram gestorben ist, und wünscht sich jetzt selbst einen endgültigen Tod. Er entdeckt den immer noch lebenden, in Eis gefrorenen Körper des Monsters und kommt auf die Idee, den Wissenschaftler Patric Knowles dazu zu bringen, seine Energie auf das Monster zu übertragen und ihn, Chaney, dadurch zu töten. Durch die Neugierde Knowles' geht die Operation aber ein bißchen anders aus. Als der Mond aufgeht, wird Chaney wieder zum Wolfsmenschen, und er und das Monster liefern sich einen Kampf auf Leben und Tod. Zur gleichen Zeit sprengt ein Dorfbewohner einen Damm in die Luft. Beide Monster ertrinken (anscheinend) in den Fluten, und die letzte der Frankensteins – Miss Massey – verschwindet von der Leinwand in den Hafen der Ehe. Des Monsters dürftige Erziehung erlitt, wie schon erwähnt, einen weiteren Rückschlag dadurch, daß es zum zweiten Mal in seiner Karriere vergaß, daß es sprechen konnte!

Frankenstein Meets the Wolf Man hat weniger Atmosphäre als die vorangegangenen Filme; er ist hel-

Lon Chaney jr., Bela Lugosi und Maria Ouspenskaya.

aufgang seinen Sarg zu erreichen. Der Wolfsmensch verliebt sich in die Freundin des Buckligen. Als der Mond aufgeht, tötet er sie – doch nicht bevor sie ihm die fatale Silberkugel ins Herz gefeuert hat, die er ihr für einen derartigen Notfall gegeben hatte. Das Monster killt nun zwangsläufig den Buckligen, und zusammen mit Karloff versinkt es im Sumpf. Sie werden von der unvermeidlichen heulenden Meute der Dorfbewohner verfolgt, die, nachdem sie sich nunmehr vierundzwanzig Jahre lang so benommen haben, eigentlich mit dem Ablauf der Dinge ausreichend vertraut sein müßten, um zu Hause zu bleiben und die Natur ihren Lauf nehmen zu lassen. Da jetzt keiner mehr lebt, auf den die Kamera schwenken könnte, schließt *The House of Frankenstein* mit einer Großaufnahme von Karloffs Kopf, der im Schlamm verschwindet, während das Wort »Ende« erscheint.

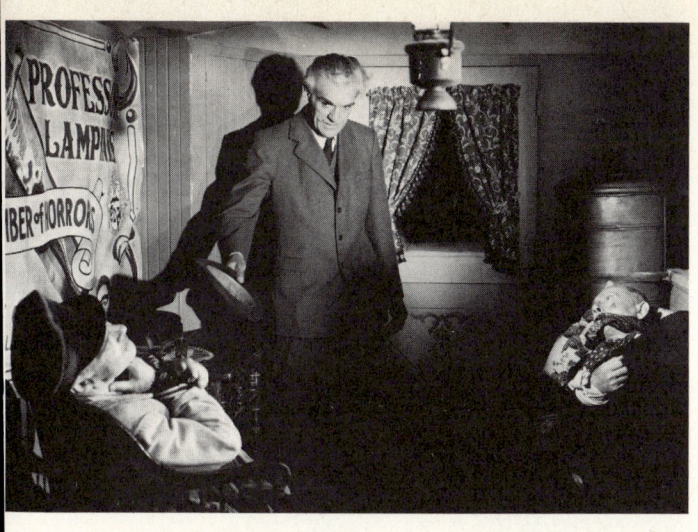

In *House of Frankenstein* (1944) spielte Boris Karloff wieder mit – diesmal als verrückter Doktor.

House of Dracula (1944): Onslow Stevens und Glenn Strange.

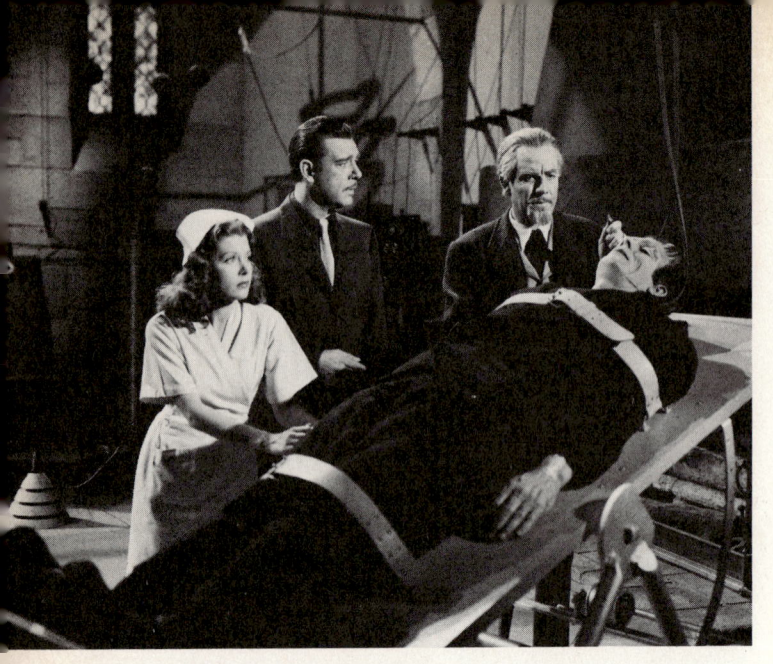

House of Dracula (1944): Jane Adams, Lon Chaney jr., Onslow Stevens als Wissenschaftler und Glenn Strange als Monster.

Abbott and Costello Meet Frankenstein: Im letzten Frankenstein-Film der Universal sah man Bela Lugosi noch einmal als Dracula. Rechts Lou Costello.

Trotz seiner Starbesetzung und der Rückkehr Karloffs war der Film der albernste und langweiligste der gesamten Reihe. Mit seiner systematischen Abfolge von Horrorklischees am laufenden Band kam er der Vereinheitlichungspraxis von »B«-Western sehr nahe, und er besaß nicht einmal die Art von bravourösem Dialog, der ihm einen pseudo-gotischen Anstrich hätte verleihen können.

Während man bei Universal zu diesem Zeitpunkt noch einigermaßen genau alle Gesetze der Mythologie beachtete, warf man diese etwas später im selben Jahr in *The House of Dracula* rücksichtslos über Bord; Regisseur war, wie schon bei dem unmittelbaren Vorgänger, Erle C. Kenton. Unglaublicherweise wurde Chaneys Wolfsmensch nach all den Jahren des Leidens plötzlich der Held des Films! Es wurde peinlichst Sorge getragen, daß er diesmal niemanden umbringen konnte. Die Autoren lassen Chaney den verrückten Wissenschaftler Onslow Stevens aufsuchen und ihm seinen Wunsch unterbreiten, endlich sterben zu können. Stevens versichert ihm, seine Heilung sei ein Kinderspiel, und so wird er dann auch flugs geheilt und darf sich zum Happy-End des Films in Gesellschaft der Heldin zur Ruhe setzen.

Für Dracula, wieder in der Person John Carradines, gab es wenig zu tun, doch er brachte es immerhin fertig, das Blut des sonst recht sympathischen Stevens zu verseuchen und ihn in Wahnsinn und Tod zu treiben. Das Monster (wieder Glenn Strange) kam bis kurz vor dem letzten Akt nicht einmal vom Operationstisch herunter und war mittlerweile mehr ein brauchbarer Helfershelfer als eine bedrohliche oder gar schreckenerregende Kreatur. Der Film enthielt eine interessante Alptraum-Montage, für die man Material aus den früheren Filmen verwandte. Doch obwohl er der eindeutige Versuch war, die Masche von *The House of Frankenstein* zu kopieren, und der kürzeste (67 Minuten) und billigste Film der einst großartigen Serie, war er immerhin ein Quentchen besser als sein unmittelbarer Vorläufer.

Wenn nun aber jemand dachte, daß es mit Universals Monstern vorbei sei, so hatte der sich schwer geirrt. In *Abbott and Costello Meet Frankenstein* fanden sie 1948 wieder Arbeit; Lugosi sah man noch einmal als Dracula, und Glenn Strange war wieder das Monster. Der arme Chaney wurde seinem frischen häuslichen Glück entrissen; seine »Heilung« wurde verschwiegen, und er gab sich wieder seinen werwölfigen Umtrieben hin, wenn auch in der guten Absicht, Draculas und des Monsters Aktivitäten in Amerika Einhalt zu gebieten. Es soll nicht verschwiegen werden, daß Universal die Horror-Sequenzen mit der gewohnten Sorgfalt realisierte. Die visuellen Effekte sind brillant: Einige Spiegeltrick-Einstellungen von Draculas Schloß sowie die Verwandlungen von Fledermaus in Mensch sind von der gleichen Qualität, die Universals Horror-Trickfachleute in ihrer Blütezeit auszeichnete. Mit 92 Minuten ist der Film der zweitlängste aller *Frankenstein*-Filme (nur *Son of Frankenstein* war ein paar Minuten länger) und gleichzeitig die längste und beste der jüngeren Abbott-und-Costello-Komödien. Der Erfolg dieses Films verschaffte ihnen den dringend nötigen Aufschwung, und die Universal ließ sofort eine

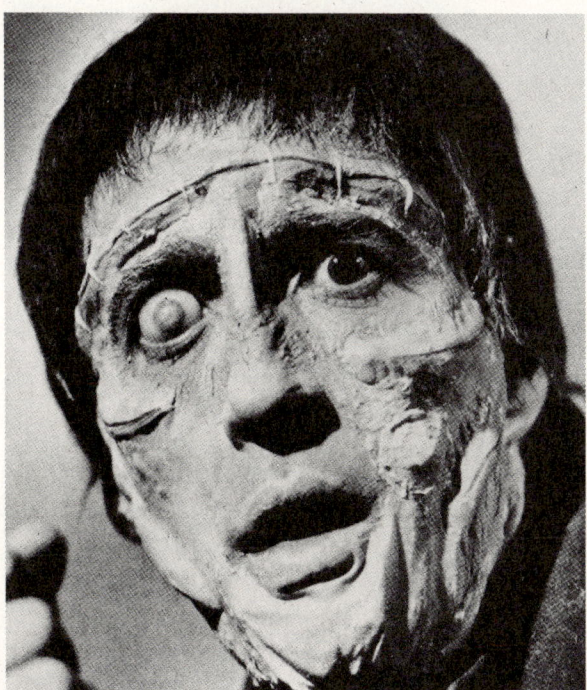

Peter Cushing, der neue Dr. Frankenstein aus den Hammer-Filmen (seit 1957) und Christopher Lee, das neue Monster.

Typische Monster jüngeren Datums, die die Frankenstein-Tradition neu zu beleben versuchen: *The Creature From the Black Lagoon* (1954).

Tarantula (1955): Leo G. Carroll als der Wissenschaftler, der sich bei seinen Experimenten mit Spinnen ein wenig verkalkuliert hat.

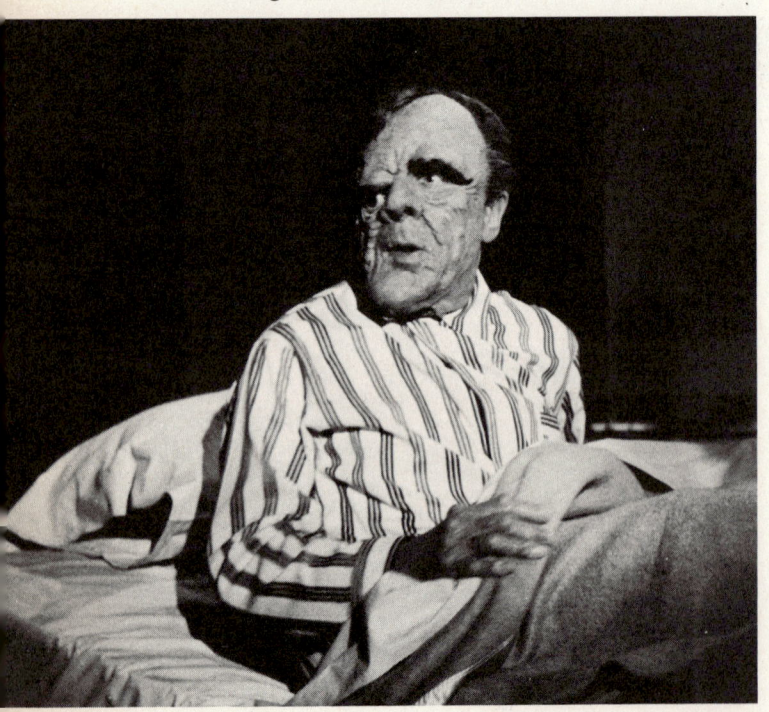

Reihe billiger Imitationen folgen – Begegnungen mit dem Unsichtbaren, der Mumie u. a. –, bis der gerade wiederhergestellte gute Ruf der Duos erneut so gut wie hin war.

In *Abbott and Costello Meet Frankenstein*, dessen Regisseur Charles Barton sich mit dem für ihn ungewohnten *Grand Guignol*-Material überraschend leicht tat, nahm Universal zwar die Horror-Traditionen auf oft wirklich komische Weise auf den Arm, gab sie aber dennoch nicht der Lächerlichkeit preis. Die Stars durften ihre Rollen durchaus so spielen wie immer. Aber leider wurden dafür sämtliche uralten Gesetze des Übernatürlichen ignoriert: Draculas Reflektion ist im Spiegel sichtbar, Vampir und Werwolf sterben beide durch Ertrinken, und das Monster, das zum fünften Male in Flammen umkommt, steht all dem verständlicherweise etwas gleichgültig gegenüber. Auch all die Nebenfiguren, die entweder von Lugosi oder von Chaney gebissen werden und deshalb eigentlich selbst Monster-Kandidaten hätten sein müssen, werden weiter nicht beachtet.

Der Auftritt in einem Abbott-und-Costello-Film wirkte zwar wie der endgültige und unrühmlichste Abtritt für das Frankenstein-Monster, doch war es lediglich das Ende *einer* Existenz, und eine Wiedergeburt ließ nicht lange auf sich warten. Der rechtefreie Status des Frankenstein-Monsters und der Dracula-Figur lieferte sie der nicht gerade rücksichtsvollen Willkür anderer Produzenten aus. So tauchten sie auch in billigen Sexfilmchen auf oder gar als Bösewichte in Western. Außerdem wurden sie noch in Comics, als Karnevalsmasken, in Form von Plastikbausätzen und auf alle mögliche Art und Weise vermarktet und ausgebeutet. Aber durch Universals eigenes Copyright wurde zumindest das Aussehen und Makeup ihrer Figuren geschützt, und keine spätere Verkörperung des Frankenstein-Monsters hat jemals dem Vergleich mit dem Original standhalten können.

Im Jahre 1973 nahm sich auch das Fernsehen der *Frankenstein*-Legende an. Eine von Jack Smight inszenierte Vier-Stunden-Fassung (nach einem Drehbuch von Christopher Isherwood und Dan Bachardy) erhob den Anspruch, die erste Filmbearbeitung des Stoffes zu sein, die sowohl Inhalt als auch Absicht der Romanvorlage wirklich Rechnung trage. Zwar war *Frankenstein: The True Story* eine Sendung der Universal Pictures Television Limited, doch schloß erst ein Jahr später ein Kinofilm wirklich den Kreis: *Young Frankenstein* (»Frankenstein Junior«), wie fast alle Filme von Mel Brooks eine etwas zu laute und platte Slapstick-Parodie auf ein Filmgenre, huldigte in nostalgischem Schwarzweiß und mit offensichtlichem Respekt der Theatralik James Whales und vor allem den nahezu perfekt nachgebildeten Kulissen Herman Rosses.

The Mole People (1956).

The Horror of Party Beach (1964): Ein offensichtlich nicht sehr furchterregender Meeres-Mutant.

Monster on the Campus (1958): Arthur Franz, der sich nach dieser Begegnung mit einem prähistorischen Fisch bald selbst nicht mehr wiedererkennen wird.

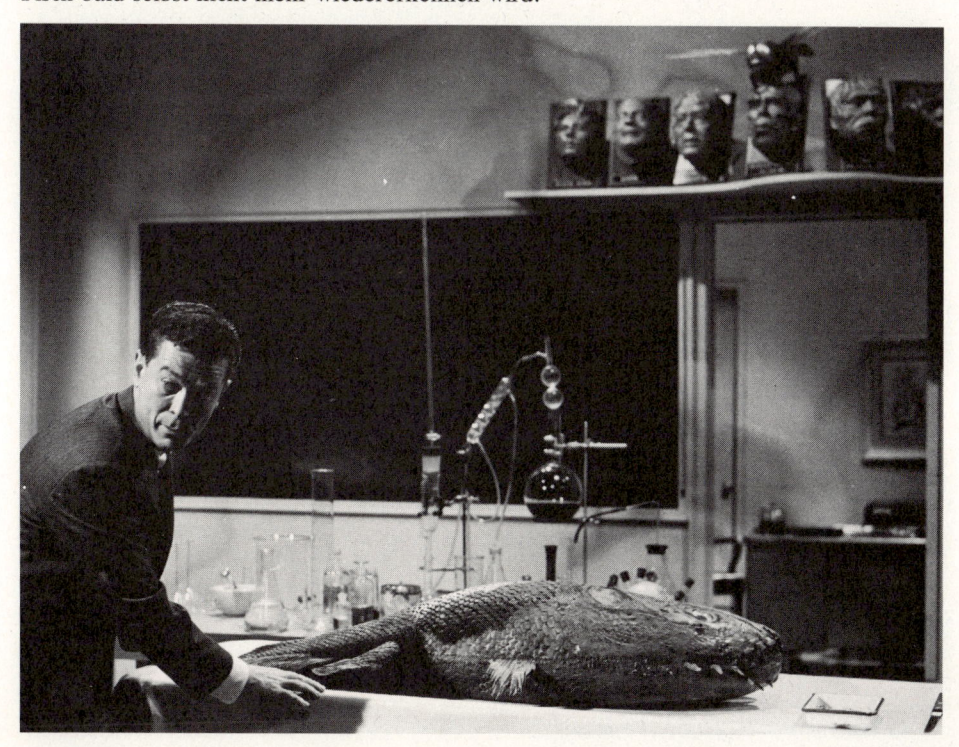

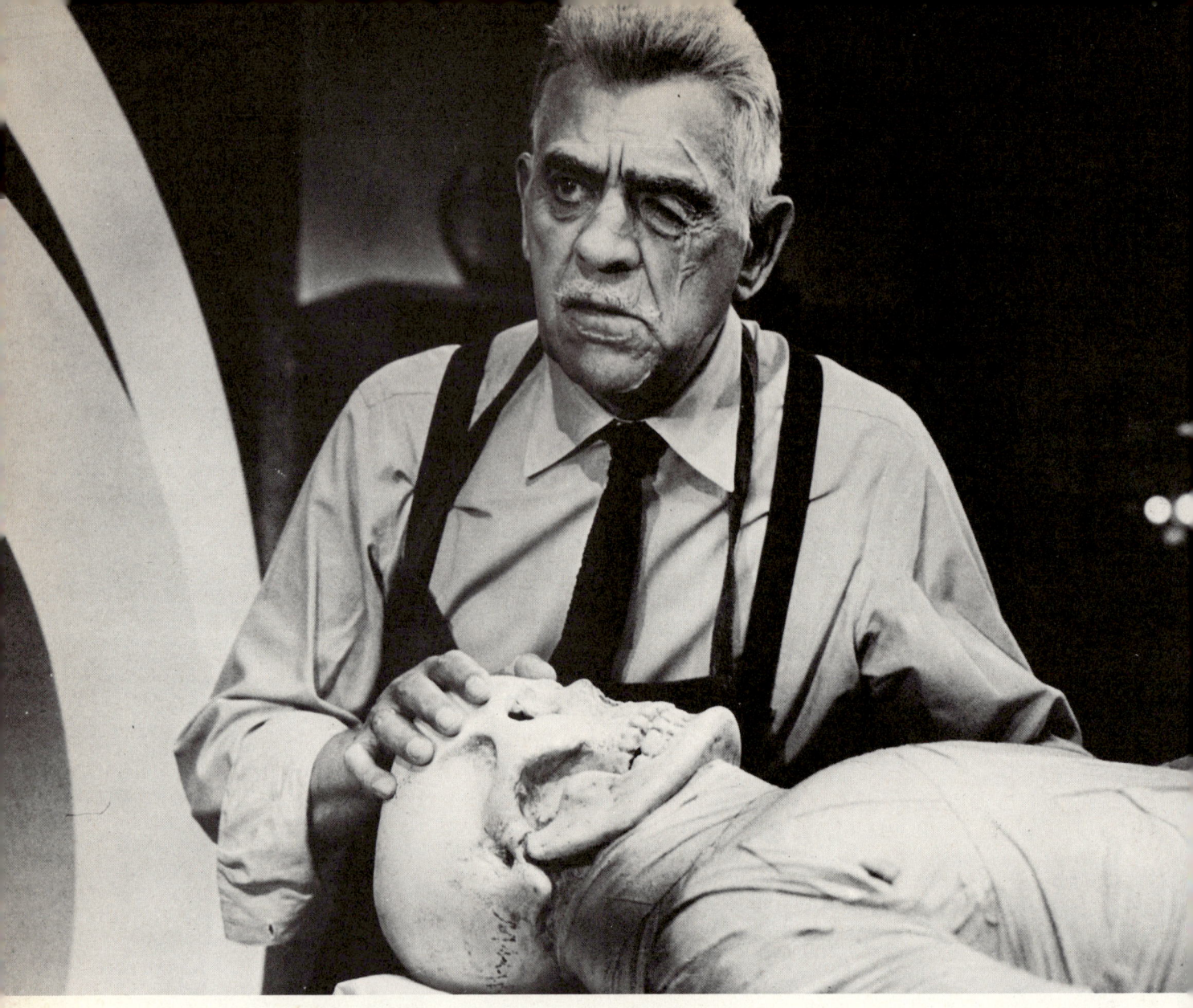

Frankenstein 1970: Boris Karloffs letzter Auftritt in einem Frankenstein-Film, als verrückter Doktor in einer modernisierten und albernen Geschichte.

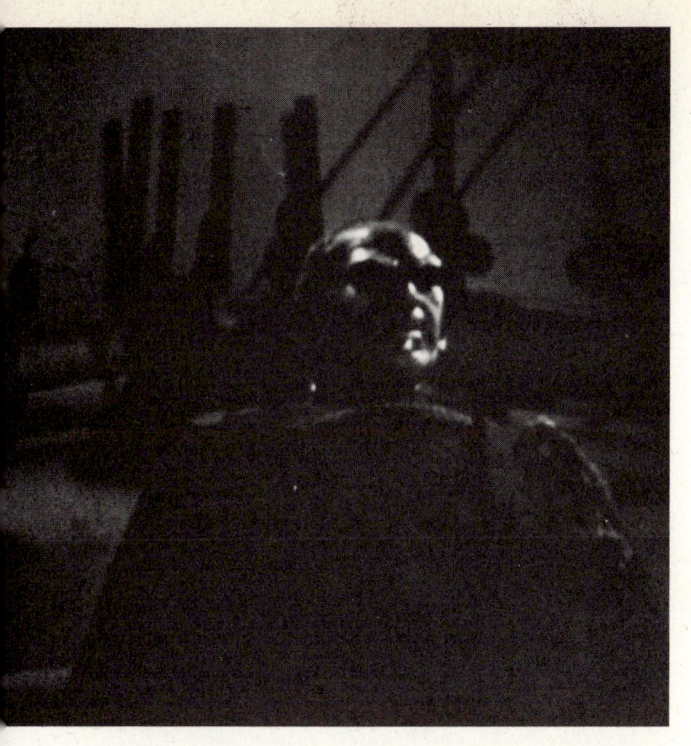

Einer der direkten Nachfahren des Frankenstein-Monsters: die französische Version vom *Golem* (1937).

Diese Szene aus einem frühen Trickfilm von Georges Mèliés (vor 1910) wirkt wie das Muster zu der Episode in *Bride of Frankenstein*, in der Ernest Thesiger seine Homunculi vorführt.

It (1966): Ein aktualisierter Golem trägt Jill Haworth davon.

Der letzte Schrecken: Gene Wilder als Frederick Frankenstein und Peter Boyle als Monster in der Mel Brooks-Parodie *Young Frankenstein* (1974).

4 Vampyr
1931

Die Vampirin (Henriette Géraud) betrachtet durch den gläsernen Sargdeckel ihr neues Opfer.

Regie Carl Theodor Dreyer. *Drehbuch* Christen Jul, Carl Theodor Dreyer, nach der Erzählung *Carmilla* von Sheridan Le Fanu. *Kamera* Rudolf Maté. *Musik* Wolfgang Zeller. *Produktion* Carl Theodor Dreyer-Filmproduktion Paris-Berlin. *Darsteller* Julian West, Maurice Schutz, Sybille Schmitz, René Mandel, Jan Hieronimko, Henriette Gerard, Albert Bras, N. Babanini, Jane Mora. Französischer Titel *Vampyr ou l'étrange aventure de David Gray*.

Beurteilte man die Wirksamkeit eines Horrorfilms allein danach, in welchem Maße er sein Publikum überzeugt (und dadurch zum Fürchten bringt), müßte *Vampyr* sicher als der größte aller Horrorfilme gelten. Ganz sicher ist es das einzige unbestrittene Meisterstück des Genres. Dabei besitzt der Film keine der sonst üblichen äußeren Merkmale: Er bietet weder Schocks noch Grusel oder auch nur physische Gewalt; er überläßt weit mehr der Vorstellungskraft (und inneren Anteilnahme) des Zuschauers als jeder andere Horrorfilm. Hinzu kommt, daß es ein ausgesprochen langsamer, ruhiger Film ist und deshalb im Vergleich zu den großen gotischen Horrorfilmen der frühen Tonfilmzeit Hollywoods, deren Zeitgenosse er zufällig war, geschäftlich nicht zu vermarkten war. In den USA, wo man von dem Horror-Boom profitieren wollte, wurde er drastisch gekürzt, umgearbeitet, mit einer grauenhaften Erzählerstimme versehen und in *Castle of Doom* (Schloß des Verhängnisses) umbenannt. Einen Dreyer-Film kann man zwar kürzen, aber nicht beschleunigen. Selbst in seiner einstündigen, neugeschnittenen Fassung war er noch ein ruhiger Film, der nur begrenzt ausgewertet und von wenigen Menschen gesehen wurde.

Wenn der Film auch offiziell auf Sheridan le Fanus Figur der Carmilla basiert, ist die einzige Gemeinsamkeit zwischen den beiden Stoffen, daß der Vampir eine Frau ist. Selbst in diesem Punkt ist die Ähnlichkeit nur gering, denn der Vampir bei Dreyer ist eine alte Frau, die nichts von Carmillas Sinnlichkeit besitzt, sondern Boshaftigkeit und Macht ausstrahlt, zugleich aber auch so etwas wie Mitleid aufkommen läßt. Trotz ihrer übernatürlichen Kräfte ist sie auf die Hilfe ihrer menschlichen Diener und Sklaven angewiesen; hin und wieder sogar auf deren physische Hilfe, denn sie ist anscheinend schwächlich und behindert, und der Arzt, der in ihrem Bann steht, stützt sie beim Gehen mit der gleichen Fürsorge, die ein Arzt für eine normale alte Patientin übrig hätte.

Nichts von außergewöhnlicher Natur passiert in dem gesamten Film – oder wird zumindest nicht *gezeigt*. Dreyer hat zwar eine Sequenz gedreht, in der die Vampirin die Wölfe des Waldes zu sich ruft, damit diese ihr helfen, entschloß sich aber dann, diese herauszuschneiden – offensichtlich weil er fürchtete, es könnte für ein Plagiat aus Bram Stokers Roman *Dracula* gehalten werden. Allerdings ist es ebensogut möglich, daß diese Sequenz entfernt wurde, weil sie ein entschieden zu deutliches und faßbares Beispiel für die übernatürlichen Kräfte der Vampirin gewesen wäre. Während der Arbeit an diesem Film erläuterte Dreyer seine Arbeitsweise:

> Stellen Sie sich vor, wir sitzen in einem normalen Zimmer. Plötzlich erfahren wir, daß eine Leiche vor der Tür liegt. Im selben Augenblick hat sich das Zimmer, in dem wir sitzen, völlig verändert; jeder Gegenstand darin sieht plötzlich anders aus; das Licht und die Atmosphäre haben sich verändert, obwohl sie in Wirklichkeit so sind wie zuvor. *Wir* sind es, die sich verändert haben, und die Gegenstände sind so, wie wir sie sehen. Genau diese Wirkung möchte ich mit meinem Film erreichen.

Und diese Wirkung erzielt er tatsächlich: Fast ist es so, als rolle der gesamte Film in dem Augenblick ab, als wir gerade von der Leiche im Nebenzimmer erfahren haben und in dem die Zeit stillzustehen scheint. Die Geschichte wird aus der Sicht eines Urlaubers erzählt, der ganz zufällig in eine Reihe von Vampir-Morden verwickelt wird und sich gezwungen sieht zu *glauben,* was er doch nie richtig begreifen kann. (Diese Rolle wurde von dem Geldgeber des Films, Julian West, gespielt – in außerfilmischen Kreisen besser bekannt als Baron Nicolas de Gunzburg. Er war kein Schauspieler, hatte aber das passende Aussehen und die richtige physische Präsenz für die Rolle, in der er in schlafwandlerischer Trance durch die Gegend streicht. Später verlegte er seine Geschäfte nach New York, wo er der Herausgeber einer modischen Sportzeitschrift wurde. Häufig konnte man ihn durch New Yorks Straßen gehen sehen, und der Ausdruck seiner weitgeöffneten Augen ließ vermuten, daß er sich noch immer von Phantomen verfolgt fühlte!)

Nur wenige der dargestellten Ereignisse werden je erklärt: Ein Polizist sitzt auf einer Bank, und nach einiger Zeit erhebt sich allein sein Schatten und geht – vermutlich auf Geheiß der Vampirin – davon. Wenig später kommt er wieder zurück und paßt sich seinem »Eigentümer« wieder an. Jetzt steht der Polizist auf und geht davon, *mit* seinem Schatten, wie es sich gehört. Da wir es so ablaufen sehen, ganz unaufdringlich und scheinbar normal, bleibt uns nichts übrig, als es zu glauben, selbst wenn wir es nicht begreifen können. Das überzeugendste Beispiel für die schreckliche Macht der Vampirin ist nicht etwa eine Verwandlungsszene oder ein Auferstehen aus dem

Der Geist des Polizisten verläßt dessen Körper, um dem Ruf der Vampirin zu folgen.

Die Vampirin ruft die Wölfe zu sich: Eine Sequenz, die in die endgültige Fassung des Films nicht aufgenommen wurde.

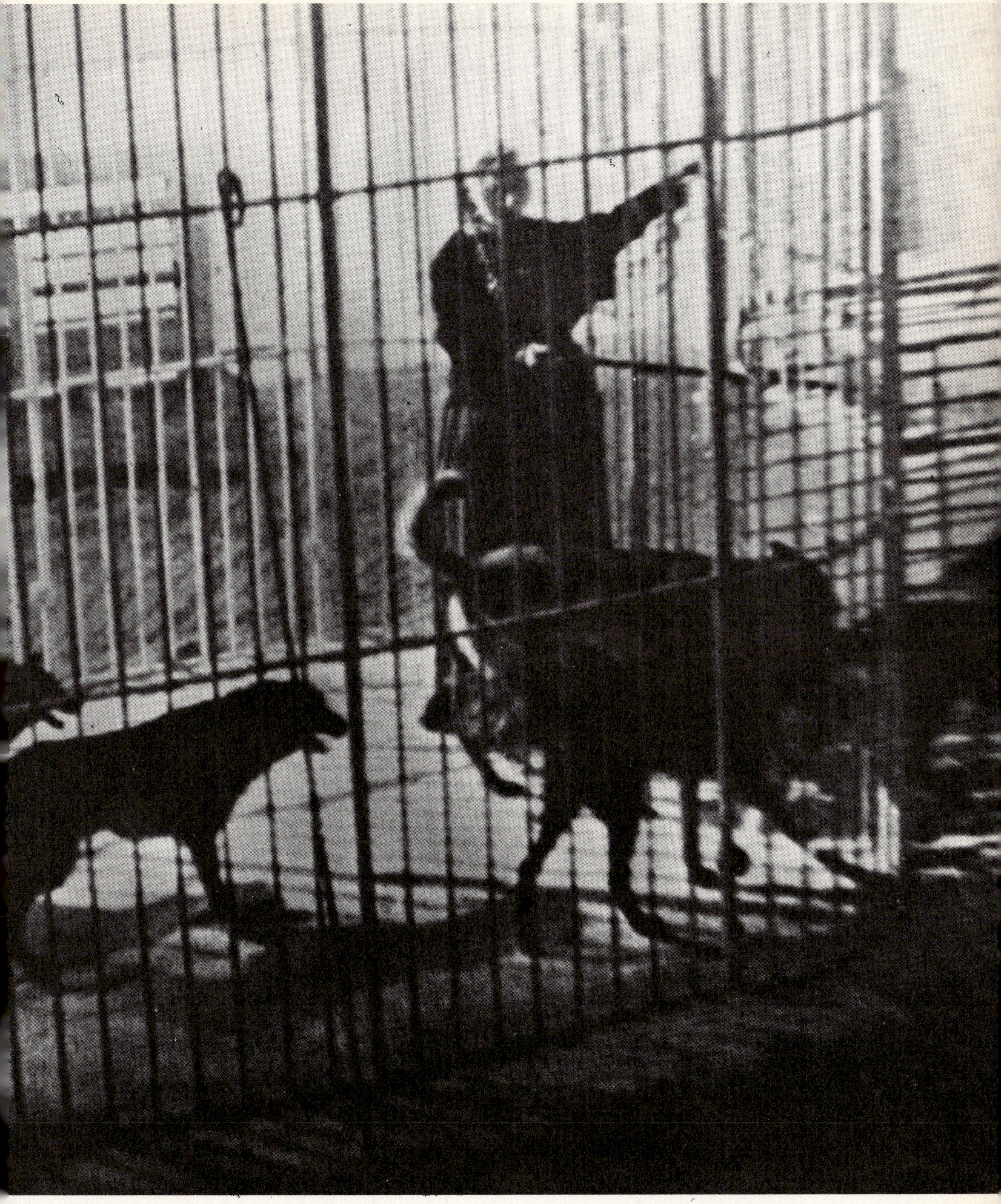

Grabe, sondern eine Szene, die eigentlich nichts als ein Beispiel für banales weibliches Gekränktsein ist.

Es ist Abend, und die Leute aus der Gegend treffen sich im Wirtshaus zum Feiern. Während die Fiedler eine fröhliche (und doch irgendwie gespenstische) Melodie anstimmen, fährt die Kamera draußen am Wirtshaus entlang und fängt dabei die Silhouetten der tanzenden und trinkenden Dorfbewohner ein. (In dieser stilisierten und verzerrten Form erscheinen sogar die harmlosen Bauern wie Gespenster!) Die Kamera bewegt sich an den Fenstern vorbei, immer an der Hauswand entlang, und schaut dann – als Wolfgang Zellers düstere, starke Musik zu einem Crescendo anschwillt – in ein Kellerloch hinunter; dort steht die Vampirin, allein, und die Leere um sie herum läßt ihre Macht noch größer erscheinen. Aus Zorn darüber, daß sie an derartigen Vergnügungen nicht teilhaben kann, hebt sie ihre Arme und befiehlt mit einem einzigen, gedämpften Schrei, daß Ruhe sei. Die Musik hält augenblicklich inne; sogar ein Rad, das von der Decke hängt und sich langsam drehte, bleibt gehorsam stehen. Es gibt keinen Zwischenschnitt in die Wirtsstube, um zu zeigen, daß der Tanz wirklich unterbrochen wurde, und trotzdem akzeptieren wir dies unbesehen. Das äußerst subtile Nebeneinanderstellen von Ton und Kamerabewegung unterstützt dieses Vertuschen einer rationalen Erklärung; wir hören Geräusche, doch nur langsam schwenkt die Kamera auf deren Quelle, was uns häufig unbefriedigt läßt. Auch der sehr spärliche Dialog frustriert mehr, als daß er Aufschluß gibt. An einer Stelle fragt der Held nach den bellenden Hunden (Wölfe?) und den weinenden Kindern (Opfer der Vampirin?), die er (und wir) gehört haben, bekommt aber nur die brüske Antwort: »Hier gibt es keine Hunde oder Kinder!«, und die Sache wird nicht mehr erwähnt. Die Aufzeichnungen, die ein Opfer hinterlassen hat, damit man sie nach seinem Tode lese, verraten uns nicht mehr über Vampirismus als bereits allgemein aus der Mythologie bekannt ist. Ein religiöses Wandgemälde, beleuchtet von einer flackernden Kerze, wirkt irgendwie unheilvoll und böse; ein Dorfbewohner mit einer Sense auf der Schulter und das Wirtshausschild – die kantige Figur einer Frau (Hexe?) –, das sanft im Abendwind hin und her schaukelt – harmlose Objekte, die in dieser naturalistischen und doch irrealen Umgebung ein böses Eigenleben anzunehmen scheinen.

Das Unwirkliche wird von Dreyer und seinem Kaeramann Maté, der den gesamten Film bei Morgen- oder Abenddämmerung drehte, auch anderweitig betont; so ist alles in ein diffuses Etwas getaucht, das weder Tag noch Nacht – weder Leben noch Tod ist. Es ist unmöglich, irgend etwas wirklich klar auszumachen, unmöglich zu entscheiden, wo die Fakten aufhören und die Einbildung beginnt. Lediglich die Todesfälle und die blutleeren Leichen zeugen von der Existenz der Vampirin. Mehr als irgendeinem anderen Film gelingt es *Vampyr,* das eigentümliche, traumartige Gefühl entstehen zu lassen, gleichzeitig am Geschehen teilzuhaben und dieses zu beobachten. Visuell wird das in einer einzigen Einstellung auf großartige Weise ausgedrückt, als der Held eine verlassene Scheune durchsucht; er klettert eine Leiter hinauf, späht durch eine Luke, und jetzt wird die Kamera mit seinen Augen identisch und betrachtet aus seiner Sicht den Raum. Doch dann, als sie ihre kreisförmige Bewegung beendet, zeigt sie uns den Helden, wie er sich bereits wieder entfernt, wodurch im Zuschauer das unheimliche Gefühl entsteht, gleichzeitig in zwei Wesen zu existieren.

Dasselbe Thema wird später noch eingehend in einer meisterhaften Sequenz behandelt, in der der Held, geschwächt vom Blutverlust (eine Transfusion für eines der Vampir-Opfer), träumt, daß er seinen eigenen Leichnam in einem Sarg entdeckt, beerdigt wird und gleichzeitig seiner eigenen Beerdigung beiwohnt. Diese Sequenz besteht fast ausschließlich aus subjektiven Einstellungen und zeigt, was die Leiche (durch eine Glasscheibe im Sargdeckel) sieht, während sie zum Friedhof getragen wird. Die Kraft der Szene beruht nicht nur auf der natürlichen Todesangst der Zuschauer, sondern auch auf der Abneigung gegen das *Ritual* des Todes. Die großartige Einstellung, wie die Vampirin kalt und gefühllos durch die Scheibe blickt, bringt es fertig, den bereits klaustrophobischen Horror noch durch die Andeutung zu steigern, daß der Tod nicht unbedingt das Ende sein muß und daß ein Besessensein vom Bösen etwas wesentlich Schlimmeres ist. Diese Episode ist übrigens ein Musterbeispiel für Dreyers unvergleichliche Kunst und für die Sinnlosigkeit, ihn imitieren zu wollen. Wenige Regisseure haben das je versucht, noch nicht einmal sein langjähriger Kameramann Rudolf Maté, der später selbst ein bekannter Regisseur wurde. Nur der französische Regisseur Georges Rouquier hat in seinem Klassiker aus dem Jahre 1946 *Farrebique ou Les Quatres Saisons* den Versuch unternommen, den subjektiven Aufnahmestil der Beerdigungssequenz aus *Vampyr* zu kopieren. Das war der einzige Fehler in diesem ansonsten klassischen Film; nicht nur, daß die Imitation platt und auffällig war – eine derartig stilisierte Sequenz stand auch in krassem Mißverhältnis zu dem lebendigen Naturalismus des restlichen Films und unterbrach dessen natürlichen Rhythmus.

Der Eindruck eines Traumes bei *Vampyr* kommt nicht nur dadurch zustande, daß bei Dämmerung gefilmt wurde, sondern auch durch die weiße, nebel-

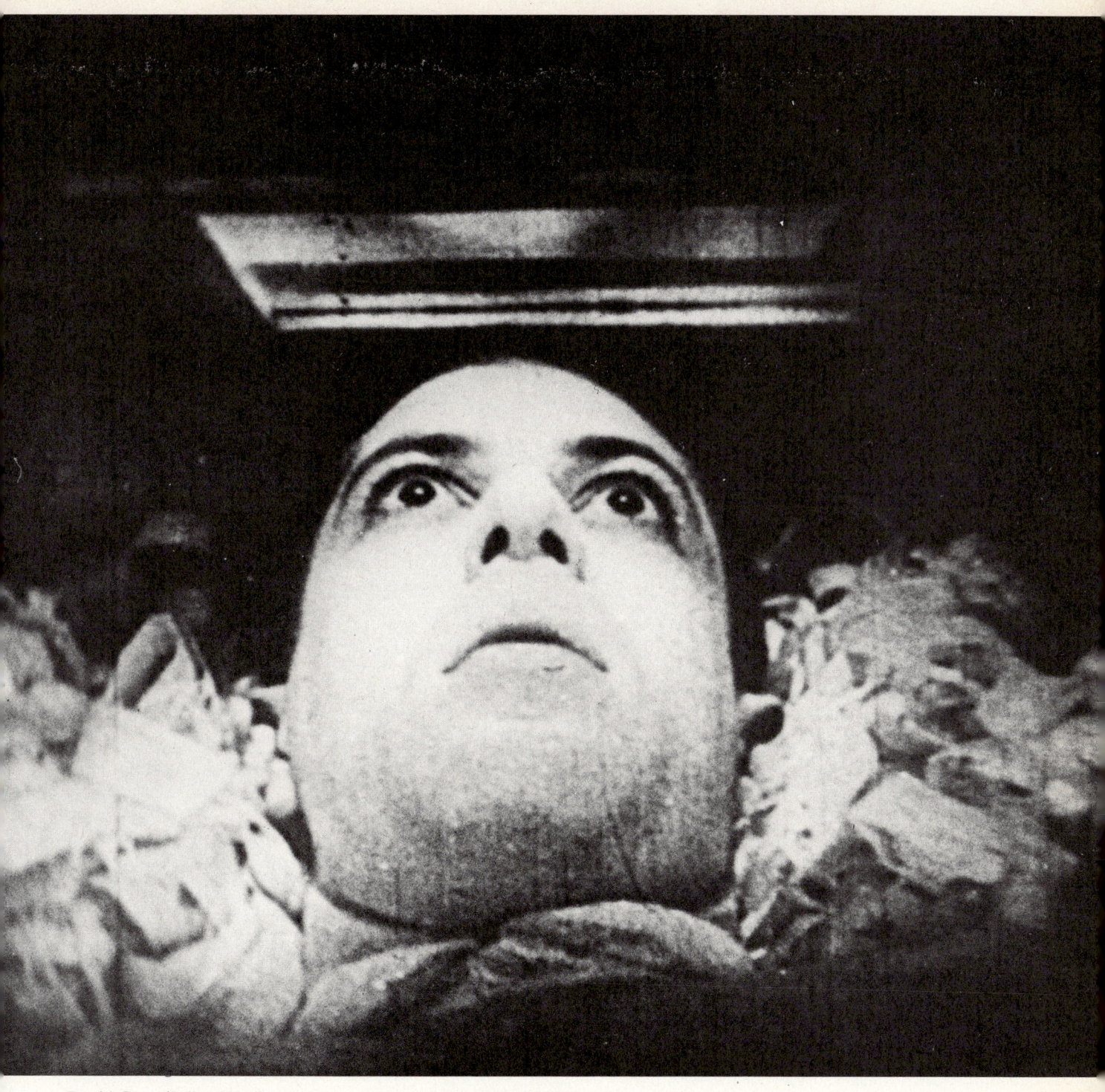

David Gray (Julian West) träumt von seinem eigenen Begräbnis.

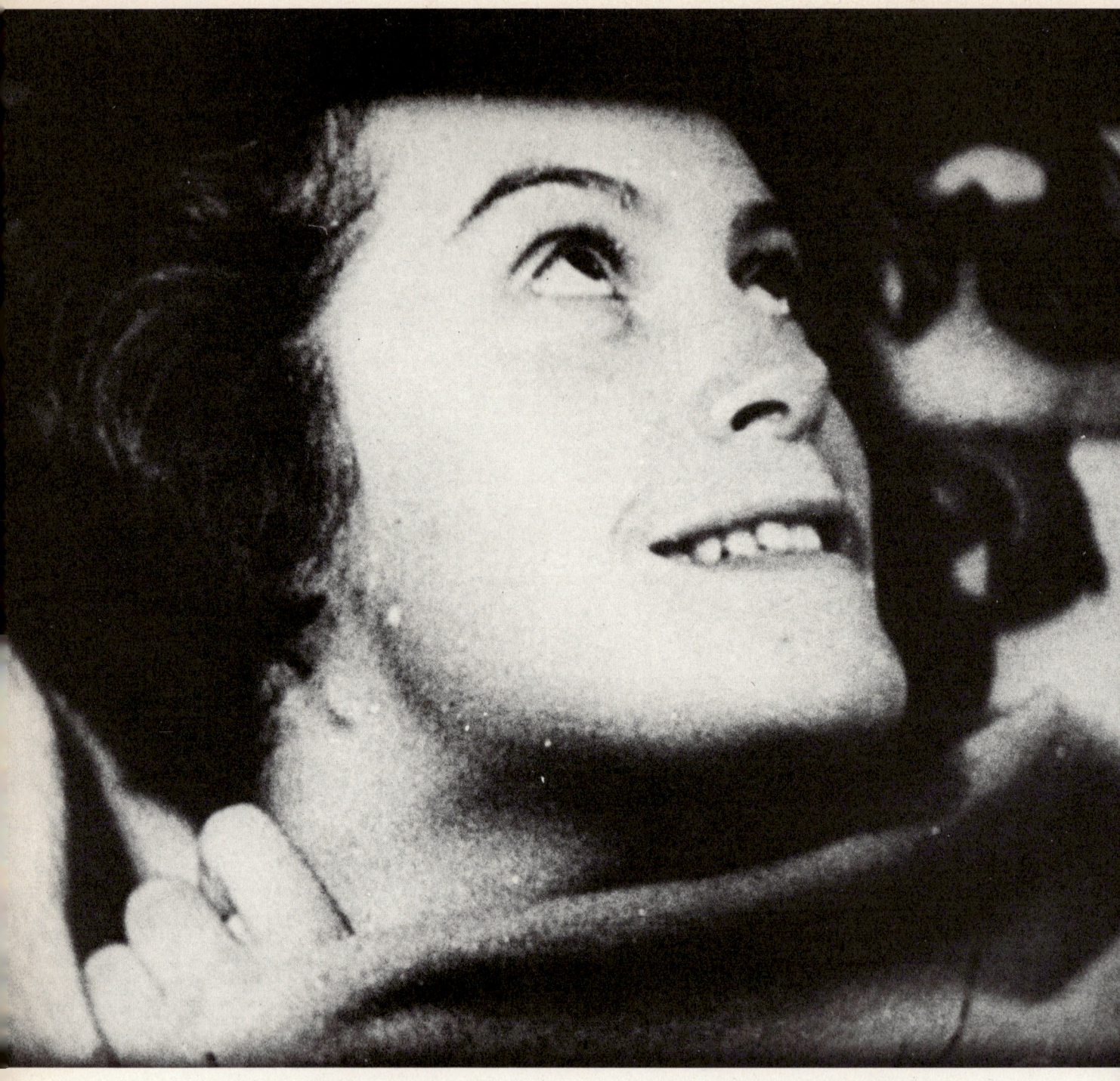

Sybille Schmitz als Opfer der Vampirin.

hafte Qualität der Aufnahmen. Zunächst hatte Dreyer die Absicht, seinen menschlichen Schurken, den Arzt, im Sumpf umkommen zu lassen. Zufällig stieß er aber auf eine alte Mühle. Der weiße Staub, der die Luft erfüllte und die Wände bedeckte, veranlaßte ihn, den visuellen Stil seines Films diesem Motiv anzugleichen. Die Verwendung der Farbe Weiß – Symbol der Unschuld und Reinheit – verstärkte nicht nur die gewollte Ambivalenz des Films (der Schurke erstickt nun in einer Kaskade aus weißem Mehl, anstatt in schwarzem Schlamm zu versinken), sondern auch die traumgleiche, freudianische Qualität der Erzählung. Die Vorgänge wurden nicht nur in unbestimmtem Zwielicht, sondern auch wie durch einen weißen Dunst gesehen. Das erzeugte jenes altbekannte und beängstigende Traumgefühl, durch Wasser unsichtbaren Verfolgern entkommen zu wollen und in seiner Flucht durch unberührbare Kräfte behindert zu werden, die nicht zu sehen und doch allgegenwärtig sind. Geradezu symbolisch für die visuelle Ambivalenz des Films ist die Tatsache, daß eines seiner bekanntesten und am häufigsten veröffentlichten Standfotos (eine Großaufnahme des Gesichtes des toten Polizisten, der eine Treppe hinuntergestürzt ist) *immer* verkehrt herum abgedruckt wird und, wenngleich eine Mandoline nun an der Decke zu hängen scheint, anstatt am Boden zu liegen, seine hypnotische Kraft behält!

Doch trotz all seiner stilisierten Kameraführung, seines bedächtigen Rhythmus und der brillanten Besetzung wichtiger Rollen mit Laiendarstellern ist der grausigste Moment in *Vampyr* eine scheinbar simple Nahaufnahme von Sybille Schmitz, der hervorragenden deutschen Schauspielerin, die eines der Opfer der Vampirin verkörpert. Vom Blutverlust geschwächt sitzt sie in einem Sessel, umsorgt von ihrer unschuldigen, verwirrten Schwester. Mit einem Mal beginnt sich der Einfluß der Vampirin bemerkbar zu machen. Das Gesicht belebt sich, und in einer einzigen festen Einstellung dreht sich der Kopf langsam von rechts nach links, wobei der Ausdruck des Gesichtes sich von Liebe und Dankbarkeit langsam in tierische List, dann Haß und – als sich die Lippen öffnen und kräftige, weiße Zähne entblößen und eine Zunge, die diese voller obszöner Blutgier leckt, – schließlich zurück in Ekel vor sich selbst und Scham verwandelt, als der Schwester, die voller Entsetzen zuschaut, klarwird, welche Gedanken sie hegt.

Es ist bezeichnend für Dreyers Mitgefühl, daß er es fertigbringt, uns vor der heimgesuchten Schwester fürchten und sie gleichzeitig unser Mitleid erregen zu lassen. Die alte Vampirin ist ein Werkzeug der bösen Mächte, fast gegen ihren Willen, und doch ist sie verwundbar und verdient unser Mitleid, weil sie schwächlich ist und sich den unbegreiflichen und strengen Gesetzen des Übernatürlichen unterwerfen muß (die auch in der Märchenwelt eisern beachtet werden wollen). (In seinem späteren Werk *Vredens Dag* lenkt Dreyer umgekehrt zunächst all unser Mitleid auf die schwächliche alte Frau, die als Hexe verbrannt werden soll – und läßt diese dann plötzlich einen trotzigen, fast teuflischen Wutanfall bekommen, der auch uns Angst einjagt und zum ersten Male den Gedanken in uns keimen läßt, daß sie wirklich eine Hexe sein könnte!)

Das Schlüsselmerkmal von *Vampyr* ist vielleicht das Unbehagen, das er erzeugt, was sogar die Schauspieler betrifft, die Dreyer benutzte. Lediglich Sybille Schmitz und Maurice Schutz waren professionelle Schauspieler; die anderen Mitwirkenden waren von Dreyer aufgrund ihres Aussehens oder einer gewissen Ambivalenz in ihrer Erscheinung verpflichtet worden. Die zarte Hauptdarstellerin war in Wirklichkeit ein Aktmodell, ein Beruf, der damals wohl in schlechterem Ruf stand als heute. Der durch und durch böse Arzt war ein freundlicher Journalist – wenn auch Ebbe Neergaard, ein dänischer Kritiker und Freund Dreyers, darauf aufmerksam gemacht hat, daß etwas eigenartig Unheilvolles an ihm war, das die Kamera registrierte, ohne daß er sich dessen bewußt war. Eine Atmosphäre der Unsicherheit und des Unbehagens erfüllt den ganzen Film. Sogar wenn der Film zu Ende ist und der Held die Heldin gerettet hat und sie sich in eine sichere, fröhliche Gegend abgesetzt haben, wird man das Gefühl nicht los, daß, wenn diese beiden auch fliehen konnten, wohl weil sie unschuldig waren, das Land der Phantome hinter ihnen zurückbleibt – zwar von einer Vampirin und einer Handvoll ihrer menschlichen Schergen befreit, aber mit Gräbern, die noch voll sind von weiteren Vampiren, die ihre Attacken auf die Lebenden fortsetzen werden. Wenn man den Film sieht, hat man ständig das Gefühl, es sei jemand hinter einem, und nicht selten dreht man sich sogar um und sieht nach. Natürlich gibt es da nichts – das heißt, nichts *Faßbares* –, doch die Kraft des Films ist so stark, daß man sich schon bald erneut umdreht – um sicher zu gehen!

5 Murder by the Clock

(MORD NACH DER UHR) 1931

Lilyan Tashman umgarnt Lester Vail – an einem ausgesprochen unromantischen Schauplatz.

Regie Edward Sloman. *Drehbuch* Henry Myers, nach einem Originalstoff von Rufus King und Charles Beahan. *Kamera* Karl Struss. *Produktion* Paramount. *Darsteller* William Boyd, Lilyan Tashman, Irving Pichel, Regis Toomey, Sally O'Neil, Blanche Frederici, Walter McGrail, Lester Vail, Martha Mattox, Frank Sheridan, Frederick Sullivan, Willard Robertson, Charles D. Brown, John Rogers, Lenita Lane, Harry Burgess.

Um das damals allgemein etwas nüchterne und geschwätzige Genre des Kriminalfilms etwas aufzufrischen, verband der Film *Murder by the Clock* alte Krimi-Rezepte mit der Atmosphäre der gerade aufkommenden Horrorfilme, weshalb er vermutlich bei seiner Erstaufführung ziemlich gut ankam. Die Handlung ist nicht übel, auch wenn ein wenig gemogelt wird und die Tricks, mit denen der Bösewicht vortäuscht, eine Tote sei wieder zum Leben erwacht und streiche nun in ihrem selbstentworfenen Grabgewölbe umher, von der Kamera verraten werden. Dieses für jeden Notfall ausgerüstete Mausoleum kann nicht nur ausschließlich von innen geöffnet werden, sondern ist auch mit einer schaurigen Hupe ausgerüstet, die, wenn sie ertönt, verkündet, daß der im Innern nicht tot oder zumindest noch recht aktiv ist!

Überflüssig zu erwähnen, daß die Hupe erst dann ertönt, als die Nerven des Protagonisten – und die des Publikums – schon aufgrund der geheimnisvollen Vorgänge zum Zerreißen gespannt sind. So wird zum Beispiel der Mörder der alten Dame seinerseits umgebracht, durch außergewöhnliche ärztliche Hilfe schließlich wieder zum Leben erweckt, um dann aber sowohl seinem vermeintlichen Mörder als auch dem »Geist« seines eigenen Opfers gegenüberzustehen. Nach diesem zweifachen Schock ereilt ihn verständlicherweise diesmal wirklich und endgültig der Tod! Es ist ein äußerst temperamentvoller Film, und das damalige Publikum gruselte sich bei den eher realistischen Gruft- und Friedhofszenen und dem hemmungslos wilden Irving Pichel, der einen lüsternen, riesengroßen Idioten spielt, ebenso gut wie bei den phantastischeren Vampiren und Monstern.

Wer den Film gesehen hat, erinnert sich gern an ihn und spricht über ihn mit einem anerkennenden Schaudern; selbst wem der Titel nicht mehr einfällt, hat die Hupe in der Gruft und das nächtliche Umher-

Lilyan Tashman bringt den einfältigen Irving Pichel auf Mordgedanken.

streichen von Blanche Frederici bestimmt nicht vergessen. Daß er heute altmodisch und nicht mehr so gut erscheint, wie man ihn in Erinnerung hatte, war wahrscheinlich zu erwarten. Er kommt ein wenig langsam voran, und das totale Fehlen irgendeiner Begleitmusik verstärkt diesen Eindruck. Auf der anderen Seite ist es ein ausgesprochen komischer Film. Handlung wie Personen sind schillernd und originell, und alle drehen voll auf – ganz besonders aber Lilyan Tashman als eine anmutige, moderne Lady Macbeth, die in riskant geschnittenen Abendkleidern den Detektiv, die kleineren Schurken und den Psychopathen gleichermaßen mit ihrem Sex umgarnt, wenn es ihr gerade nützlich erscheint. Die Tashman-Rolle verhindert zwar, daß man den Film ganz ernst nimmt, doch andererseits würde er ohne ihre ironische Schuftigkeit um einiges weniger vergnüglich sein. Auch visuell (Ausstattung, stimmungsvolle Bauten, Karls Struss' Kameraarbeit) ist er attraktiv, eindrucksvoll und beachtlich.

Edward Sloman, ein bewährter Stummfilm-Regisseur, gibt sich Mühe, den Film nie durchhängen zu lassen, um die Schwerfälligkeit so vieler Tonfilm-Krimis der damaligen Zeit zu vermeiden. Zufälligerweise ähnelt der Höhepunkt – der Detektiv übergibt die Frau, die eine Mordanklage zu erwarten hat, der Polizei – überraschend der Auflösung von *The Maltese Falcon,* der nur wenige Monate zuvor in die Kinos gekommen war. Während die prächtigen Schurken Tashman und Pichel wohl das meiste Lob einstreichen, sollte noch erwähnt werden, daß die übliche Liebesgeschichte am Rande – zwischen Regis Toomey, dem Kriminalbeamten, und Sally O'Neil, dem Hausmädchen – sich wirklich nur auf kurze Zwischenschnitte beschränkt, die lediglich Zeit- oder Schauplatzwechsel kennzeichnen und nie so lang sind, daß sie der unterhaltsamen Parade aus Mord, Wahnsinn, Lüsternheit und Spuk in der Gruft im Wege sind.

6 Dr. Jekyll and Mr. Hyde

DR. JEKYLL UND MR. HYDE 1932

Fredric March in der Version von 1932.

Regie Rouben Mamoulian. *Drehbuch* Samuel Hoffenstein und Percy Heath, nach dem Roman von Robert Louis Stevenson. *Kamera* Karl Struss. *Art Director* Hans Dreier. *Produktion* Paramount. *Darsteller* Fredric March, Miriam Hopkins, Rose Hobart, Holmes Herbert, Halliwell Hobbes, Edgar Norton, Tempe Pigott, Arnold Lucy, Colonel McDonnell.

Es gibt wohl mehr als ein Dutzend respektable Film-Versionen der Geschichte von Jekyll und Hyde, und in den letzten Jahren ist sie sogar in Sexfilmchen ausgebeutet worden. Doch die Version mit Fredric March aus dem Jahre 1932 ist die bekannteste von allen, obgleich sie etwa zwanzig Jahre lang nicht zu sehen war, weil MGM die Rechte von Paramount erstanden hatte, um ihre eigene Fassung mit Spencer Tracy zu schützen. Während all dieser Jahre wurde der Film nirgendwo gezeigt, außer hin und wieder in europäischen Filmarchiven, und wie das bei »verschollenen« Filmen häufig vorkommt, verschafften Altersgruppen, die ihn nie gesehen hatten, dem Film eine Reputation *in absentia*. Zum Glück war der Film gut genug, um sogar das zu überstehen; als er nämlich Anfang der siebziger Jahre wieder zur Verfügung stand, erfüllte er – trotz einiger Schnitte, die die Zensur bereits bei einer Wiederaufführung in den dreißiger Jahren vorgenommen hatte – alle Erwartungen und übertraf diese sogar noch.

Gewisse Jugend-Horrorzeitschriften hatten tatsächlich die Stirn, seine Verwandlungsszenen zu »entschuldigen«, da der Film entstanden sei, ehe Universal für ihre Wolfsmensch- und anderen Monsterfilme ihre raffinierten Transformationsverfahren entwickelt hatte. Einmal ganz abgesehen von dem subtilen Aufbau der Verwandlungsszenen (so registriert eine subjektive Kamera die Reaktionen aus Jekylls Sicht), ist die Realisierung der Verwandlung selbst – die schon vorher aufgetragene Schminke wird erst durch Infrarot-Einstrahlung sichtbar gemacht – wesentlich überzeugender als die Einzelbildtechnik mit mehreren Make-up-Stadien in den Wolfsmensch-Filmen. Regisseur Rouben Mamoulian besaß ein ungeheures visuelles Gespür und liebte es offensichtlich, mit den Möglichkeiten des Mediums Film zu spielen. Er scherte sich auch nicht darum, banal zu erscheinen – wenn es nur visuell etwas hergab. Seine Konzentration auf Stil um des Stils willen ließ seine Filme, als sie später wiederentdeckt wurden, gelegentlich etwas eitel ausschauen. Deshalb mögen ihn auch längst nicht alle Filmkritiker und -theoretiker, aber sein Verdienst um den frühen Tonfilm – als es noch viel zu wenige Stilisten gab – sind enorm. *Dr. Jekyll and Mr. Hyde* (eigentlich 1931 hergestellt, aber 1932 uraufgeführt) – erst sein dritter Film – ist auch heute noch eine bemerkenswerte Leistung.

Waren es sicher hauptsächlich rechtliche Probleme, die den Film so lange dem Publikum entzogen, so hat in späteren Jahren, als man in Fragen des Rassismus hellhöriger wurde, auch ein anderes Moment eine Rolle gespielt: die widerliche Hyde-Figur ist mit Manierismen und Merkmalen ausgestattet, wie sie bei der rassistischen Zeichnung von Negern und Orientalen üblich sind. Wenngleich der Film auch unzweifelhaft stilvolles *Grand Guignol* ist, bleibt er in gewissem Sinne doch hinter der Version mit John Barrymore von 1920 zurück, die rein erzählerisch wohl die definitive *Jekyll and Hyde* ist. Obwohl er sich entschiedene Freiheiten in bezug auf die Vorlage erlaubte, führte er den Gedanken ein, zwei Frauen – die eine sinnlich und lüstern, die andere rein und unschuldig – auftreten zu lassen, die den zwei Seiten in Jekylls Wesen entsprechen. Die meisten der nachfolgenden Filme griffen diesen Einfall auf, wobei die Neuverfilmung mit Spencer Tracy sich als recht originell erwies, weil hier *entgegen* der Publikumserwartung Lana Turner das brave Mädchen

John Barrymore in der Version von 1920.

John Barrymore und Brandon Hurst.

Kurz vor dem Höhepunkt des Films späht Hyde (Fredric March) durchs Fenster und sieht das Mädchen, das er (als Jekyll) liebt und gleich zu ermorden versucht.

und Ingrid Bergman ihr Gegenstück spielte.

Mamoulians Version, die zwar die Motive für Jekylls Experimente besser als die anderen darlegt, läßt in der Zeichnung des Milieus und der Personen zu wünschen übrig. Das noch immer wichtige und provokatorische Thema (Parallelen zu aktuellen Experimenten mit LSD drängen sich geradezu auf) wird zu wenig ausgeschöpft, und anscheinend wurde angenommen, daß sowieso jeder die Geschichte kennt, und deshalb gleich *in medias res!* Der Film besitzt einfach nicht das durchgedachte Konzept und die Würde, die er verdient hätte, wobei dies nicht allein dem Drehbuch angelastet werden kann. Mamoulian legt eine zu hohe Geschwindigkeit vor; Schwenks und andere Kamerabewegungen sind häufig so flüchtig, daß man sich wie ein Tourist im Museum fühlt, den der Führer von einem Ausstellungsstück zum nächsten schleift. Obwohl der Film etwas länger ist als die Barrymore-Fassung, ist er wesentlich ärmer an Handlung und Exposition. Doch genug der Kritik. Es ist allein schon etwas wert, einen Stoff wie diesen als Großproduktion in seiner reinen Form zu erleben und nicht verfremdet, intellektualisiert oder verharmlost wie etwa in Paramounts *The Man in Half Moon Street* oder in der Tracy-Fassung von *Dr. Jekyll and Mr. Hyde.*

Mamoulians Film schöpft – wie Chaneys *The Phantom of the Opera* – die visuellen Qualitäten seines reichen Melodrams voll aus. Die Kameraarbeit ist vielfach überwältigend (wenigstens eine der Einstellungen wurde von Victor Fleming in der Neuverfilmung mit Tracy exakt kopiert); Mamoulians häufig angewandter Kunstgriff, romantische Porzellanfiguren als symbolischen Kontrast zu der außerhalb

83

Hyde ist von der Polizei in die Enge getrieben worden.

Spencer Tracy in der Version von 1941.

des Bildes stattfindenden physischen Gewalt einzusetzen, kommt auch hier in einer der Mordszenen vor; die Handhabung des Tons ist äußerst erfinderisch; Zeitsprünge werden mit interessanten Überblendungen, langsamen Abblendungen und geteilter Leinwand verdeutlicht, und die erste Verwandlungsszene wird einer der größten Horrormomente der Leinwand bleiben. Außerdem verleihen Mamoulians liebkosende Nahaufnahmen und lange, zögernde Überblendungen den Szenen zwischen March und der sexuell provozierenden Miriam Hopkins eine sinnliche und erotische Intensität, die im amerikanischen Film selten war. (Miriam Hopkins, die sich mit ihren Rollen in den frühen dreißiger Jahren etwas schwer tat, ist in dieser Rolle ausgezeichnet.) Marchs Spiel, für das er einen Oskar bekam, ist zuweilen etwas theatralisch, bleibt aber eine seiner besten Leistungen überhaupt. Kontrollierte Bewegungen des Körpers, verbunden mit einer geschickten Kameraführung, scheinen ihn in einer Szene praktisch vor unseren Augen wachsen zu lassen. Dies ist wahrscheinlich das einzige Mal, daß man einem Schauspieler, der sich in dieser Rolle versucht hat, die Persönlichkeitsspaltung wirklich abnimmt. Nicht nur wegen des grotesken Make-ups ist man niemals versucht, bei Mr. Hyde an March zu denken.

Der Film ist in Mamoulians bester Zeit entstanden (1929–1934: *Applause, City Streets, Love Me Tonight, Queen Christina*) und trägt von Anfang bis Ende sein gestalterisches Gütezeichen. Wenn ein paar der Symbolismen ein wenig zu platt erscheinen (z.B. soll die letzte Einstellung des Films, in der die Kamera aus dem Kamin heraus filmt, mit Flammen und brodelndem Kessel im Vordergrund, wohl eine Art Höllenvision sein), sollte man nicht vergessen, daß ein derartiger Symbolismus mit einer Geschichte, die von der totalen Trennung von Gut und Böse handelt, auf jeden Fall vereinbar ist.

Eine Werbe-Fotomontage mit Tracy als Jekyll, Ingrid Bergman (böses Mädchen) und Lana Turner (gutes Mädchen), die von der Silhouette Hydes bedroht werden. Werbefotos von Tracys Hyde-Makeup wurden bewußt nicht veröffentlicht.

7 Freaks

FREAKS 1932

Regisseur Tod Browning mit einem Teil seiner Besetzung.

Regie Tod Browning. *Drehbuch* Willis Goldbeck, Leon Gordon, Edgar Allan Woolf und Al Boasberg, nach der Geschichte *Spurs* von Tod Robbins. *Kamera* Merritt B. Gerstadt. *Produktion* MGM. *Darsteller* Wallace Ford, Leila Hyams, Olga Baclanova, Henry Victor, Roscoe Ates, Harry Earles, Daisy Earles, Rose Dione, Daisy Hilton, Edward Brophy, Albert Conti, Matt McHugh, Murray Kinnell, Violet Hilton.

Monster und Monstrositäten gelten in unserer abgebrühten Zeit fast schon nicht mehr als Horror-Faktoren. Ein Gutsverwalter bezeichnet am Anfang von Tod Brownings *Freaks* (1932) die Zirkusfreaks, also die »Launen der Natur«, als »Monstrositäten, die bei der Geburt getötet werden sollten«; der Film legt alles daran, dieser Einstellung schnellstens zu widersprechen. *Freaks* wird zu Unrecht als einer der unangenehmsten Horrorfilme aller Zeiten betrachtet (und verleumdet), und ist immer wieder vielen Kürzungen und Zensurstreitereien unterworfen worden. Kann sein, daß er früher physisch abstoßender gewirkt hat, denn im Vergleich zu Schaubudenattraktionen enthielt er sicher das, was man »hard core«-Beispiele grotesker Freaks nennen könnte.

Sein letzter Akt, eine wahrhaftige Alptraum-Sequenz, rechtfertigt seine Klassifikation als Horrorfilm. Aber das Hauptproblem bei *Freaks* lag immer in der übertriebenen Reaktion auf das, was man über den Film gelesen oder gehört hatte. Wer *Freaks* zum ersten Male sieht, ist automatisch in der Defensive, entschlossen, sich von dem, was er sehen wird, nicht abstoßen zu lassen; man sitzt unbeweglich da und bereitet sich darauf vor, sich in seinen Gefühlen nicht erschüttern zu lassen. Und obwohl die Schocks nicht kommen (zumindest nicht von den Freaks), ist es zu spät, eine andere Haltung einzunehmen, und der kurze Film ist vorbei, ehe man sich angepaßt hat. Wenn man ihn allerdings ein zweites Mal sieht, findet eine wundersame Verwandlung statt: Fast vom ersten Moment an strahlen die eher kindlichen, gar nicht bedrohlichen Freaks eine überraschende Wärme aus. In dem Film geht es um *ihre* Welt, und die *normalen* Menschen sind es, die zu Außenseitern werden.

Dabei sind die normalen Schurken (Olga Baclanova und Henry Victor) sicher so widerlich und fast obszön, daß man sich auf ihre Bestrafung durch die Freaks schon regelrecht freut, und wenn diese dann wirklich kommt, ist das Abreagieren gebilligter Gewalt fast ebenso spektakulär wie in dem viel jüngeren Film *Straw Dogs* von Sam Peckinpah. Abgesehen davon, daß es Tod Brownings wärmster und humanster Film ist (wahrscheinlich der einzige in seinem Werk, auf den diese Adjektive zutreffen), ist es auch in rein filmischer Hinsicht einer seiner besten, und interessanterweise wirft er die Struktur fast aller seiner anderen Filme total über den Haufen.

Er beginnt auf einer ziemlich prosaischen, nichtvisuellen Ebene; es gibt eine verbale und nicht einmal sehr fesselnde Exposition – im Gegensatz zu Brownings Stummfilmen *The Blackbird* und *The Show*, die mit visuell faszinierenden Einstellungen anfangen, die fallengelassen werden, sobald sie ihren Zweck, die Aufmerksamkeit des Publikums zu erregen, erfüllt haben. Von Anfang an steuert *Freaks* zielstrebig auf den ersten Höhepunkt zu (die bizarre Hochzeit zwischen der großen Trapezkünstlerin und dem Liliputaner, bei der die Freaks auf ihr Wohl trinken und singen, sie sei nun »eine von uns, eine von uns!«). Anstatt nun sein Tempo zu drosseln, strebt der Film in erneut rasantem Rhythmus auf seinen Schlußhöhepunkt zu. Anders als die meisten Höhepunkte bei Browning ist es hier ein optisches, hauptsächlich im Freien stattfindendes Finale, im Gegensatz zu den meisten Browning-Höhepunkten, bei denen die Personen in einer klaustrophobischen Innendekoration bis zum Schluß ununterbrochen reden. Außerdem ist es ein vorhersehbarer Höhepunkt und nicht eine plötzliche, ironische Wendung.

Das Hochzeitsfest: Harry Earles (Rücken zur Kamera), Olga Baclanova und Henry Victor.

Was die Alptraum-Atmosphäre betrifft (der Zirkuswagen nachts in einem Gewitter; der Bösewicht, der Held und Heldin ermorden will; die Freaks, die – erhellt von zuckenden Blitzen – durch den Schlamm zu Hilfe eilen), ist die Sequenz reinstes *Grand Guignol,* doch mit einer interessanten Mischung aus Realismus und Phantastischem. Der Held muß bei dem Kampf einiges einstecken, ist unterlegen, kämpft nicht immer »sauber« und ist Mensch genug, vor Schmerzen aufzuschreien, als er gegen einen heißen Ofen gedrückt wird. Auf der anderen Seite wird bei den Aufnahmen mit den Freaks mehr auf ihre Schockwirkung Wert gelegt. Ein Torso ohne Arme und Beine, der sich mit einem Messer zwischen den Zähnen durch den Schlamm windet, ist, realistisch betrachtet, nicht sehr gefährlich, und es ist nicht recht zu verstehen, warum es die trainierte und langbeinige Olga Baclanova nicht schafft, ihren winzigen oder gehandikapten Verfolgern bei der Jagd durch den Wald davonzurennen. Doch auch die allerletzte Szene – die Umwandlung der Baclanova in eine beinlose »Henne« – ist schließlich mehr Alptraum als Logik, und der Film blendet sinnvollerweise über einem Schock aus, nicht über einer Erklärung.

Olga Baclanova als der Trapez-Star, der den Liliputaner Harry Earles heiraten will – seines Geldes wegen.

Die Freaks ahnen, daß die »große Frau« versucht, ihren Ehemann zu vergiften.

Der Rache der Freaks: Olga Baclanova als Hennenfrau.

8 The Old Dark House

(DAS ALTE FINSTERE HAUS)   1932

Boris Karloff und Eva Moore.

Regie James Whale. *Drehbuch* Benn W. Levy, mit zusätzlichen Dialogen von R.C. Sheriff, nach dem Roman *Benighted* von J. B. Priestley. *Kamera* Arthur Edeson. *Produktion* Universal. *Darsteller* Boris Karloff, Melvyn Douglas, Charles Laughton, Raymond Massey, Ernest Thesiger, Gloria Stuart, Lillian Bond, Eva Moore, John Dudgeon, Brember Wills.

The Old Dark House, im Kino zuletzt in den frühen fünfziger Jahren zu sehen gewesen, um später William Castles regelrecht blasphemischer Neuverfilmung Platz zu machen, ist ein Film, der fast jeden enttäuscht, der ihn zum ersten Mal sieht. In England tauchte er nach einer langen Pause in den letzten Jahren des Zweiten Weltkrieges wieder auf, als die Zensur die Auswertung neuer Horrorfilme verboten hatte und ältere Gruselfilme wiederaufgeführt wurden, um die Marktlücke zu schließen. In den USA stand er nicht vor den frühen siebziger Jahren wieder zur Verfügung und auch dann nur begrenzt, in Archiven und Filmmuseen.

Ganze Generationen wuchsen heran und nahmen an, da sie nur seinen Titel kannten und ihnen durch herrlich stimmungsvolle Standfotots und das Ansehen von Karloff und Whale der Mund wässerig gemacht wurde, daß es einer der allergrößten Horrorfilme überhaupt sein müsse. In vieler Hinsicht stimmt das sogar; es ist sicherlich die Apotheose aller Spukhaus-Gruselfilme und die Krönung von Filmen wie *The Bat, The Cat and the Canary, The Gorilla, Seven Footprints to Satan* und anderen Stumm- und frühen Tonfilmen. In dieser Richtung hat es vorher oder nachher nichts Besseres gegeben. Aufgrund seines Titels, seiner Stars und seiner Reputation sind die Erwartungen allerdings sehr hoch – und wenn man ihn dann zum ersten Mal sieht, werden diese Erwartungen nicht ganz erfüllt. Eigentlich passiert so gut wie nichts, trotz der mißlichen Lage der fünf Reisenden, die eine Überschwemmung und ein Erdrutsch zwingen, in einem äußerst unheimlichen alten Haus mit äußerst bizarren Bewohnern die Nacht zu verbringen!

Die Enttäuschung des britischen Publikums wurde noch dadurch gesteigert, daß der Verleih seinen Aushangfotosatz aufmöbeln wollte, indem er eine wirklich grausige Szene aus dem alten und damals so gut wie vergessesenen Columbia-Thriller *Night of Terror* dazwischenmogelte und so der Eindruck entstand, die blutigen Szenen seien bei der Wiederaufführung herausgeschnitten worden. Aber zum Glück ist *The Old Dark House* einer der Filme, die man mehr als einmal sehen will, und schon beim zweiten Sehen gewinnt er kolossal. Jetzt hat man Zeit, das Fehlen spektakulärer Gruselstückchen zu vergessen und sich einfach zurückzulehnen und die Stimmung des Films, seinen Stil und seinen Witz zu bewundern. James Whale, ein ehemaliger Bühnenschauspieler und -regisseur, geht mit dem Film um wie mit einem Theaterstück: Das Ganze besteht aus einer Reihe dramatischer Auftritte und Abgänge; Karloff kracht durch eine dicke Holztür; eine Hand legt sich auf das Geländer am Ende einer Treppe und bleibt dort, bis man sie fast vergessen hat, und dann hat ihr Eigentümer einen dramatischen Auftritt auf eine fast leere Bühne; Augenblicke schieren Schreckens bilden eine Art »Vorhang«-Effekt und werden gefolgt von ruhigen Szenen, ehe die nächste Spannungssequenz beginnt. Doch wenn die Konzeption auch die eines Bühnenstückes ist, so ist die Ausführung reines Kino, mit einer herrlich beweglichen Kamera, Whales typischem, effektvollem Einsatz kurzer, plötzlicher Großaufnahmen und wunderschönen Lichteffekten. (Arthur Edeson, damals einer der besten Kameraleute Hollywoods, lieferte einige seiner schönsten Arbeiten in Filmen von Whale.)

Priestleys Romanvorlage war eher etwas uneinheitlich; er fühlte sich im allgemeinen wohler bei seinen »sozial-kritischen«, halb-politischen Büchern und Stücken – oder aber bei seinen einfachen Sittenkomödien wie *When We Are Married,* die von den Menschen und Klassenunterschieden in Yorkshire handeln, die er so gut kannte. Elemente beider Richtungen scheinen in *Benighted* eingebracht worden zu sein und stehen hier dem Melodrama zu oft im Wege. Der einzige größere Unterschied zwischen Roman und Film war, daß Priestley seinen Helden, Penderell, sterben und der Film ihn leben läßt – obgleich es in dem Film Anzeichen dafür gibt, daß dieses eine Entscheidung der letzten Minute gewesen sein könnte. Das ordentliche Drehbuch ist sorgfältig ausgewogen und stellt die fünf Hausbewohner den fünf Gästen gegenüber. Auf ziemlich grobe Art bekommt jeder sein entsprechendes Gegenstück zugeteilt, und in der Nacht des Schreckens zeigt sich jeder von seiner besten (oder schlechtesten) Seite, wodurch alle Probleme gelöst werden, so wie das Morgengrauen automatisch die unauflöslichen Ängste und Gefahren eines Alptraums verbannt. (Irgendwie ist es nicht ganz leicht, sich von allen Problemen befreit zu fühlen, wenn Karloffs halbverrückter Butler noch die Gegend unsicher macht!)

Mehr als lediglich ein erfreuliches Beispiel seines Genres ist *The Old Dark House* ein umgekehrter Prototyp, zugleich ein verspätetes Modell und die Bilanz aus allem, was es in dieser Art von Filmen bereits gegeben hat; das Beste wird aus allen herausgefiltert, doch trotzdem noch genug hinzugefügt, das unverkennbar Whale ist. Trotz seiner vielen schillernden Einzelheiten ist der Film am besten, wenn er

Im Gegensatz zu *Dracula* und so manchen anderen frühen Horrorfilmen leidet *The Old Dark House* nicht darunter, daß es keine Musik gibt. Außer einigen Takten äußerst suggestiver Musik über dem Vorspann gibt es keinerlei musikalische Untermalung, aber dafür bilden die konstanten Geräusche von Wind, Regen, Donner, klappernden Fensterläden und wehenden Vorhängen eine eigene Symphonie. Zudem besitzt der Film ein solches Tempo (er ist noch keine 70 Minuten lang), daß es keine jener unangenehmen Pausen gibt, in denen man sich des Fehlens von Musik bewußt wird.

Die Kameraarbeit ist hervorragend; der erste Blick auf das von Blitzen umzuckte Haus ist eine der wirkungsvollsten, unheilverkündendsten Eröffnungseinstellungen, die je gedreht wurden. (Und wieder untergräbt Whale absichtlich die Szene, indem er Raymond Massey den großartigen Satz sagen läßt: »Es wäre vielleicht ratsamer, wenn wir weiterkämen!«, eine Untertreibung, die er später noch überbietet, als er versucht, die Furcht seiner Frau vor »diesem gräßlichen Haus« zu mindern und ihr beipflichtet: »Es ist nicht sehr nett hier, oder?«)

Raymond Massey, Boris Karloff und Gloria Stuart.

die düsteren Außenkulissen und die furchterregende Karloff-Figur *nicht* zeigt. Die Handlung ist wirklich nur eine Ausgangssituation, und die Höhepunkte stehen mit den Handlungsfäden kaum in Verbindung. Es gibt eine großartige Szene in Eva Moores unordentlichem, engen Zimmer, in der sie von Sünde und Ausschweifung vergangener Tage erzählt und dadurch den unheilvollen Einfluß der Vergangenheit viel bedrohlicher werden läßt als die Schrecken der Gegenwart. Später gibt es eine hübsche kleine Einlage (die an ähnliche Szenen in Val-Lewton-Filmen erinnert), wenn Gloria Stuart versucht, sich abzulenken, indem sie Schattenspiele auf die Wand wirft, und von dem unheimlichen Schatten Eva Moores unterbrochen wird. James Whales berüchtigter Sinn für Humor kommt hier prächtig zum Ausdruck. Eine »Schock«-Großaufnahme der unheimlichen Gestalt bei ihrem ersten Auftritt war immer ein ungeschriebenes Gesetz in dieser Sorte von Filmen, und Whale setzt sie bei der Einführung Karloffs auch pflichtbewußt ein. Doch dann läßt er einen komischen Dialogsatz folgen, zerstört dadurch sofort Karloffs Bedrohlichkeit und läßt eine ironische Verarbeitung des Stoffes erwarten. In gewisser Weise wird diese Erwartung auch erfüllt. Das Publikum wiegt sich sozusagen bald in Sicherheit, besonders nach einem absichtlichen Tiefpunkt kurz vor Ende des Films, um dann aber überrumpelt zu werden, wenn Whale in seinem letzten Akt wieder völlig ernst wird.

Ernest Thesiger, Eva Moore, Charles Laughton, Lillian Bond und Boris Karloff.

Die Bauten sind sehr gelungen, doch brauchte es noch einen Mann mit Whales Geschmack und Phantasie, um ihr ganzes Potential auszuschöpfen. Universal vermietete dieselben Dekorationen später an kleine, unabhängige Produktionsgesellschaften für deren billige Thriller, und dort waren sie praktisch nicht wiederzuerkennen, so wenig Mühe hatte man sich gegeben, ihre Möglichkeiten durch Kameraaufbau und Ausleuchtung voll auszunutzen. Einige Einstellungen sind ausgezeichnet entworfene Modelle, und Whale zeigt uns klugerweise das Äußere des Hauses nie richtig bei Tageslicht. Auf diese Weise kann, wenn auch für die Unheimlichkeit der Menschen Erläuterungen gefunden werden, das Haus selbst als eine Art unheilvolle Verkörperung des Bösen einen ungetrübten Eindruck in unseren Köpfen hinterlassen.

Einmal abgesehen von der gestalterischen Schönheit des Films und dem unterhaltsamen Karloff, macht das Zusammenspiel von Eva Moore und Ernest Thesiger als die Femms, Eigentümer des Hauses, und ihr großartiger Dialog am meisten Spaß an diesem Film. Ohne Zweifel ist es Thesigers beste Rolle, wobei ich seinen schillernden Dr. Praetorius in *The Bride of Frankenstein* nicht vergessen habe. Es liegt genau die richtige Mischung aus Furcht, Stolz, möglichem Wahnsinn und beißendem Humor in allem, was er tut. Während die Kameraführung und bestimmte Aufnahmewinkel seinen dünnen Körper und sein Vogelgesicht betonen, wenn er auf die Kamera zukommt, scheint seine Verachtung für die ihn umgebenden Personen auch das Filmteam und das Kinopublikum mit einzubeziehen! »Meine Schwester war schon dabei, diese Blumen zu arrangieren!« bemerkt er einmal gutgelaunt, doch sogleich verwandelt sich sein gutmütiges Lächeln in Hohngelächter, und er wirft den Strauß ins Feuer. Bei einer anderen Gelegenheit, als der rauhe, aber herzliche Charles Laughton versucht, die Stimmung etwa aufzulockern, indem er vorschlägt, daß jeder über sich erzähle, wobei er darauf hinweist, daß man ja nun hier beisammensäße und doch nichts übereinander wisse, läßt Thesiger die Anwesenden prompt durch ein hochnäsiges »Wie beruhigend!« in ihre düstere Stimmung zurückfallen. Allerdings enthält keiner seiner herrlichen Sätze die Kombination aus Verachtung, Geiz und Mißtrauen, die er in den kurzen Satz zu legen vermag, als er seinen ungeladenen Gästen ein ausgesprochen frugales Mahl vorsetzt: »Nehmen Sie doch noch Kartoffeln!«

Die Besetzung seiner Schwester mit Eva Moore war praktisch ein Zufall. Die Schauspielerin, die in britischen und amerikanischen Filmen der dreißiger und vierziger Jahre in Nebenrollen häufig zu sehen war, war erst ein Jahr zuvor nach Hollywood gekommen, aber nicht, weil sie unbedingt Arbeit suchte, sondern in Begleitung ihrer Tochter Jill Esmond, die damals mit Laurence Olivier verheiratet war und ihrerseits (mit Erfolg) in Hollywood Arbeit zu finden hoffte. Eva Moore diese Rolle zu geben, war ein intuitiver Geniestreich von Whale. Sie ist die Perfektion selbst als eine Art ältliches Überbleibsel aus viktorianischen Tagen, was im England der dreißiger Jahre ein überraschend häufiger nationaler Typus war. Whale kannte und verstand diese Menschen, und man findet sie recht häufig in seinen Filmen – in *One More River* zum Beispiel, wenn auch da sympathischer und ohne unheimliche Untertöne. Ich erinnere mich noch gut an das Gefühl aus Ehrfurcht und leiser Angst, das ich hatte, wenn ich (ziemlich oft) bei einer solchen alten Dame mit zu Besuch kommen mußte; anscheinend verließ sie nie ihr gaslichtbeleuchtetes Wohnzimmer; sie hielt die dicken Samtvorhänge stets geschlossen, um sich vor dem Sonnenlicht zu schützen, lehnte ein Radio oder andere moderne Apparate ab und ließ ihr Zimmer überquellen von ausgestopften Vögeln und Schmetterlingen in Glaskästen.

Um das Bild, das Whale so akkurat in *The Old Dark House* rekonstruiert, weiter zu vervollständigen, hing ein riesiges, feierliches Porträt der Königin Viktoria dort an der Wand, zusammen mit dem der Tochter des Hauses, die in die Heilsarmee gesteckt worden war. Aller Wahrscheinlichkeit nach ist alles noch dort, mit einem schrecklichen Geheimnis auf dem Dachboden, und wartet darauf, daß die Wogen einer James-Whale-Sturmflut es davonspült.

Gloria Stuart und Brember Wills.

9 White Zombie

(WEISSER ZOMBIE) 1932

Robert Frazer (rechts) und ein Zombie.

Regie Victor Halperin. *Drehbuch* Garnett Weston. *Kamera* Arthur Martinelli. *Produktion* Amusement Securities/United Artists. *Darsteller* Bela Lugosi, Madge Bellamy, Joseph Cawthorne, Robert Frazer, John Harron, Clarence Muse, Brandon Hurst, Dan Crimmins, John Peters, George Burr McAnnan.

White Zombie ist einmal in einer seriösen Filmzeitschrift (von einem weniger seriösen »Filmkritiker«) als »ein Horrorfilm für Idioten« bezeichnet worden. Dadurch werden nicht nur solche wichtige Filmhistoriker wie Carlos Clarens und Arthur Lennig einfach ignoriert, sondern auch Bela Lugosi selbst, der diesen Film sehr mochte. Um sofort auf seine Schwächen zu sprechen zu kommen: Es ist wirklich ein altmodischer Film (was nicht immer zu seinem Nachteil gereicht), und er ist manchmal nahe daran, albern zu werden, wenn er sich zu sehr bemüht, seinem Publikum Angst zu machen. Zu einer Zeit, als Horrorfilme noch allgemein zurückhaltend waren, nahm er schon die Methode der Hammer-Filme vorweg, indem er versuchte, durch Großaufnahmen der scheußlichen Zombies und ihrer von Kugeln zerfetzten Körper zu schockieren und Ekel zu erregen. Die blumige, viktorianische Diktion der Dialoge und Einzelheiten wie das Posieren der Heldin in ihrer mit Bändchen und Spitzen besetzten Unterwäsche vor der Hochzeit tragen zusätzlich dazu bei, den Film altmodisch wirken zu lassen.

Er war schon im Jahre 1932 ein Anachronismus, und seine etwas primitiven Herstellungsmethoden lassen ihn wesentlich älter erscheinen als andere Horrorfilme dieser Zeit wie *The Old Dark House* und *The Mummy*. Doch ein technisch hohes Niveau ist kaum das Entscheidende, und von seiner Stimmung und Wirkung her ist *White Zombie* einer der zufriedenstellendsten Filme dieser Periode und außerdem der »definitive« Voodoo-Film – wobei es kaum mehr als eine Handvoll Filme dieser Kategorie gibt. Auch verleihen ihm seine Anklänge an *Die Schöne und die Bestie* und *Dornröschen* etwas von der Magie eines echten Märchens. Die Produzenten Victor und Edward Halperin glaubten fest an den visuellen Aspekt des Filmemachens und bekannten damals (als eine derartige Einstellung höchst ungewöhnlich war) offen, daß sie versucht hätten, sich an der Optik der besten Stummfilme zu orientieren. Wenn auch wichtige Informationen durch die Dialoge geliefert werden, ist es ein ganz und gar bildhafter Film. Nicht nur die Gestaltung des Bildes selbst, sondern auch die Anwendung von Spiegeltrick-Aufnahmen, ausgefeilte optische Wischblenden und Effekte mit geteilter Leinwand tragen zu seiner visuellen Eleganz bei.

Bela Lugosi.

Die Zombies sieht man zuerst in einer extremen Totalen, wie sie als schwarze Silhouette nachts einen Hügel hinunterstolpern. Lugosis erster Auftritt beginnt mit einer das gesamte Bild füllenden Großaufnahme seiner Augen, von denen die Kamera rasch zurückfährt, wobei die immer kleiner werdenden Augen über eine Totale von Lugosis hagerer Gestalt, wie sie am Straßenrand steht und auf eine Kutsche voller Reisenden wartet, kopiert werden. Jedes einzelne Bild wird gewissenhaft und üppig komponiert: Zombies marschieren schweigend an vergitterten Fenstern entlang – Szenen, die in Rhythmus und Gestaltung fast an Dreyer erinnern. Wenn Lugosi oder Madge Bellamy eine Szene eröffnen, werden sie oft

Madge Bellamy und ein Zombie.

von Mauerwerk oder Geländerholz eingerahmt, was in der Wirkung fast jenen alten, von Hand geschriebenen Büchern gleichkommt, in denen der erste Buchstabe des ersten Wortes eines neuen Kapitels stets sorgfältig vergrößert und verziert wurde.

Die gesamte Bildgestaltung ist überdurchschnittlich und wird unterstützt durch solide ausschauende Bauten, einen phantasievollen Einsatz von Licht und Schatten und eine getragene Musik. Diese Musik ist allerdings etwas melodramatisch und altmodisch. Der Großteil ihrer Themen ist in der Stummfilm- und frühen Tonfilmzeit geschrieben worden und wurde dann als »Musikkonserve« unabhängigen Produzenten zur Verfügung gestellt, die weder das Geld hatten noch die kreative Notwendigkeit verspürten, eine Originalmusik schreiben zu lassen. Auf der anderen Seite besitzt diese Art von Musik aber auch einen gewissen überlebensgroßen Reichtum. Sie wurde eingesetzt, um spannende oder melodramatische Szenen hervorzuheben und ihre Wirkung zu verstärken; die Stücke werden von vorne bis hinten durchgespielt, oft ohne irgendwelche begleitende Dialoge oder Geräuscheffekte, und sie helfen, solchen bewußt langsamen Szenen wie der, in der Lugosi die Voodoo-Wachsnachbildung der Heldin verbrennt, ihren nötigen Rhythmus zu verleihen. Die Dialoge sind zwar spärlich, aber reich an Aussage. Jeder Satz drückt in knappem, hochtrabendem Stil aus, was in einer realistischeren Sprache gleich mehrere Sätze beansprucht hätte. Es ist interessant, den Film unter diesem Aspekt einmal mit dem Val-Lewton/Jacques-Tourneur-Film *I Walked With a Zombie* zu vergleichen, welcher sicher ein intelligenter und anspruchsvoller Horrorfilm ist. Da er einen naturalistischeren und subtileren Weg einschlägt, ist er auf mehr Dialog angewiesen, der aber nicht die bravouröse Theatralik von *White Zombie* besitzt. *White Zombie* enthält einige der besten Dialogsätze, die für Lugosi geschrieben worden sind, doch sind sie so sorgfältig in die Handlung integriert worden, daß sie – im Gegensatz zu einigen von Lugosis besten Sprüchen aus *Dracula* und *The Raven* – nicht aus ihrem Zusammenhang gerissen und als Beispiele eines »pikanten« oder theatralischen Stils zitiert werden können. Lugosis Bemerkung zu Robert Frazer – »Na also, jetzt verstehen wir uns doch schon viel besser!« – verrät dem, der den Film nicht gesehen hat, gar nichts; in ihrem Zusammenhang aber, als Schlüsselsatz eines ausgedehnten Katz-und-Maus-Spiels, vorgebracht mit einer merkwürdigen Mischung aus Boshaftigkeit und überheblicher Väterlichkeit und gekrönt durch eine elegante, vielsagende Handbewegung Lugosis, wird sie praktisch zur definitiven Illustration des in Horrorfilmen so dominanten Rachemotivs. Übrigens war dieser Voodoo-Geisterbeschwörer, der durch und durch böse ist und nicht einmal scheinbar sympathisch sein kann wie Dracula, wohl Lugosis unheimlichste Rolle. Außerdem schien Lugosi, da er relativ wenig sagen und auf weniger reagieren mußte, seinen Dialog viel besser zu verstehen. (In anderen Filmen ließ er sich mehrfach von zu langen Dialogpassagen unterkriegen oder durch schlagfertige Entgegnungen von Wallace Ford oder ähnlichen Helden aus der Bahn werfen.) Hier gibt es keine komischen Einlagen, die den Rhythmus seines Spiels stören könnten, und ein trockener Sinn für Humor kommt hin und wieder in Sprüchen zum Ausdruck, die geistreich sind und zugleich gefährlich klingen.

Die freien Produzenten Victor und Edward Hal-

Bela Lugosi schnitzt eine Voodoo-Wachsfigur, die Madge Bellamy darstellen soll, während der zum Zombie werdende Robert Frazer hilflos zusieht.

Madge Bellamy, Bela Lugosi und Robert Frazer.

perin machten nie wieder einen so reichhaltigen Film wie *White Zombie,* aber alle ihre verhältnismäßig billig produzierten Horrorfilme waren interessant und hatten gewisse gemeinsame Nenner. Der größte davon war eine etwas morbide Auseinandersetzung mit dem Todesritual. *White Zombie* verwendet viel Zeit auf das Begräbnis der scheintoten Heldin, und später wird ausführlich darüber gesprochen. Das Begräbnis selbst zielt eher auf eine Trauerstimmung ab als auf Horror; man erinnere sich an das harte Geräusch, wenn der Holzsarg gegen die Steinplatten schabt, und daran, wie das Licht erlöscht, als der Sarg an seinen Platz geschoben wird. Diesem Fasziniertsein von den Mechanismen des Todes begegnet man auch in den Halperin-Produktionen *Revolt of the Zombies* (einem schwachen Versuch, den Erfolg von *White Zombie* zu wiederholen, indem eine Fortsetzung suggeriert wurde, obwohl es keine war; später bekam der Film ein wenig aktuelle Brisanz, weil er in Kambodscha spielte und sein Horror-Gerüst dazu benutzte, eine kriegsgegnerische Botschaft zu transportieren), *Supernatural,* einem äußerst interessanten Programmfüller für Paramount, in dem Carole Lombard von dem Geist einer gehenkten Mörderin besessen ist, und selbst in *Buried Alive,* einem Gefängnis-Melodram mit viel Theater um die Todeszelle und sogar einer Menge grausigen »schwarzen« Humors über Hinrichtungen!

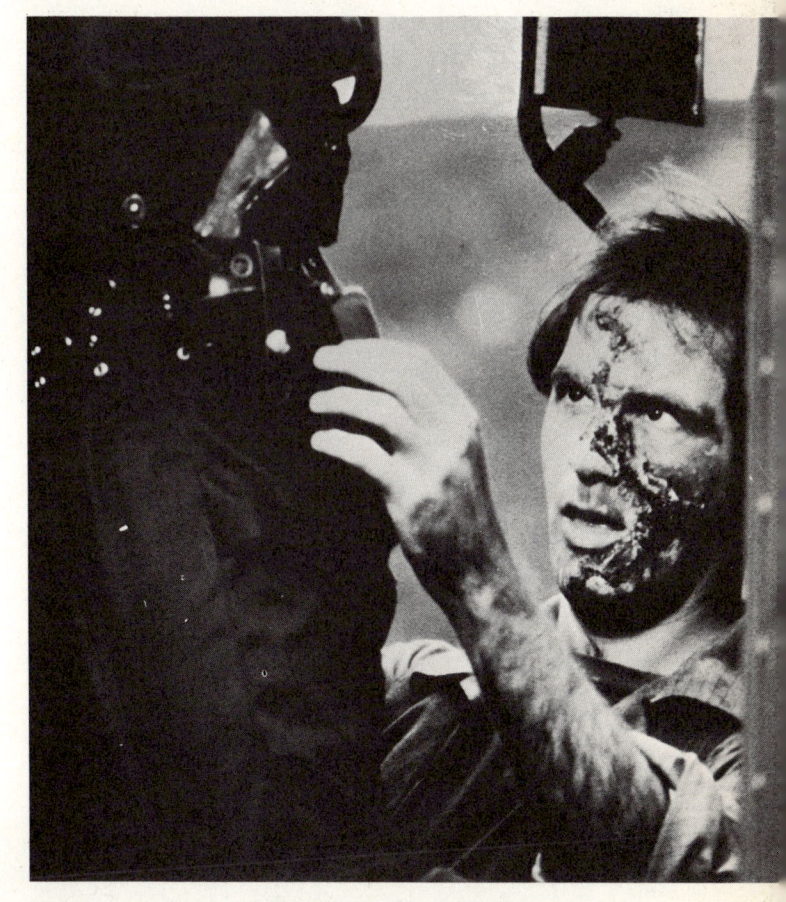

Der Zombie-Hit von 1979: *Dawn of the Dead* von George A. Romero.

10 The Mummy

DIE MUMIE 1932

Karloff.

Regie Karl Freund. *Drehbuch* John L. Balderston, nach einer Geschichte von Nina Wilcox Putnam und Richard Schayer. *Kamera* Charles Stumar. *Produktion* Universal. *Darsteller* Boris Karloff, Zita Johann, David Manners, Edward Van Sloan, Arthur Byron, Bramwell Fletcher, Noble Johnson, Leonard Mudie, Eddie Kane, Henry Victor, Katheryn Byron, Tony Marlow, James Crane, Arnold Grey.

Obwohl es ein Dutzend oder mehr Mumien-Filme gibt, kann nur einer von ihnen, nämlich der erste aus dem Jahre 1932, als Klassiker gelten. Die Gründe dafür liegen auf der Hand. Zuallererst einmal gibt es keine alte, mythische Sage, die auch nur einen Augenblick lang die Vorstellung einer ägyptischen Mumie, die aufersteht und herumläuft, glaubhaft klingen lassen könnte. Die Literatur, Folklore und Mythen der Völker tendieren sehr wohl dazu, entweder eine Spur von Glauben an Werwölfe und Vampire oder deren regionale Varianten entstehen zu lassen oder zumindest Verständnis für den Aberglauben, der die Angst vor derartigen übernatürlichen Kreaturen erklärt. Zwar ist die ägyptische Folklore voll von Mysteriösem und Unerklärlichem, von Flüchen, die diejenigen treffen, die die alten Gräber schänden, doch die Sage der zum Leben erwachten Mumie ist einzig und allein dem Eifer zu verdanken, mit dem die Universal für Karloff eine Rolle suchte, die an seinen Erfolg in *Frankenstein* anknüpfen würde.

Lassen wir das Fehlen von geschichtlichem und traditionellem Hintergrund bei der Mumie einmal außer acht, gibt es da noch die wichtige Tatsache, daß sie filmisch gesehen gar nicht so eine bedrohliche Figur ist. Abgesehen von dem neuen Gedanken, daß sie von den Toten aufersteht, ist sie eigentlich keine übernatürliche Figur und ungemein verwundbar durch die verschiedensten Arten von Waffen. Ihre ägyptische Heimat ist so weit entfernt von unserer eigenen Welt, daß ihre Bedrohlichkeit sich buchstäblich in Grenzen hält, und sie nach Amerika zu transportieren war eine plumpe Idee, die nicht funktionieren konnte. Zudem ist sie wegen ihres Alters und der Bandagen so steif, ungelenkig und langsam, daß ihr zu entwischen ein Kinderspiel ist – weshalb ihre Film-Opfer sich unweigerlich in Ecken festrennen und, vor Furcht gelähmt, geduldig darauf warten mußten, bis sie zu ihnen hingestapft war und sie mit dem Würgegriff einer einzigen Hand ins Jenseits beförderte.

Lediglich in ihrer Libido kam ihre Vitalität zum Ausdruck, und für eine Kreatur in ihrem Alter war sie recht viril. So war sie (bzw. er) denn auch recht fix bei der Jagd auf junge Mädchen (Peggy Morgan,

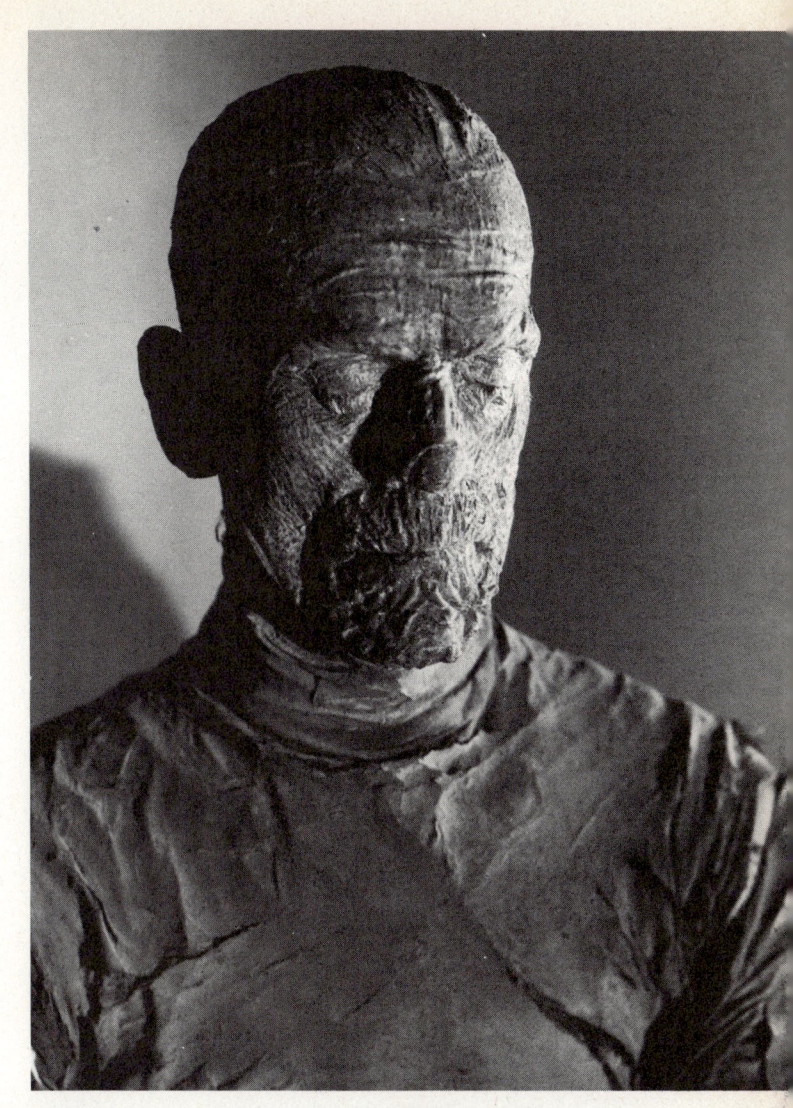

The Mummy (1932): Eine großartige Studie von Karloffs Makeup.

Virginia Christine, Elyse Knox, Ramsay Ames), die sie für Reinkarnationen ihrer alten Freundinnen hielt. Dem Film *The Mummy* folgten weitere Filme, die aber rasch in den Trott aus Plünderungen und Verfolgungsjagden verfielen, die ebenso eingefahren waren wie die in Western und dabei wesentlich weniger Pfeffer besaßen. Die Mumie selbst war so harmlos, daß es ausnahmslos auch eines menschlichen Schurken bedurfte (für gewöhnlich ein Hoher Priester in der Person von George Zucco, John Carradine, Eduardo Cianelli oder Turhan Bey), um der Handlung wenigstens etwas Spannung zu verleihen. Die jüngeren Neuverfilmungen der Hammer-Produktion standen – trotz aufwendigeren Budgets – ebenfalls vor dem Problem, das Publikum bei der Stange halten zu müssen. Die Handlung hatte einfach zu wenig Spielraum und wiederholte sich

Karloff, Arthur Byron und David Manner.

The Mummy's Hand, (1940): Tom Tyler übernimmt Karloffs Mumien-Rolle.

zwangsläufig immer wieder – und das einzig Aufregende, das der immer gleiche Inhalt noch hätte hergegeben, wäre gewesen, daß jemand die Bandagen entfernt hätte!

Der ursprüngliche *The Mummy* war sich allerdings instinktiv über diese Probleme im klaren und zielte nicht darauf ab, *größere* Spannung zu erzeugen als *Frankenstein,* sondern eine *andere* Art von Spannung. *The Mummy* enthält kriechende Spannung, aber keine Schocks. Die schönste Sequenz des Films ist die, in der die Mumie wieder zum Leben erwacht – und nichts tut, als die Pergamentrolle zu verlangen, die es ihr ermöglicht, wieder ein menschliches Aussehen anzunehmen. Das einzige, was gezeigt wird, ist die Hand der Mumie, die nach dem Schriftstück greift – und dann die losen Enden der Bandagen, die hinter ihr herschleifen, als sie hinaus in die Nacht stapft. Die Szene ist ausgesprochen subtil und total überzeugend. Der Vorfall reicht immerhin aus, um einen Zeugen (Bramwell Fletcher) verrückt werden zu lassen. Es ist vielleicht auch die einzige Szene in der gesamten vierzigjährigen Mumien-Saga, die wirklich gruselig ist. Der Rest von *The Mummy* kann fast ebenso als Liebesgeschichte wie als Thriller interpretiert werden. Die Bedrohung liegt nicht so sehr in dem, was die Mumie tut, als in den Rätseln der ägyptischen Religion und Wissenschaft, die so etwas möglich machen. Überdies ist Karloffs wiedergeborene Mumie ein würdevolles Wesen, für das man Mitleid empfindet, und seine Zerstörung am Schluß ist nicht nur ein Triumph der traditionellen »guten« Mächte, sondern auch etwas Tragisches.

Der Film wurde von Karl Freund, dem früheren (und späteren) Kameramann, recht gut inszeniert; es ist eher der Film eines Kameramanns als der eines Regisseurs, wobei es mehr als einen Hinweis darauf gibt, um wieviel besser der Film *Dracula* geworden wäre, wenn Freund ihn inszeniert anstatt nur fotografiert hätte. *The Mummy* ist gemächlich und wenig aufsehenerregend. Die Kamera streift nachts durch ein menschenleeres Museum, steigt hoch für wirkungsvolle Kranaufnahmen und wird begleitet von einer gleichfalls ruhigen, aber doch passenden Musik, die ägyptische Themen mit Motiven der Spannung verbindet, die aber doch zugleich mystisch und romantisch sind. Karloffs exzellente Diktion und sein kontrolliertes Spiel, unterstützt durch das hervorragende Make-up von Jack Pierce, machen diese zu einer seiner besten Rollen. (Pierces Mumien-Maske, die nur kurz zu sehen ist, ist zu Recht gepriesen worden, wogegen das ganz andersartige und vielleicht noch bessere Make-up, das Karloff als Reinkarnation trägt, für gewöhnlich unbeachtet bleibt.) Es gibt einige schauerliche Großaufnahmen von Karloffs Gesicht und Augen, wenn er von weitem,

Karloff und Zita Johann.

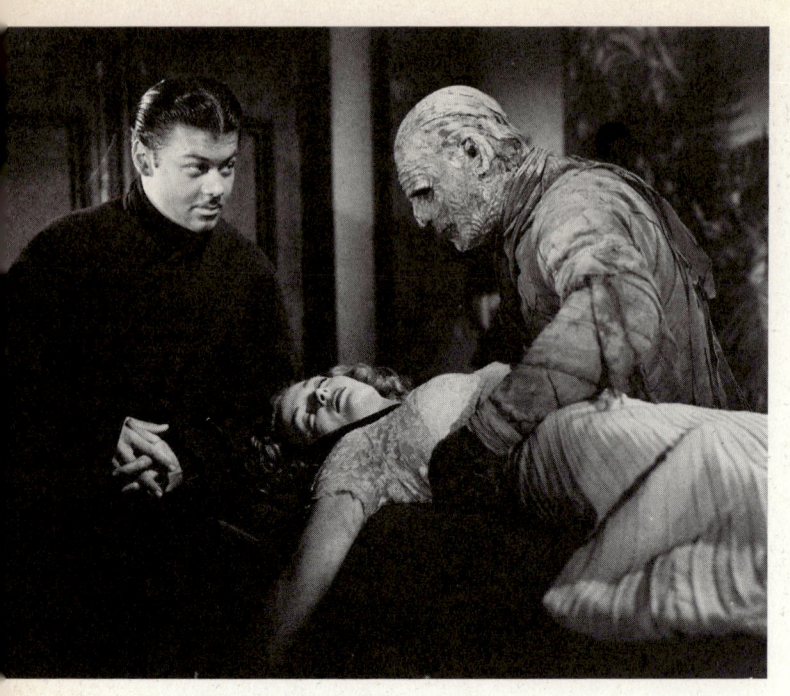

The Mummy's Tomb (1942): Turhan Bey, Elyse Knox und Lon Chaney jr.

The Mummy's Curse (1944): Der letzte von drei Billig-Filmen, in denen Lon Chaney jr. die Mumie spielte.

The Mummy's Hand: Tom Tyler, Dick Foran.

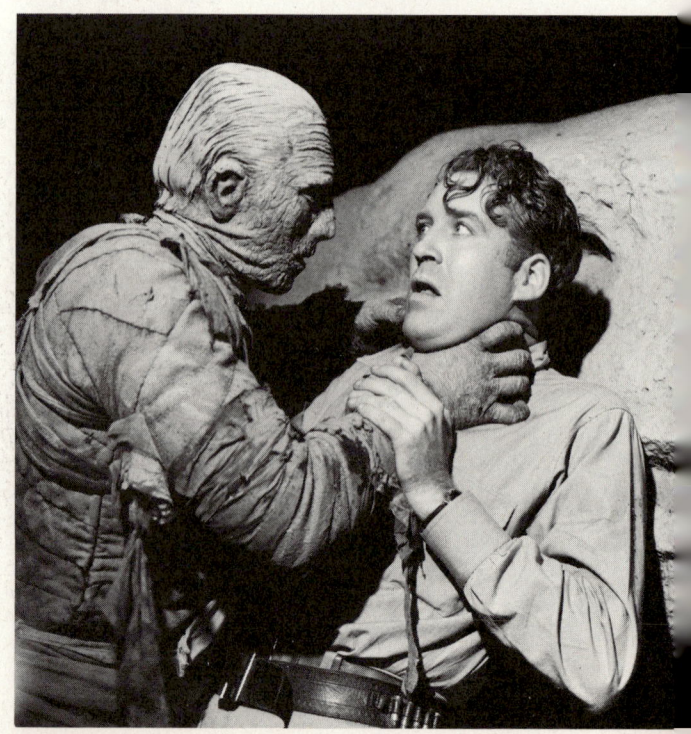

The Mummy's Hand: George Zucco bedient sich der Mumie für seine verbrecherischen Umtriebe.

Curse of the Mummy's Tomb (1964): Nachdem Christopher Lee die Mumie wieder belebt hatte, übernahm in dieser Nachfolge-Produktion der weniger bekannte Dickie Owen die Rolle.

nur durch extreme Willenskraft, tötet und hypnotisiert, und eine eindrucksvolle Rückblende ins alte Ägypten. Obwohl Freund wenig aufwendige Bauten und einige vertraute Außenschauplätze benutzt, gelingt es ihm erstaunlich gut, in diesen Szenen das alte Ägypten *tatsächlich* zu beschwören (ebenso wie er auf überzeugende Weise auf dem Studiogelände der Universal *Draculas* Transsylvanien schuf), und zwar so, daß diese gesamte Sequenz wirklich so aussieht, als stamme sie aus einem viel älteren Film. So kursierte denn auch viele Jahre lang das (unbegründete) Gerücht, sie sei aus einem alten deutschen Stummfilm genommen worden. (Diese starken Szenen fanden in fast jedem der späteren *Mummy*-Programmfüller der Universal Verwendung, und sie erwiesen sich als die einzigen Lichtblicke jener Filme, wobei ihr authentischer Stil in starkem Kontrast stand zu dem glatten, minderwertigen Aussehen der restlichen Produktion.)

Karloffs darstellerische Leistung, Freunds Regie und Charles Stumars Fotografie machen praktisch den ganzen Reiz dieses Films aus, doch auch die Besetzung der Nebenrollen kann sich sehen lassen, angefangen bei vertrauten Gesichtern wie Edward Van Sloan in einer seiner gewohnten Van-Helsing-Rollen (mit ein paar herrlich treffenden Dialogsätzen) oder Noble Johnson wieder einmal als »treuer Diener«, bis hin zu dem ungewöhnlicheren Einsatz von Darstellern wie Zita Johann, Arthur Byron und Bramwell Fletcher. Wenn man bedenkt, in was für einem frühen Stadium der Horrorfilm-Welle er entstand, ist es verblüffend, wie zurückhaltend und unspekulativ *The Mummy* ist. Auf der anderen Seite ist es eben diese Disziplin, die dazu beiträgt, ihn zum Klassiker zu machen. Wenn man *The Bride of Frankenstein* besonders wegen seiner Theaterqualitäten schätzt und *The Body Snatcher* wegen seiner literarischen Vorzüge, dann muß *The Mummy* sicher als Hollywoods gelungenster Versuch angesehen werden, aus Horrormaterial ein Gedicht zu schaffen.

11 Dr. X
DR. X 1932

In einem bizarren Experiment sollen die Umstände des Mordes rekonstruiert werden.

Regie Michael Curtiz. *Drehbuch* Earl Baldwin und Robert Tasker, nach einem Theaterstück von Howard Comstock und Allen C. Miller. *Kamera* Ray Rennahan und Richard Tower. *Architekt* Anton Grot. *Produktion* Warner Bros./First National. *Darsteller* Lionel Atwill, Fay Wray, Lee Tracy, Preston Foster, George Rosener, Leila Bennett, Arthur Edmund Carewe, John Wray, Tom Dugan, Harry Beresford, Robert Warwick, Willard Robertson, Thomas Jackson, Harry Holman, Mae Busch, Selmer Jackson.

Jahrelang war *Dr. X* einer der am seltensten zu sehenden wichtigen Horrorfilme der frühen dreißiger Jahre; er tauchte weder im Fernsehen noch als Wiederaufführung im Kino auf. Weil man von scheinbar Unerreichbarem meistens zu viel erwartet, könnte man von *Dr. X* leicht enttäuscht sein, aber als er schließlich doch wieder zur Verfügung stand, konnte er sich durchaus sehen lassen. Er ist einer der unterhaltsamsten Thriller aus dieser Periode, und wenn er auch nicht ganz den gotischen Stil oder die subtile Komik der Filme James Whales zu bieten hat, so besitzt er immerhin die Glätte, den Rhythmus und den visuellen Stil (mit Hauptaugenmerk auf Schatten und scharfe, kantige Bilder), die alle Arbeiten von Michael Curtiz kennzeichnen.

Obgleich der Film in Zweifarb-Technicolor hergestellt wurde, ist er meistens nur in Schwarzweiß gezeigt worden. Das war sogar bereits bei seiner Erstaufführung so: Nach Pressevorführungen in Technicolor wurde er hauptsächlich in Schwarzweiß-Kopien verliehen, und die Farbfassung reservierte man für wichtige Premieren in den USA und in Europa. Diese Prozedur ist nie hinreichend begründet worden, aber man nimmt an, daß Warner Brothers den Film nicht aus freien Stücken farbig gedreht hatten, sondern weil eine bestimmte Anzahl von Filmen vertraglich mit der Technicolor-Gesellschaft festgelegt war. Bis zu diesem Zeitpunkt war Farbe hauptsächlich in Musicals eingesetzt worden (und in beträchtlichem Maße von Warner Brothers). Doch die Musical-Mode war erschöpft und das Genre zeitweilig gestorben; Farbe als neue Errungenschaft hatte ebenfalls seinen Reiz verloren und garantierte längst keinen Kassenerfolg mehr. Horrorfilme dagegen waren so populär wie nie zuvor. Warner Brothers haben sich vielleicht gedacht, daß *Dr. X* genug Qualitäten habe, um auch ohne die zusätzliche, teure Farbe einen Erfolg zu versprechen – genau wie viele der späteren 3-D-Filme in den fünfziger Jahren nur noch in flachen Versionen zu sehen waren, sobald stereoskopische Filme nichts neues mehr waren. Eine ziemlich abgenutzte 35 mm-Farbkopie von *Dr. X* tauchte 1973 auf, und sie macht deutlich, daß der Film die Farbe fast ebenso phantasievoll eingesetzt hat wie sein noch sorgfältiger gestalteter Nachfolger, *The Mystery of the Wax Museum**.

Die gespenstischen Aufnahmen des Mondes und vor allem der grausige Höhepunkt, wenn das menschliche Monster zur brennenden Fackel wird, verwendeten die Farbe sowohl für Stimmungs- als auch für Schockeffekte. Die Szenen im Laboratorium mit ihrer relativ sparsamen Ausstattung und viel freiem Raum gewannen ebenfalls durch die Farbe, und ein paar der »Spukhaus«-Kulissen – insbesondere ein Korridor, der sich ins offensichtlich gemalte Unendliche erstreckt – wirkten in Farbe viel weniger künstlich. In jedem Falle ist *Dr. X* aber ein großartiges Gruselstück der alten Schule, vollgestopft mit zupackenden Händen, einem unheimlichen Laboratorium, einem vermummten Killer, Gasdüsen, Geheimtüren, einer wundervollen Ansammlung von Verdächtigen – und, auf der Sollseite, dem unvermeidlichen schlagfertigen Reporter-Helden, langweilig konzipiert, aber wenigstens amüsant realisiert, dank des schwungvollen und scheinbar improvisierten Spiels Lee Tracys. (Auch als Held bleibt er Mensch genug, Angst zu bekommen, wodurch die Gefahr, in der die Heldin schwebte, noch schrecklicher wirkte.) Jeder, der nach einer Viertelstunde noch nicht erraten hatte, wer sich hinter der Maske des Killers verbirgt, hätte aus dem Saal geprügelt werden müssen ... doch wenn man auch wußte »wer«, so doch noch nicht das »Warum«, und in dieser Richtung wird die Spannung geschickt aufrechterhalten.

Der größte Teil der Handlung spielt in einem angemessen gespenstischen alten Haus auf den Klippen von Blackstone Shoals, angeblich auf Long Island. Der Film basiert auf einem Theaterstück, und das merkt man auch, besonders bei ziemlich ausgedehnten Komik-Einlagen; aber es passiert so viel, und die Dialoge sprudeln in einem solchen Tempo, daß die Sache nie in bühnenmäßige Gemächlichkeit verfällt. Die starken Laboratoriums- und Monsterszenen werden zwar hemmungslos ausgespielt, aber es gibt keine übertrieben blutigen Einzelheiten. Eigentlich stecken die wirklich unangenehmen Details im Dialog. Und wen könnte man sich besser an der Spitze eines Spektakels dieser Art vorstellen als Lionel Atwill und Fay Wray?

Miss Wray, die kurz davor stand, noch zwei weitere Male Atwill und je einmal King Kong und Graf Zaroff in die Hände zu fallen, gibt hier ihr höchst

---

*Auch *The Mystery of the Wax Museum* mag in erster Linie gemacht worden sein, um den Technicolor-Vertrag zu erfüllen, doch war seine Farbgestaltung ein so entscheidendes Element, daß es nie zur Debatte stand, ihn in Schwarzweiß herauszubringen.

Lionel Atwill in der Titelrolle.

Die Detektive Willard Robertson und Robert Warwick nehmen sich Dr. X (Atwill) vor, um die Mond-Morde zu klären.

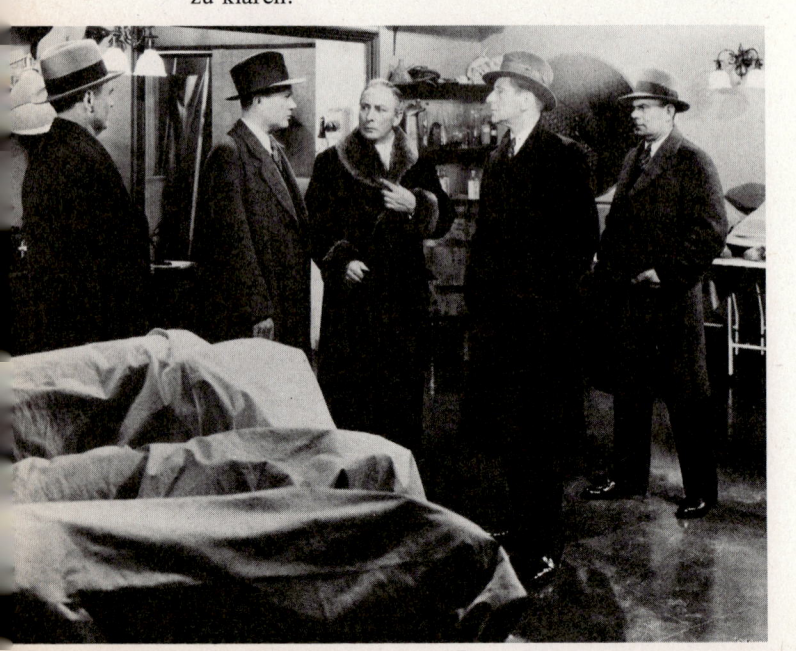

prophetisches Debüt im Horror-Genre. Bei ihrer ersten Szene stößt sie schon nach wenigen Augenblicken einen durchdringenden Schrei aus, als ihr Vater plötzlich vor ihr steht, wobei man doch annehmen sollte, daß ihr sein Anblick ausreichend vertraut sein müsse. Und Lionel Atwill – welches Temperament und welche Meisterschaft legt er in seine markigen Sätze! Wie seine Augen teuflisch aufleuchten, wenn ein Kollege beiläufig anklingen läßt, daß er an der »Schwelle zum Geheimnis des Lebens« stehe, oder wenn er genüßlich zögert, ehe er der Polizei erzählt, daß Dr. Soundso über jeden Zweifel erhaben sei, abgesehen von jener geringfügigen Geschmacksverirrung, als die Umstände ihn einmal zum Kannibalismus zwangen! Aber nichts faßt den heiteren Horror des ganzen Films besser zusammen als die klassische Szene, in der einer der Ärzte sich vor den Augen der schockierten Polizeibeamten seinen künstlichen Arm abschraubt. Wie ein Lehrer, der seine Schutzbefohlenen zum nächsten Käfig des Zoos führt, verkündet Lionel gutgelaunt: »Hier entlang, meine Herren, es gibt noch viele andere interessante Sachen zu sehen!«

Offiziell lieferte dasselbe Theaterstück auch die Vorlage für das Drehbuch eines viel späteren Karloff-Films für Warner Brothers, *The Invisible Menace*. Das war aber ein Routine-Melodrama ohne Horror-Inhalt; die Handlungsfäden der beiden Filme liefen nur ein einziges Mal parallel, und auch da nur sehr kurz.* *The Return of Dr. X* (»Das zweite Leben des Dr. X«, 1939) war zwar ein traditioneller Horrorfilm und recht gut gemacht (wenn auch ohne nennenswerte Anstrengung, ihn über seinen Programmfüller-Status hinauszuheben), aber weder eine Fortsetzung noch eine Neuverfilmung und John Litel bemühter, aber doch etwas schwerfälliger Dr. Flegg konnte Lionel Atwills Original natürlich nicht das Wasser – bzw. die Chemikalien – reichen.

---

*Das verwundert nicht, denn *The Invisible Menace* (1938) basiert *nicht* auf dem Stück, das die Vorlage zu *Dr. X* lieferte, sondern auf dem Broadway-Stück *Without Warning* von 1937 (Autor: Ralph Spencer Zink)! (Anm. d. Übers.)

12 King Kong

KING KONG UND DIE WEISSE FRAU
1933

Kong verliebt sich in seine blonde Beute.

Regie Ernest B. Schoedsack und Merian C. Cooper. *Modellanimation* Willis O'Brien. *Kamera* Edward Linden, Verne Walker, J. O. Taylor. *Drehbuch* James Creelman und Ruth Rose, nach einer Idee von Merian C. Cooper und Edgar Wallace. *Musik* Max Steiner. *Produktion* RKO Radio (David O. Seknick). *Darsteller* Robert Armstrong, Fay Wray, Bruce Cabot, Frank Reicher, Sam Hardy, Noble Johnson, James Flavin, Steve Clemento, Victor Wong, Leroy Mason, Ethan Laidlaw, Dick Curtis, Vera Lewis, Leigh Whipper.

Während es keinen Zweifel daran gibt, daß *King Kong* der größte aller Monsterfilme ist, war seine Position in der Hierarchie des Leinwandhorrors seit jeher umstritten. Ursprünglich ist er als Abenteuerfilm mit Trickeffekten konzipiert und angeboten worden, doch seine Schockwirkung war so groß, daß man ihn wohl doch als Horrorfilm betrachten mußte. In England, wo regionale Zensurbehörden die Entscheidungen des nationalen Ausschusses aufheben können, befand sich *King Kong* in der einzigartigen Lage, in bestimmten Landstrichen nur ein erwachsenes Publikum zu haben, während ihn woanders sogar Kinder sehen konnten.

Heute haben die Zuschauer die Sorte von Monsterfilmen, deren Vorläufer *King Kong* war, schon fast satt. Der simple Handlungsablauf ist unzählige Male wiederholt worden, und zu viele billige Filmchen dieser Art verraten ihre Künstlichkeit durch Spezialeffekte, die ungleich primitiver sind als die Pionierleistungen von Willis O'Brien und Ray Harryhausen. Die Welle der nachgemachten Monsterfilme aus Japan – ohne Spannung und Horror, hauptsächlich bestehend aus Action- und Massenzerstörungsszenen – soll denn auch mehr und mehr ein jugendliches Publikum ansprechen und verleiht den Monstern eine niedliche, Disney-hafte Beschaffenheit (»Persönlichkeit« wäre nicht richtig, da sie nichts anderes blieben als offensichtliches Spielzeug, völlig frei von den wirklichen Wesenszügen, den Launen und dem versteckten Sinn für Humor, mit denen Willis O'Brien seine Geschöpfe ausgestattet hatte). Godzilla beispielsweise ist längst auf die Stufe von Fernsehserienhelden abgesunken. Man erwartet von diesen Märchen keinen wie auch immer gearteten Horror mehr, obwohl die britische Zensur seltsamerweise immer noch darauf besteht, sie nur für Erwachsene freizugeben, und dadurch einerseits das Publikum, das sie sich ansieht, um sich spannend zu unterhalten, enttäuscht und auf der anderen Seite die Jugendlichen und Kinder, für die sie eigentlich gedacht wären, vor den Kopf stößt! Nur in den wenigen Filmen von Ray Harryhausen kann man noch unglaubliches technisches Geschick und erstaunlich überzeugende Tricks bewundern.

Harryhausen, O'Briens würdigster Nachfolger auf dem Gebiet der Modellanimation, muß denn auch am meisten gelitten haben, als 1975 gleich zwei Hollywood-Studios eine Neuverfilmung des klassischen Stoffes ankündigten: Universal war bei der Suche nach weiteren Möglichkeiten, ihr neues »Sensurround«-Tonverfahren einzusetzen, auf *King Kong* gestoßen, doch meldeten auch Paramount und Dino de Laurentiis Ansprüche auf die Rechte des Stoffes an. 1976 ging das Paramount/de Laurentiis-Projekt in Produktion, während Universal einen Aufschub ihrer Version um achtzehn Monate zusicherte. Was dem Publikum zu Weihnachten als das »aufregendste Kino-Erlebnis aller Zeiten« beschert wurde, war nichts als ein lächerlich »aktualisierter« *King Kong*-Abklatsch (mit einem imperialistischen Ökonzern und einem Finale auf dem World Trade Center), der sich, wenn durch nichts anderes, allein dadurch disqualifizierte, daß er auf Modellanimation verzichtete und stattdessen einen Mann im Affenkostüm bzw. einen 12,5 Meter hohen ferngesteuerten Roboter die Titelrolle spielen ließ. Trotz der gigantischen Presse- und Werbekampagne, die »Dinos Ding Dong« (wie die Gegner des Films ihn verniedlichend getauft hatten) begleitete, erwies sich das weltweite Publikum als sensibel genug zu erkennen, daß der ganze 55-Millionen-Dollar-Film weniger wert war als eine Minute des Originals. Sang- und klanglos verschwand der neue *King Kong* bereits nach wenigen Wochen aus den Kinos und ward seither nicht mehr gesehen. Bei Universal dachte man sich seinen Teil, ging in sich und erklärte den Sensurround-*King Kong* für gestorben.

King Kong (1933) aber war nicht nur wirklich der allererste seiner Art (Willis O'Briens Stummfilm *The Lost World* war zwar interessant, aber wesentlich weniger wirkungsvoll, vielleicht weil ihm Geräusche und Musik als wichtige Elemente fehlten), sondern bleibt auch der einzige, der immer noch die Kraft hat, seinem Publikum Angst zu machen. Läßt man einmal die kunstvollen technischen Tricks und die enorme Wichtigkeit von Max Steiners Musik außer acht, ist das, was *Kong* so gut funktionieren läßt, seine gewissenhafte Konstruktion. Fast die gesamte erste Hälfte des Films ist Exposition. Man lernt die Personen kennen und beginnt, sich um sie Sorgen zu machen; weil *sie* sich vor dem fürchten, was auf der Insel ist, tun wir es auch. Und sobald Kong seinen ersten, gewaltigen Auftritt gehabt hat, ändert sich das Tempo völlig. Der Film wird ungeheuer packend, läßt Schock auf Schock folgen und gönnt dem Zuschauer nie mehr als ein paar Augenblicke Entspannung.

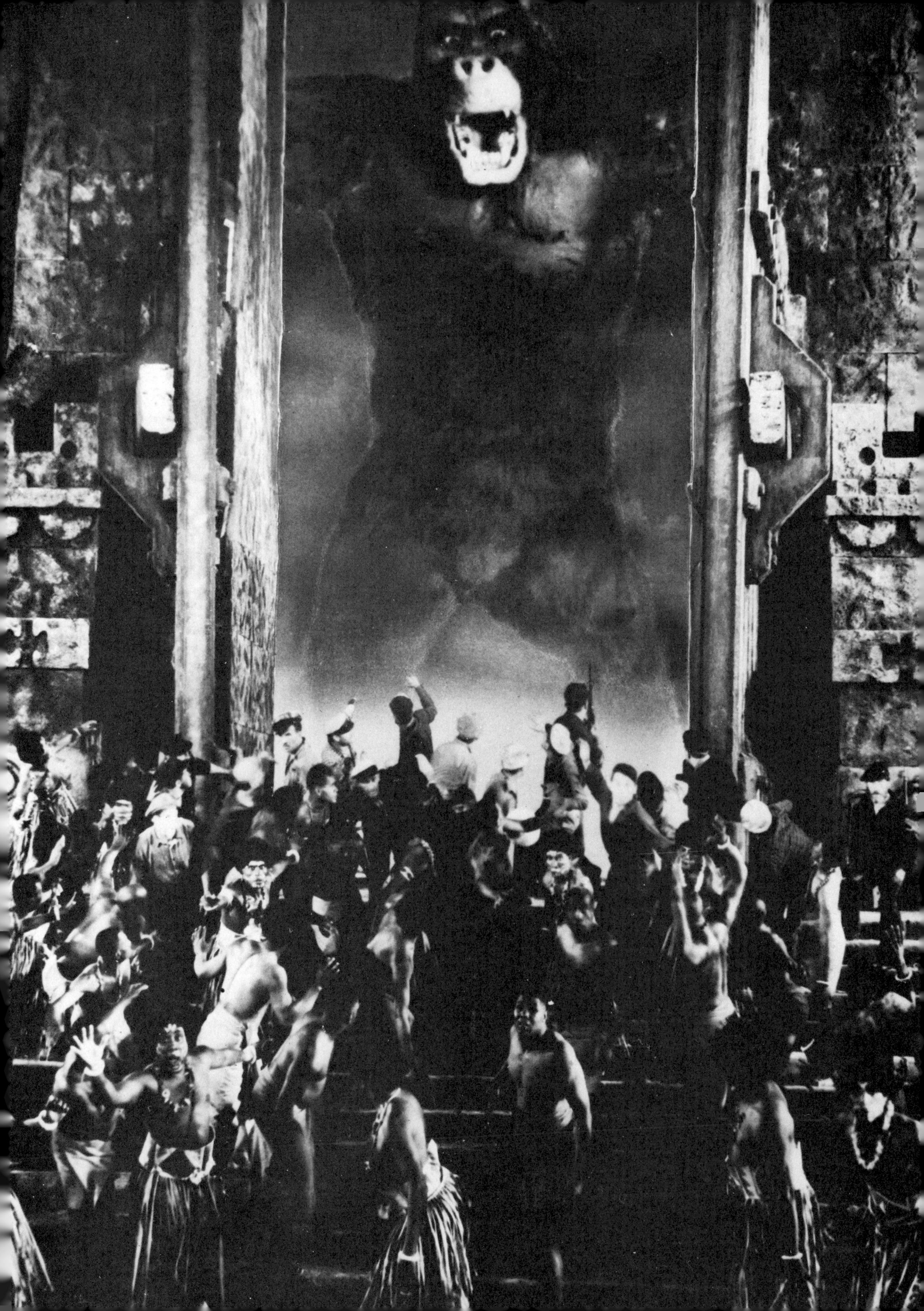

Fay Wray und Bruce Cabot.

Der einfache Titelschriftzug im Vorspann von *King Kong,* untermalt von Max Steiners Musik, kündigte den größten Monster-Film aller Zeiten an.

An haargenau derselben Stelle in der zweiten Hälfte von *Kong* kann man bei fast jeder Vorführung die Zuschauer lachen hören – und zwar wenn die Matrosen, die den Angriff des Brontosuriers im Sumpf überlebt haben, Hals über Kopf durch den Dschungel laufen und zu fliehen versuchen. Die Szene hat gar nichts Komisches an sich, nicht einmal unbeabsichtigt; und es ist auch kein amüsiertes Gelächter, das diese Szene begleitet. Es ist ein fast hysterisches Lachen, ein Bedürfnis, die angestaute Spannung loszuwerden, wozu es vorher keine Gelegenheit gab. Interessanterweise ist diese gleiche Reaktion – obwohl doch nun jedermann mit *King Kong* aufgrund von Wiederaufführungen und Fernsehausstrahlungen vertraut sein dürfte – bei jeder Vorführung vor einem größeren Publikum erneut an derselben Stelle zu beobachten, wodurch der nahezu mathematischen Präzision, mit der *Kong* konstruiert wurde, Tribut gezollt wird. Wesentlich jüngere Monsterfilme – *The Beast from 20 000 Fathoms* zum Beispiel – bestätigen die Richtigkeit des *Kong*-Musters, indem sie den anderen Weg einschlugen und ihre Monster viel zu früh und zu flüchtig auftreten ließen. Der einzige spätere Monsterfilm (allerdings weniger ein Horrorfilm), der das *Kong*-Muster wiederholt, ist der sorgfältig gemachte und arg unterschätzte *20 Million Miles to Earth*, einer der besten Ray-Harryhausen-Filme und außerdem einer der wenigen, die den Einfall (und die Fähigkeit) hatten, das Monster nicht nur bedrohlich, sondern auch sympathisch zu machen.

Zuschauer in den USA hatten unglücklicherweise seit der Erstaufführung nicht mehr die Möglichkeit, *King Kong* in seiner ursprünglichen Form zu erleben. Anläßlich seiner ersten Wiederaufführung –

Der Dinosaurier vergißt, daß er Vegetarier ist und verschlingt einen der unglückseligen Matrosen.

Ghidora (1965): Einer der besten unter den im Durchschnitt nicht sehr guten japanischen Imitationen von *King Kong*.

und danach noch mehrmals – ist der Film beschnitten worden, um strengeren Zensurbestimmungen zu entsprechen. Einige der Kürzungen waren dramaturgisch vertretbar: Aufnahmen von Kong, wie er nebenher ein paar Eingeborene zerkaut oder diese achtlos unter seinen Füßen zerstampft, sind ein bißchen selbstzweckhaft und ließen ihn eine Menge an Zuschauersympathie einbüßen. Sein Charakter wie auch der gesamte Film sind überzeugender ohne diese Szenen, so faszinierend sie auch sind. Auf der anderen Seite beraubte das Entfernen der Szene, in der der neugierige Kong die Heldin entkleidet, den Film nicht nur eines seiner komplexesten und überzeugendsten Schaustücke technischer *tour de force*,

sondern es lenkte auch von der menschlichen Seite in Kongs Wesen ab – also eine wahrhaftig kurzsichtige Entscheidung!

Weitaus mehr Schaden als die jeweiligen Kürzungen hat dem Film allerdings die Entscheidung zugefügt, die Bildabstimmung des Films zu verändern, so daß die Kopien, die später von demselben Negativ gezogen wurden, den Film wesentlich dunkler machten. (Mit all seinen komplizierten Masken- und Rückprojektionsaufnahmen war er von vornherein schon dunkler als ein durchschnittlicher Film.) Dies sollte die blutigen Details bei den Kampfszenen der Ungeheuer vertuschen, doch anstatt lediglich diese Stellen abzudunkeln, ließ RKO einfach den gesamten Film um einige Einheiten dunkler ziehen, wodurch nun viele kunstvolle und überzeugende Details, an deren Perfektion Willis O'Brien und sein Team lange und hart gearbeitet hatten, überhaupt nicht mehr zu erkennen sind. Man sieht kaum noch etwas von den unglaublich lebendig wirkenden Bewegungen der Wasserschlange, die Kong angreift; und wenn Kong durch die Straßen von New York trampelt (begleitet von den ungemein plastischen Klängen der Musik Max Steiners, wie beispielsweise die perfekte Tonfolge, die das Heranbrausen der S-Bahn ankündigt), sieht man nur noch das grobe Ganze und nicht solch gelungene Details wie die Menschen, die aus den Fenstern schauen, sich in Sicherheit bringen und dann aus purer Neugier doch wieder an Fenster kommen.

Auch die gigantische Mauer, das Bollwerk gegen King Kong vor dem Eingeborenendorf, verliert beträchtlich; man sieht Kong am unteren Bildrand, die Eingeborenen oben auf der Mauer und eine verschwommene, schwarze Masse dazwischen. Ursprünglich war jedes Detail der Mauer erkennbar: die Einkerbungen in den Steinen, verschiedene Baumaterialien, wilder Wein und Blätterwerk, das aus den Ritzen wächst. Bei RKO hat man die alten Filme immer sehr sorglos und ohne Respekt behandelt und solche Filme wie *Follow the Fleet*, *Gunga Din* und *The Lost Patrol* prinzipiell gekürzt und beschnitten. Doch wie sie *King Kong*, der so sehr auf seine visuellen Einzelheiten aufgebaut ist, zugerichtet haben, setzt allem die Krone auf. Bei einer Fernsehausstrahlung ist natürlich noch weniger zu sehen, wobei noch das Kürzen auf eine festgesetzte Sendezeit hinzukommt. Zum Glück ist der mächtige *King Kong* für den Rest der Welt noch heil und intakt – komplett, unbeschnitten, ausreichend belichtet und so imposant wie immer. Außerdem ist *King Kong* auch noch der einzige bedeutendere Monsterfilm, der nicht gleichzeitig dem Science-Fiction-Genre zuzurechnen ist. Seit den fünfziger Jahren (aus dieser Zeit datiert übrigens der größte Teil dieser Filmkategorie) tritt das Ungeheuer eigentlich hinter dem wirklichen Unhold zurück – der unpersönlichen Wissenschaft, die es entfesselt oder geschaffen hat, meistens durch Atomversuche oder Weltraumforschung.

Rodan (1957): Ein weiteres zerstörerisches, aber letztlich sympathisches japanisches Monster.

13 Mystery of the Wax Museum
(DAS GEHEIMNIS DES WACHSFIGURENKABINETTS)
1933

Atwill und Assistent Allen Vincent sehen zu, wie Mathew Betz und Arthur Edmund Carewe (rechts von der Kiste) die neue Jeanne d'Arc enthüllen.

Regie Michael Curtiz. *Drehbuch* Don Mullaly und Carl Erickson, nach einer Geschichte von Charles Beldes. *Kamera (Technicolor)* Ray Rennahan. *Art Director* Anton Grot. *Produktion* Warner Bros. *Darsteller* Lionel Atwill, Fay Wray, Glenda Farrell, Frank McHugh, Arthur Edmund Carewe, Allen Vincent, Holmes Herbert, Monica Bannister, Edwin Maxwell, Gavin Gordon, DeWitt Jennings, Pat O'Malley, Thomas Jackson, Claude King, Harry Woods, Matthew Betz.

Fast ein Vierteljahrhundert lang – von Mitte der vierziger bis spät in die sechziger Jahre – war *The Mystery of the Wax Museum* von der amerikanischen Filmszene verschwunden und galt als für immer verschollen. Während dieser Jahre wuchs sein Ansehen in solchem Maße, daß der Film schließlich als ein Meisterwerk des Leinwandhorrors und seine Vernachlässigung regelrecht als Kulturschande betrachtet wurde. Bis zu einem gewissen Grade war dies verständlich. Viele von uns, die ihn in den dreißiger Jahren gesehen hatten, konnten sich noch gut und detailliert an ihn erinnern. Er war damals sehr gut angekommen, und nicht nur wegen seiner gelungenen Melodramatik und seiner aufregenden Spannungsmomente. Er war der erste »moderne« Horrorfilm; d. h. einer, der die hektische Wirklichkeit der dreißiger Jahre mit verarbeitete: New York, Broadway, geschäftige Zeitungsredaktionen. (Andere Horrorfilme aus dieser Zeit – wie etwa *Dr. X* – spielten zwar auch in der Gegenwart, verlegten aber den größten Teil ihrer Handlung an den traditionellen Schauplatz alter Spuk-Häuser.) Eine weitere wichtige Neuerung des Films war seine Verwendung von Technicolor vor einem derartigen Hintergrund; erst mit der satirischen Filmkomödie *Nothing Sacred* im Jahre 1937 sollte wieder eine New-York-Geschichte in Technicolor gedreht werden. Hinzu kam, daß die Neuverfilmung *House of Wax* (»Das Kabinett des Professor Bondi«) aus dem Jahre 1953 uns durch die Vergleichsmöglichkeit daran erinnerte, um wieviel besser doch das Original gewesen war.

Daß der Film »verschollen« war, ist sicherlich einem Versehen zuzuschreiben. Warner Brothers in England behielten eine exzellente Original-35mm-Farbkopie, die sie in den vierziger Jahren als Lückenfüller vermieteten. Als die Londoner Warner-Filiale 1946 ein Sonderfestival arrangierte, um das zwanzigjährige Tonfilm-Jubiläum zu feiern, war *The Mystery of the Wax Museum* einer der drei frühen Spielfilme (die beiden anderen waren *42nd Street* and *I Am a Fugitive From a Chain Gang*), die der Öffentlichkeit als Teil der Ausstellung gezeigt wurden. Der Eintritt war frei und das Kino war zwar in der Regel voll, aber nie überfüllt. Das wäre vielleicht der Fall gewesen, wenn die Leute gewußt hätten, wie lange es dauern würde, bis der Film wieder einmal auftauchte. Die Kopie – ein Nitrat-Exemplar, das bereits Zersetzungserscheinungen aufwies – wurde danach aus dem Verleih genommen und 1954 eingestampft. Später, als neue Verleiher, die die alten Warner-Brothers-Filme für Fernsehausstrahlungen oder Wiederaufführungen übernahmen, nach einer Kopie des Horrorklassikers suchten, um ihn wieder in die Kinos zu bringen, stellte sich heraus, daß die Londoner Kopie scheinbar die letzte gewesen war, die es gab.

Die Neuverfilmung, eine neue Horrorfilm-Welle und verstärktes Interesse an den alten Filmen trugen dazu bei, daß man sich auch für das Original wieder einmal interessierte. Die neuen Eigentümer, die davon überzeugt waren, daß er bei einer Wiederaufführung Gewinn machen würde, setzten eine Belohnung für die Beschaffung einer Kopie aus, wobei sie zusicherten, keine Fragen zu stellen. Gerüchten zufolge sollte noch eine Schwarzweiß-Kopie in tschechischen Kinos ausgewertet werden, doch Nachforschungen blieben ergebnislos. Zu guter Letzt fand sich – völlig unerwartet – gegen Ende der sechziger Jahre in Jack Warners Privatarchiv eine Original-35mm-Farbkopie, zwar mit leichten Gebrauchsspuren, aber sonst in gutem Zustand. In großer Aufregung wurde sie enthüllt, während Verleihe, Archive und das American Film Institute darum wetteiferten, wer das Duplikat anfertigen und den Film damit präservieren würde. Doch nach der ersten Vorführung waren die Reaktionen – sowohl die kulturell wie auch die kommerziell motivierten – dermaßen enttäuschend, daß jeder sofort seine Geldgebote wieder zurückzog.

Ein getreues Duplikat der alten, leicht geschrumpften, zweifarbigen Kopie (wobei zunächst ein Negativ hätte angefertigt werden müssen und dann Sicherheitskopien) hätte äußerst gewissenhafte Laborarbeit und eine Menge Geld erfordert – Geld, das lieber für andere Präservationsprojekte aufgewendet werden sollte. (Dummerweise tauchte auch James Whales großartiger *The Old Dark House* zur selben Zeit wieder aus der Versenkung auf; dessen allgemeine Vorzüge und gar nicht veralteten Qualitäten ließen die Schwächen von *The Mystery of the Wax Museum* noch krasser erscheinen.) Weil man sich trotz allem doch noch etwas davon versprach, ließ der Verleih letztlich eine Negativkopie anfertigen, aber auf so billige und schlampige Weise, daß man dem Film seinen einzigen großen Trumpf nahm – seine kraftvolle und oft schöpferische Pasteleinfärbung. Die Kopien, die seitdem fürs Fernsehen angefertigt werden, lassen ihn fast wie einen Schwarzweiß-Film aussehen, der künstlich farbig gemacht

Lionel Atwill.

worden ist, denn einzelne Farbtöne – Blau oder Amber – beherrschen jeweils ganze Akte. Das flammende Rot bei den Feuerszenen und das schaurige Grün des blubbernden Wachses sind restlos verschwunden.

Um es gleich vorweg zu sagen: So enttäuschend der Film heute auch wirken mag, ist er in seiner ursprünglichen Form doch immer noch ein interessantes und oft eindrucksvolles Werk und wenn auch nicht ein lupenreiner, so immerhin ein bedingter Klassiker. Woran liegt es nun, wenn er enttäuscht? Der Film verschwand bereits dreizehn Jahre nach seiner Entstehung (in den USA vermutlich noch früher), zu einer Zeit, als der Horrorfilm immer noch nicht ein so etabliertes Massenprodukt war wie etwa der Western, und als der Leinwandhorror noch nicht mit Filmen wie denen von Val Lewton oder *Dead of Night* eine intellektuellere und subtilere Richtung eingeschlagen hatte. In den vierziger Jahren ließen die Glätte und der Glanz der Hollywood-Produktionen nichts so alt und unbehauen erscheinen wie die Filme der frühen dreißiger Jahre. Diese waren noch nicht alt genug (wie etwa die Stummfilme), um unter historischem Aspekt betrachtet werden zu können, dagegen aber schon so alt, daß die formalen Unterschiede ins Auge fielen. (»Unterschiede« darf hier nicht mit »Minderwertigkeiten« verwechselt werden.) Daher schien *The Mystery of the Wax Museum* die robuste Vitalität einer Sorte von Horrorfilmen widerzuspiegeln, die es wohl nie mehr geben würde. Als 1953 die 3-D-Neuverfilmung, *House of Wax*, erschien (immerhin ein so getreues Remake, daß jeder, der ein gutes Gedächtnis besaß, direkt vergleichen konnte), waren wir alle der Meinung, daß sie es sich oft allzu leicht machte und die Subtilität des Originals vermissen ließ. Unter anderem ließ sie die Geschichte wieder in der Vergangenheit spielen und war daher voll von dunklen Gassen, Nebel, vermummten Gestalten und anderen Merkmalen viktorianischen *Grand Guignols*.

Das Original war durch den Kontrast von Alt und Neu wesentlich subtiler vorgegangen. Es schuf einen unwirklichen Alptraum aus Wachs mitten im modernen New York, so daß das Überschreiten der Schwelle des Museums auf dem Broadway dem Betreten einer völlig unbekannten Welt aus verborgenen Schrecken gleichkam. (In der Neuverfilmung gibt es diesen Gegensatz nicht; die Straßen sind ebenso unheimlich wie das Museum selbst.) Außerdem war es durch den zurückhaltenden und begrenzten Einsatz des Monsters im Original weniger offenkundig, daß sich dahinter der Bildhauer (hier Lionel Atwill, Vincent Price in der Neuverfilmung) verbirgt, und von daher besaß die klassische Demaskierung am Schluß der ersten Version sowohl einen Schock- als auch einen Überraschungseffekt. Im Remake wurde alles irgendwie zu abrupt und flüchtig abgehandelt. Allerdings hatte der Horrorfilm noch nicht das traurige Stadium erreicht, wo die meisten Effekte auf physischem Ekel aufgebaut sind, und so wurde die Szene auch nicht übertrieben grausam inszeniert. Es war sogar eine dramaturgisch durchaus wirkungsvolle Szene, aber dennoch nur ein Schatten des Originals, in dem Fay Wray erst in Notwehr auf das Gesicht einschlägt, voller Entsetzen zurückweicht, als es zerspringt, erneut zuschlägt und dann die restlichen Stücke der Maske herunterreißt,

House of Wax, die Neuverfilmung: Vincent Price und Phyllis Kirk.

um das knorrige, verbrannte Gesicht darunter freizulegen. Die Neuverfilmung konnte immerhin mit einem oder zwei Aspekten aufwarten, in denen sie dem Original überlegen war, doch vor allem erlaubte es uns (in Gedanken und unbewußt), das Original »neu zu inszenieren«. Von daher neigte man wohl dazu, sich an das Original zu erinnern, wie es gewesen sein könnte und vielleicht sollte, nicht aber (unglücklicherweise), wie es wirklich gewesen war.

Die entscheidende Schwäche von *The Mystery of the Wax Museum* liegt in dem angestrengten Versuch des Drehbuches, seinem Titel gerecht zu werden. Es ist viel eher wie ein Kriminal- als ein Horrorfilm aufgebaut, mit so vielen Personen und Nebenhandlungen, daß viel zu wenig Zeit für die eigentliche Geschichte übrig bleibt – besonders bei einer Länge von nur 73 Minuten. In dieser Hinsicht ist die Neuverfilmung gelungener und zusammenhängender und konzentriert sich auf einen geradlinigen, wenn auch altmodischen Handlungsablauf ohne zusätzliche Abschweifungen. Beispielsweise erweist sich im Original Atwills Partner, der Mann, der das Wachsmuseum wegen der Versicherungssumme anzündet (Edwin Maxwell; Roy Roberts in der Neuverfilmung), später als auch anderweitig aktiver Schurke. Außer daß er dem Wachsmuseum die Leichen besorgt, ist er auch noch Rauschgifthändler und hat auf diese Weise einen von Atwills Gehilfen (Arthur Edmund Carewe) in seiner Hand. Der Rauschgiftaspekt nimmt übrigens ziemlich viel Raum ein, und

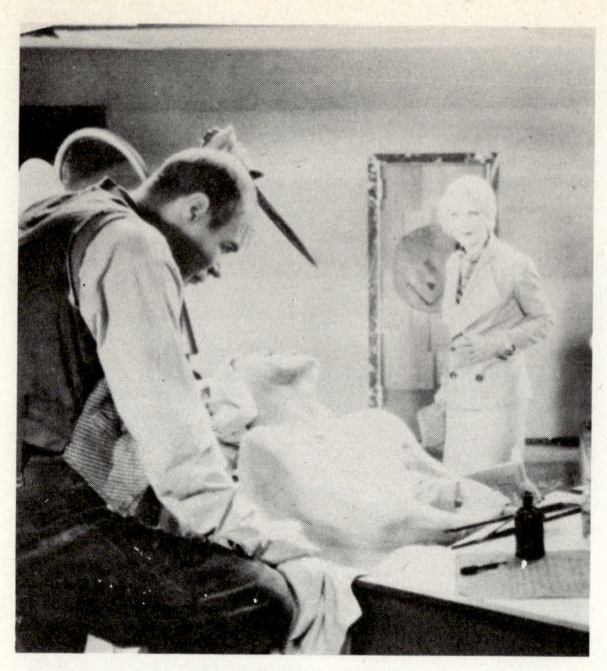

Mathew Betz und Glenda Farrell.

Lionel Atwill (im Rollstuhl) eröffnet sein neues Wachsfigurenkabinett in New York.

wenn der Süchtige während eines Polizeiverhörs zusammenbricht, ist das eine verblüffende Parallele zu einer Szene in Fritz Langs *Das Testament des Dr. Mabuse*.

In beiden Filmen wird das Verhör dazu benutzt, um die Spannung zu dehnen, während die Hauptfiguren sich in Gefahr befinden, und in beiden Fällen ist es das Geständnis des Süchtigen, das das Eingreifen der Polizei am Schluß einleitet. Allerdings ist die Ähnlichkeit ohne Zweifel zufällig; Langs Film ist zwar älter, war aber zur Entstehungszeit von Curtiz' Film noch nicht in den USA zu sehen gewesen. Einer der beiden »Helden« des Films findet sich unter Mordverdacht im Gefängnis wieder, doch all das hängt nur entfernt mit der eigentlichen Geschichte zusammen und nimmt unnötig viel Zeit in Anspruch. Fay Wray taucht erst relativ spät auf (sie hat wesentlich weniger Szenen als Glenda Farrell als schlagfertige Reporterin, die schließlich den Fall löst) und hat eigentlich nur die Aufgabe, Atwills lasives Opfer gegen Ende des Films abzugeben. In ihrer ersten Szene macht Miss Wray in kurzem Pullover und Shorts Gymnastik – was in Technicolor ganz bezaubernd aussieht. Im ersten Akt ist sie außerdem noch die Wachsfigur Marie Antoinette – allerdings nicht sehr überzeugend. Es ist unbegreiflich, warum Curtiz das Bild nicht nach ein paar Metern einfach stehen ließ; die Einstellung ist so lang, daß man nur allzu deutlich sieht, wie Miss Wray atmet, ihre Augen bewegt und sogar zusammenzuckt!

Alles in allem ist das Original subtiler als die Neuverfilmung, aber dafür unübersichtlicher und stellenweise erstaunlich lethargisch, ohne die Möglichkeiten des Stoffs voll auszuschöpfen. Was es aber noch am meisten altmodisch erscheinen läßt, ist das Fehlen jeglicher Musik. Um wieviel gewinnt zum Beispiel *The Mummy* durch ihre langsame, fast traurige Musik, wenn die bewegliche Kamera rastlos durch das verlassene Museum streicht! Selbst das Zerschlagen des Gesichtes am Schluß ist, obwohl besser gemacht als in der Neuverfilmung, nicht der Höhepunkt des Entsetzens, als den man ihn in Erinnerung hatte. Fay Wray hat kürzlich in einem Interview erzählt, daß diese Szene zu flüchtig geprobt worden war und daß die Wachsmaske beim Drehen nicht so zersprang, wie sie eigentlich gesollt hätte. Weil keine Reserve-Maske zur Hand war, mußten sie das Beste daraus machen, und deshalb steigert sich die Szene nicht in der geplanten Weise. Es ist fast unglaublich, daß eine solche Schlüsselszene unter der Anleitung eines so gewissenhaften Handwerkers wie Curtiz nicht besser vorbereitet oder abgesichert worden sein soll, doch würde Miss Wrays Schilderung – ihre Richtigkeit vorausgesetzt – sicherlich die heute so enttäuschende Qualität der Szene erklären. Es ist ziemlich überraschend, daß der weniger ambitionierte Vorläufer des Films, *Dr. X*, die Zeit besser überstanden hat. Obwohl konventioneller, ist er dichter, temporeicher und in seiner Komik nicht nur weniger altmodisch, sondern

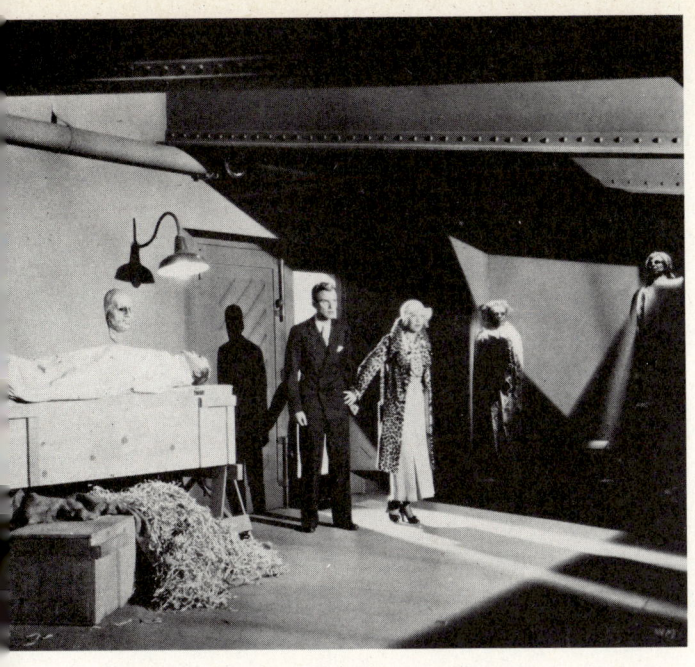

Gavin Gordon und Glenda Farrell.

Claude King, Holmes Herbert und Lionel Atwill.

mit einem zusätzlichen, nervösen Stakkato versehen, das seine Spannung erhöht.

Doch neben all seinen Schwächen (gesehen im Lichte der vielleicht überkritischen siebziger Jahre) hat der ursprüngliche Film *The Mystery of the Wax Museum* immer noch vieles, was für ihn spricht. Das Make-up des nur selten zu sehenden Monsters ist nicht nur erschreckend, sondern auch vereinbar mit der zum Schluß gelieferten Erklärung dafür. Glenda Farrells Beschreibung – »Dagegen sieht Frankenstein aus wie ein Maiglöckchen!« – übertreibt nicht, wenngleich auch sie den irritierenden Fehler begeht, Frankenstein und sein Monster zu verwechseln. Die weiche Tönung des alten, zweifarbigen Technicolor-Verfahrens war ein weiterer Trumpf der Originalversion, besonders in den Szenen des brennenden Museums, wenn in den Flammen die Wachsfiguren, die lächelnden, würdevollen Nachbildungen von Voltaire, Marie Antoinette und anderen in Sturzbächen aus geschmolzenem Wachs zerfließen und ihre Augen voller Erstaunen größer zu werden scheinen, während das Gesicht um sie herum zerfällt. (Beide Filme hatten denselben Nachteil, mit diesem Brand zu beginnen, der so dynamisch war, daß es dem restlichen Film schwerfallen mußte, diese Qualität beizubehalten.) Die maßvolle und dabei doch unwirkliche Farbtönung verstärkte auch die beklemmende Wirkung der Laboratoriumsszenen am Schluß und schuf erotisierende wie auch grauenerregende Effekte, wie etwa wenn das rosa Fleisch der nackten,

Lionel Atwill als Bildhauer, ehe seine Hände in einem Feuer zerstört werden.

auf einen Operationstisch geschnallten Fay Wray mit der blubbernden grünen Flüssigkeit in Atwills Wachsbottichen kontrastiert.

The Mystery of The Wax Museum war eine in jeder Hinsicht ansehnliche Produktion; Anton Grots Bau-

117

Der Augenblick der Wahrheit in allen Horrorfilmen:
Atwill bietet einer undankbaren Fay Wray die Unsterblichkeit an.

ten waren nicht nur phantasievoll, sondern auch räumlich effektiv gestaltet; so ließ Atwills Laboratorium zwar spektakuläre Apparate vermissen, besaß dafür aber einen rundum verlaufenden Laufsteg. Auch die Besetzung kam dem Film sehr zustatten: Glenda Farrell als Zeitungsreporterin und Frank McHugh als ihr Boß brachten mit ihren flotten Kommentaren nicht nur Schwung in die Sache, sondern sicherten der gotischen Geschichte den Hintergrund der dreißiger Jahre. Arthur Edmund Garewe, der mit Vorliebe verdächtige Gestalten oder gewissenlose Helfershelfer verkörperte, brillierte als Atwills rechte Hand, während der schmierige, Zigarren kauende Edwin Maxwell, Hollywoods Spezialist für dicke, lüsterne Geldraffer, in der Rolle des habgierigen Schurken, der Atwills Museum niederbrennt, beeindruckt. Später, in Atwills neuem Museum, fällt er aus einer Kiste direkt in die Kamera – eine von vielen Leichen, die zu der Wachsnachbildung einer historischen Persönlichkeit verarbeitet werden.

Pech für Fay Wray, daß sie eine verblüffende Ähnlichkeit mit Marie Antoinette besitzt, dadurch Atwills schöpferische Instinkte weckt und ihm erlaubt, seine Theorien und Versprechungen bezüglich eines »ewigen Lebens« auszuprobieren, während das Wachs vor sich hinkocht und höher und höher brodelt, in unmittelbarer Nähe der verständlicherweise nicht gerade begeisterten Miss Wray. Weder vorher noch nachher konnte Atwill in einer so perfekten Rolle schwelgen wie dieser. Mit einem würdevollen Vollbart, einem Rollstuhl und Krücken sowie prächtigen Dialogen ausgestattet, bot sich ihm hier die Gelegenheit für eine Glanzleistung. Außerdem war dies die Art von Rolle, die normalerweise Karloff zugeteilt wurde – der Böse, der aber trotz allem ganz sympathisch ist und dessen Leben und Werk durch die Dummheit und Gier anderer ruiniert werden. Atwills reichverzierter Darstellungsstil, seine stählernen Augen und sein lüsternes Gekicher taten ihm in vielen routinierten und traditionellen Schurkenrollen gute Dienste, doch seine hervorragende Leistung in *The Mystery of the Wax Museum* ging weit über die wenig anspruchsvollen Erfordernisse des Horror-Genres hinaus und war in jeder Beziehung große Schauspielkunst. Leider wurde er später rollenmäßig fast ebenso abgestempelt (und verschenkt) wie Bela Lugosi, und wenn er auch noch häufiger in Charakterrollen in Nicht-Horrorfilmen Punkte sammelte, bekam er doch nie wieder eine Hauptrolle, die es ihm wie hier ermöglichte, subtiles Pathos und Bedrohlichkeit zu vermischen.

In vielen anderen Filmen konnte man in Laufe der Jahre Anklänge an *The Mystery of the Wax Museum* wiederfinden. Nach *House of Wax* war noch ein weiteres Remake geplant, das aber als *Chamber of Horrors*, eine auf Spielfilmlänge gestreckte Pilotsendung für eine Fernsehserie, seinem Vorbild nur noch entfernt ähnelte. Die Wachsfiguren des Museums tauchten noch öfter in Warner-Filmen der dreißiger Jahre auf; die riesige Vergrößerung eines Szenenfotos mit Atwill und Wray bildete den bühnenhaften Hintergrund in *The Florentine Dagger*, ohne Zweifel auf Anregung von Regisseur Robert Florey, der selbst ein leidenschaftlicher Anhänger und gelegentlicher Regisseur von Horrorfilmen war. Atwills Monster-Make-up ist mehrmals kopiert worden. Das Originalplakat des Films bestand aus einem großen Kopf von Atwill, der bei näherer Betrachtung aus Frauenkörpern zusammengesetzt war. Der Trick wurde später auf Vincent Price angewandt, in der Werbung für *Masque of the Red Death*. Und selbst wenn der Film heute enttäuscht, denken Kritiker immer noch gern an ihn und benutzen ihn als einen Maßstab für Leinwandhorror. Mindestens ein britischer Filmkritiker pries 1973 den Horrorfilm *Horror Hospital*, indem er ihn eine eindeutige Hommage an Curtiz und *Wax Museum* nannte. Gemeinsamkeiten zwischen beiden Filmen beschränken sich allerdings auf ein Minimum, und Produzent Richard Gordon versichert, daß keine Hommage beabsichtigt war. (Er verehrt das Original sehr, und da er auch ein fähiger Produzent ist, hätte er sicher keinen Zweifel daran gelassen, wenn der Film eine nostalgische Nachahmung des früheren Films hätte sein sollen!)

Wir sollten wirklich froh darüber sein, daß *The Mystery of the Wax Museum* nach fünfundzwanzigjährigem Winterschlaf wieder bei uns ist und nicht länger »verschollen«, wie wir so lange gedacht hatten. Daß er auch nicht ganz der Klassiker ist, als den wir ihn in Erinnerung hatten, ist eines der Risiken bei derartigen Wiederausgrabungen.

House of Wax: Die Leiche von Carolin Jones wird aus dem Leichenschauhaus geraubt, um zu einer Wachsfigur der Jeanne d'Arc gemacht zu werden.

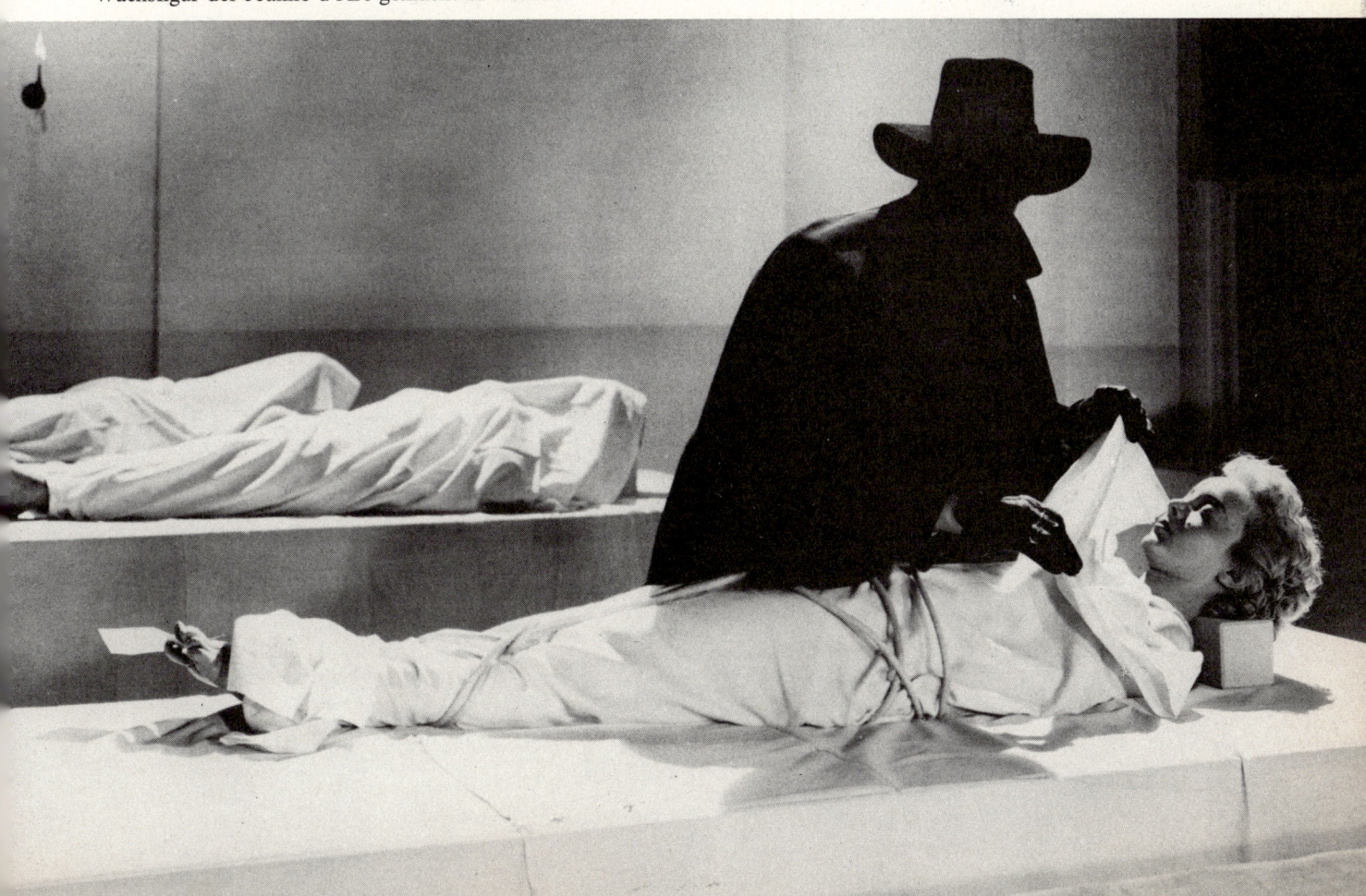

14 Murders in the Zoo
(MORDE IM ZOO) 1933

Lionel Atwill und seine ungetreue Ehefrau Kathleen Burke.

Regie Edward Sutherland. *Drehbuch* Philip Wylie und Seton I. Miller. *Kamera* Ernest Haller. *Produktion* Paramount. *Darsteller* Lionel Atwill, Randolph Scott, Charlie Ruggles, Gail Patrick, John Lodge, Kathleen Burke, Harry Beresford, Edward McWade.

Die letzten Augenblicke einer Ehe: Lionel Atwill und Kathleen Burke.

Murders in the Zoo entstand auf der Höhe der Horrorfilm-Welle der frühen dreißiger Jahre. Man schenkte ihm damals wenig Beachtung, und zwar hauptsächlich deshalb, weil er – wie der andere Paramount-Horrorfilm jener Zeit, *Island of Lost Souls* – als ziemlich geschmacklos galt und den echten gotischen Stil dieser Periode vermissen ließ. Geschmack ist allerdings ein relativer Begriff; verglichen mit der widerlichen Vorliebe für Blut und medizinische Einzelheiten in Horrorfilmen jüngeren Datums kommt einem *Murders in the Zoo* vor wie ein Musterbeispiel für Sitte und Anstand, und wenn es hier überhaupt geschmacklich etwas zu beanstanden gibt, dann sind es die derben Scherze von Charlie Ruggles. (Kostprobe: Nachdem ihn eine Mamba-Schlange zu Tode erschreckt hat, erkundigt er sich kleinlaut nach dem Weg zum nächsten Waschsalon!) Aber stellenweise ist *Murders in the Zoo* wirklich ein harter Brocken; bei seiner Erstaufführung entfernten regionale und staatliche Zensurbehörden Szenen zuhauf, einschließlich des Todes des Schurken am Schluß; auch das Fernsehen nahm später Schnitte vor.

Die Handlung ist völlig belanglos und – ähnlich dem Muster so vieler Horrorfilme unserer Tage – lediglich der Vorwand für eine Abfolge von Horrorszenen. Lionel Atwill spielt einen reichen Zoologen und Jäger, der wilde Tiere – und sein Wissen über sie – dazu benutzt, die wirklichen oder vermeintlichen Liebhaber seiner Frau aus dem Wege zu räumen. Mit solch einem dünnen Stoff und einem Regisseur, Edward Sutherland, der sehr vielseitig war, aber doch mehr auf Komödien spezialisiert, beeindruckt der Film hauptsächlich durch die elegante Boshaftigkeit Atwills und die stimmungsvolle Kameraarbeit Ernest Hallers. In erster Linie ist es natürlich ein Musterbeispiel für die meisterhafte Tücke Lionel Atwills, der nicht nur jeden Satz und jede Nuance voll auskostet, sondern es auch noch fertigbringt, einen allgemeinen Hang zur Verdorbenheit zu suggerieren, den das Drehbuch gar nicht vorgesehen hatte. Das Aufleuchten in Atwills Augen, das Grinsen seiner Lippen, das rasche Abtun von unbeschreiblichen Dingen, die vor dem Beginn der Geschichte passierten – alle diese kleinen schauspielerischen Kniffe machen seinen Mörder zu einem Menschen, der nicht nur jenseits des Gesetzes, sondern auch jenseits jeglicher Moral steht!

Atwill sorgt für einen gelungenen Start in *Murders in the Zoo*; in der ersten Szene sieht man, wie er im Dschungel gerade damit fertig wird, seinem Opfer die Lippen wie bei einem Schrumpfkopf zuzunähen, und ihn dann als Paket verschnürt der Gnade der wilden Tiere ausliefert. Später, wenn seine ahnungslose Frau ihn fragt, ob ihr ehemaliger Liebhaber ihr eine Nachricht hinterlassen habe, bevor er »abreiste«, antwortet Atwill ehrlich, nonchalant und mit einer exakt berechneten, unheilschwangeren Pause: »Er hat ... überhaupt nichts mehr gesagt.« Atwill hat den Film so souverän in der Hand, daß es ziemlich unfair erscheint, daß Charlie Ruggles noch vor Atwill die Besetzungsliste anführt, aber das mag rein rechtliche und vertragliche Gründe gehabt haben, denn Ruggles war ein Paramount-Star und Atwill nur ein tödlicher Gast.

Es ist eine glatte, temporeiche und gut gespielte Produktion, obgleich das Talent des großartigen Schauspielers (und späteren Gouverneurs von Connecticut) John Lodge als einer der Liebhaber ziemlich verschenkt wird. Die Ehefrau, Kathleen Burke, wird von einer Brücke in einen Krokodilgraben gestoßen, der so wenig abgesichert ist, daß man nur entsetzt raten kann, wieviele Kinder, alte Damen, Invalide und Betrunkene bereits von Zeit zu Zeit dort hineingefallen sein müssen...

121

15 Island of Lost Soul
(DIE INSEL DER VERLORENEN SEELEN)
1933

Dr. Moreaus Kreaturen wenden sich gegen ihn.

Regie Erle C. Kenton. *Drehbuch* Philip Wylie, Waldemar Young, nach dem Roman *The Island of Dr. Moreau* von H. G. Wells. *Kamera* Karl Struss. *Produktion* Paramount. *Darsteller* Charles Laughton, Richard Arlen, Bela Lugosi, Leila Hyams, Arthur Hohl, Kathleen Burke, Stanley Fields, Paul Hurst, Tetsu Komai, Bob Kortman, John George, Hans Steinke, Jack Burdette, Duke York.

Obwohl die Paramount den Film als »H. G. Wells' aufwühlende Rhapsodie des Schreckens« herausbrachte und an der Figur der Panther-Frau allerlei spekulative Publicity-Gags aufhängte, erwies sich *Island of Lost Souls* damals als ein kommerzieller Mißerfolg, und das auf dem Höhepunkt des Horrorfilm-Booms. In der ziemlich geschmacklosen Geschichte des Films geht es um die Evolutionsexperimente des Dr. Moreau, der auf seiner Privatinsel versucht, den Entwicklungsprozeß vom Tier zum Menschen zu beschleunigen und die Ergebnisse der Paarung seiner Geschöpfe mit Menschen zu beobachten. H. G. Wells warf dem Film unverblümt vor, eine Travestie seiner Vorlage zu sein, die trotz einiger Horrorzutaten von dem grausigen *Grand Guignol* des Films weit entfernt sei. In England wurde der Film – zusammen mit *Freaks* – sogar von der Zensurbehörde verboten; erst nach über dreißig Jahren konnte man dort die beiden Filme sehen.

Das Hauptproblem bei *Island of Lost Souls* (das 1932, als die Horrorfilme noch Stil hatten, besonders auffallen mußte) ist, daß er, ähnlich wie die Hammer-Filme der fünfziger und sechziger Jahre, alle erforderlichen Zutaten aufweist, aber wenig von der nötigen Stimmung. Der Film stößt oft ab und überzeugt selten, und deshalb schafft er es eigentlich nie, dem Publikum Angst zu machen. Die Bauten und Schauplätze (hauptsächlich Catalina Island) erzielen zwar ihre Wirkung, doch es gibt keinerlei Musik, um Stimmungen zu verstärken, und wie gleichgültig der Film inszeniert ist, läßt sich daraus ablesen, wie beiläufig und fast desinteressiert Dr. Moreau eingeführt wird.

Vielleicht trägt auch Charles Laughton unbeabsichtigt ein Teil der Schuld. Er liefert eine großartige darstellerische Leistung, die aber nie zu dem restlichen Film passen will. Seine Sätze sind geschliffen und werden von ihm mit einer wahren Virtuosität der Beiläufigkeit serviert, aber trotz seines satanischen Bartes wirkt er selten beunruhigender als ein medizinisch interessierter Captain Hook. Nachdem er uns die menschlichen Ungeheuer gezeigt hat, die seine gelungenen Experimente repräsentieren, tut er einige deformierte Kreaturen in Käfigen mit der Bemerkung ab: »... meine *weniger* erfolgreichen Experimente!« Hin und wieder geht ein unheilvolles, pausbäckiges Grinsen über sein Gesicht, wie bei einem Schuljungen, der mit seinem Chemiebaukasten spielt. Dieser makabre Humor wirkte bei Ernest Thesiger in Whales *The Bride of Frankenstein* Wunder, aber hier ist alles – Operationen, Kannibalismus, versuchte Paarung von Mensch und Monster – auf so grimmige Weise humorlos, daß der Witz, der so wichtig ist in Horrorfilmen, nirgends ansetzen kann.

Richard Arlen, Leila Hyams und Charles Laughton.

Immerhin hat der Film visuell wirklich einiges zu bieten. Viele Szenen haben eine seltsame Kraft, besonders die Kranaufnahmen von Laughton, wie er gottgleich zu seinen Kreaturen spricht, und zwar in abgehackten Sätzen, die wie eine absichtliche Verballhornung von Kiplings kindlicher Dschungelbuch-Sprache wirken. Lugosi macht aus einer unglaublich kleinen Rolle als Affenmensch überraschend viel, und der Höhepunkt (die Kreaturen überwältigen Dr. Moreau und vivisezieren ihn in seinem »Haus der Schmerzen«) ist ein wirklicher Schock, eine beklemmende und grausame Episode, die nur mit dem Höhepunkt von Tod Brownings *Freaks* vergleichbar ist.

Regisseur Kenton, in den zwanziger Jahren ein angenehmer Lubitsch im Kleinformat, versuchte sich hier an seinem ersten Horrorfilm. Sein späterer

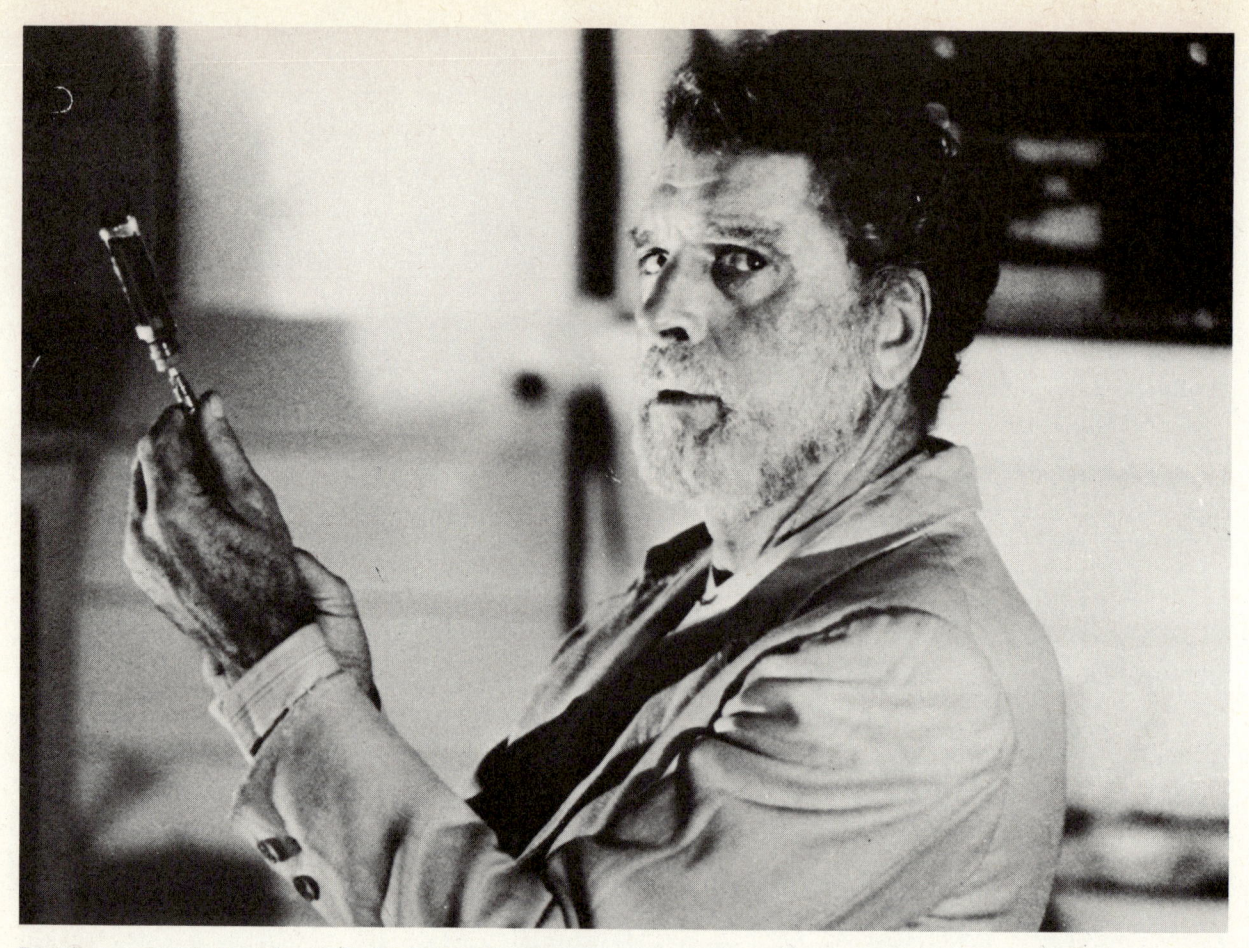

Burt Lancaster als Dr. Moreau in der Neuverfilmung *The Island of Dr. Moreau* (1977).

The Ghost of Frankenstein sollte ihm besser gelingen. Bei *Island of Lost Souls* ist er gescheitert, allerdings auf eine interessante Art und Weise.

Fünfundzwanzig Jahre hat es gedauert, bis sich der Film erneut des berüchtigten Stoffes annahm. Samuel Z. Arkoff produzierte 1977 *The Island of Dr. Moreau*, der unter der Regie Don Taylors auf einer der Jungferninseln gedreht wurde. H. G. Wells hätte hier weit mehr Grund gehabt, Einspruch zu erheben: Weil seine Experimente nicht den gewünschten Erfolg bringen, beschließt Dr. Moreau (den Burt Lancaster ohne eine Spur von Pathos oder Ironie spielt und der deshalb ziemlich blaß bleibt) in dieser Version, das Ganze einmal umgekehrt zu versuchen; und so findet sich Michael York schließlich auf dem Operationstisch, um wenig später die ersten Anzeichen einer »Animalisierung« an sich festzustellen. Die einzig diskutablen Elemente des Films sind die maskenbildnerischen Leistungen von John Chambers und Dan Striepeke (die bereits bei *Planet of the Apes* ihre Kunst unter Beweis gestellt hatten) sowie die grandiosen Kampfszenen zwischen den »Humanimals« – Moreaus Kreaturen, also kostümierten Stuntmen – und authentischen wilden Tieren.

16 The Ghoul
(DER GHUL) 1933

Auf seinem Sterbebett gibt Karloff seinem Diener Ernest Thesiger Anweisungen für das Begräbnis.

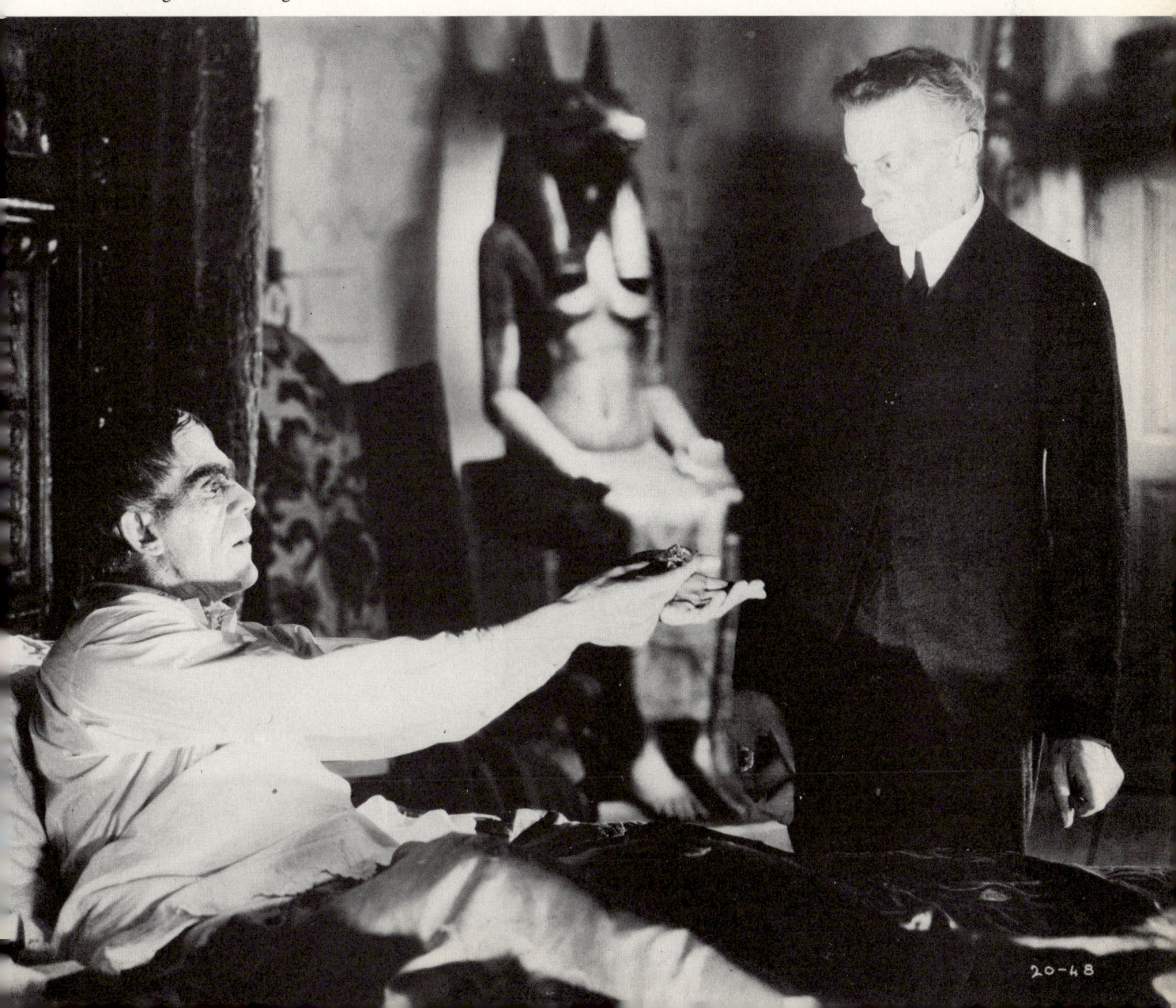

Regie T. Hayes Hunter. *Drehbuch* Rupert Downing, Roland Pertwee, John Hastings Turner, nach dem Roman und Bühnenstück von Dr. Frank King und Leonard J. Hines. *Kamera* Gunther Krampf. *Art Director* Alfred Junge. *Produktion* Gaumont British. *Darsteller* Boris Karloff, Dorothy Hyson, Sir Cedric Hardwicke, Ernest Thesiger, Ralph Richardson, Anthony Bushell, Kathleen Harrison, D. A. Clarke-Smith, Jack Raine, Harold Huth.

Jahrzehntelang war *The Ghoul* der verschollenste und mysteriöseste unter allen verschollenen Horrorfilmen. Selbst in England, wo er gedreht wurde, verschwand er spurlos schon wenige Jahre nach seiner Premiere, und auch sonstwo hat man ihn bis 1969 nirgendwo mehr zu sehen bekommen. Das Negativ ist längst zersetzt, und auch die letzte, abgenutzte und nicht mehr projizierbare Kopie, die sich im Besitz der englischen Rank Organisation befunden hatte, existiert nicht mehr. Ähnlich wie im Fall von Stroheims *Greed* wurde alle paar Jahre wieder gemeldet, der Film sei nun endlich komplett wieder aufgetaucht, aber jedesmal stellte es sich heraus, daß eine Verwechslung mit dem späteren, weniger interessanten Film *The Mad Ghoul* vorlag.

Der Fall war umso mysteriöser, weil von jeher keine zuverlässigen Informationen über den Film vorlagen. Kein zuverlässiger Filmhistoriker schien ihn gesehen zu haben, nur eine Handvoll vielversprechender, aber nicht sehr informativer Standfotos hatten überlebt, und die meisten der zeitgenössischen Kritiken widersprachen sich gegenseitig. Eine pries den Film als Triumph der britischen Studios, der sich mit Hollywoods Horror-Standard messen könne, während eine andere ihn als albern und laienhaft abtat. Eine schrieb, Boris Karloff spiele in seiner ersten sympathischen Rolle einen »freundlichen alten Herrn«, und noch eine andere behauptete, Karloff trage kein Makeup – wobei beide Feststellungen gehörig den Tatsachen widersprechen. Karloff tendierte selber dazu, den Film herunterzuspielen und ging sogar so weit, der Hoffnung Ausdruck zu verleihen, er möge verschollen bleiben; doch diese Haltung ist leichter zu verstehen. Karloff tritt (allerdings einen ungeheuren Eindruck hinterlassend) nur in den ersten und in den letzten beiden Akten auf, und sein Dialog ist ziemlich begrenzt. Für einen Schauspieler muß dies wie nichts weiter als eine normale Buhmann-Rolle ausgesehen haben, und da sie unmittelbar einigen seiner besten und anspruchsvollsten Thrillern für Universal folgte, war sie für ihn wahrscheinlich nur ein Rückschritt.

Glücklicherweise erweist sich der Film jedoch bei erneutem Studium als äußerst angenehme Überraschung. Eine abgenutzte, aber dennoch willkommene Kopie ist in einem osteuropäischen Archiv entdeckt worden, und man hat für die Theodore Huff Memorial Film Society in New York eine Kopie anfertigen lassen, die seit Ende 1969 für Studenten zur Verfügung steht. Der Film war gleich nach Karloffs Universal-Filmen *The Old Dark House* und *The Mummy* entstanden und ist eine recht interessante Mischung aus den Themen und Stimmungen dieser beiden Filme. Als der erste größere britische Versuch, von der Horror-Welle zu profitieren, ist er von beachtlicher Wirkung, und was Aufwand, Ausstattung und Atmosphäre angeht, konnte er es mit dem besten Hollywood-Standard der Zeit durchaus aufnehmen. Vielleicht ist er nicht gerade ein zweiter *The Old Dark House,* doch einem Vergleich mit *Murders in the Rue Morgue* hält er leicht stand. Die Bauten sind sehr schön, die gotische Stimmung wird durch die stilvolle Kameraführung von Gunther Krampf beschworen, und es gibt sogar eine wirkungsvolle Musikuntermalung.

Karloff spielt Professor Moriant, einen reichen Exzentriker, der sich so ausgiebig mit ägyptischem Okkultismus beschäftigt hat, daß er schon nicht mehr ganz richtig im Kopf ist. Dem Tode nahe, ist er davon überzeugt, daß, legt man ihm den unschätzbaren Edelstein »Das ewige Licht« mit ins Grab, er wiederauferstehen werde und ewiges Leben an der Seite des ägyptischen Gottes Anubis erlangt, dessen Statue neben seinem Sarkophag in der Gruft steht. Er wird in einer düsteren, fackelbeleuchteten Prozession beigesetzt, und eine stattliche Sammlung von Aasgeiern versammelt sich im Haus zur Testamentseröffnung: die wirklichen Erben, ein habgieriger Anwalt und unheimliche Ägypter (lauter Oxford-Absolventen!), die darauf aus sind, den Edelstein für ihr Heimatland zurückzufordern.

Wenn das Element des Geheimnisvollen und der Spannung auch aufrechterhalten wird, neigen diese mittleren Partien des Films doch ein wenig dazu, bei dem üblichen Geplänkel zwischen Held und Heldin, die sich zum Schluß finden, und den Scherzen der Komikerin Kathleen Harrison zu versumpfen, wobei die letztere allerdings als die liebeshungrige Jungfer, die sich ihre Ideale nach alten Valentino-Filmen gebastelt zu haben scheint und dem Ägypter nur dünn verschleierte Andeutungen macht, wirklich komisch ist. Der Edelstein wird aus dem Sarkophag Karloffs geraubt, und beim nächsten Vollmond – in einer grauenerregenden Sequenz, die jeden Vergleich mit bester Hollywood-Qualität standhält – steigt er aus dem Grab und streift durch sein altes Haus; er will an den Grabschändern Rache üben und sich den Edelstein zurückbeschaffen, um das ewige Leben erlangen zu können.

Da so viele Übeltäter hinter dem Edelstein her

Karloff kehrt aus seinem Grab zurück und entdeckt bei Dorothy Hyson einen Edelstein.

sind, wandert er ständig umher. An einer Stelle fällt er zufälligerweise auch der Heldin in die Hände, was die zu erwartende Konfrontation zwischen dem Monster und dem Mädchen einleitet, obwohl Karloff das Mädchen (seine Nichte) geliebt hat, als er noch lebte, und jetzt wenig Grund haben könnte, sie zu erwürgen. Zum Schluß bekommt Karloff seinen Edelstein zurück, und in einer unheimlichen Szene steht er vor der Statue des Anubis, ritzt mit einem Messer Opfersymbole in seine Brust und stirbt noch einmal, nachdem er zufrieden gesehen hat, wie die Statue zum Leben erwacht ist und seinen Edelstein als Gabe angenommen hat. Allerdings gibt es noch eine Wendung, als ein weiterer Schurke entlarvt wird – der zuvorkommendste, freundlichste und unverdächtigste der buntgemischten Gruppe –, der sich mit dem Helden einen Kampf liefert, bevor die Gruft in Flammen aufgeht. Nebenbei bemerkt: da mindestens zwei der Nebenschurken Karloffs Edelstein stehlen und ein dritter es zumindest versucht, sind es diese Bösewichte, auf die der Titelbegriff zutrifft, denn ein *Ghoul* ist ein Grabräuber und Leichenschänder. Dennoch bot es sich natürlich an, in der Erstaufführungswerbung so zu tun, als spiele Karloff die Titelrolle, und in späteren Jahren veröffentlichten so inkompetente Publikationen wie *Famous Monsters* nicht selten Standfotos aus diesem Film mit der Unterschrift: »Karloff als *The Ghoul*.«

Was die Handlung betrifft, nähert sich der Film (der auf einem Roman und Theaterstück basiert) manchmal gefährlich der Farce. Wenn Karloff nicht wäre, würde er wohl mehr in die Richtung von *Thark* (eine bekannte britische Bühnen- und Film-Farce) tendieren als von *The Old Dark House*. Tatsächlich gab es im Jahre 1961 auch eine Neuverfilmung in Form einer recht dünnen und simplen Komödie, *What a Carve Up*. Der Film wurde nur selten verliehen, machte es aber nun auch rechtlich unmöglich, an *The Ghoul* heranzukommen! Sogar das Original besitzt ausgesprochen komische Elemente, und einige der darstellerischen Leistungen (besonders die von Sir Cedric Hardwicke als der verschlagene Anwalt, in der grotesken Aufmachung einer Dikkens'schen Karikatur) waren so überzeichnet, daß man vermuten kann, daß sich die Schauspieler einen Spaß daraus machen wollten. Meistens gelingt es jedoch dem dominierenden Einfluß Karloffs, den Übermut im Zaum zu halten. Sein Makeup ist immer noch ausgesprochen furchteinflößend, und es gibt ein paar grausige Großaufnahmen, die seine finsteren, hypnotischen Augen betonen. Es wird eigentlich nie erklärt, wieso ein gebildeter (wenn auch exzentrischer) englischer Gentleman aussieht und herumläuft wie das Frankenstein-Monster; aber das ist vielleicht die einzige Ungereimtheit des Films.

Trotz aller falscher Spuren und dem Wirrwarr aus Okkultismus, Übernatürlichem und reiner Melodramatik ist die Geschichte (innerhalb der weitgefaßten Grenzen ihres Genres) eigentlich recht gut, und die Auflösungen im letzten Akt sind zwar nicht ganz überzeugend, aber doch zufriedenstellend. Die Besetzung muß natürlich besonders gelobt werden, und Karloff und Thesiger – frisch aus *The Old Dark House* – stehlen allen anderen die Schau. Trotz der beschränkten Möglichkeiten der Rolle gelingt es Karloff doch, sie für das Publikum sympathisch wirken zu lassen, ohne indes ihre Unheimlichkeit zu vernachlässigen. *The Ghoul* ist sicherlich nicht die Wiederausgrabung eines Klassikers, doch als ein Stück reinen Horror-Humbugs kann er sich noch gut sehen lassen, vor allem, wenn man bedenkt, daß T. Hayes Hunter, ein produktiver, aber unbekannter Regisseur der zwanziger und dreißiger Jahre, bestenfalls ein Regisseur vom Rang eines Gesellen war. So hätten alle größeren Schwächen in *The Ghoul* denn auch von einem wirklich guten Regisseur allesamt vermieden werden können. Ernest Thesigers Rolle ist so ein Fall: Sie ist nicht nur in Details inkonsequent (ein klumpfüßiges Hinken kommt und geht, wobei seine bedrohlichen oder visuell bizarren Möglichkeiten nie genutzt werden), sondern schon in der Konzeption. James Whale hätte diese Rolle sowohl mit makabrem Humor als auch mit wirklichem Schrecken ausgestattet; Hunter scheint Thesiger überhaupt keine Anweisungen gegeben und ihn die meiste Zeit zappeln gelassen zu haben. Thesiger ist dabei immer noch ein ausreichend faszinierender Darsteller, um – oberflächlich betrachtet – mit zu den besten Dingen des Films zu gehören, doch das Potential der Rolle (Bedrohlichkeit, beißender Humor und bebender Terror) ist so gut wie verschenkt worden.

Neben Karloff und Thesiger ist die reizvolle Dorothy Hyson – damals eine junge Schauspielerin am Anfang einer Karriere, die jedoch nie richtig Gestalt annahm – einer der Vorzüge des Films. Jedenfalls hätte ihr Gekreisch, wenn sie unter dem Griff Karloffs in Ohnmacht fällt, auch Fay Wray keine Schande gemacht! Übrigens besitzt Miss Hyson einen seltenen Satz Dreharbeitenfotos zu diesem Film, die zeigen, mit wie wenig Mitteln wirklich geschickte Effekte erreicht worden sind. Die Kulisse für die Außenansicht der Gruft zum Beispiel war lediglich eine zweidimensionale Fassade, die mitten auf einem Feld aufgestellt wurde und für alle Welt wie die schlichten, aber äußerst stimmungsvollen Bauten aussah, wie sie für so viele deutsche Stummfilme der zwanziger Jahre konstruiert worden waren. Bei diesen Standfotos kommt einem der Verdacht, daß Kameramann Krampf und sein deutscher Architekt wahrscheinlich wesentlich mehr mit der Gestaltung – und dem Erfolg – des Films zu tun hatten als Regisseur Hunter.

17 The Black Cat

DIE SCHWARZE KATZE 1934

Boris Karloff und Egon Brecher.

Regie Edgar G. Ulmer. *Drehbuch* Peter Ruric und Edgar G. Ulmer, nach einer Geschichte von Edgar Allan Poe. *Kamera* John Mescall. *Musikalische Leitung:* Heinz Roemheld. *Produktion* Universal. *Darsteller* Boris Karloff, Bela Lugosi, David Manners, Jacqueline Wells (d. i. Julie Bishop), Lucille Lund, Egon Brecher, Anna Duncan, Albert Conti, Henry Armetta, André Cheron, Harry Cording, George Davis, Alphonse Martell, Tony Marlow, Paul Weigel, Albert Polet, Rodney Hildebrant, Paul Panzer, John Carradine.

The Black Cat war der erste der drei bemerkenswertesten Karloff/Lugosi-Filme (sie traten später noch oft gemeinsam auf, aber nie mehr in derartig gelungenen Filmen und meistens mit Lugosi nur in einer Nebenrolle). Er war in vieler Hinsicht der beste von den dreien und der einzige, in dem beide Stars ebenbürtige Parts hatten; in *The Raven* war Lugosi dominierend und in *The Invisible Ray* Karloff. Obgleich der Film angeblich auf der Geschichte von Poe basiert, hat er nicht das geringste damit zu tun, ebensowenig wie der ebenfalls Poe zugeschriebene *The Raven* oder die jüngere Version von *The Black Cat*. In Wirklichkeit fußt er viel eher auf der Karriere und Persönlichkeit von Aleister Crowley. In seiner Stimmung allerdings und durch seine bedrückende, klaustrophobische und insgesamt ungesunde Atmosphäre kommt er Poe recht nahe; hinzu kommt ein kafkaeskes Gefühl des Gefangenseins, von Sinnlosigkeit und Hoffnungslosigkeit. Der Film ist langsam und bedächtig, was der bewußte Einsatz von klassischer Musik anstelle einer Original-Filmmusik unterstreicht; die makabre Geschichte einer Teufelsanbetung ist erfüllt mit dem Hauch des Todes und der Verwesung, was die äußerst literarischen Dialoge noch verstärken. So mag dies denn als einer der erfolgreichsten Versuche gelten, Poe auf die Leinwand zu bringen, wenngleich sich dies nur auf seine Stimmung und nicht auf die Handlung bezieht. Und die Schwächen des Drehbuches, auffallend vage und widersprüchliche Aktionen und Motivationen tragen – wenn auch unbeabsichtigt – ihrerseits zu der Außergewöhnlichkeit dieses Films bei.

Karloffs Filmrollen ließen sich meistens in drei Kategorien einteilen: die, bei denen er den Film und die Rolle vollständig respektierte und sein Bestes gab; die, bei denen er – wie in den beiden Versionen von *The Raven* und in *The Mask of Fu Manchu* – spürte, daß die Rollen unmöglich ernst genommen werden konnten und nur mit Ironie und Bravura zu bewältigen waren; und die Rollen wie in *Voodoo Island* und *Frankenstein 1970*, die er hinter sich bringt, ohne sich übermäßig anzustrengen, nach dem Motto, daß für einen derartigen Unsinn die Prominenz seines Namens und seiner Anwesenheit vollauf genügen müsse. *The Black Cat* gehört in die erste Kategorie und muß – zusammen mit *The Mummy, Frankenstein* und *The Body Snatcher* – zu seinen gelungensten Darstellungen gezählt werden. Mit seinem schwarzen Kostüm, satanischem Haarschnitt, absichtlich auffälliger Schminke und seinem herrlich modulierten und akzentuierten Dialog ist sein Hjalgar Poelzig eine großartige Verkörperung der Bösen an sich. Auch Lugosi – nie ein so guter Schauspieler wie Karloff, dadurch im Nachteil, daß ihm die Feinheiten und Nuancen der englischen Sprache entgingen, aber dennoch oft ausgesprochen instinktsicher – bekommt hier Gelegenheit für eine seiner besten Leistungen. Man meint, einem konzentrierten Duett beizuwohnen; die Nebenrollen haben nur geringe Bedeutung. Henry Armettas komisches Zwischenspiel ist reichlich unnötig, aber dafür auch nur kurz. Zumindest hat es eine inhaltliche Funktion, indem es die üble Lage von Held und Heldin verdeutlicht und das Tempo, das nur schwer hätte beibehalten werden können, ein wenig bremst, damit es sich erneut aufbauen kann. David Manners ist ein typisch nutzloser Held, der nach nur symbolischem Widerstand bewußtlos geschlagen und eingesperrt werden kann. Sowohl unter dem Dienstpersonal als auch unter den Teufelsanbetern gibt es jedoch ein paar bemerkenswert böse Gesichter.

Die Kamera wirkt manchmal in ihren Effekten

Bela Lugosi, Jacqueline Wells und Boris Karloff.

etwas zu eitel: eine Daunendecke, die über ein Bett gezogen wird, ermöglicht eine Schwarzblende von einer Szene zur anderen, wodurch der Zuschauer aber von der Geschichte abgelenkt wird, da der technische Vorgang seine Aufmerksamkeit an dieser Stelle viel mehr erregt! Andererseits bewirkt die eindrucksvolle visuelle Qualität des Films, daß daraus ein für Hollywood völlig ungewöhnlicher, aus dem Rahmen fallender Film entsteht. Milieu und Schauplätze sind im allgemeinen überzeugend; die beiläufigen, milieubeschreibenden Einstellungen wirken ebenso gedämpft melancholisch wie viele europäische Filme dieser Zeit (besonders *Extase*). Die kalten, modernistischen Bauten, die deutliche Erotik (oft entsteht durch Schärfenverlagerung innerhalb einer Einstellung eine Betonung sexueller Untertöne) und die langsame, gleitende Kamera John Mescalls werden stimmungsmäßig unterstützt durch eine brillante Musikbearbeitung klassischer Stücke (eine Klavier-Sonate von Liszt, für Orchester arrangiert, und Schumanns Quintett in Es-Dur, op. 44 – mit einigen wirkungsvollen Tupfern Tschaikowsky hier und da). Die äußere Erhabenheit und rollenmäßige Gleichrangigkeit der beiden Protagonisten (Karloff ist böse und doch faszinierend, wogegen Lugosis Held sympathisch und edelmütig, aber doch gefühllos ist und Züge aufweist, die ganz und gar nicht bewundernswert sind) machen es – was in einem Horrorfilm überrascht – schwierig, sich mit einer von den beiden Parteien zu »identifizieren«.

Die vorherrschende Wirkung ist ähnlich der eines Alptraumes, von dem man weiß, daß es ein Alptraum ist. Weil die Schrecken so unvorhersehbar sind und so seelenruhig präsentiert werden, ist die Furcht vor dem *nächsten* Schrecken – unbekannt und unvorstellbar – das Wirkungsvollste. Das Publikum befindet sich in der Lage eines Zeugen, der sich mehr davor fürchtet, ertappt als in die Sache verwickelt zu werden, sich aber ziemlich sicher fühlt, weil er weiß, daß der Alptraum vorher zu Ende sein muß. Im übrigen ist die rabenschwarze Geschichte (gekennzeichnet durch die Betonung von *Schwarz;* schwarze Kleidung, schwarze Baumsilhouetten gegen graue Himmel, sogar schwarze Lippenschminke bei Karloff) auf sadistische Weise grausig und kompliziert: Karloff – der sowohl Lugosis Frau als auch dessen Tochter heiratet (nacheinander, nicht etwa gleichzeitig) – ist also eigentlich der Schwiegersohn Lugosis. Von daher ist Belas Rache am Schluß (er zieht Karloff lebendig die Haut ab und jagt ihn dann noch in die Luft) nicht nur medizinisch drastisch, sondern für einen Vater recht taktlos – um es gelinde auszudrücken.

Da *The Black Cat* lediglich 65 Minuten lang ist, gilt er praktisch als »B«-Film, obwohl eher die Qualität

Boris Karloff, Bela Lugosi und Harry Cording.

als die Länge in den frühen dreißiger Jahren der entscheidende Faktor bei der Klassifizierung eines Filmes war. Alles in allem ist es mit ziemlicher Sicherheit der beste Film des interessanten, aber überschätzten Regisseurs Edgar Ulmer, dessen strebsame Leistungsfähigkeit bei billigsten »B«-Melodramen der PRC die Kritiker der *Cahiers du Cinéma* in höchste Ekstase versetzte, wogegen sein wirklicher Stil und atmosphärisches Gespür in diesem Film sie irgendwie kalt ließen, vielleicht weil hier ein etwas größeres Budget und mehr Aufwand zur Verfügung stand, was wohl schon gegen die Regeln verstößt.

Neben seinem visuellen Flair ist eine der größten Freuden in *The Black Cat* seine Ausbeutung (im schöpferischen Sinne des Wortes) der Sprachmuster und des Spiels seiner beiden Stars. Die Dialoge sind relativ spärlich, doch die Sätze für Karloff und Lugosi scheinen – ganz abgesehen von ihrer theatralischen Größe – fast am Reißbrett vorbereitet worden zu sein, um ihre Akzente vorteilhaft zu nutzen und durch geschickten Schnitt eine maximale Wirkung dieser Sätze zu erreichen. An einer Stelle tut der ziemlich naive romantische Held, David Manners, eine makabre Theorie als »abergläubischen Humbug« ab, worauf Lugosi erwidert (und dabei aus ei-

The Black Cat: Im Kartenraum von Karloffs Festung entdeckt Lugosi den präservierten Körper seiner toten Frau.

nem normalen Satz ein Arrangement musikalischer Silben macht): »Abergläubisch vielleicht, *Humbug* vielleicht nicht!« – jedes der fünf Worte unterstrichen durch eine unmerkliche Änderung des Gesichtsausdruckes.

In derselben Szene erläutert Karloff die Phobie, die Dr. Vitus Verdegast (Lugosi) soeben dazu veranlaßt hat, ein Messer auf eine Katze (der einzige Bezug zu Poes Titel) zu schleudern und diese zu töten, und liefert einen herrlich vorgetragenen kleinen Monolog über die »extreme Form« der Phobie, den die Erklärung beschließt, Lugosi leide an »…einem allesverzehrenden Horror – vor Katzen.« Karloffs

Diktion trägt auf unermeßliche Weise zur Wirkung dieser Sätze bei; das Wort »Horror« wird betont und bekommt einen sinnlichen und bedrohlichen Klang, während eine gewichtige Pause, ein spöttelnd-religiöses Aufschlagen der Augen und eine Verstärkung des Zischlautes im letzten Wort der simplen Phrase »vor Katzen« einen wahrhaft grausigen Unterton verleihen. Auch die Musik – gedämpft, um nicht vom Dialog abzulenken – unterstreicht den Höhepunkt von Karloffs Diagnose. Das ist ein vorzüglich gespielter und inszenierter Augenblick, und *The Black Cat* ist voll von solchen Momenten, selbst wenn der Film als Ganzes nicht mit ihnen mithalten kann.

18 Mark of the Vampire

(DAS ZEICHEN DES VAMPIRS) 1935

London After Midnight

(LONDON NACH MITTERNACHT) 1927

Mark of the Vampire: Bela Lugosi und Carol Borland.

MARK OF THE VAMPIRE

Regie Tod Browning. *Drehbuch* Guy Endore, Bernard Schubert, nach dem Film *London After Midnight*. *Kamera* James Wong Howe. *Art Director* Cedric Gibbons. *Produktion* MGM. *Darsteller* Lionel Barrymore, Elizabeth Allan, Bela Lugosi, Lionel Atwill, Jean Hersholt, Holmes Herbert, Donald Meek, Henry Wasworth, Jessie Ralph, Carol Borland, Ivan Simpson, Leila Bennett, Michael Visaroff.

LONDON AFTER MIDNIGHT

Regie Tod Browning. *Drehbuch* Tod Browning, Waldemar Young, nach der Erzählung *The Hypnotist* von Tod Browning. *Kamera* Merritt B. Gerstad. *Art Director* Cedric Gibbons, Arnold Gillespie. *Zwischentitel* Joe Farnham. *Produktion* MGM. *Darsteller* Lon Chaney, Marceline Day, Henry B. Walthall, Percy Williams, Conrad Nagel, Polly Moran, Edna Tichenor, Claude King.

Seit Jahren wird die vergleichende Diskussion über Tod Brownings berühmten Stummfilm *London After Midnight* und dessen Tonfilm-Remake *Mark of the Vampire* dadurch erschwert, daß die stumme Version nicht zur Verfügung steht oder, wie das Gerücht geht, überhaupt nicht mehr existiert. Wie in einem solchen Falle üblich, wuchs der Ruf des nicht greifbaren Films in übertriebenem Maße, wozu inkompetente Lobhudeleien in infantilen Horrorfilm-Zeitschriften nicht wenig beitrugen. Es ist stets die einfachste Methode, eine Reputation aufzublasen, indem man die Konkurrenz madig macht, und *Mark of the Vampire* ist immer als alberner, minderwertiger Abklatsch des Originals mißachtet worden.

In Anbetracht der Legende, die das Original umgibt, und der Unmöglichkeit, diese durch Augenschein zu widerlegen, sind die Proteste, daß der erste Film kein so guter gewesen sei, vergeblich. Chaneys groteskes Makeup – die großen, starrenden Augen, die gespitzten Vampirzähne, das Kostüm aus Zylinder und schwarzem Umhang – und dazu die zugegeben reizvollen Standfotos, die in bezug auf bizarre Ausstattung und Ausleuchtung viel versprechen, scheinen jede Kritik beiseitezufegen. Selbst wenn der Film nichts anderes vorzuweisen habe als Chaney, sein Makeup und die bildhafte Atmosphäre, so wird argumentiert, muß er ganz einfach schon großartig sein! *Mark of the Vampire* dagegen wird meistens ohne jede Diskussion schon seines »Betruges« am Schluß abgelehnt.

Tatsächlich aber sind *London After Midnight* und *Mark of the Vampire* praktisch identisch: die Drehbuchschwächen des einen finden sich auch im anderen wieder, die Szenenabfolge ist fast Szene für Szene die gleiche, beide Filme sind gleich kurz (eine Stunde und ein, zwei Minuten). Ich bin jedenfalls davon überzeugt, daß die Größe der Browning/Chaney-Filme ein Mythos ist, und *London After Midnight* könnte – sollte er jemals aufgespürt werden – der letzte Nagel zu ihrem filmischen Sarg sein. (Sowohl Chaney als auch Browning waren beide fraglos großartig; doch Chaney war am stärksten ohne Browning und *vor* seiner Zusammenarbeit mit ihm, wogegen Brownings beste Filme *nachher* entstanden.) Das Publikum fühlte sich 1927 durch die Auflösung des Films zweifellos nicht betrogen. Trotz allem war der Film wohl einer von Brownings besseren Thrillern, und die dynamische Persönlichkeit Chaneys – in einer Maske, die nur noch von seinem grausigen *Phantom of the Opera* übertroffen wird – ge-

London After Midnight: Lon Chaney.

London After Midnight: Lon Chaney.

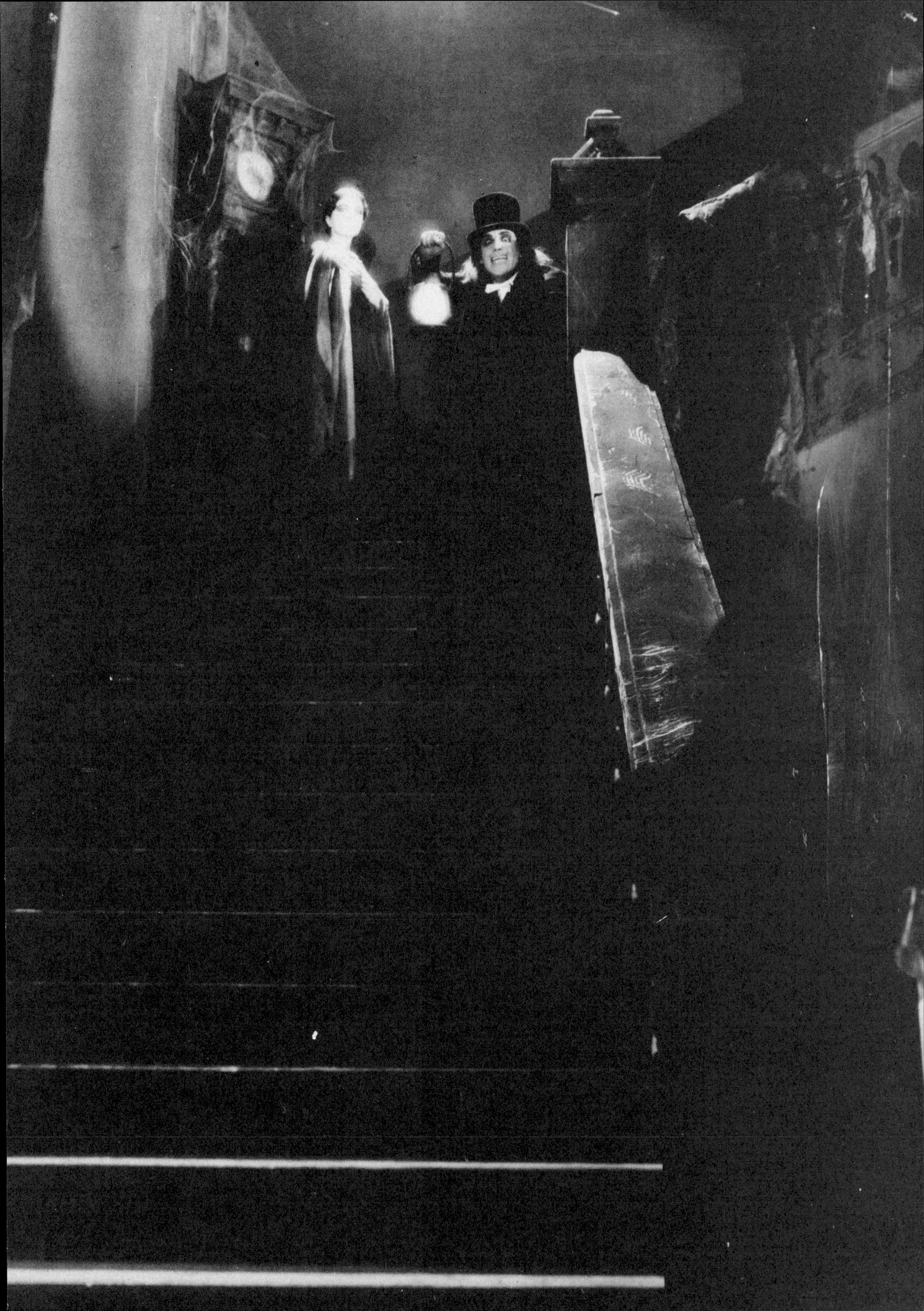

nügte sicherlich schon, um Aufmerksamkeit zu erregen. Hinzu kommt, daß die Zuschauer (von denen nur die wenigsten den deutschen *Nosferatu* gesehen haben konnten) es nicht gewohnt waren, von einer Vampir-Geschichte außergewöhnliche Spannungsmomente zu erwarten. So mag das Hauptaugenmerk auf das Geheimnis und dessen »logische« Erklärung am Schluß damals wirklich akzeptabler gewesen sein.

Anders bei der praktisch unveränderten Neuverfilmung. Heute verrät man wohl kein Geheimnis mehr, wenn man enthüllt, daß es in beiden Filmen um eine scheinbare Vampir-Plage geht und die Auflösung zeigt, daß die ganze Sache vorgetäuscht war, um mit Hilfe der falschen Vampire und ihres Schlosses einen Mörder zum Geständnis zu zwingen. (Der einzige größere Unterschied zwischen beiden Filmen ist, daß im Original der Detektiv – Chaney – auch den Haupt-Vampir verkörpert, während diese Rolle in der Neuverfilmung aufgeteilt wurde: Lionel Barrymore in einer Professor-Van-Helsing-Rolle als der Detektiv und Bela Lugosi als der Vampir, der sich zum Schluß als Schmierenkomödiant erweist.) Der Titel und die Partnerschaft von Lugosi und Atwill weckten Erwartungen, die der Film etwas enttäuschen mußte. Die krasse »Verschwendung« Lugosis, nur um auf eine falsche Fährte zu locken (er hatte in dem ganzen Film nur einen kurzen Satz zu sagen, und auch der war nur ein müder Witz am Ende einer Szene), sowie die Tatsache, daß das Jahr 1935 auch noch solch wahre Horrorfilm-Klassiker wie *The Bride of Frankenstein* und *Mad Love* zu bieten hatte, ließen den Betrug sogar noch anmaßender erscheinen.

Heute aber, nachdem wir ein ganzes Jahrzehnt lang mit Vampir-Filmen aus Amerika, Großbritannien, Frankreich, Deutschland und Italien überschüttet worden sind, kann der Film mit anderen Augen betrachtet werden. Trotz aller falschen Spuren betrügt der Film nie wirklich: Schlauerweise sind sämtliche Szenen, in denen die Vampire übernatürliche Dinge tun (sich aus einer Fledermaus in einen Menschen verwandeln, zum Beispiel), eigentlich nur illustre *Schilderungen,* beschrieben von jemandem, der die Ereignisse gesehen hat, und lediglich Bestandteil der Kampagne gegen den wirklichen Mörder (eine Kampagne, die so kostspielig, kompliziert und zeitraubend ist, daß man ernsthaft bezweifelt, ob die Polizei so großzügig mit dem Geld der Steuerzahler umgehen würde). Logik ist natürlich *nicht* die Stärke des Films. Da es nicht die geringste authentische vampiristische Aktivität gibt, fällt es einem schwer, den festen Glauben der Dorfbewohner daran zu schlucken. Und James Wong Howes Kameraführung baut eine derartig gewissenhaft konstruierte Alptraumwelt aus verfallenen Schlössern, verwachsenen Bäumen, ewigem Nebel, unheimlichen Friedhöfen und grimmigen Bauern auf, daß man sich wundert, wie jemand freiwillig in solch einer Umgebung leben mag und was wohl passiert, wenn nach der Abreise des Detektivs Sonnenlicht und Normalität zurückkehren. Man ist auch versucht, über den Übereifer der Schauspieler-Vampire die Stirne zu runzeln, die (wohl mit Hilfe von Bühnentricks und Seilen) in ihrem Schloß »herumzufliegen«, nur für den Fall, daß gerade jemand durchs Fenster guckt.

Aber da der ganze Film ein Vexierspiel ist, wäre es wirklich nicht fair, an Einzelheiten herumzunörgeln. Die Atmosphäre ist sehr gut getroffen (schade, daß dies Tod Browning bei den letzten zwei Dritteln seines *Dracula* nicht ebenso gelungen ist), einzelne Szenen enthalten Augenblicke echten Schreckens,

Mark of the Vampire: Carol Borland und Elizabeth Allan.

Mark of the Vampire:
Lionel Barrymore, Wolfskraut
und Jean Hersholt.

die Besetzung ist durch und durch professionell, und der gesamte Film besitzt die für MGM so typische Sorgfalt und Politur. (Man hat den Eindruck, daß MGM eigentlich nie wirklich Horrorfilme machen wollte und nur deshalb ein wenig zu dem Genre beisteuerte, weil man ja schließlich etwas verdienen wollte, und Horrorfilme in den dreißiger Jahren ein gutes Geschäft waren. Durch die Kürze der Filme und eine nicht sehr geschickte Auswertung schien MGM zu versuchen, ihre Existenz zu ignorieren; da man sich aber bewußt war, daß man einen Ruf zu verteidigen hatte, wurden die Filme immerhin erstklassig besetzt und ausgestattet.) Nach all den wirklich wilden Wendungen des Films sind die Auflösungen am Schluß immerhin stichhaltig, wenn auch nicht logisch. Bis auf die Auflösung der Mord*art:* Der Mörder hat es irgendwie fertiggebracht, seinem Opfer das Blut aus dem Körper zu pumpen, um dadurch den Anschein eines übernatürlichen, vampiristischen Aktes zu erwecken. Lionel Barrymore fällt aber auf diesen Trick nicht herein und schließt die Wahrheit allein aus einem großen Kelch, den er unter den Habseligkeiten des Mörders entdeckt. Als ein verblüffter Gehilfe sich nach dessen Zweck erkundigt, erklärt Barrymore selbstzufrieden: »Na, damit hat er natürlich das Blut aufgefangen!« – und geht damit unbequemen Diskussionen über eine Mordmethode aus dem Weg, die langwierig gewesen sein muß, mühsam, umständlich, vollkommen unpraktisch und vor allem reichlich unsauber!

19 Mad Love

(WAHNSINNIGE LIEBE) 1935

Peter Lorre, Frances Drake und Regisseur Karl Freund bei den Dreharbeiten.

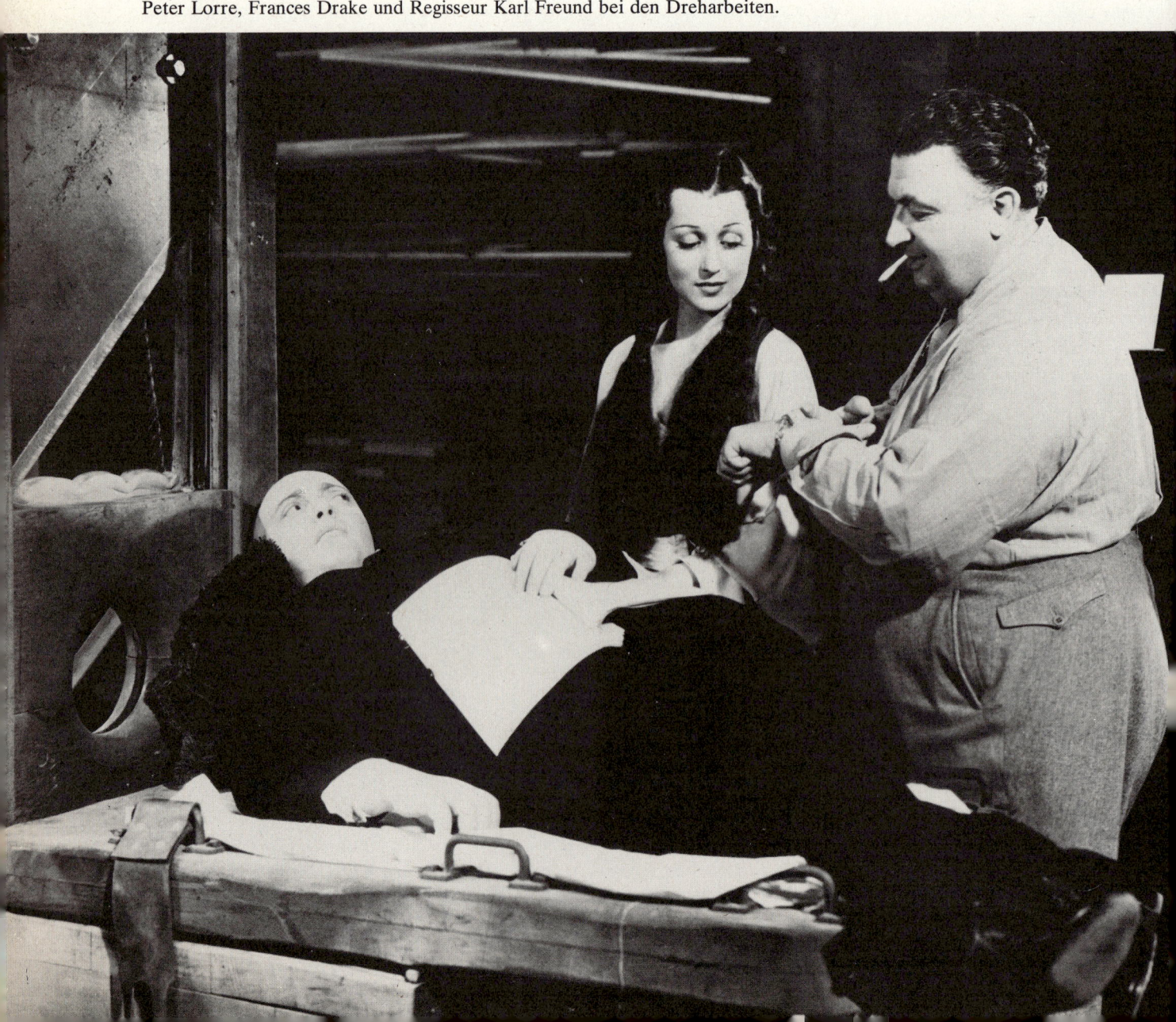

Regie Karl Freund. *Drehbuch* Guy Endore, John Balderston und P. J. Wolfson, nach dem Roman *Les Mains d'Orlac* von Maurice Renard. *Kamera* Gregg Toland und Chester Lyons. *Musik* Dimitri Tiomkin. *Produktion* MGM. *Darsteller* Peter Lorre, Colin Clive, Frances Drake, Ted Healey, Sarah Padden, Edward Brophy, Henry Kolker, Keye Luke, Ian Wolfe, Charles Trowbridge, Murray Kinnell, May Beatty, Rollo Lloyd, Philo McCullough, Edward Norris, Isabel Jewell, Harvey Clark, Frank Darien, Billy Gilbert, Clarence Wilson, Sarah Hadden, Cora Sue Collins.

Mad Love, der lange Zeit nicht mehr vorgeführt wurde und erst sehr spät ins Fernsehen kam, erregte nicht vor 1970 das Interesse der Intellektuellen, dank der Erwähnungen des Films in Pauline Kaels vielbeachteten Aufsätzen über *Citizen Kane.* Sie verglich darin Welles' Makeup als Kane mit dem von Lorre als Dr. Gogol in *Mad Love* und stellte weiter die These auf, daß sich ein Teil von Gregg Tolands expressionistischem deutschen Stil auf seine frühere Arbeit an diesem Film zurückführen lasse. Wie immer man diese Spekulationen einschätzen mag, der Film hat die Reklame verdient. Denn *Mad Love,* auf dem Gipfel der großen Horrorfilm-Welle Hollywoods entstanden, ist einer der allerbesten Hollywood-Gruselfilme.

Seine Geschichte, die sich ein französischer Schriftsteller ausgedacht hat, ist so bizarr und steht in so wenig Beziehung zu ihren zeitgenössischen Schauplätzen, daß man sie eigentlich eher den legendären phantastischen deutschen Stummfilmen zuordnen möchte. In der Tat wurde sie auch zuerst von Robert Wiene auf die Leinwand gebracht, und zwar als einer seiner interessanten, aber erfolglosen Versuche, die stilisierte Phantastik, für die er mit *Das Kabinett des Dr. Caligari* Pionierarbeit geleistet hatte, zu kommerzialisieren. Es geht um einen weltberühmten Pianisten, Stephen Orlac, dessen Hände bei einem Zugunglück völlig zerstört werden. Man näht die Hände eines hingerichteten Mörders an seine Arme, und während es ihm schwerfällt, seine musikalischen Fähigkeiten wiederzuerlangen, fällt es ihm erschreckend leicht, Messer zu werfen und unweigerlich damit zu treffen.

Im Gegensatz zu vielen anderen Horrorfilmen der damaligen Zeit ist die Sache nicht ironisch angelegt. Es gibt zwar heitere Momente im Film, doch beschränken sich diese auf wenige, unaufdringliche Witze für Eingeweihte. Karl Freund, ein vorzüglicher Kameramann, der sich für kurze Zeit auch der Regie zuwandte und 1932 bereits den schönen Karloff-Film *The Mummy* inszeniert hatte, läßt hier, in einem ähnlichen Zusammenhang, einen der Schlüs-

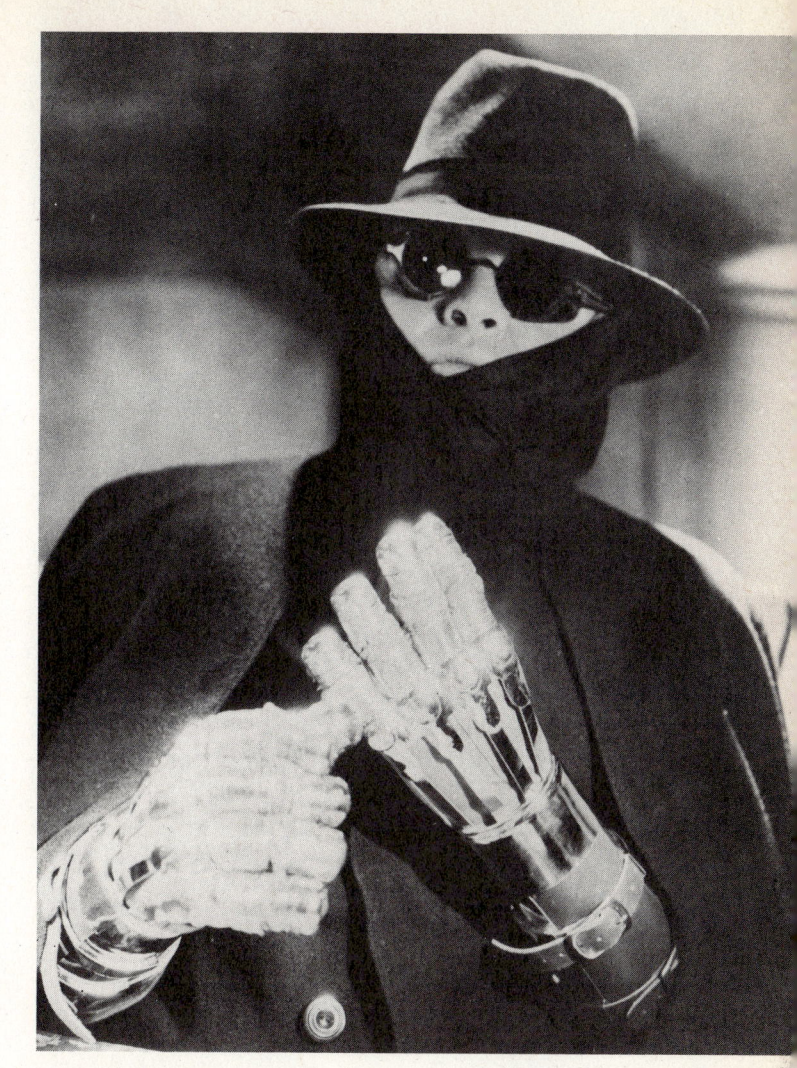

Peter Lorre.

selsätze aus diesem Film wiederholen: »Sie macht einen kleinen Spaziergang!« (dort auf die Mumie bezogen, hier auf eine Wachsfigur).

Und es ist schon recht sarkastisch, den Film mit einer greulichen *Grand Guignol*-Aufführung eines Theaterstückes beginnen zu lassen, in dem eine untreue Frau in einer Folterkammer gebrandmarkt wird. Dadurch wird nicht nur Dr. Gogol (Peter Lorre in seinem ersten amerikanischen Film) als ein ausgesprochen unsympathischer Mensch vorgestellt, den sowohl Schmerz und Sadismus als auch die sexuellen Reize der Stars der Show (Frances Drake) faszinieren, sondern auch der Zuschauer auf den Arm genommen, der auf grausigen Horror aus ist – also auch der, der gerade seinen Eintritt für *Mad Love* bezahlt

Colin Clive und Peter Lorre.

hat. Ansonsten gibt es vernünftigerweise wenig Humor in diesem Film, und Freund gelingt es sogar, die üblichen witzigen Bemerkungen des Komikers Ted Healey in der Rolle des schlagfertigen Reporters (eine feste Einrichtung in Horrorfilmen der frühen dreißiger Jahre) im Zaum zu halten. Healey (der zeigt, daß ein derber, rauher, unattraktiver Komiker unheimlich witzig und wirkungsvoll sein kann, selbst wenn er Vulgarität und andere unsympathische Wesenszüge darstellen muß) hat zwar hin und wieder einen recht komischen Satz, doch hauptsächlich ist seine Rolle dazu da, dem Ganzen Schwung zu verleihen und stellenweise auch einmal die Geschichte weiterzubringen.

Obgleich der Film visuell ausgezeichnet gestaltet ist und einige sehr gelungene Bauten aufweisen kann, ist es viel weniger der Film eines Kameramannes als *The Mummy*. Allenfalls enthält er – allerdings auf wesentlich erotischere Weise und mit unbequemerem Grusel – etwas von dem würdigen, gotischen Stil James Whales. (Es ist auch so etwas wie poetische Gerechtigkeit, Colin Clive, den ehemaligen Dr. Frankenstein, hier seinerseits das Opfer eines übereifrigen, verrückten Arztes werden zu lassen!) Die Geschichte ist wirklich gut und wurde noch oft benutzt, sowohl für offizielle Neuverfilmungen als auch in entfernt ähnlichen Varianten (so bei einer Londoner Bühnenfassung mit John Mills in der Hauptrolle). *Mad Love,* verfaßt von den Spezialisten des Makabren, den Herren Endore und Balderston, ist wohl die beste Filmversion. Das Interesse gilt hier mehr dem sexuell frustrierten, psychopathischen Bösewicht als dem leidenden Helden. In der deutschen Stummfilmfassung *(Orlacs Hände)* spielte Conrad Veidt den Pianisten von Anfang an als nah am Rande von Hysterie und Wahnsinn, so daß eine »Verschlimmerung« kaum möglich war; außerdem waren die Kulissen selbst der gewöhnlichsten Schauplätze (eines Restaurants zum Beispiel) so unheilschwanger, daß es keinen einzigen Hinweis auf »Normales« in dem Milieu mehr gab, und so wirkte der Film wie ein Alptraum. Umgekehrt gab sich eine wesentlich jüngere Version *(The Hands of Orlac,* 1960) mit Mel Ferrer und Christopher Lee solche Mühe, respektabel und psychologisch zu sein (wobei man sogar so weit ging, die Verpflanzung der Hände als Trick des Arztes hinzustellen, der dadurch sein Opfer in den Wahnsinn und zum Selbstmord treiben will), daß gar kein Grusel aufkommen konnte.

Mad Love dagegen führt alle seine Gruselelemente bis zum äußersten: Obgleich der Zuschauer weiß, daß Dr. Gogol Orlac an der Nase herumführt, um dessen Frau zu bekommen, ist das Verpflanzen der Hände kein Trick, und der Verdacht, daß Orlac vielleicht wirklich seinen eigenen Vater ermordet haben könnte, schwindet erst nach einiger Zeit. Da gibt es die wahrhaft grausige Szene, in der Gogol, in einer Verkleidung aus schwarzem Mantel, metallenen Armprothesen und Halskorsett, Orlac vormacht, er sei der wiederbelebte Gehenkte Rollo, ins Leben zurückgeholt durch Gogols ärztliche Kunst. Anstatt daß das Tempo des Films nach dieser unheimlichen Szene abfällt, steigert es sich tatsächlich noch und wächst an, wenn Gogol weiter in den Wahnsinn versinkt, kichernd versucht, Frances Drake zu töten, die in Gogols Wohnung den Platz ihrer eigenen Wachsnachbildung eingenommen hat und sich dabei vorgaukelt, seine Galatea sei zum Leben erwacht. Ironischerweise ist es Orlacs unfreiwillige und ihm von Gogol aufgezwungene Kunst des Messerwerfens, die Gogols Leben ein Ende setzt, gerade als er die Frau mit ihren eigenen Zöpfen erdrosseln will.

Mad Love hat sicher seine Fehler; einer davon ist die Besetzung des Mörders, der guillotiniert wird, mit Edward Brophy. Selbst innerhalb des Films ist er viel zu sympathisch und menschlich (aber ganz besonders heute, da er einem als Komiker vertraut ist), als daß man ihm abnehmen könnte, noch aus dem Jenseits einen unheilvollen Einfluß auszuüben. Diese Fehlbesetzung wird aber mehr als wettgemacht durch Colin Clives gequälten, neurotischen Orlac, den lüsternen, schwer atmenden, kichernden Wahnsinnigen des völlig kahlen Lorre und die Natürlichkeit und Schönheit von Frances Drake. Und der Höhepunkt räumt zwar sauber den Bösen aus dem Wege, vertuscht aber ein wenig die Tatsache, daß der Held nach wie vor mit einer Fülle von Problemen gesegnet ist: Er hat Schulden, ist unfähig, als Pianist aufzutreten – der einzige Beruf, den er gelernt hat – und, was ziemlich beunruhigend ist, er besitzt Hände, die hin und wieder Messer durch die Gegend werfen müssen!

Der Film als Ganzes ist jedoch so einnehmend, daß man nicht nörgeln sollte – es sei denn, man wollte bemängeln, daß Karl Freund nicht so konsequent war, seinen Thriller mit der Andeutung zu beenden, daß der Held irgendwann tatsächlich noch seine Frau umbringen wird und damit das bekannte Zitat erfüllen würde (an das Gogol uns bereits erinnert hatte), daß »jeder tötet, was er liebt«.

Frances Drake und Peter Lorre.

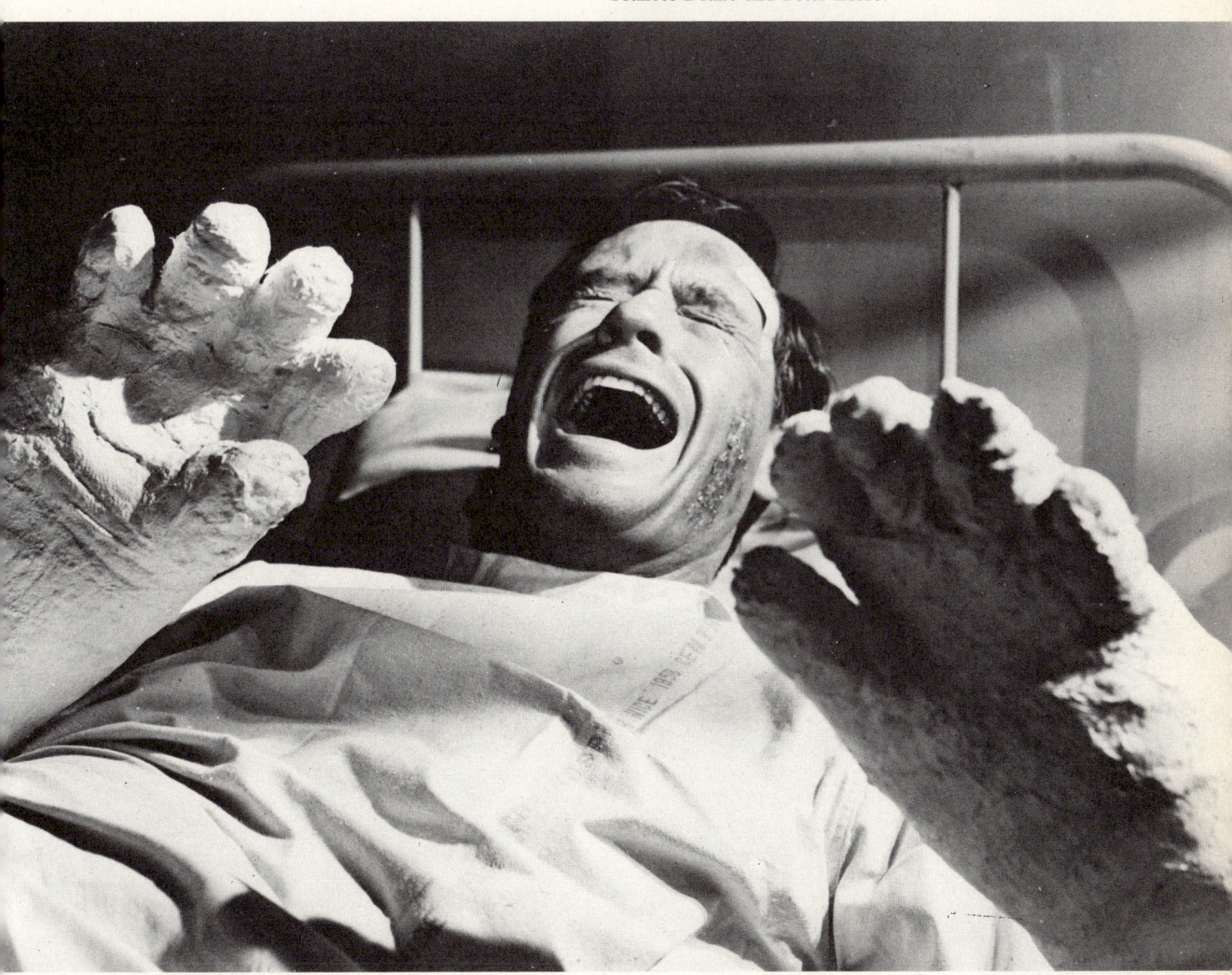

The Hands of Orlac: Die Neuverfilmung von 1960 mit Mel Ferrer.

20 The Black Room

(DAS SCHWARZE ZIMMER) 1935

Boris Karloff.

Regie Roy William Neill. *Drehbuch* Arthur Strawn und Henry Myers, nach einem Originalstoff von Arthur Strawn. *Kamera* Al Siegler. *Produktion* Columbia. *Darsteller* Boris Karloff, Marian Marsh, Robert Allen, Thurston Hall, Katherine DeMille, John Buckler, Fredrik Vogeding, Torben Meyer, John Bleifer, Henry Kolker, Edward Van Sloan, Egon Brecher, Lois Lindsay, Herbert Evans, Colin Tapley, John George, Robert Middlemass, Michael Mark, Sidney Bracey, Henry Rowland, George Burr McGannon, Joseph Singer.

Mit einer Handlungsführung in der Tradition von Wilkie Collins' *The Woman in White,* versetzt mit einem Schuß *The Man in the Iron Mask,* ist *The Black Room* ein recht eigenartiger Horrorfilm der Columbia. Karloff spielt eine Doppelrolle als Zwillingsbrüder, der eine freundlich und gut zu seinen Lehensleuten, der andere böse, mordgierig und lüstern. Das Drehbuch, ein Originalstoff für die Leinwand, macht den Eindruck, als basiere es auf irgendeinem klassischen viktorianischen Melodram, denn es gibt einen Prolog, einen Familienfluch sowie das unheimliche, versteckte Schwarze Zimmer des Titels. Darin findet sich ein tiefer Schacht, mit dessen Hilfe man sich Feinde, Nebenbuhler und ausgediente Mätressen vom Halse schaffen kann. Es ist leicht zu erraten, daß der böse Bruder den guten umbringt, sich als sein Opfer verkleidet (bis hin zu dessen gelähmtem linken Arm) und gerade noch rechtzeitig entlarvt werden kann (vom treuen Hund des guten Bruders), um seine Hochzeit mit der unschuldigen Heldin und die unrechte Hinrichtung des Helden zu vereiteln.

Zumindest oberflächlich betrachtet ist der Film fast ebenso stilvoll wie James Whales Arbeiten für Universal, und Columbia hat nie wieder etwas in dieser Art zustande gebracht. Mit seiner traditionellen viktorianischen Geschichte einer Prophezeiung, versiegelten Zimmern, Familienflüchen und bildhaft reizvollen gotischen Schloß-, Kirchen- und Friedhofsszenen ist es die Art von gediegenem Melodram, die es praktisch auf der Leinwand nicht mehr gibt. Viele der Außendekorationen mit ihren gemalten Wäldern und Wolken sind bewußt unrealistisch, ähnlich den Bäumen und Hügeln in Universals ersten drei *Frankenstein*-Filmen.

Karloff spielt seine Rollen ausgezeichnet, und der Schnitt in seinen Doppelrollen-Szenen ist besonders sauber. Die Musikthemen sind durchweg erstklassig und werden beim Höhepunkt auf interessante Weise beschleunigt, wodurch aus makabren *mysterioso*-Motiven laute *agitato*-Musik wird. Die Themen wurden in dieser beschleunigten Form später regelmäßig bei Verfolgungsszenen in dem Fortsetzungsfilm *The Secret of Treasure Island* und anderen Serials und

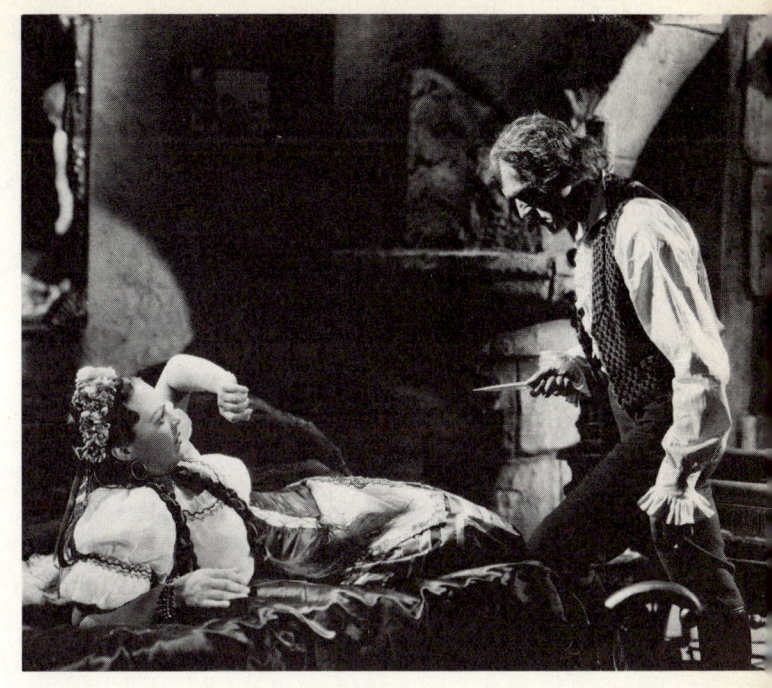

Boris Karloff und Katherine deMille.

Western eingesetzt. Roy William Neill, der Regisseur, drehte außerdem alle Sherlock-Holmes-Krimis (bis auf den ersten) der Universal, einen weiteren Columbia-»Spukhaus«-Gruselfilm, *The Ninth Guest,* sowie *Frankenstein Meets the Wolf Man.* Rhythmus und Bewegung lagen ihm mehr als Stimmung und Atmosphäre, doch in *The Black Room* gelang ihm das eine wie das andere ausgezeichnet.

Boris Karloff und Marian Marsh.

143

Boris Karloff und Katherine deMille.

21 The Walking Dead

DIE RACHE DES TOTEN 1936

Als er auf dem Friedhof seinen Frieden zu finden hofft, wird er von Gangstern erschossen.

Regie Michael Curtiz. *Drehbuch* Ewart Adamson, Peter Milne, Robert Andrews und Lillie Hayward, nach einem Originalstoff von Ewart Adamson und Joseph Fields. *Kamera* Hal Mohr. *Produktion* Warner Bros. *Darsteller* Boris Karloff, Edmund Gwenn, Ricardo Cortez, Marguerite Churchill, Warren Hull, Barton MacLane, Henry O'Neill, Joe Sawyer, Addison Richards, Joseph King, Eddie Acuff, Ruth Robinson, Kenneth Harlan, Miki Morita, Adrian Rosley, Milt Kibbee, Bill Elliott, Paul Harvey, Robert Strange.

The Walking Dead war immer ein unterschätzter Karloff-Film und ist weit intelligenter, gehaltvoller und von der Regie her stilvoller, als der ziemlich spekulative Titel und ein irreführender, grausamer Werbevorspann vermuten lassen. Der Plural im Titel läßt an einen Film über eine *Gruppe* von Vampiren oder Zombies denken, während in Wirklichkeit nur *ein* Toter wiederbelebt wird, und das erst in der zweiten Hälfte des Films.

Karloff spielt einen ehemaligen Sträfling, dem eine Gangsterbande den Mord an einem unbestechlichen Richter, der ihn einst verurteilt hatte, in die Schuhe schiebt (der Richter mußte sterben, um die sichere Verurteilung der Gangsterbosse zu verhindern). Außerdem bringen die Gangster die einzigen Zeugen zum Schweigen, die Karloffs Unschuld beweisen könnten. Er wird verurteilt und kommt auf den elektrischen Stuhl – aber Wissenschaftler Edmund Gwenn holt ihn wieder ins Leben zurück. Karloff sucht die Gangster auf, und allein seine unheimliche, gespenstische Erscheinung treibt einen nach dem anderen in den Tod. Zum Schluß stirbt er selbst ein zweites Mal, und seine letzten Worte beschreiben den Tod, den er kennengelernt hat und von dem er zurückgekehrt war, als »Frieden«. Es ist eher ein gutartiger, gruseliger Thriller als ein Horrorfilm im traditionellen Sinne, völlig frei von der Vulgarität und den billigen Schaueffekten, die *The Monster and the Girl* kennzeichneten, einen billigen Horrorfilm der Paramount aus den frühen vierziger Jahren mit vielen inhaltlichen Parallelen.

Abgesehen von einer einzigen größeren Konzession an Horror-Muster (eine Laboratoriumsszene, in der Karloffs Make-up und Mohrs geschickte Kamerawinkel es fertigbringen, Karloff dem Frankenstein-Monster verdächtig ähnlich sehen zu lassen), legt es der Film nie darauf an, seinem Publikum unbedingt Angst zu machen. Das wäre auch nicht leicht, denn die Zuschauer stehen von Anfang an auf Karloffs Seite. Held, Heldin, andere »Gute« und unschuldige Nebenfiguren sind nie in Gefahr, und das Publikum drückt Karloff automatisch die Daumen, daß er es schaffen möge, die Serie der vom Schicksal

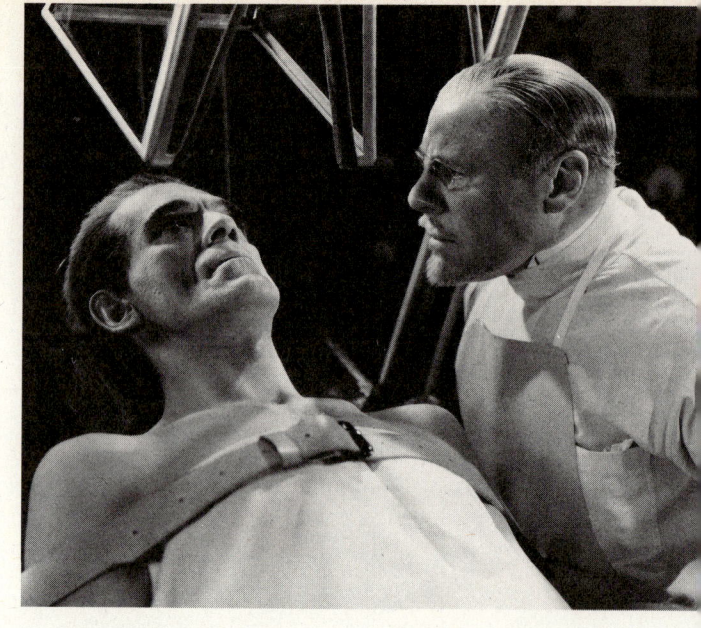

Der unschuldig hingerichtete Karloff wird von Wissenschaftler Edmund Gwenn ins Leben zurückgerufen.

Karloffs Vergeltungsaktion führt den Tod derer herbei, die ihm Unrecht zugefügt haben.

vorgezeichneten Tode komplett auszulösen. Weil er sich also nicht zu bemühen braucht, den Zuschauern das Gruseln zu lehren, konzentriert sich der vielseitige Michael Curtiz – der diesen Film zügig und rationell realisierte, ehe er sich mit *Stolen Holiday* und *The Charge of the Light Brigade* ernsteren Themen zuwandte – statt dessen auf Rhythmus, Stimmung, gutes Spiel seiner Darsteller aufgrund eines recht literarischen Drehbuches und darauf, daß Mohrs Kameraarbeit plastisch, abwechslungsreich und einprägsam ist. (Es ist vielfach schwierig zu entscheiden, wann nicht mehr der Regisseur für das Bild auf der Leinwand verantwortlich ist, sondern der Kameramann; doch alle Horrorfilme und Melodramen von Curtiz sind sich in ihrer Gestaltung und ihrem Licht so ähnlich, daß es außer Frage steht, daß er sehr eng mit seinen Architekten und Kameraleuten zusammenarbeitete und jedem seiner Filme seinen persönlichen visuellen Stil verlieh.)

Curtiz wäre ein schlechter »Schausteller«, wenn er auf den Einsatz von solch erprobten Zutaten wie Regen, Donner und Friedhöfe verzichtet hätte, doch benutzt er sie als dramaturgische Requisiten in bereits brisanten Situationen und nicht etwa als faule Tricks, um fade Szenen aufzumotzen. In vieler Hinsicht ist *The Walking Dead* einer von Karloffs interessantesten und am meisten zufriedenstellenden Filmen und seltsamerweise der einzige Horrorfilm unter den fünf Warner-Produktionen, deren Star er war.

Musik ist die einzige Freude, die der Mann aus dem Reich der Toten in seinem neuen Leben findet. Im Hintergrund Marguerite Churchill.

22 The Man Who Changed His Mind

(DER MANN, DER ES SICH ANDERS ÜBERLEGTE)
1936

Das letzte Experiment: Anna Lee (assistiert von Cecil Parker, hinten) leitet den Gehirn-Transfer ein, der den Helden John Loder retten soll.

Regie Robert Stevenson. *Drehbuch* L. du Garde Peach und Sidney Gilliat, nach einem Stoff von John L. Balderston. *Kamera* Jack Cox. *Produktion* Gaumont-British. *Darsteller* Boris Karloff, Anne Lee, John Loder, Frank Cellier, Lynn Harding, Cecil Parker, Donald Calthrop, Clive Morton, O. J. William, Brian Pawley.

The Man Who Changed His Mind (Der Mann, der er es sich anders überlegte, aber auch: *Der Mann, der sein Gehirn austauschte)* war niemals so bekannt oder so anerkannt, wie er es verdient hätte, und wird es vermutlich auch niemals sein, da das Fehlen einer wirklich brauchbaren oder vollständigen Kopie die Wahrscheinlichkeit einer Wiederaufführung oder Fernsehausstrahlung ausschließt. Dabei ist er in vieler Beziehung der beste und anspruchsvollste der drei Horrorfilme, die Boris Karloff in den dreißiger Jahren in Großbritannien drehte. *The Ghoul* war mehr in der Art der Hollywood-Filme, und *Juggernaut* mochte damals vielleicht originell gewesen sein, weil er Karloff nicht stereotyp als Ungeheuer, sondern in einer komplexeren Schurkenrolle einsetzte, war aber dennoch so steif und ohne Spannung, daß er Jahre später als normaler, dramatischer Stoff neu verfilmt wurde.

The Man Who Changed His Mind aber war und ist ziemlich einzigartig. Einen Hinweis auf seine besonderen Qualitäten geben die Namen der Drehbuchautoren: der erprobte John Balderston, ernsthafter Drehbuchautor vieler Gruselfilme der frühen dreißiger Jahre nach Bühnenvorlagen, darunter *Dracula,* und Sidney Gilliat, Autor für Hitchcock und Carol Reed, ehe er selbst Autor-Regisseur wurde, und einer der besten Englands dazu. Gilliats besondere Stärke war Esprit – die wohlgesetzte Bemerkung, die genau im richtigen Moment fällt, um eine spannende Szene zu kommentieren oder zu würzen.

Die Handlung ist sehr reizvoll. Karloff, in der Rolle des Dr. Laurience, arbeitet an Experimenten, durch die (wie in dem viel späteren *The Fly*) Materie aufgelöst werden, übertragen und wieder zusammengesetzt werden kann. Ziel der Versuche ist es, lebende Gehirne auszutauschen, in der lobenswerten Absicht, das Leben schöpferischer Gehirne zu verlängern, die andernfalls zusammen mit ihrem gealterten Körper sterben müßten. (Der Erfolg eines solchen Experiments würde wahrscheinlich zu einem florierenden Schwarzmarkt mit jugendlichen Körpern führen!) Nach Versuchen mit Affen tauscht Karloff mit Erfolg das Gehirn seines gelähmten, sterbenden Assistenten (Donald Calthrop) gegen das eines Finanzhaies und potentiellen Geldgebers (Frank Cellier) aus. Nun ist es natürlich Cellier, der

Boris Karloff.

in dem altersschwachen Körper sterben muß – doch hegte das Publikum in den depressionsgeprüften Dreißigern wohl wenig Sympathie für Finanzhaie. Celliers Sohn (John Loder) stellt Nachforschungen an und verliebt sich in Anna Lee, Karloffs charmante und begabte Assistentin. Schließlich überträgt Karloff sein eigenes Gehirn in Loders Körper, und Karloffs Körper (mit Loders Gehirn) fällt, als die Polizei auf der Bildfläche erscheint, aus einem Fenster. Loder ist schwer verletzt, aber die patente Anna Lee bringt Karloff dazu, einer Umkehrung der Operation zuzustimmen. Loder wird wieder ganz er selbst, und Karloff stirbt zufrieden, bittet vorher noch um Verzeihung und meint, daß es nun, da seine Theorien bewiesen seien, für die Menschheit besser wäre, wenn seine Aufzeichnungen und Apparate mit ihm vernichtet würden.

Gilliat und Balderston lieferten ein wunderbar ausgewogenes Drehbuch, das die gelungenen realisierten Laboratoriumsszenen und andere Spannungshöhepunkte dramatisch und die Szenen dazwischen dagegen ironisch anlegt. Frank Celliers Vorstandssitzungen erlauben vor dessen Ableben einige

Doktor und Assistentin: Karloff und Anna Lee.

beißende Dialoge und ein paar geistreiche politische Spitzen. Auch das Genre selbst wird liebevoll auf den Arm genommen. Als Anna Lee zu Beginn des Films in einer verlassenen Vorstadtgegend eintrifft und verlangt, zu Karloffs Haus gefahren zu werden, reagiert der Taxifahrer auf dieselbe abergläubisch-ängstliche Weise wie ein transsylvanischer Kutscher, dem man Schloß Dracula als Fahrtziel nennt. Karloffs Rechtfertigungen und Beschreibungen seiner wissenschaftlichen Ziele enthalten ein paar geniale Varianten des altbekannten »Sie denken, ich sei verrückt?«-Klischees.

Wie alle Gaumont-British-Filme dieser Zeit ist es eine durchwegs ansehnliche Produktion, mit atmosphärischer Ausstattung der Außendekorationen und der Laboratoriumsszenen und der allgemeinen Eleganz der Hollywood-Größenordnungen. Karloff schien mit den Zielen des Films vollkommen in Einklang zu stehen; er verleiht seiner Rolle etwas Bedrohliches, fällt dabei jedoch nie auf eine entmenschlichende Buhmann-Ebene ab, so daß der Wechsel von Spannung zu leichter Komödie reibungslos vor sich geht. Robert Stevenson, der Regie führte, war nach Alfred Hitchcock und Victor Saville der wichtigste Mann bei Gaumont-British. Er hatte nie Zeit, sich zu spezialisieren, sondern wurde ohne Pause vom Abenteuerfilm (*King Solomon's Mines*) über den Thriller (*Non-Stop New York*) zur Komödie und zum Liebesfilm gehetzt. Schließlich machte er es wie Hitchcock und Saville und ging nach Hollywood. *The Man Who Changed His Mind* blieb sein einziger Horrorfilm, was bedauerlich ist, denn er brachte – natürlich mit einem soliden Drehbuch im Rücken – dem Genre eine Verfeinerung, die es nur allzu selten aufweisen konnte oder für wichtig erachtete.

23 The Devil Doll

(DIE TEUFELSPUPPE) 1936

Raffaela Ottiano.

Regie Tod Browning. *Drehbuch* Tod Browning, Erich von Stroheim, Garrett Fort und Guy Endore, nach dem Roman *Burn Witch Burn* von Abraham Merritt. *Art Director* Cedric Gibbons. *Kamera* Leonard Smith. *Produktion* MGM. *Darsteller* Lionel Barrymore, Maureen O'Sullivan, Frank Lawton, Henry B. Walthall, Lucy Beaumont, Robert Greig, Arthur Hohl, Grace Ford, Pedro de Cordoba, Rafaela Ottiano, Juanita Quigley, Claire du Brey, Rollo Lloyd, E. Allyn Warren, Billy Gilbert, Eily Malyon, Egon Brecher, Frank Reicher.

Tod Brownings zweitletzter Film ist nicht zu verwechseln mit zwei jüngeren britischen Thrillern, der *Devil Doll* von 1963, einer Bauchredner-Story, und *Burn Witch Burn*, was eigentlich nur der US-Titel für *Night of the Eagle* ist und keine Verfilmung des Science Fiction-Romans von Abraham Merritt, sondern von Fritz Leibers *Conjure Wife*.

Brownings Filme, von denen viele lange nicht zu sehen waren und einige erst seit kurzem wieder zur Verfügung stehen, sind seit einiger Zeit Gegenstand einer recht merkwürdigen Kultbewegung geworden, betrieben von jungen Filmstudenten, die alle noch nicht geboren waren, als Browning seinen letzten Film drehte. Der Enthusiasmus und die Sorgfalt, mit der da Recherchen unternommen und profunde Analysen der Filme erarbeitet werden, sind sicher lobenswert, und zweifellos werden alle diese sich überschneidenden Bemühungen zu mindestens *einem* erschöpfenden Browning-Buch führen. Nicht den geringsten Anteil an diesem Werk hätten freilich die wenigen noch überlebenden Mitglieder von Brownings Team (vor allem Schauspieler wie Robert Young und Maureen O'Sullivan), die ununterbrochen von den Browning-Forschern belagert und mit den stets gleichen Fragen bombardiert worden sind.

Es ist nicht ganz einfach, den Grund für diese Faszination von Browning zu ergründen. Der gemeinsame Nenner der Browning-Filme liegt mehr im Inhaltlichen, in einer Neigung zu Ironie, Grausamkeit und Morbidität, als im Formalen, und die Filme wirken eher als Einzelwerke denn als Teil eines Oeuvres. Brownings Gesamtwerk scheint sowohl die Autoren-Theorie zu bestätigen als auch diese in Frage zu stellen. Theoretisch müßte man Browning eigentlich umso weniger schätzen, je besser man ihn kennenlernt; das scheint aber bei seinen ergebenen Verehrern durchaus nicht der Fall zu sein.

Neben der oft selbstzweckhaften Morbidität ihrer Stories haben die Browning-Filme im allgemeinen einen entscheidenden Fehler: auf einen dynamischen und bizarren, zugleich erregenden und verwirrenden Anfang (das beste Beispiel ist die lange Anfangs-Sequenz von *Dracula*) sinkt der Film unaufhaltsam in bühnenhafte und geschwätzige Melodramatik ab und findet dann nie mehr zu den vielversprechenden Motiven und Elementen des Anfangs zurück. Nicht wenige Browning-Filme, vor allem die Stummfilme *The White Tiger* und *The Show* sowie der frühe Tonfilm *Outside the Law,* lassen uns nicht nur auf dem Appetit sitzen, den die Hors d'Oeuvres ihrer ersten Sequenzen machen, sondern bringen es auch noch fertig, bald nach der ersten Hälfte alle Hauptpersonen in einen einzigen Raum einzusperren, wo sie dann mit einer Flut von Dialogen den Höhepunkt herbeizureden haben, mit dem Resultat eines statischen und klaustrophobischen Finales. Zumindest seine Stummfilme lassen erkennen, daß Browning es besser verstand, sich ironische und makabre Geschichten auszudenken als daraus Filme zu machen. Gerade seine Stummfilme gelten aber seinen Verehrern als Zeugnisse seines Genies.

Und während Brownings Stummfilme über Gebühr gepriesen werden, wird an seinen Tonfilmen ebenfalls übergebührlich herumgemäkelt; in extremen Fällen werden sie gar als typische Produkte eines einstmals großen Talents in der letzten Phase seiner künstlerischen Desintegration beschrieben. Mir scheint es genau umgekehrt zu sein: je besser man Brownings Gesamtwerk kennenlernt, desto mehr sieht man sich zu der Erkenntnis gezwungen, daß seine besseren Tonfilme den Gipfel seines Schaffens ausmachen. Jedenfalls läßt sich mit Sicherheit sagen, daß keiner seiner Stummfilme die Wärme und das Mitgefühl von *Freaks* hat, und auch keiner die unaufhaltsam steigende Spannung von *The Devil Doll*, seinem wahrscheinlich besten Thriller.

In gewisser Weise ist auch *The Devil Doll* nicht frei von Brownings üblichen Schwächen. Die Eingangsszene ist wunderschön: Geheimnisvolle, abstrakte Titel verschwimmen zu einem Bild schauriger Bedrohung, die nicht sofort identifiziert werden kann. Danach bleiben – dank der wohlüberlegten Plazierung der Tricksequenzen – Spannung und Handlungsverlauf unvermindert stark. Trotz Merritts Romanvorlage scheint das Drehbuch in gleichem Maße auf Brownings eigenem *The Unholy Three* und Dumas' *The Count of Monte Cristo* zu basieren.

Lionel Barrymore spielt einen zu Unrecht eingesperrten Finanzier, der nach zwanzigjähriger Haft zusammen mit seinem Freund und Mitgefangenen, dem Wissenschaftler Henry B. Walthall, aus Devil's Island ausbricht. Walthall bringt Barrymore zu seinem Versteck, führt seine wissenschaftliche Entdeckung vor (die Fähigkeit, Tiere und Menschen auf Puppengröße zu verkleinern) und stirbt dann. Barrymore beschließt, diese Formel dazu zu benutzen, um sich an seinen drei Partnern, die ihn damals her-

Henry B. Walthall und Lionel Barrymore.

Lionel Barrymore und Arthur Hohl.

eingeritten hatten, zu rächen und seiner Tochter zu helfen, die in dem Glauben aufgewachsen ist, ihr Vater sei ein Verbrecher. In der Verkleidung einer alten Dame aus der Puppenbranche gelingt es Barrymore, zwei seiner ehemaligen Partner in lebende Puppen zu verwandeln; der dritte legt voller Entsetzen ein Geständnis ab und beweist Barrymores Unschuld. Nachdem er seine Mission erfüllt hat (was durch den Haß und den Wahnsinn von Rafaela Ottiano, Walthalls alter Partnerin, erschwert wurde), will Barrymore vergessen. Er kann sich seiner Tochter nicht zu erkennen geben, doch zufrieden, daß sie nun glücklich ist, zieht er sich zurück, um – vermutlich – Selbstmord zu verüben. Wahrscheinlich ließ es die Zensur nicht zu, daß dies deutlicher dargestellt wurde; ebenfalls wahrscheinlich, daß die Zensur elastisch genug war, es andeutungsweise zu erlauben; Selbstmord war nur »als Abschluß der Handlung« ausdrücklich verboten – und die Handlung als solche war ja bereits vorher zu einem Ende gekommen.

Zieht man in Betracht, daß ein ziemlich bizarres Autoren-Quartett für das Drehbuch verantwortlich zeichnet, dann erscheint einem die kluge Zurückhaltung, mit der die phantastischen Elemente der Geschichte behandelt werden, noch erstaunlicher. Henry B. Walthall serviert in sehr überzeugender Manier ein typisches Horrorfilm-Klischee, den Wissenschaftler-Vortrag, der mit den Worten beginnt: »Sie denken, ich bin wahnsinnig?« Rafaela Ottiano hat einen wunderbaren Augenblick, wenn sie erregt flüstert: »Wir machen die ganze Welt winzig klein!«

Das nicht unbedingt schändliche wissenschaftliche Experiment wird ernsthaft und diszipliniert dargestellt. (Seine praktische Anwendung dürfte aber etwas zweifelhaft sein, da die Vorteile einer Welt, die nur noch ein Zehntel an Nahrung benötigt, durch die Schwierigkeit, in einer Welt leben zu müssen, in der alles für normalgroße Menschen berechnet ist, ziemlich aufgehoben wird.) Die Trickarbeit in den Puppen-Sequenzen ist von erstaunlicher Qualität und der billigeren, simpleren Arbeit in den ähnlichen Filmen *Dr. Cyclops* und *The Incredible Shrinking Man* weit überlegen.

Neben Anklängen an *The Bride of Frankenstein* gibt es deutliche Verweise auf Brownings eigenen Film *The Unholy Three,* so in dem Einfall, die »Puppen« in ein Haus einbrechen zu lassen (in dem früheren Film war es ein Liliputaner, der als Baby ausgegeben wurde), und in Barrymores Maskerade als freundliche alte Dame.

Was Erich von Stroheims Anteil am Drehbuch betrifft, kann man leider nur Vermutungen anstellen. Einzelne Aspekte deuten stark auf Stroheim hin, insbesonders die Idee, Tragödie und Unheil sich vor dem Hintergrund weihnachtlichen Trubels abspielen zu lassen (was man auch in *Greed* und *Walking Down Broadway* findet), wobei die Bemerkung des Detektivs, die Welt sei um Weihnachten voll von religiösen Fanatikern, sich ebenfalls wie ein typischer, zynischer Stroheim-Kommentar anhört. Vor allem aber ist da das Thema der Sühne; obwohl der Höhepunkt ziemlich mild *erscheint* (besonders nach den

Überdimensionierte Requisiten und Kulissen schaffen die Illusion der puppengroßen Menschen.

Zensurmaßstäben von 1936), zeigt sich bei näherer Betrachtung, daß jeder für seine Sünden reichlich bezahlt, wenn nicht vor dem Recht, so doch sicher moralisch. Diese exzessive Buße war stets kennzeichnend für Stroheim. Aber fairerweise muß betont werden, daß dies bloße Vermutungen sind; man weiß ja, wie MGM in jenen Tagen vorging, und daher ist es möglich, daß Stroheim zu dem fertigen Film nur Minimales beigesteuert hat. Zufälligerweise stößt man auch hier – wie bei allen Filmen, an denen Stroheim beteiligt war – auf Anzeichen, daß nachträglich Änderungen vorgenommen sind: Die Stimme von Wilfrid Lucas (eines Schauspielers, der sonst nicht in dem Film auftaucht) synchronisiert mehrere Darsteller, die sich außerhalb des Bildes befinden oder mit dem Rücken zur Kamera stehen.

24 The Devil Commands

(DER TEUFEL BEFIEHLT) 1941

Die unheimliche Laboratoriumsszene: Boris Karloff, Tochter Amanda Duff und Leihgaben vom Friedhof.

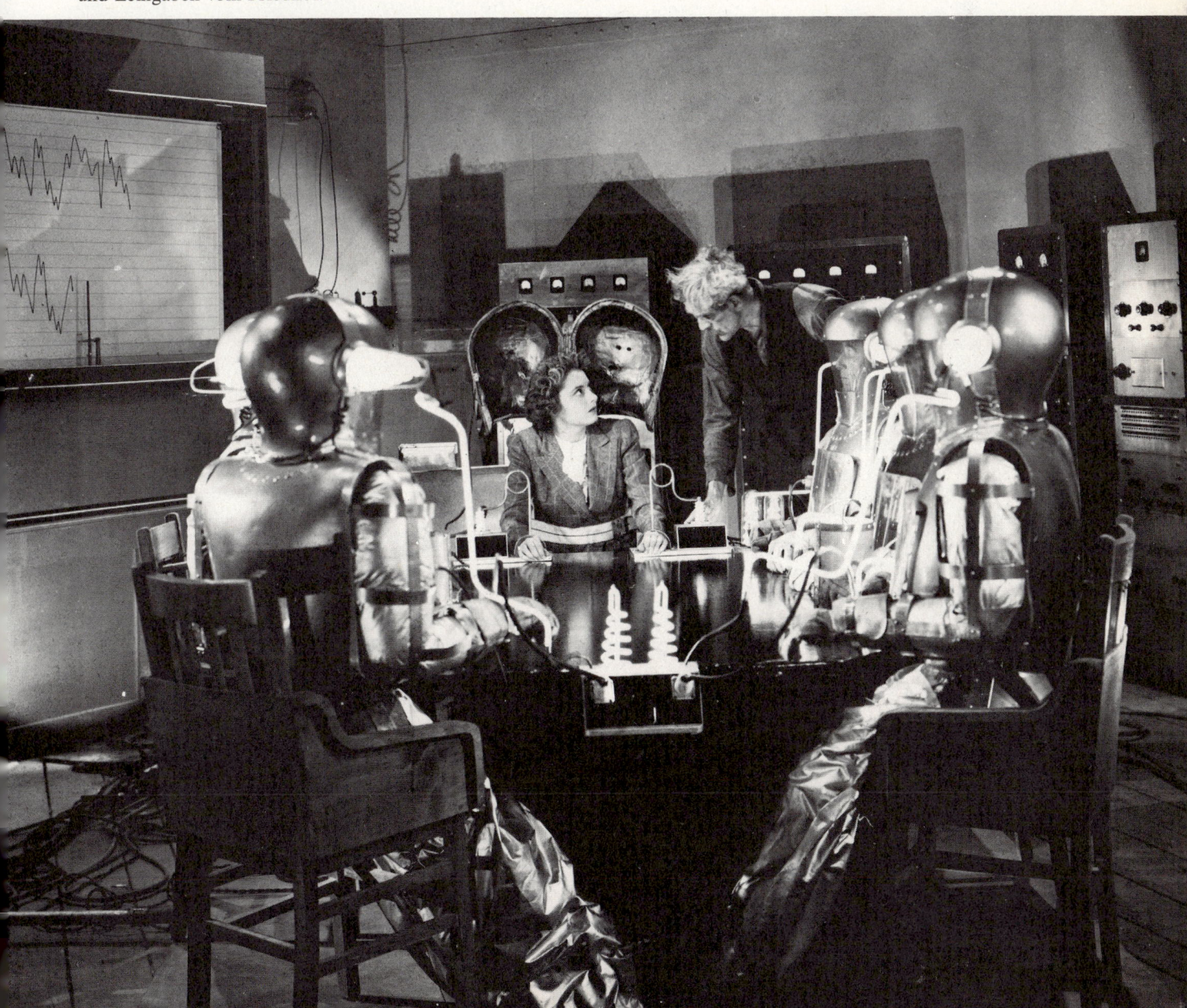

Regie Edward Dmytryk. *Drehbuch* Robert D. Andrews, Milton Gunzburg, nach dem Roman *The Edge of Running Water* von William Sloane. *Kamera* Allen G. Siegler. *Produktion* Columbia. *Darsteller* Boris Karloff, Amanda Duff, Richard Fiske, Anne Revere, Ralph Penney, Kenneth MacDonald, Dorothy Adams, Walter Baldwin.

William Sloanes Roman *The Edge of Running Water* gilt als ein Meisterwerk subtilen Horrors. Von der Verfilmung kann man ähnliches nicht behaupten, aber immerhin ist *The Devil Commands*, wie der Stoff dann im Kino hieß, der beste von vier kleinen Horrorfilmen, die Boris Karloff 1939–40 für die Columbia drehte. (Die anderen sind, in chronischer Reihen-, aber umgekehrter Rangfolge, *The Man They Couldn't Hang, The Man With Nine Lives* und *Before I Hang.*)

Die Story des Films verwässert zwar die Romanvorlage, ist aber im Vergleich zu den Geschichten der anderen drei Karloff-Columbia-Filme geradezu originell. Außerdem gelang es Edward Dmytryk, der damals noch ein neuer, kraftvoller Filmemacher war und nicht der Routinier seiner späteren Prestige-Werke, stilistisch mit dem Stoff etwas anzufangen; darin unterschied er sich ganz entschieden von seinem Kollegen Nick Grinde, der die anderen drei Filme inszenierte. Leider war *The Devil Commands* der letzte Film der kleinen Serie, weshalb, wie das stets bei solchen Konstellationen ist, nur noch ein ganz mageres Budget zur Verfügung stand. Die anderen hatten zwar auch nicht viel gekostet, aber dafür die Vorzüge von soliden Bauten und erprobten Chargenspielern wie Edward Van Sloan, Evelyn Keyes und Charles Trowbridge genossen. Abgesehen von einer ganz brauchbaren Laboratoriumsausstattung – billig, aber durch geschickte Aufnahmewinkel, Ausleuchtung und Kameraarbeit ziemlich eindrucksvoll – stellte Columbia Dmytryk praktisch keinerlei Requisiten zur Verfügung. Außer einem kurzen Straßenstück befanden sich alle »Außenschauplätze« im Studio; die Kulissen waren so billig, daß Dmytryk einen etwas auffälligen Gebrauch von Dunkelheit und Schatten machen mußte, um ihre Hinfälligkeit zu vertuschen, und während ein Modell von Karloffs Haus auf den Klippen in der ersten Einstellung als Nachtaufnahme seinen Zweck ganz gut erfüllte (zusätzlich getarnt durch eine Erzählerstimme, Musik, Wind und Donner), konnte es dem prüfenden Blick einer Tageinstellung nicht standhalten. All das war doppelt schade, denn die Handlung, in der es um Karloffs Versuche geht, menschliche Gehirnwellen aufzuzeichnen und dadurch Verbindung mit den Toten aufzunehmen, war im Grunde nicht übel. Sie räumte sogar mit dem kommerziellen

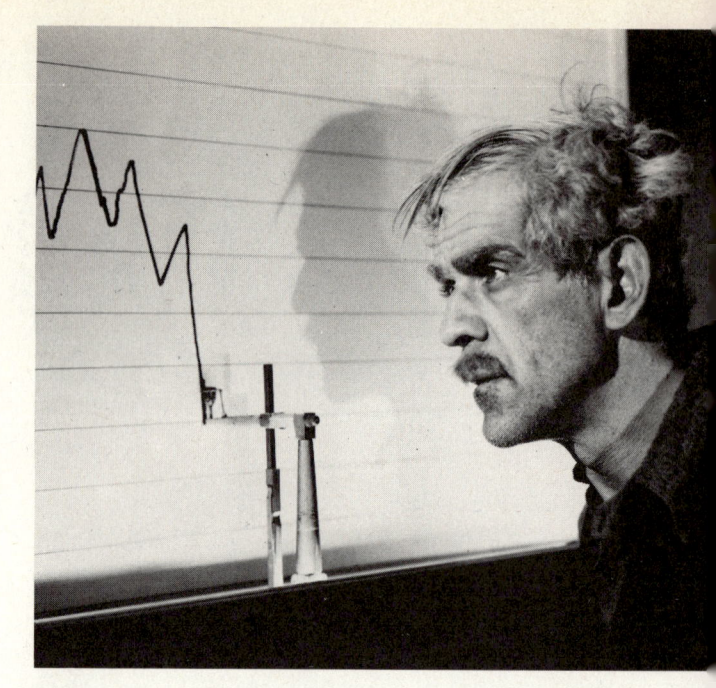

Karloff als der Wissenschaftler, der die Synthese von Elektrizität und Spiritismus bewirkt.

Kunstgriff des Spiritismus auf, gestand den Medien aber dennoch eine *mögliche* psychische Kraft zu. Da die Welt der Spiritisten unseren eigenen Erfahrungen zumindest näher ist als die Welt der Monster und verrückter Ärzte, und da wir alle mehr oder weniger vom Tod und dem Unbekannten fasziniert sind und uns davor fürchten, hätte der Film die Emotionen seines Publikums in erheblichem Maße manipulieren können. Dank Dmytryks Geschick hat er das auch streckenweise, aber insgesamt wirkt der Film zu billig und hingebastelt, um nachhaltig zu überzeugen. Die Geschichte hätte überdurchschnittliche Produktionsanstrengungen erfordert; mit einer längeren Drehzeit, anständigen Bauten und mehr Originalschauplätzen, um den Kontrast zwischen den Welten des Diesseits und des Jenseits herauszuarbeiten, hätte es ein wirklich gruseliger Film werden und dem Thema Spiritismus soviel Faszination abgewinnen können wie *The Uninvited* dem Motiv des Spukhauses.

Aber selbst mit diesen erheblichen Einschränkungen funktioniert der Film noch beängstigend gut. Die Erzählerstimme von Karloffs Tochter (in der Vergangenheitsform) verschafft dem Film eine unheilschwangere Atmosphäre, noch ehe er überhaupt angefangen hat, wobei der ruhige Tonfall ihrer Stimme manchmal unfreiwillig komisch wirkt: »Wovor haben sie nur Angst?« will sie wissen, als sie dem Publikum von den Dorfbewohnern erzählt, die sich vor dem nunmehr leerstehenden Haus ihres Vaters fürchten, während das Bild auf der Leinwand und die Geräusche auf der Tonspur sich alle nur erdenkliche Mühe geben, den Eindruck des finstersten aller Spukhäuser zu vermitteln, mit einer donnernden Brandung am Fuß der Klippen und umzingelt von zuckenden Blitzen! Aber es gibt auch subtilere Momente. Bei dem ersten Auftritt von Karloffs Frau sehen wir sie, wie sie während eines Gewitters sein Laboratorium betritt, ihr Gesicht kurz verdeckt durch die Kapuze ihres schwarzen Regenmantels. Später, nach ihrem Tod, gibt es genau die gleiche unaufdringliche Einstellung, wenn die Tochter das Laboratorium betritt – aus demselben Winkel aufgenommen und ebenfalls eingehüllt in Regenmantel und Kapuze. Ohne einen harten Schnitt oder einen lauten Musikeinsatz schreckt das Publikum fast ebenso zusammen wie Karloff. Die von Anne Revere beherrschte Séance-Sequenz hat etwas angenehm Greuliches an sich, und die Laboratoriumsszenen, in denen Karloffs unheimliche, roboterhafte Maschinen (bemannt mit Leichen von nicht gezeigten Friedhof-Plünderungen) unter Strom gesetzt werden und vibrieren, sind wahrhaft gruselig. Die Szene, in der ein nervöses Dienstmädchen zusammen mit einer Maschine eingeschlossen und, als diese sich plötzlich aktiviert, von ihr getötet wird, ist eine besonders starke und gut gemachte Episode.

Die armselige Qualität der Dekorationen und Bauten (die Columbia konnte durchaus eine üppige und luxuriöse Ausstattung zustande bringen, wie Filme wie *Gilda* beweisen) macht sich leider auch auf einer eher persönlichen Ebene bemerkbar. Karloff scheint alte Studio-Kostüme aufzutragen, statt neue bekommen zu haben; sein Makeup ist schlampig (selbst in den frühen Szenen, ehe das Drehbuch ihn zu so etwas wie einem körperlichen Wrack werden läßt), und die Kamera fängt ihn kaum einmal vorteilhaft ein. Er sieht hier zehn Jahre älter aus als in dem geschliffeneren Universal-Horrorfilm *Black Friday,* der zur gleichen Zeit entstand. Nichtsdestoweniger ist der Film ein klassisches Beispiel dafür, wie ein guter Regisseur, ein guter Schauspieler und eine im Grunde gute Geschichte genügen, um trotz einer Unmenge von Handikaps noch etwas Anständiges zustandezubringen. Wie wirkungsvoll er ist, läßt sich daran ablesen, wie sehr man versucht ist, ihn ernst zu nehmen, sogar wenn Karloff, überzeugt, daß seine tote Frau anwesend ist, seine Tochter auf einen Stuhl schnallt, sie mit unheimlichen Maschinen und diversen Leichen umgibt und sie tadelnd ermahnt, nicht nervös zu werden!

Im Gegensatz zu *The Man They Couldn't Hang* – in dem Karloff seine Formel erfolgreich ausprobieren durfte, indem er seine Tochter wieder zum Leben erweckte, ehe er selbst starb und sein Geheimnis mit ins Grab nahm – liefert *The Devil Commands* nicht diese letzte Befriedigung, sondern läßt den Wissenschaftler, seine Maschine und seine Werkstatt in einer budgetbewußten Feuersbrunst untergehen. Und seine jahrelange Arbeit wird mit der ziemlich defätistischen Bemerkung abgetan: »Es gibt Dinge, die zu wissen der Mensch nicht berechtigt ist.«

Boris Karloff, der gerade am Broadway in *Arsen und Spitzenhäubchen* auftritt, kommt zur Premiere von *The Devil Commands* ins Rialot Theatre am Times Square.

25 Man Made Monster
(VOM MENSCHEN GESCHAFFENES MONSTER)
1941

Lon Chaney jr. und Anne Nagel.

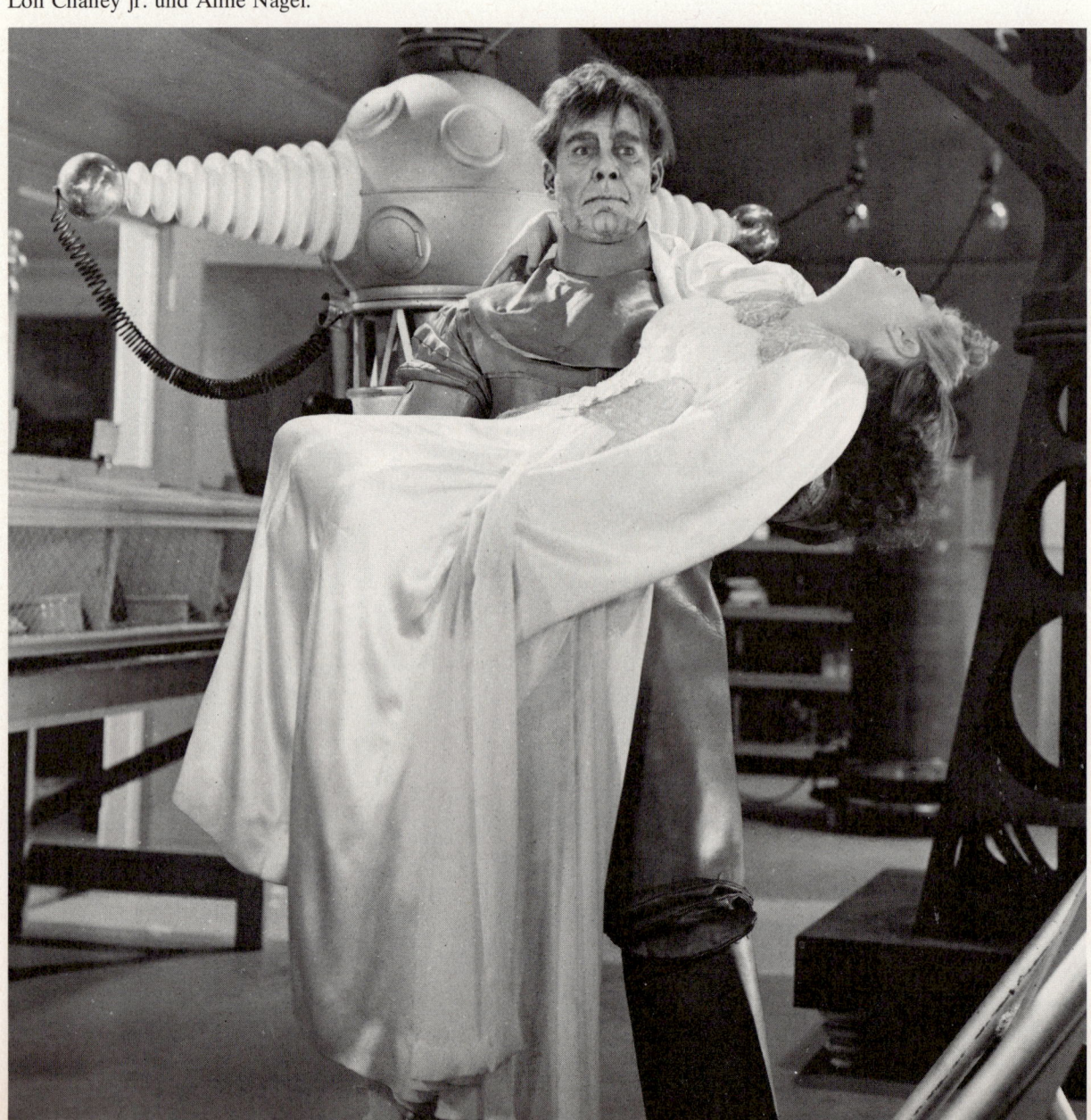

Regie George Waggner. *Drehbuch* Joseph West, nach einem Originalstoff von Sid Schwartz, H.J. Essex und Len Golos. *Kamera* Eldwood Bredell. *Special Effects* John Fulton. *Produktion* Universal. *Darsteller* Lon Chaney jr., Lionel Atwill, Anne Nagel, Frank Albertson, Samuel S. Hinds, William B. Davidson, Ben Taggart, Connie Bergen, Ivan Miller, Chester Gan, George Meader, Frank O'Connor, John Dilson, Byron Foulger, Russell Hicks.

Man Made Monster ist eine besondere Art von Klassiker, ein wahrer Modellfall. Der Film war nicht viel mehr als ein »B«-Film, und seine Länge von nur 59 Minuten unterstreicht diese Klassifizierung. Und doch war er wesentlich besser als ein früherer »B«-Horrorfilm der Universal, *The Mummy's Hand* (Die Hand der Mumie, 1940), ein glatter, kleiner Film mit zu vielen Komik-Füllseln und zu wenig Spannung im letzten Akt. *Man Made Monster* dagegen hat ein paar deutliche Vorzüge, die für ihn sprechen. Erstens war er als Probelauf für Universals geplanten neuen Horrorstar, Lon Chaney jr., gedacht und wurde schon deshalb sorgfältiger behandelt als der »B«-Durchschnitt. (Der Film erfüllte sein Ziel, Chaney bekanntzumachen, und *The Wolf Man* und *The Ghost of Frankenstein* folgten auf dem Fuße.) Zweitens profitierte er von einem aufpolierten, alten, nie benutzten Karloff/Lugosi-Drehbuch und besaß literarische Qualitäten, die mindestens ein oder zwei Striche über dem Durchschnitt lagen. Chaney, ein Jahrmarktskünstler, dessen Akt mit Elektrizität zu tun hat, ist der einzige Überlebende, als ein Bus in einen Starkstrommast rast, und eine medizinische Untersuchung zeigt, daß er nun irgendwie gegen Elektrizität immun ist. Unglücklicherweise hat er keine Gelegenheit, seine Talente auf dem Rummel oder auf den Gebieten der Medizin oder Elektronik einzusetzen, denn er fällt dem wachsamen Lionel Atwill in die Hände.

Atwill ist wieder ganz der gewohnte, liebenswerte, übereifrige verrückte Doktor, der diesmal eine Rasse von Übermenschen heranzüchten will. (Atwills wissenschaftliche Experimente waren meistens vollkommen unsinnig und entbehren zumindest teilweise der stichhaltigen medizinischen Grundlage von Karloffs Arbeit.) Als Atwills Versuchskaninchen wird Chaney, schon vorher nicht gerade der temperamentvollste, völlig willenlos gemacht und in einen Zombieähnlichen Sklaven verwandelt, der nur Atwill gehorcht. Chaneys immer dunkler werdende Augenhöhlen und sein besorgniserregendes Talent, Goldfischen einen tödlichen Stromstoß zu versetzen, macht seinen Freunden ein wenig Sorgen, aber sie denken sich noch nichts. Als aber Samuel S. Hinds, Atwills Vorgesetzter und Vater der Heldin, die

Lionel Atwill als Dr. Rigas.

Wahrheit entdeckt, wird er von Chaney, der unter Atwills Einfluß handelt, ermordet. Chaney kommt vor Gericht und wird zum Tode auf dem elektrischen Stuhl verurteilt – zur größten Freude Atwills, denn das ist die Gelegenheit, seine Theorie der elektrischen Supermänner ein für allemal zu beweisen.

Chaney absorbiert allen Strom, den die Henker aufbieten können, befreit sich aus der Todeszelle, ermordet den Gefängnisdirektor und stapft – buchstäblich strahlend – durch die Gegend. Atwill liest ihn auf und steckt ihn in einen energiekonservierenden Gummianzug, aber dann geht etwas schief: Die Heldin nennt Atwill einen Wahnsinnigen – eine Bemerkung, die im günstigsten Falle taktlos ist, doch ausgesprochen idiotisch, wenn sie mit ihm im Laboratorium allein ist! Lust löst die Wissenschaft einen Moment ab, und Atwill schnallt die Heldin (Anne Nagel, die Vorgängerin von Universals später führendem Mädchen in Gefahr, Evelyn Ankers) auf einen Operationstisch, wobei er etwas von der Faszination stammelt, seine Theorie nun auch an dem weiblichen Teil der Spezies zu beweisen. In Chaney erwacht nun aber wieder die Anständigkeit (von der sich leider nichts regte, als er den Vater des Mädchens umbrachte), und er räumt Atwill in einem Funkenregen aus dem Weg. Dann flieht er über die Felder, bleibt aber an einem Stacheldrahtzaun hängen; seine Elektrizität – und damit sein Leben – strömt durch die Risse in der Isolierkleidung aus.

Auf seine Weise war *Man Made Monster* ein maßgeschneiderter kleiner Horrorfilm, der alles bot, was die Fans erwarteten, einschließlich Klischees, die noch neu genug waren, um gern gesehen zu sein und nicht – wie schon wenige Jahre später – nur noch langweilten. Chaney, der gerade in *Of Mice and Men* gespielt hatte und als Charakterdarsteller galt, spielte seine Rolle mit Pathos, Tragik und Bedrohlichkeit und kam hier Karloffs genialer Fähigkeit, das Mitleid des Publikums zu erwecken und ihm gleichzeitig Angst zu machen, so nahe wie nie wieder. Aber eigentlich beherrschte Atwill den Film. Er erfüllt alle seine großartigen Sätze entweder mit Bravura oder Understatement, je nach Situation, und kostet sie alle voll aus. Kurz bevor Chaney zum ersten Mal Atwills Versuchsobjekt wird, fragt er neugierig, warum nicht wieder das Kaninchen benutzt würde. »Oh – nun, das Kaninchen hat gestern gearbeitet«, erklärt Atwill mit einem nervösen Zögern, das uns sofort verrät, daß wir dieses Kaninchen wohl nicht mehr wiedersehen werden, und zugleich nichts Gutes für Chaneys eigene Zukunft erwarten läßt. Wenn dann Chaney angeschnallt zwischen all den elektrischen Apparaten liegt, wird Atwill ganz der gütige Arzt: »Entspannen Sie sich!« strahlt er zuversichtlich und dreht dann den Strom auf.

Sein wahrer, glorreicher Moment kommt allerdings, wenn die Heldin die Stirn hat, an seinem Verstand zu zweifeln. Seine Augen leuchten auf, als würden sie von einem innerlichen Laserstrahl gespeist, und dann läßt er den unvermeidlichen und stets ungeduldig erwarteten Monolog des von seinem eigenen Wahnsinn begeisterten Wissenschaftlers vom Stapel, zitiert rasch hintereinander Galileo,

Marconi und andere, die zu Lebzeiten für verrückt erklärt wurden, und deutet an, daß sein eigenes Experiment die spektakuläre Krönung ihrer bescheidenen Vorarbeit sein wird. Selbst Samuel S. Hinds hat seinen eigenen Klischee-Höhepunkt, wenn er angesichts Atwills Anmaßung die selbstmörderische Bemerkung ausstößt: »Sie sind ja wahnsinnig! Ich werde die Polizei alarmieren!« – dann aber ein so guter Schauspieler ist, wenigstens überrascht auszuschauen, wenn man ihn prompt liquidiert.

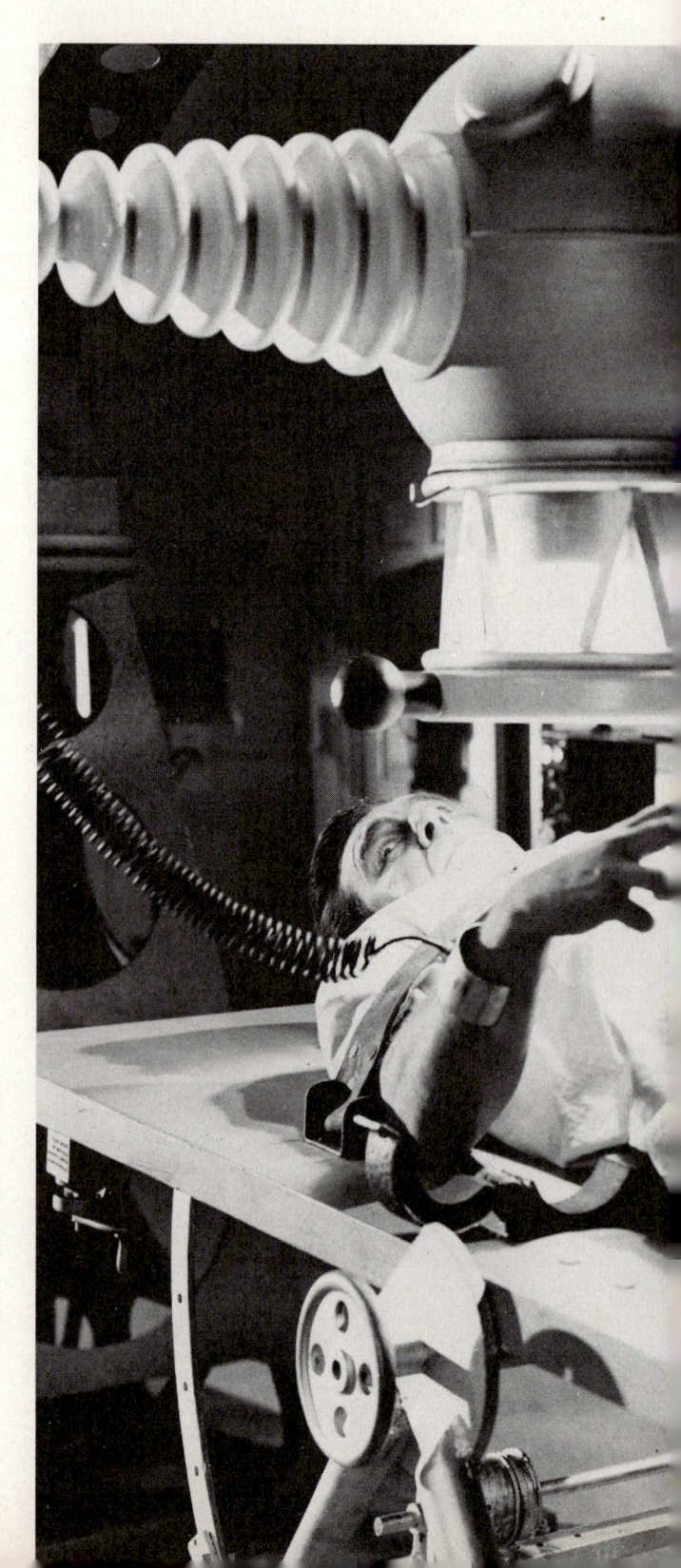

Lon Chaney jr. und Lionel Atwill.

Man Made Monster war mehr auf Science-Fiction-Spannung aus als auf wirklichen Terror und ähnelte – abgesehen von dem Fehlen schwarzen Humors – ein wenig *The Invisible Man*. Die Laboratoriumsszenen waren spektakulär und aufregend und setzten bei Großaufnahmen von Atwill und Chaney ein wirkungsvoll kontrastreiches Licht ein. Doch es war ein sauberes und ultra-rationelles Laboratorium, ohne den modrigen Verfall und die Spinnenweben aus Dr. Frankensteins Werkstatt. Die wenigen Außenaufnahmen – z.B. bei Chaneys nächtlichem Umherstreichen am Schluß – waren naturalistisch, im Gegensatz zu der irrealen Stilisierung und den abgestorbenen Bäumen in *Son of Frankenstein*. Andere Szenen waren strahlend hell ausgeleuchtet, von dem modernen Zweisitzer des Helden bis zu dem teuren Haus der Heldin mit sonnigem Garten.

Atmosphäre entstand hauptsächlich durch Hans J. Salters Musik. Der Film wurde produziert in einem Zwischenstadium in Universals Horrorfilm-

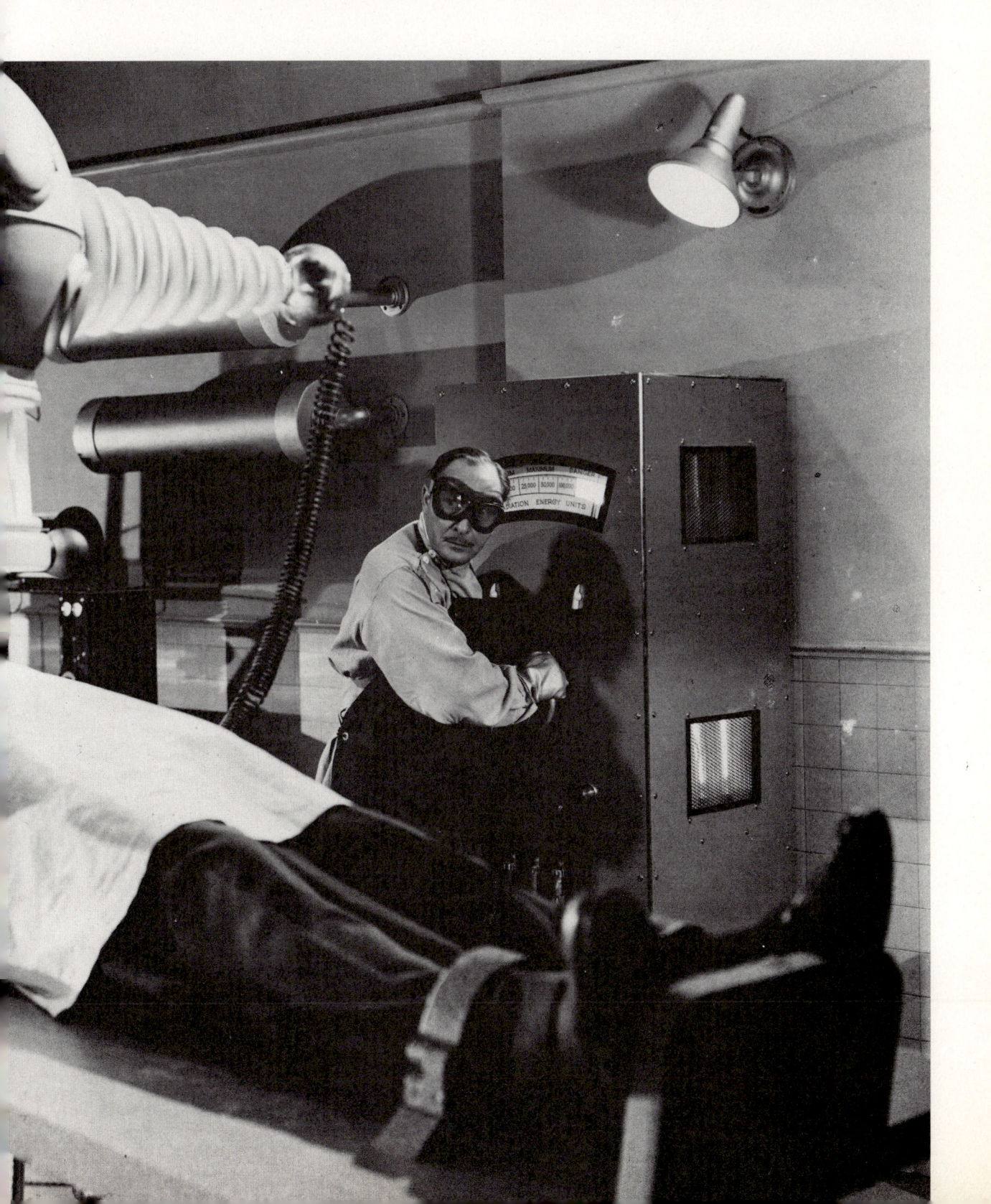

Programm; sein Erfolg sollte den Weg ebnen für Filme, die dem Publikum auf aggressive Weise Angst machten. Den britischen Zensoren war er zu grausam, wenn auch das Entfernen der meisten Todeszellen-Szenen mehr eine Sache des Geschmacks war. Die britische Zensur hat Hollywoods oft über-morbides Ausspielen von ritualisierten Hinrichtungsszenen nie verstanden. Hinzu kam, daß während des Krieges Horrorfilme in England verboten waren, und deshalb versuchte der Verleih, ihn mit Hilfe von einigen Schnitten und dem neuen Titel *The Electric Man* als Thriller auszugeben anstatt als Gruselfilm.

Obwohl er ein erfolgreiches Modell seiner Art war – man nehme zwei Starnamen, eine gute Ausstattung und eine handfeste Geschichte und mache daraus einen »B«-Film, der weniger als eine Stunde dauert –, blieb *Man Made Monster* bei Universal ohne Nachfolger. Bei den Horrorfilmen, die sie produzierten, differenzierten sie deutlich zwischen einigermaßen teuren »A«-Leistungen und mehr und mehr vereinheitlichten »B«-Filmen. Es ist schwer zu begreifen, daß nur wenige Jahre (und ein Haufen Talent) *Man Made Monster* von *The Mad Ghoul* (1943) trennen, einem einmalig unsinnigen, stimmungslosen und trockenen Langeweiler, der sich lediglich durch George Zuccos verrückten Wissenschaftler auszeichnete. Ein britischer Kritiker kommentierte, daß »es sicher schon unangenehm genug ist, ein Ghul zu sein, aber ein *wahnsinniger* Ghul – das muß der Gipfel persönlicher Probleme sein!«

The Mad Ghoul (1943):
Evelyn Ankers, Turhan Bey
und David Bruce.

26 The Night Has Eyes
(DIE NACHT HAT AUGEN) 1942

The Night Has Eyes: Joyce Howard und James Mason.

Regie Leslie Arliss. *Drehbuch* John Argyle, Leslie Arliss, nach dem Roman von Alan Kennington. *Kamera* Gunther Krampf. *Art Director* Duncan Sutherland. *Produktion* Associated British-Pathé (John Argyle). *Darsteller* James Mason, Wilfred Lawson, Mary Clare, Joyce Howard, Tukker McGuire, John Fernald, Dorothy Black, Amy Daley. US-Titel *Terror House*.

Pathé war zwar eine der konservativsten britischen Produktionsgesellschaften und hatte sich auf ziemlich altmodische Liebesfilme und Komödien spezialisiert, doch dann und wann tobte sie sich auch an einem handfesten Thriller aus. Lugosis *Dark Eyes of London* war einer davon, und *The Night Has Eyes*, eine Mischung aus *The Old Dark House* und *Jane Eyre*, ein anderer. Sein Erfolg als Gruselfilm erwies sich für die Firma als unerwartetes Problem. Wegen seiner guten Kritiken und des angesehenen James Mason (der bald darauf Großbritanniens größter Star werden sollte) wurde er zusammen mit einem enttäuschenden »A«-Film (und als Ausgleich dafür) in die große Odeon-Kinokette geschickt. Plötzlich überlegten es sich die britischen Zensoren, die während des Krieges Horrorfilme unlogischerweise streng behandelten, anders und stuften den Film als Horrorfilm ein, der für Jugendliche unter 16 Jahren strengstens verboten war. Das bedeutete eine Absetzung des Films aus der Kinokette (die damals nur ungern Filme spielte, die nicht die ganze Familie ansprachen), hastige Ersatzlösungen und interessante Wiederaufführungen in ganz London und einen unerwarteten Vorteil für die unabhängigen Kinos, die plötzlich einen beachtlichen und kommerziellen Thriller an der Hand hatten.

Obwohl seine Horrorelemente sich auf Schlüsselszenen beschränken, ist es doch ein starker und recht unheimlicher Gruselfilm, mit einer wenig originellen Handlung vielleicht (ein Mann glaubt, bei Vollmond zum Werwolf zu werden), aber dennoch sehr wirkungsvoll. Gunther Krampf, der schon bei *The Ghoul* hinter der Kamera gestanden hatte, nutzte die ansehnlichen, dabei kaum aufwendigen Bauten mehr als optimal aus, besonders in einer Szene am Anfang, in der zwei Mädchen sich während eines Gewitters im Moor verlaufen. Die Dialoge sind lebendig, durchdacht und gut geschrieben (außer in einem Fall, wenn die Heldin sich gegen den Schurken wendet und mühsam hervorbringt: »Oh, sind Sie böse!«). Der Film enthält auch zwei der Standardzutaten britischer Filme während des Krieges – das Klavierkonzert als Themamusik und den desillusionierten Helden à la Rochester. Da jeder patriotische Engländer natürlich in der Armee sein würde, gab es eine Menge Helden, die entweder blind waren, verwundet (was man dann aber nicht sah) oder durch Erfahrungen in früheren Kriegen zynisch geworden waren.

James Mason ist in *The Night Has Eyes* eine parallele Figur zu Melvyn Douglas in *The Old Dark House,* wenn auch mehr in sich gekehrt. Die Dekorationen (einsames Haus, Moor, Sumpf) sind, wenn auch sämtlich im Atelier realisiert, von der effektiven und stilvollen Art von *The Hound of the Baskervilles*, und die einzige wirkliche Schwäche des Films (allerdings längst nicht so schwerwiegend wie in *Dark Eyes of London*) ist sein Hang zu aufdringlichen »amerikanischen« Heiterkeitseinlagen. Aber das wird mehr als wettgemacht durch den makabren Humor des großartigen, rundum bösen Schurken, Wilfrid Lawson.

27 Dr. Cyclops

DR. ZYKLOPS 1940

Albert Dekker als Dr. Cyclops.

Dr. Thorkel (Albert Dekker) auf der Suche nach seinen puppengroßen Opfern. Dies ist eine Fotomontage für Werbezwecke; die Szene ist im Film weniger beeindruckend. Hinzu kommt, daß Charles Halton (2.v.l.) bereits vor dieser Sequenz getötet worden ist und somit in diesem Standfoto eigentlich gar nichts zu suchen hat!

Regie Ernest B. Schoedsack. *Drehbuch* Tom Kilpatrick. *Kamera (Technicolor)* Henry Sharp, Winton Hoch. *Art Directors* Hans Dreier, Eral Hedrick. *Special Effects* Farciot Edouard, Wallace Kelly. *Musik* Ernest Toch, Gerard Carbonara, Albert Hay Malotte. *Produktion:* Paramount (Dale Van Every). *Darsteller* Albert Dekker, Janice Logan, Thomas Coley, Charles Halton, Victor Killian, Frank Yaconelli, Frank Reicher, Paul Fix.

In einem Jahr, das einem die integren *Dr. Kildare* und *Dr. Christian* im Überfluß bescherte, gab es zum Ausgleich wenigstens die medizinischen Missetaten des *Dr. Cyclops*. Als interessanter, spektakulärer Schocker gehörte er zu der neuen Horror-Welle, die mit *Son of Frankenstein* begonnen hatte, und er bedeutete Ernest B. Schoedsacks Rückkehr zum Horrorfilm, nach einigen vertanen Jahren, in denen der Regisseur von *King Kong* sich unterhaltsamen Programmfüllern wie John Barrymores *Long Lost Father* und dem Jack-Holt-Melodrama *Outlaws of the Orient* gewidmet hatte. Außerdem stellte der Film den ersten Versuch seit *The Mystery of the Wax Museum* dar, einen Horrorfilm in Technicolor zu drehen. In gewissem Sinne kann er als der erste bewußte Versuch bezeichnet werden, Farbe als Stilmittel in einem Horrorfilm einzusetzen, denn obwohl Warner Brothers dies bereits vorher mit gutem Erfolg getan hatten, war es damals doch eher aus kommerziellen als aus künstlerischen Erwägungen heraus geschehen sowie aufgrund vertraglicher Verpflichtungen.

Die Rückkehr Schoedsacks, der Gebrauch der Farbe, das neue Thema – mehr auf Science Fiction ausgerichtet als die meisten anderen Horrorfilme um 1939/40 – rechtfertigen vielleicht die Aufnahme des für gewöhnlich ignorierten und einfach enttäuschenden *Dr. Cyclops* in eine Diskussion von Horrorfilm-Klassikern, obwohl er selbst nicht gerade als Klassiker bezeichnet werden kann. Grün ist eine Farbe, die allgemein mit Gefühlen der Angst assoziiert wird, und das vorherrschende Grün in *Dr. Cyclops* ist in den einzelnen Laboratoriumsszenen, in denen der Wissenschaftler Radium-Strahlen benutzt, um Menschen auf Puppengröße zu reduzieren, sicherlich recht wirkungsvoll. Doch die meiste Zeit bewirkt das Grün vor dem Dschungel-Hintergrund unweigerlich den strahlenden, fröhlichen Effekt, auf den Paramount bei ihren romantischen Tropenabenteuern mit Dorothy Lamour Wert legte. Die Farbe macht alles so hell und freundlich, daß weder Bedrohlichkeit noch Spannung in der Handlung aufkommen will, was eine heitere, ausgelassene Musik, die fast an Disney erinnert und mehr das Neue an der Sache als ihren Horror unterstreicht, noch verstärkt. (In diesem Zusammenhang sei bemerkt, daß die

Der Mord an dem Professor (Charles Halton), der einzige wirklich grausige Moment des Films.

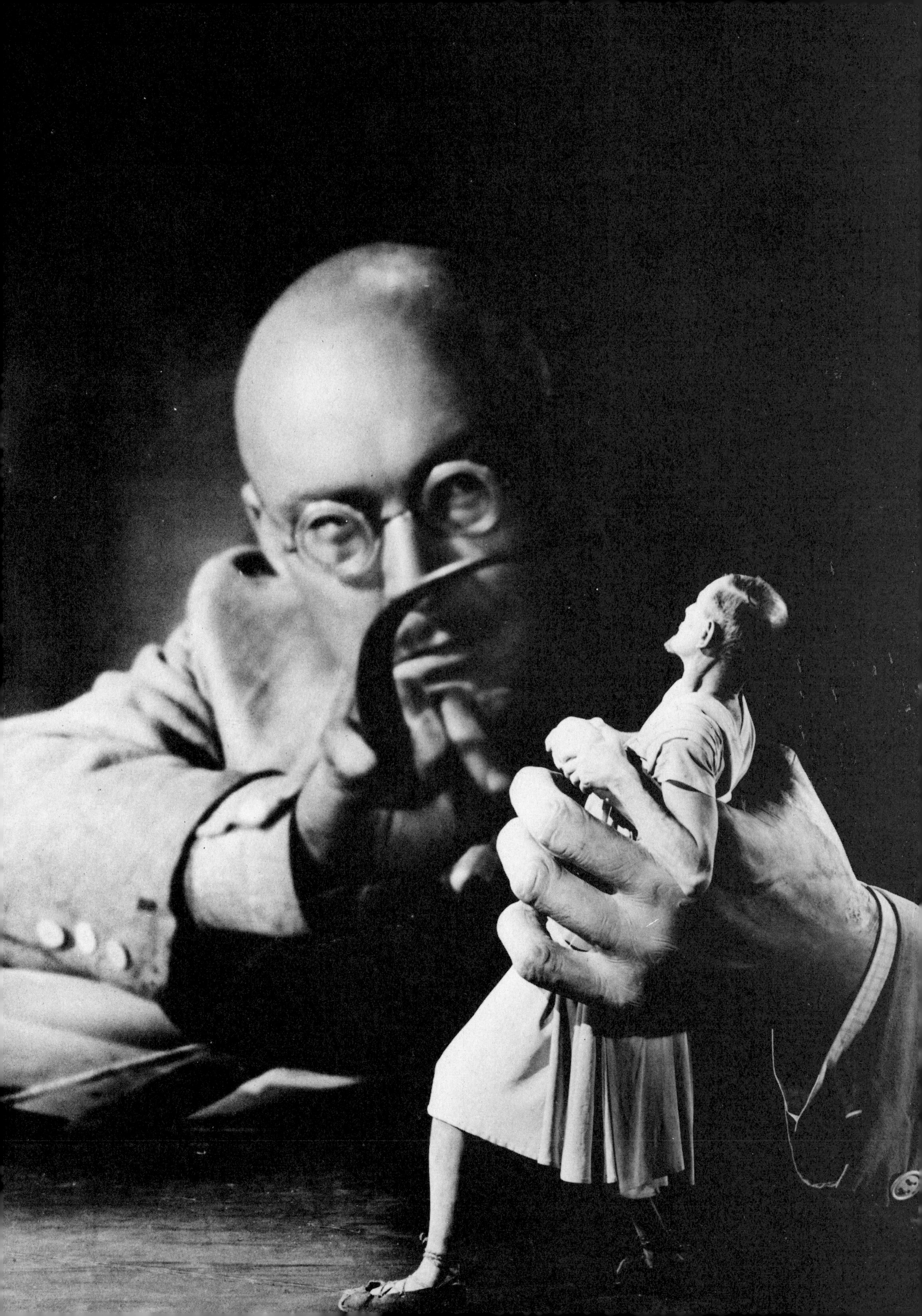

Sturmsequenz, die eigentlich ganz und gar alptraumhaft hätte sein müssen, da dies für die Puppenmenschen die erste Erfahrung mit der Außenwelt in ihrer neuen Größe ist, wesentlich schwächer und sicher weniger furchterregend ist als Disneys vergleichbare Sturmszene in *Snow White and the Seven Dwarfs*.)
Schoedsack, der in *King Kong* alles so sorgsam und mathematisch vorbereitet hatte, ist hier nur noch oberflächlich und flüchtig: Alles beginnt viel zu früh, setzt sich in mäßigem Tempo fort und schließt mit einem nur dürftig aufgebauten Höhepunkt. Es gibt nicht einmal den obligaten subjektiven Blick aus den Augen der Puppenmenschen auf den riesenhaften Wissenschaftler. Die sparsame Tricktechnik beschränkt sich hauptsächlich auf ein paar Kameramasken und eine Menge Rückprojektion; die Effekte sind zwar ganz gelungen, und die Tricks werden durch farbliche Tarnung nicht so augenfällig, doch man vermißt wirkliche Phantasie und vor allem die Hand Willis O'Briens. (Was dieser vorzügliche Spezialist aus den Szenen, in denen die Puppenmenschen von Katze, Hund und Alligator bedroht werden, hätte machen können!) Albert Dekker, damals relativ neu im Geschäft, ist mit effektvoll unheimlichem Make-up und den üblichen Pointen der verrückten Ärzte ausgestattet, besitzt aber nicht die Ausstrahlung eines Atwill oder eines Zucco. Thomas Coleys Held ist von einzigartiger Trägheit, und Janice Logan ist zwar hübsch und fraulich, aber erreicht, was die busenhebenden Schreie, die die Kunst einer Fay Wray erfordert, betrifft, nur Amateurformat. Charles Halton als einer der Professoren spielt routiniert, und sein Tod ist vor allem deshalb ein sehr grausiger Augenblick, weil seine Schauspielkunst für einen Moment dem bunten Treiben des Films etwas faßbar Reales verleiht. Außerdem gibt sein unerwartetes Ableben in Anbetracht der bis dahin schleppenden Handlung dem Ganzen einen dringend nötigen Auftrieb.

Die Farbe (zwar nicht mehr eine Neuheit, aber auch noch nicht sehr gebräuchlich und attraktiv genug, um an sich schon das Publikum anzuziehen) war vermutlich das Teuerste an dem ganzen Film: Die Besetzung war nicht kostspielig, die Ausstattung lag nicht über dem Durchschnitt (obwohl Farbe billige Produktionen immer etwas »aufmöbelt«), und die Spezialeffekte waren ausgesprochen billig. Für eine zugegebenermaßen eindrucksvolle Werbekampagne wurde noch einmal so viel Geld ausgegeben wie für den ganzen Film selbst, und an der Kasse war er für Paramount sicher ein Erfolg. Er bleibt unterhaltsamer Humbug – und einer der Horrorfilme, die ihr Potential auf krasseste Weise verschenkt haben.

28 Zwei Geisterfilm-Klassiker

Dead of Night: Michael Redgrave in der Bauchredner-Episode.

THE UNINVITED
DER UNHEIMLICHE GAST 1944

Regie Lewis Allen. *Drehbuch* Dodie Smith und Frank Partos, nach dem Roman von Dorothy Macardle. *Musik* Victor Young. *Kamera* Charles Lang. *Special Effects* Ferciot Edouard. *Art Directors* Hans Dreier, Ernst Fegete. *Produktion* Paramount (Charles Brackett). *Darsteller* Ray Milland, Ruth Hussey, Gail Russell, Donald Crisp, Cornelia Otis Skinner, Dorothy Stickney, Barbara Everest, Alan Napier, Jessica Newcombe, John Kieran, Rita Page.

In den dreißiger Jahren war die *ernsthafte* Geistergeschichte im Kino praktisch unbekannt – zumindest was den englischsprachigen Film betrifft. Im weniger realistischen, stilisierten Milieu des Stummfilms traten Geister häufig und fast beiläufig in Erscheinung. Aber im ersten Jahrzehnt des Tonfilms, als man meinte, Filme sollten realistischer sein, fürchtete man, das Publikum könne Gespenster entweder nicht akzeptabel finden oder lächerlich oder beides. Wenn sie einmal doch erschienen, dann meistens in einem symbolischen, literarischen und nicht-kontemporären Sinne, wie etwa in verschiedenen Versionen von Dickens' *A Christmas Carol*. Selbst dann sah die Hollywood-MGM-Version zu, daß die Zuschauer nicht lachten, indem sie einen der Geister mit draller Weiblichkeit ausstatteten!

Der Krieg änderte all dies. Der Tod von lieben Menschen wurde zu einem viel realeren Schrecken, und der Film begann, sich auf philosophischer Ebene mit der Bedeutung und den Konsequenzen des Todes auseinanderzusetzen. In Großbritannien entstanden einige gehaltvolle, halb-intellektuelle Filme *(Thunder Rock, Halfway House* u.a.), in denen Vergangenheit und Gegenwart austauschbar waren und die Seelen der Toten zurückkehren, um die Lebenden zu beeinflussen. Diese Filme führten indirekt zu einem der gelungensten britischen Geisterfilme überhaupt, *Dead of Night,* von der Anlage her ganz bewußt ein Thriller. Hollywoods vom Krieg bestimmte Gespenstergeschichten waren weniger fatalistisch und wesentlich romantischer als Großbritanniens. Anfangs in Propaganda-Kurzfilmen und später in dem Langfilm *A Guy Named Joe* (1943) wurde der Tod idealisiert und seiner Schockwirkung beraubt; die narbenlosen Gefallenen kehrten aus dem Jenseits zurück, um Frau oder Freundin, Mutter und Vater zu trösten und ihnen zu versichern, daß ihr Opfer nicht umsonst gewesen sei und daß sie, die Überlebenden, darin Trost finden könnten, den Idealen, für die sie gestorben seien, die Treue zu halten. Die Sentimentalität dieser Märchen war reichlich banal, aber da die Heimatfront ziemlich weit von den Kriegsschauplätzen entfernt war und die trauernden Familien nicht aus erster Hand wissen konnten, wie der Krieg wirklich war, erfüllten sie vermutlich auf einigermaßen nützliche und allgemein harmlose Weise eine Mission. (Es ist interessant, daß Großbritannien – dem wirklichen Kriege viel näher – nie versuchte, den Tod auf diese Weise zu romantisieren.)

Wie dem auch sei, die Tatsache, daß die Zuschauer Geister auf dieser künstlichen Ebene akzeptierten, ebnete ohne Zweifel den Weg für eine romantische, doch wesentlich ernsthaftere Gespenstergeschichte, *The Uninvited*. (Bezeichnenderweise behielten die Produzenten den englischen Schauplatz der Romanvorlage bei, anstatt ihn nach Connecticut zu verlegen, was nicht schwer gewesen wäre – vermutlich mit dem Gedanken, daß, sollten die Zuschauer die Geschichte nicht ernst nehmen, der weniger vertraute, ältere und traditionsreiche englische Hintergrund sie weniger wunderlich erscheinen lassen würde!)

Wie so viele Regie-Erstlinge, bleibt auch dieser erste Film von Lewis Allen der mit Abstand beste, den er je gemacht hat. Auch ist er höchstwahrscheinlich der beste Geisterfilm überhaupt, vielleicht auf einer Stufe mit der Spiegel-Episode aus *Dead of Night,* aber insgesamt sowohl *The Innocents, The Haunting, The Legend of Hell House* wie den wenigen anderen Filmen weit überlegen, die so integer waren, ihre Phantome ernst zu nehmen, ohne für alles am Schluß natürliche oder zumindest menschliche Erklärungen zu finden.

Der Film hat natürlich seine Schwächen. In seiner Entschlossenheit, reine Sensationshascherei zu vermeiden, übertreibt er wohlweislich nicht und baut ein wirklich furchterregendes Netz von unwirklichen Dingen auf, die nicht alle erklärt werden können. In dieser Hinsicht funktioniert er weit besser als *The Innocents,* in dem man die Geister viel zu deutlich und zu häufig sieht, so daß sie einem vertraut und von daher vielleicht nicht harmloser, aber doch unzweifelhafter werden. Aber andererseits verzichtet er, indem er visuellen Horror vermeidet, auch auf die meisten anderen visuellen Elemente; über zu viele Dinge, die auch auf aufregende Weise hätten abgebildet werden können (wobei das Übernatürliche dennoch der Phantasie überlassen geblieben wäre), wird nur *geredet*. Schnitt, Kamera und Victor Youngs schöne (wenn auch romantische) Musik werden voll genutzt, um eine Atmosphäre der Spannung zu schaffen; doch mit einer Ausnahme geschieht eigentlich nichts, was nicht auf die eine oder andere Weise auf der Bühne nachgemacht werden könnte. (Die Ausnahme ist die schließliche Materia-

The Uninvited: Ray Milland, Gail Russell und Ruth Hussey.

lisierung des Geistes in Form eines schattenhaften, weißen Nebels. Für manchen war dies eine aufdringliche Kapitulation vor dem Bedürfnis, wenigstens eine Trickaufnahme einfügen zu müssen, doch ist dies eher ein ungerechtfertigter Kritikpunkt.)

Schließlich ist dies kein Film über die Möglichkeit des Übernatürlichen oder über Ahnungen; es geht ganz einfach und unbestritten um Geister, und es gibt keinen Grund, warum es in diesem Augenblick extremer Krise keine physische Materialisierung hätte geben sollen. Ray Milland scheint außerdem – und das mag zum Teil daran liegen, daß das Publikum (von 1944) ihn aus gehobenen Komödien kennt – die Situation laufend so in der Hand zu haben, daß unsere eigenen Ängste entsprechend verschwinden. Und schließlich wird die Handlung gegen Ende etwas selbstzweckhaft verworren. Die ziemlich melodramatische Theatralik, die mit Cornelia Otis Skinner und ihrem Asyl aufkommt, wird zwar nicht dazu benutzt, um sich auf billige Weise aus der Affäre zu mogeln, aber sie tendiert doch dazu, unnütze Verwirrung zu schaffen, wo die Handlung allein schon mit dem Problem des Übernatürlichen bereits genug zu tun hatte. Hitchcocksche Kunstgriffe scheinen sich in den letzten Akten anzukündigen, und obwohl sie dann doch nicht kommen, nehmen die so plötzlich eingeführten Komplikationen dem Film seine wirksame Einfachheit. Allerdings sind dies kritische Einwände, die nur deshalb angeführt werden, weil der Film als Ganzes so effektvoll ist. Seine Grenzen liegen darin, daß man ihn genießen kann wie ein gutes Buch oder einen gelungenen Theaterabend und daß es eher dies ist als seine filmischen Belange, das den größten Teil seines Reizes ausmacht. Doch gutes

The Uninvited: Donald Crisp und Gail Russell.

Theater und gute Literatur sind natürlich Attribute, die nicht zu verachten sind, und auf dieser Ebene funktioniert der Film erstaunlich gut. Wenn er auch nicht frei von ein paar literarischen Klischees ist (wie etwa dem einsamen Haus auf den Klippen von Cornwall), geht er aber doch den meisten anderen aus dem Weg (falsche Verdächtige oder exzessive Bodennebel). Aber was das wichtigste ist: Er schafft überzeugenden Grusel.

Genau wie Dreyers *Vampyr* gelingt es ihm, das Gefühl zu erzeugen, es stehe jemand – oder *etwas* – hinter einem und würde einen regungslos beobachten. Seine Atmosphäre ist von solcher Art, daß er auch noch beim fünften oder sechsten Sehen auf intellektueller Ebene Gänsehaut erzeugen kann. Die Glücklichen, die ihn heute zum ersten Male sehen, müßten von seiner Wirkung eigentlich überrascht sein, nicht zuletzt deshalb, weil hier zum einen endlich einmal ländliches englisches Milieu in einem Hollywoodfilm recht überzeugend eingefangen worden ist, und weil wir zum anderen aufgrund der größeren Deutlichkeit der Horrorfilme der siebziger Jahre normalerweise hemmungslose physische Schocks erwartet hatten. Auf diese Weise würde das heutige Publikum sich auf visuelle Schrecken vorbereiten, die jedoch nicht kommen – was aber dem Film in seiner Gesamtwirkung sicher keinen Abbruch tun würde.

Seine Überzeugungskraft wird umso deutlicher, wenn man den Film einmal mit dem produktiven Ausstoß an Geisterfilmen aus Japan in den sechziger Jahren vergleicht. Japan ist ein Land, das seine Gespenster recht ernst nimmt (wenn es sie auch eher in einen legendären als kontemporären Zusammenhang stellt) und ihnen eine Reihe von Filmen der unterschiedlichsten Machart gewidmet hat, angefangen bei Romanzen und mystischen Filmen bis hin zu hartem Horror. Doch es gibt da ein merkwürdiges Mißverhältnis: Die Personen in den Filmen akzeptieren des Übernatürliche einfach, oft sogar, ohne es in Frage zu stellen; trotzdem ist es eindeutig, daß das Publikum durch diese Erscheinungen schockiert und erschreckt werden soll.

Ein Film wie *Kwaidan – Dead of Night* vergleichbar, da er aus vier Episoden besteht – mag visuell wegen seiner kühnen Farbgestaltung und phantasievollen Bauten faszinieren, aber praktisch alle seine Versuche, Spannung und Horror durch Geister und Erscheinungen zu erzeugen, schlagen fehl. Die Geschichten, von denen jede fast eine Stunde dauert, sind in sich viel zu lang. Da der Glaube an das Übernatürliche von Anfang an aufgebaut ist, brauchen die Geschichten die Existenz von Geistern nicht zu suggerieren, sondern lediglich zu bestätigen. Die »überraschenden« Wendungen am Schluß sind schon lange vorher klar, und die schwerfälligen, umständlichen Geschichten machen aus den Gespenstern Nervensägen. Nur eine Geschichte funktioniert einigermaßen, und zwar deshalb, weil es quasi ein Vampir-Märchen ist (über eine schöne, weiße Frau, die in einer Schneelandschaft das Blut von erfrierenden Reisenden aufsaugt) und die Japaner mit Vampiren wohl weniger vertraut sind als mit Feld-, Wald- und Wiesen-Geistern.

DEAD OF NIGHT
TRAUM OHNE ENDE 1945

Regie Alberto Calvacanti (*Die Weihnachtsgeschichte* und *Die Geschichte vom Bauchredner*); Basil Dearden (*Die Geschichte vom Leichenwagen* und die Rahmenhandlung); Charles Crichton (*Die Golfgeschichte*); Robert Hamer (*Der verhexte Spiegel*). *Musik* Georges Auric. *Kamera* Jack Parker. *Drehbuch* Angus MacPhail, John Baines und T.E.B. Clarke, nach Geschichten von John Baines, E.F. Benson und H.G. Wells. *Produktion* Ealing Studios, England. *Darsteller* Michael Redgrave, Mervyn Johns, Googie Withers, Ralph Michael, Frederick Valk, Sally Ann Howes, Basil Radford, Naunton Wayne, Mary Merrall, Renée Gadd, Anthony Baird, Judy Kelly, Miles Malleson, Michael Allan, Robert Wyndham, Esmé Percy, Hartley Power, Elizabeth Welch, Garry Marsh, Magda Kun, Peggy Bryan, Roland Culver.

Dead of Night besteht aus fünf Gespenstergeschichten, die im Laufe eines Abends von fünf Gästen in einem einsamen Haus erzählt und durch eine sechste Geschichte von gleichfalls starker Qualität (nicht nur eine grobe Rahmenhandlung, wie es bei solchen Fließband-Episoden-Horrorfilmen wie *The Vault of Horror* oder *Tales from the Crypt* Mode geworden ist) verbunden werden. Der Film kam in Großbritannien zu einem Zeitpunkt heraus, als die Zuschauer – deren Nerven durch die langen Kriegsjahre sensibilisiert waren – reif waren für eine derartig hemmungslose Attacke! Horrorfilme waren von den britischen Zensoren während des Krieges die meiste Zeit aufgrund der zweifelhaften Hypothese, daß das Publikum auch ohne diese Filme genug realen Horror hätte, verboten worden. Das war eine etwas unrealistische Theorie, da die grausigen Wochenschauen mit leichengespickten Schlachtfeldern und KZ-Opfern alles übertrafen, was sich Hollywood je hätte ausdenken können. Jedenfalls wurden harmlosere Horrorfilme *doch* in die Kinos gebracht (mit ein paar besonnenen Schnitten, die ihre Wirkung schmälern sollten), während die größeren Horrorfilme zur Seite gelegt wurden, um nach dem Kriege in monatlichem Abstand herausgebracht zu werden.

Aus diesem Grunde erwies sich *Dead of Night*, an sich schon ein brillanter Film, als doppelt wirkungsvoll; er war der erste große Gruselfilm seit vielen Jahren. Die internationale Kritik lobte ihn einmütig, doch viele meinten, daß er doch zum falschen Zeitpunkt erschienen sei und daß man hätte warten sollen, bis die Nachkriegswirren sich gelegt hätte. Die einflußreiche *Sunday Pictorial* ging sogar so weit, sein Verbot zu fordern. Der Film verdiente sicherlich das »H«-Zertifikat der Zensoren, das ihn als Horrorfilm auswies und nur Erwachsenen über sechzehn Jahre zugänglich machte, eine Regelung, die rigoros durchgesetzt wurde. Zuvor hatten die Zensoren häufig auf die »H«-Einordnung zurückgegriffen, um die Jugendlichen von Filmen mit quälendem oder kontroversem Inhalt fernzuhalten, selbst wenn dies – wie *Boy Slaves, Hell's Kitchen, A Child Is Born* und *On Borrowed Time* – ganz und gar keine Horrorfilme waren. Doch ein »H«-Zertifikat beschnitt zu dieser Zeit die Verleihmöglichkeiten eines Films erheblich und schloß einen Kinoketten-Einsatz praktisch aus, und die britischen Zensoren waren realistisch genug einzusehen, daß dies einem guten Film gegenüber nicht nur unfair wäre, sondern es für ihn auch den finanziellen Ruin bedeutet hätte.

Ähnlich wie die Val-Lewton-Filme, die ihn sicherlich beeinflußt haben, geht *Dead of Night* unverhohlener Deutlichkeit aus dem Weg und beschränkt sich auf Suggestion, wobei ein skeptischer Psychiater (gut gespielt von Frederick Valk) als Vertreter der Vernunft und der wissenschaftlichen Fakten eingesetzt wird, der sich letztlich doch nicht gegen die unerklärlichen Kräfte des Übernatürlichen durchsetzen kann. Die sichtbaren Greuel in dem Film sind nicht brutaler als eine kurze Einstellung auf einen wartenden Leichenwagen in der grauen Dämmerung vor einem Fenster oder ein plötzlicher, impulsiver Mord durch Erwürgen am Schluß. Der Horror schleicht sich langsam an den Zuschauer heran und überwältigt ihn dann; Terror wird nur impliziert, wie etwa in der zugleich charmanten und schauerlichen Geschichte einer Weihnachtsfeier, wo ein Mädchen (Sally Ann Howes) in einem abgesonderten Zimmer einen weinenden kleinen Jungen tröstet – und hinterher feststellen muß, daß dies der Geist eines Jungen war, den ihre Schwester ermordet hatte.

Dead of Night: Sally Ann Howes in der Weihnachtsfeier-Episode.

Dead of Night: Die Episode des verhexten Spiegels: Ralph Michael und Googie Withers.

In den Geschichten geht es um Erscheinungen und Vorahnungen, wie in dem Fall der am meisten gepriesenen Geschichte – die der Bauchrednerpuppe, die zum Leben erwacht und ihren Besitzer in den Wahnsinn treibt, wobei der Bauchredner zum Schluß die Stimme und die Eigenheiten der Puppe, die er »getötet« hat, annimmt. Diese längste und ausführlichste Episode ist zu Recht ihrer Vorzüge wegen gelobt worden, doch hat sie etwas Kaltes, Expressionistisches an sich, und da Michael Redgrave (als der Bauchredner) offensichtlich von Anfang an neurotisch ist, gibt es keine Möglichkeit, seinen schrittweisen Verfall in den Wahnsinn zu beobachten oder viel Sympathie für ihn zu entwickeln. Und – im Gegensatz zu der traditionellen Geistergeschichte, deren Schrecken ganz allgemein jeden bedroht – ist die Bedrohung dieser Geschichte begrenzt. Seine Schaurigkeit ist weit weg und steckt nicht an. Ohne Zweifel inspirierte diese Episode William Goldman bei seinem Roman *Magic,* den Richard Attenborough 1978 nach Goldmans Drehbuch verfilmte. In *Magic* kann sich der Zuschauer wesentlich leichter mit dem anfangs völlig normal erscheinenden Bauchredner Corky (Anthony Hopkins) identifizieren. So kann sich, wenn die Puppe Fats ihren Meister mehr und mehr beherrscht und ihn sogar zum Mord treibt, zumindest stellenweise wahres Entsetzen ausbreiten.

Wesentlich wirkungsvoller – und in der Tat vermutlich die einzige großartig funktionierende Geistergeschichte, die je auf die Leinwand gebracht wurde – ist die zweite Episode in *Dead of Night,* die von einem Spiegel erzählt, der als Hochzeitsgeschenk in einem Antiquitätengeschäft gekauft wird und der einen unheilvollen Einfluß auf seinen neuen Besitzer ausübt. Mehr und mehr erblickt er darin das Spiegelbild eines anderen, viel älteren Zimmers. Zunächst gelingt es ihm, das Spiegelbild durch Willenskraft wieder so zu machen, wie es sein soll, doch schließlich ist die Faszination zu groß, und er merkt, wie er fast auf seinen Wunsch hin von dem Spiegel verführt und in Besitz genommen wird. Außer in dem Kontrast zwischen dem falschen Spiegelbild (altmodisches Bett, Vorhänge, prasselndes Kaminfeuer) und dem modernen Zimmer (klein, praktisch, kompakt) wird nichts von der Welt hinter dem Spiegel gezeigt. Seine gespenstische Geschichte – sein ursprünglicher Besitzer wird gelähmt und wahnsinnig, verübt einen Mord und schneidet sich vor dem Spiegel die Kehle durch – erzählt Esmé Percy (der Antiquitätenhändler) in einwandfreier Diktion und großartigem Gespenstergeschichten-Erzählstil der Frau (Googie Withers) des neuen Besitzers. Allein die ruhige Schilderung des Geschehens – ohne irgendwelche Rückblenden oder auch nur unheimli-

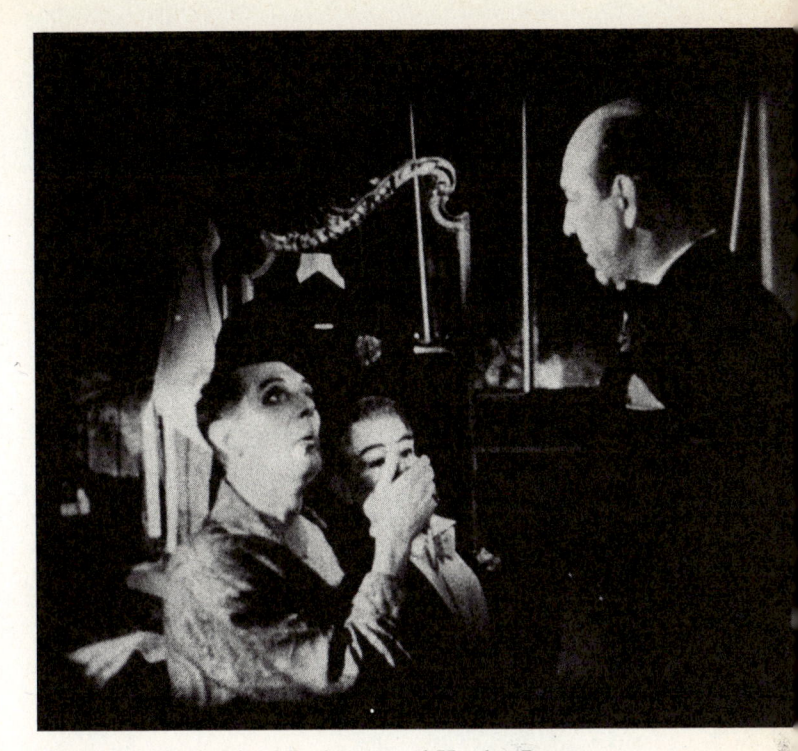

Dead of Night: Michael Redgrave und Hartley Power.

che Lichteffekte – ist eine schauerliche Sequenz. Die Frau eilt zu ihrem Mann zurück, stellt fest, daß er vollständig im Banne des Spiegels steht, und als er versucht, sie zu erwürgen, sieht auch sie noch das Spiegelbild des alten Zimmers, ehe es ihr gelingt, das Glas des Spiegels zu zerbrechen und seine Kraft zu vernichten. Die ganze Episode ist ausgezeichnet und feinfühlig realisiert. Dazu trägt einmal der sanfte Humor bei (der ständig die Möglichkeit, daß so etwas vorkommen könnte, in Frage zu stellen versucht), dann die zurückhaltende Nervosität und mühsam beherrschte Ruhe von Ralph Michael als der Ehemann (Michael war ein guter, unterschätzter und relativ wenig bekannter Schauspieler, keine dynamische Persönlichkeit zwar, aber haargenau der Typ, dem man es abnimmt, von solch einem verhexten Spiegel beherrscht zu werden), sowie die subtile Kameraführung (die mit Hilfe von langsamen Fahrtaufnahmen *uns* so widerstandslos zum Spiegel zieht wie den Helden, und das, was hinter dem Spiegel liegt, nicht eher verrät, als bis er – und wir mit ihm – den Mut haben, hineinzusehen).

Vor allem aber ist da die brillante, assoziative Musik Georges Aurics. Der französische Komponist, der viel für Jean Cocteau gearbeitet hat, war in Höchstform, wenn es um Themen wie Zauberei, Märchen und Übernatürliches ging. Auric schuf ei-

175

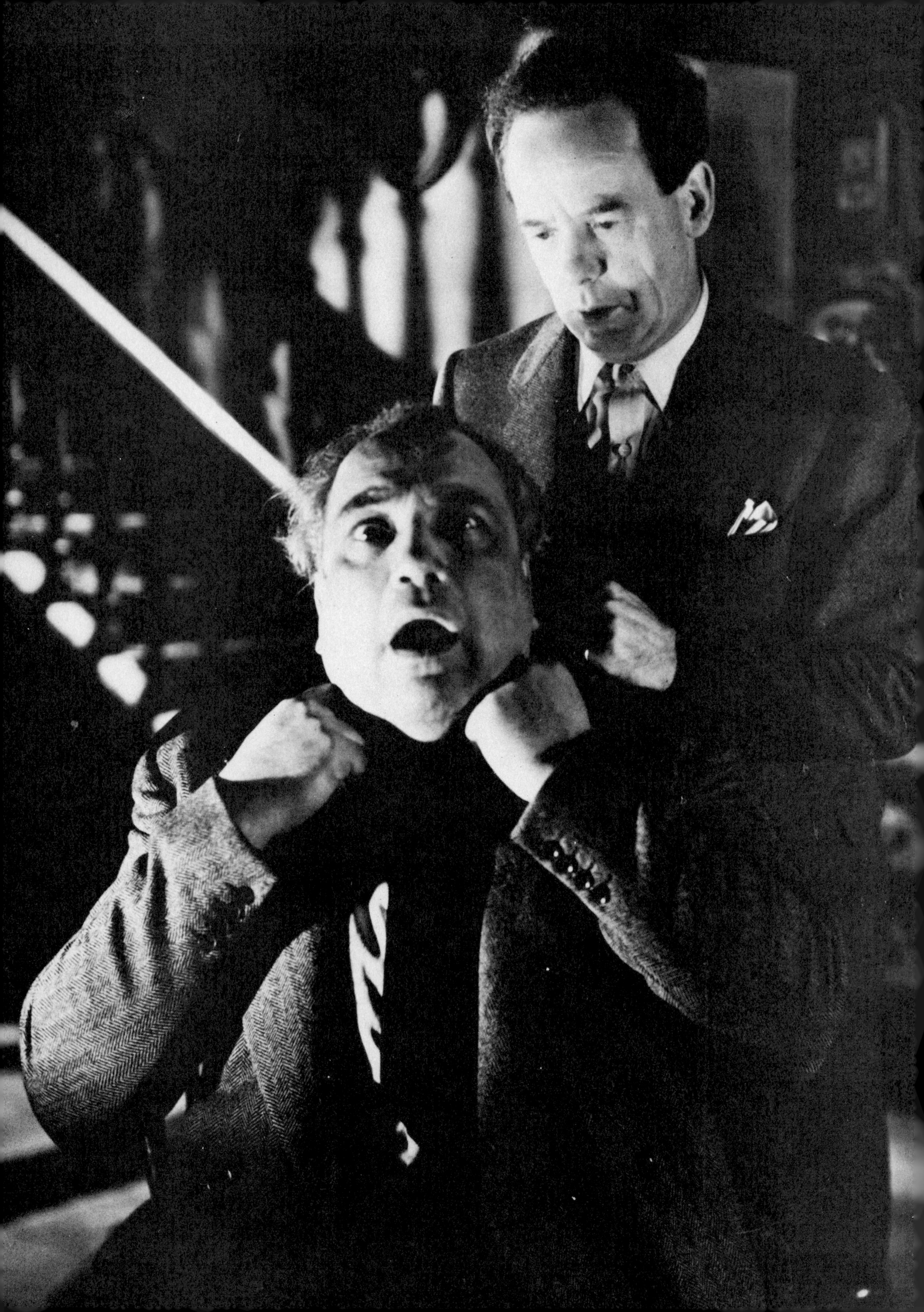

nen echten wagnerianischen Stil, den zwei in sich verschachtelte Themen charakterisieren – ein Hauptthema und eine ominöse Nebenmelodie. Die Musik (und ihre wirkungsvoll gesetzten Pausen) ist in dem ganzen *Dead of Night* hervorragend, aber nirgends besser als in der Spiegel-Episode, in der die Musik selbst fast aus dem Raum hinter dem Glas zu kommen scheint, um nach dem Opfer, das hineinsieht, wie nach dem Zuschauer zu greifen.

Als der Film in den Vereinigten Staaten herauskam, fehlten in *Dead of Night* zwei Geschichten: die Weihnachtsfeier und ein drollig-gewagtes komödiantisches Zwischenspiel, in dem es um zwei Golfspieler geht, von denen der eine in den Selbstmord getrieben wird und zurückkehrt, um den anderen in seiner Hochzeitsnacht heimzusuchen. Diese beiden Streichungen brachten den Film auf eine knappe Länge von 77 Minuten konzentrierter Spannung, doch sie verminderten die Gesamtwirkung konzentrierten Horrors. Die komische Episode war kein großer Verlust, doch die Mischung aus Charme, Pathos und Terror, die die Weihnachtsgeschichte kennzeichnete, sehr wohl. Hinzu kam, daß die Auflösung am Schluß, eine beklemmende Episode, die auf die Szenen und Schauplätze der vorhergegangenen Geschichten zurückgreift, durch die für das US-Publikum völlig neuen Bilder verwirrend wirkte. Eine weitere bedauernswerte Minderung der Kraft des Films geht wohl auf das Konto der amerikanischen Filmvorführer. Eigentlich endet der Film genau so, wie er angefangen hat; der Alptraum oder die Wirklichkeit (man ist sich da nie sicher) kann von neuem beginnen. Ein paar Minuten vom Anfang des Films werden wiederholt, bis man wieder richtig in der Geschichte steckt, wobei diesmal jedoch die Namen der Mitwirkenden in großen Abständen darübergelegt sind. Für gewöhnlich drehte der Vorführer, sobald er die Nachspanntitel sah, das Saallicht an, stellte den Projektor ab und zog den Vorhang zu – und zerstörte damit sowohl den Sinn als auch die beklemmende Wirkung dieser Pointe. Als der Film schließlich dem US-Fernsehen zur Verfügung gestellt wurde, konnte man endlich wieder die komplette und unbeschnittene Fassung sehen, wodurch das Fernsehen ein wenig für seine vielen Verbrechen gegen die Filmkunst entschädigte.

Das britische Milieu hat etwas an sich, das die Geistergeschichte überzeugend macht – und nicht nur, weil Großbritannien so alt ist und so voll von alten Gebäuden, die von der Architektur und ihrer Ausstrahlung her eher in die Vergangenheit gehören, daß es ebensogut von Geistern als von modernen Menschen bewohnt sein könnte. Das englische Zwielicht ist von einzigartiger Melancholie, als ob der vergangene Tag für immer entschwunden und dahin sei. England schläft nachts auch in seinen Großstädten wesentlich fester als die Vereinigten Staaten. Die Nacht in England ist ruhig und still, und in der kalten, klaren Luft kann man das Spiegelbild des Mondes in den Regentropfen sehen, die sich an den Zweigen der Bäume und Büsche gesammelt haben. (Natürlich kann man es auch sonst auf der Welt sehen – aber irgendwie nicht auf eben diese Weise.)

Die Engländer mögen ihre private Häuslichkeit und ziehen die Vorhänge für gewöhnlich schon früh zu, doch eine fröhliche Wärme dringt durch diese Vorhänge nach draußen, die den Passanten mehr als alles andere abweist. (Es gibt auch wesentlich weniger Neonreklamen und um Aufmerksamkeit buhlende Restaurants und Hotels!) Es kann gut sein, daß man sich in England ohne bestimmten Grund traurig und einsam fühlt, und diese Gefühle (denn die Gespenstergeschichte enthält ebensoviel Traurigkeit wie Horror) nähren und düngen das Land, aus dem so viele Geistergeschichten stammen. *Dead of Night* mit seiner Traurigkeit und seinem Terror, seiner Zurückhaltung, seinem selbstverständlichen Akzeptieren von Übernatürlichem und seiner klaren Schwarzweiß-Fotografie fängt alle Nuancen der britischen Gespenstergeschichte auf eine Weise ein, wie bislang noch kein anderer Film.

Dead of Night: Frederick Valk und Mervyn Johns.

29 The Lady and the Monster

(DIE LADY UND DAS MONSTER) 1944

Erich von Stroheim als Wissenschaftler, Richard Arlen als sein Assistent.

Regie George Sherman. *Drehbuch* Dane Lussier und Frederick Kohner, nach dem Roman *Donovan's Brain* von Curt Siodmak. *Kamera* John Alton. *Musik* Walter Scharf. *Art Director* Russell Kimball. *Special Effects* Theodore Lydecker. *Produktion* Republic (George Sherman). *Darsteller* Erich von Stroheim, Vera Hruba Ralston, Richard Arlen, Sidney Blackmer, Mary Nash, Helen Vinson, Charles Cane, William Henry, Juanita Quigley, Josephine Dillon, Tom London, Lane Chandler, Sam Flint, Edward Keane, Wallis Clark, Harry Hayden, Antonio Triana und Lola Montez (Tänzer), Maxine Doyle, Billy Benedict, Herbert Clifton, Harry Depp, Lee Phelps, Janet Martin.

Vielleicht ist Curt Siodmaks klassische Horrorgeschichte (Horror ist darin wohl stärker vertreten als Science Fiction, obwohl es ein Grenzfall ist) bald eine ebenso bewährte Inspiration für Wiederverfilmungen und Nachahmungen wie Richard Connells *The Most Dangerous Game*. Bis heute gibt es drei offizielle Versionen von *Donovan's Brain* sowie etliche »Entlehnungen« wie *The Phantom Speaks*. Die Handlung ist recht kompliziert, aber im wesentlichen geht es um das Gehirn eines toten Finanzhaies, das als Teil eines wissenschaftlichen Experimentes am Leben erhalten wird und von einer derartig starken Willenskraft ist, daß es schließlich von dem Gehirn eines Laboratoriumsassistenten Besitz ergreift und diesen zwingt, das durch den plötzlichen Tod des Finanziers unvollendete Betrugswerk zu Ende zu führen.

Trotz seines Titels und des zweifellos grausigen Inhalts ist der Film wohl nur nominell ein Horrorfilm, allerdings sicherlich einer der besseren Sorte. Republic war nie allzu gewissenhaft, was die Bedeutung ihrer Titel anging, solange sie nur leicht ins Ohr gingen und publikumswirksam waren, und man kann nur mutmaßen, ob das Monster aus dem Titel nun Erich von Stroheim ist oder das Gehirn selbst, das Richard Arlen in eine Art Zombie verwandelt. Der Film gibt sich – nicht ohne ein Schielen auf die Kasse – alle Mühe, die oberflächlichen Muster des Genres der Reihe nach zu liefern, und Horror-Freunde kommen nicht zu kurz. Aber Stroheims verrückter Arzt ist nicht wirklich verrückt (vielleicht ein wenig *zu* enthusiastisch), und der unbesonnene Titel tut ihm wirklich unrecht. Die Laboratoriumsszenen leisten ihr Soll, sind aber nicht übermäßig aufregend (anders dagegen der ekel- und abscheuerfüllte Ausdruck in Vera Ralstons Gesicht, sobald man eine Giggli-Säge von ihr verlangt, vermutlich das Instrument, das man zum Schädelöffnen benötigt), und es gibt wenig Bedrohliches im üblichen Sinne. Das Beste am ganzen Film ist seine starke Handlung, eine Handlung, die sowohl auf rein dramatischer Ebene als auch als Thriller Interesse weckt und dieses Interesse während der gesamten neun Akte – was für einen reinen Gruselfilm sicher reichlich ist – lebendig erhält. Medizinisch gibt die Sache sogar einen Sinn, und ausnahmsweise scheint das Experiment sowohl gezielt als auch gerechtfertigt zu sein.

Ungewöhnliche Sorgfalt ist auf die Ausstattung verschwendet worden, und einer der Fehler des Films ist in der Tat, daß er *zu* aufwendig ist. Eine Tanznummer in einem Nachtklub ist ziemlich unnötig, und es scheint unwahrscheinlich, daß die Einrichtung eines gewöhnlichen Hotelzimmers in Arizona einen reichverzierten Kronleuchter einschließt. Republics vertraute, glatte Rückprojektions- und Studio-»Außenaufnahmen« riechen ein wenig stark nach Hollywood, doch Lydeckers Modell von Stroheims Schloß in der Wildnis (sehr gut an Teilkulissen angepaßt) ist eine großartige Arbeit. Natürlich hat das großzügige Budget seine Gründe; die Republic Studios setzten damals alles daran, als Großstudio akzeptiert zu werden und behandelten viele Projekte wie »A«-Filme, die in früheren Jahren nur mit dem üblichen »B«-Budget ausgestattet worden wären.

Was noch wichtiger war: Mit diesem Film sollte Vera Hruba Ralston, die ehemalige Eiskunstläuferin

Richard Arlen, Erich von Stroheim und Vera Ralston.

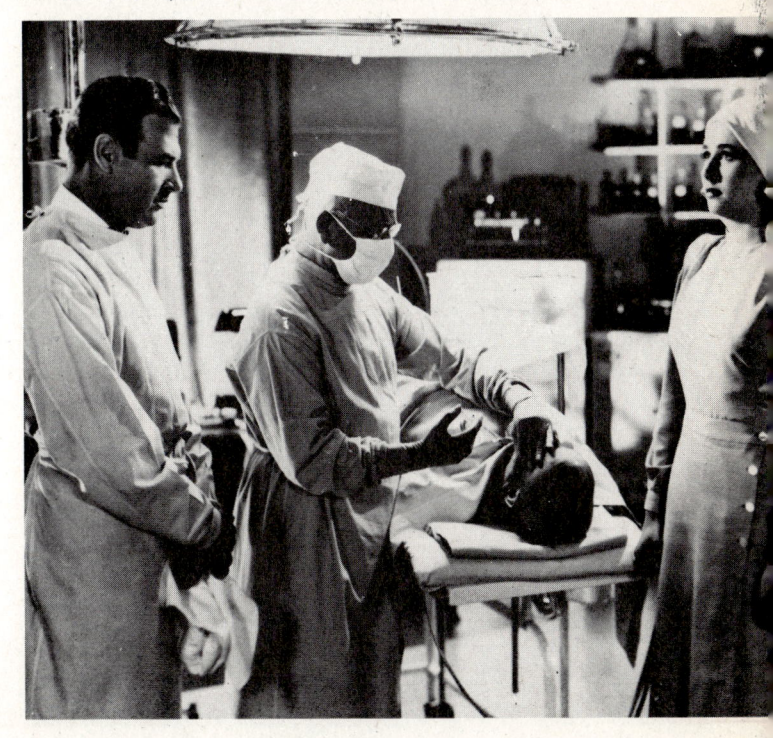

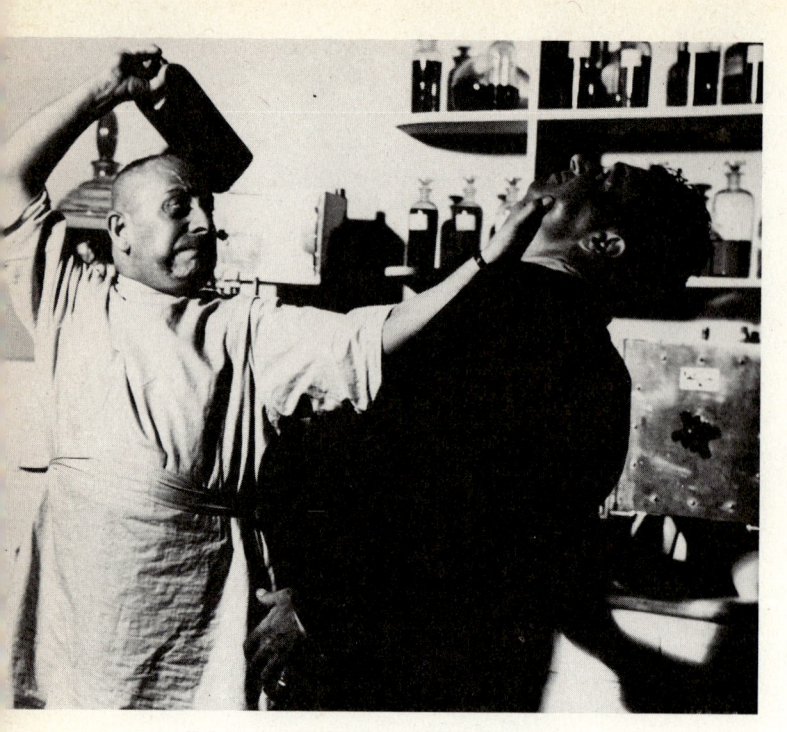

Erich von Stroheim und Richard Arlen.

und spätere Frau von Republic-Präsident Herbert Yates, ein neuer dramatischer Star werden, anstatt nur eine weitere zweitklassige Sonja Henie. (Belita, ein weiterer Eiskunstlauf-Star, hatte ebenfalls Schwierigkeiten, Henies Erfolg nachzuahmen und wirklich dramatische Rollen zu finden.) Die Methode bei Republic war es, Miss Ralston in so viele verschiedene Rollen zu stecken wie möglich, Dialogsätze einzubauen, die sich auf ihre atemberaubende Schönheit bezogen (über die man sich übrigens streiten konnte), ihr andere große Republic-Stars an die Seite zu stellen (John Wayne, Fred MacMurray), sie voller Glamour und in vielen gut ausgeleuchteten Großaufnahmen zu präsentieren und sie mit altgedienten Schauspielern zu umgeben. Seltsamerweise versuchte Republic aber nicht, ihr auch noch die darstellerischen Aufgaben abzunehmen. Hier wird ihr europäischer Akzent mit dem Satz erklärt, ihr Vater sei in der Tschechoslowakei gestorben, aber sie hat trotzdem viele Schlüsselsätze zu sagen – in Großaufnahme. Es muß für sie keine leichte Arbeit gewesen sein, und es kann daher nicht verwundern, daß einer der souveränsten Schauspieler aller Zeiten, Stroheim, und die Profis Richard Arlen und Sidney Blackmer Veras Mangel an Erfahrung nur noch deutlicher machen. (In einem weiteren Film mit denselben drei Stars und demselben Regisseur, *Storm over Lisbon,* erging es ihr ähnlich, doch war es ein wesentlich schwächerer Film, dessen »B«-Inhalt durch die extreme Länge und John Altons hervorragendes Ausleuchten luxuriöser Bauten, in denen eigentlich gar nichts passierte, noch unterstrichen wurde.)

Es tat 1944 gut, Stroheim wieder einmal in einer großen Rolle zu sehen, und John Alton, ein großartiger Kameramann, der eigentlich gar nicht so recht zu Republic gehören wollte, schuf einige gute Effekte, obwohl er hin und wieder bei den Anschlüssen zwischen den Glamour-Großaufnahmen der Ralston und den folgenden Totalen oder Halbtotalen nicht sehr sorgfältig vorging und auf ausgesprochen plumpe Weise immer dann starke hell/dunkel-Kontraste bei Arlens Gesicht einsetzte, wenn dieser von dem Gehirn beherrscht wird. In England wurde der Film um einige der grausigeren Szenen gekürzt und unter dem Titel *The Lady and the Doctor* herausgebracht, und in den USA trimmte man ihn später auf Beiprogramm-Länge und titelte ihn aus unerfindlichen Gründen in *Tiger Man* um. George Sherman, der sein Regie-Handwerk bei billigen Western gelernt hatte, stattet den Film mit wenig gotischem Stil aus – mit viel weniger als es beispielsweise ein anderer Western-Spezialist, Lambert Hillyer, in *Dracula's Daughter* und *The Invisible Ray* einbrachte –, doch er verleiht ihm ein anständiges Tempo und überläßt es ganz dem guten alten Erich, dem Film so viel gotische Würze zu geben, wie man sich nur wünschen kann.

30 Strangler of the Swamp
(DER WÜRGER VOM MOOR) 1945

Charles Middleton und ein potentielles Opfer, Rosemary LaPlanche. Im Film selbst ist Middleton längst nicht so deutlich zu erkennen wie auf diesen Standfotos.

Regie Frank Wisbar, nach seinem eigenen Drehbuch und Originalstoff. *Kamera* James S. Brown. *Art Director* Edward C. Jewell. *Produktion* PRC. *Darsteller* Rosemary LaPlanche, Robert Barrat, Blake Edwards, Charles Middleton, Effie Parnell, Nolan Leary, Frank Conlan, Theresa Lyon, Virginia Farmer.

PRC galt in den vierziger Jahren verdientermaßen als Repräsentant des absoluten Tiefpunktes billiger, unabhängiger Produktionen, Zwar brachten Gesellschaften wie Resolute, Ajax oder Beacon in den dreißiger Jahren sogar noch zusammengestoppeltere und abgedroschenere Produkte zustande – doch machten sie ihre Filme in gemieteten Studios für buchstäblich ein paar Tausend Dollar das Stück, verkauften ihre Ware an verschiedene Verleiher und waren auf Hauptdarsteller angewiesen, die entweder unbekannte Größen, hin und wieder talentierte Nachwuchskräfte auf dem Weg nach oben oder – tragischerweise – einst bedeutende Stars, die auf ihrem Abstieg nach jedem Strohhalm griffen, waren. Niemand erwartete von solchen Gesellschaften Qualitätsprodukte. PRC besaß aber zumindest eigene Studios und Verleihmöglichkeiten, eine jährliche Produktionsziffer, die ständig wuchs, sowie einen einigermaßen talentierten Schauspielerbestand. Und doch roch alles, was diese Firma produzierte, nach hastiger Rationalität und Sparsamkeit. Mit den Darstellern wurde nicht genügend geprobt; die Bauten waren schäbig; die Kameraarbeit war häufig schlampig und oft absichtlich duster und trübe, um das Fehlen irgendwelcher Dinge zu vertuschen, die es wert gewesen wären, gefilmt zu werden. Vor allem spürte man immer räumliche Enge: Die Schauspieler spielten vor Kulissenfassaden oder einer Rückprojektionsleinwand und wurden in Ecken gedrängt. Monogramm Pictures, die ähnlich arbeiteten, hatten wenigstens noch geräumigere Studios; ihre Bauten waren bescheiden, taten aber ihre Dienste. Und Republic schuf mit ihrer glatten Produktionsausstattung und sauberer, kristallklarer Kameraarbeit Meisterwerke im Vergleich zu dem PRC-Ausstoß.

Ein einziges Mal, in ihrer Anfangszeit, brachte die PRC dank Produzent Seymour Nebenzal und Regisseur Douglas Sirk zufällig einen Film *(Hitler's Madman)* zustande, der so gut war, daß sie nicht wußten, was sie damit anfangen sollten. Wegen des PRC-Firmenzeichens vor dem Vorspann bekam der Film nicht einmal die Aufmerksamkeit, die er verdiente; außerdem war er ein wenig zu teuer, um im eigenen Verleih der PRC seine Kosten wieder einspielen zu können. Folglich verkaufte die PRC ihre Superproduktion an MGM, die sie als nützlichen »B«-Film vermarktete. Umgekehrt verkaufte die Universal, als sie einen »B«-Film herstellte *(The Brute Man)*, den sie als zu schlecht und zu geschmacklos für ihren nicht allzu anspruchsvollen Standard erachteten, diesen der PRC – die darüber froh waren!

Der einzige Vorteil (für den Filmwissenschaftler, wenn nicht für den zahlenden Zuschauer) solcher Billigkeit war, daß man, wenn sich ein wirklich begabter Regisseur im Netz der PRC verfangen hatte, dessen Talent und Initiative in seiner Arbeit tatsächlich wiederfinden konnte, und zwar ohne die Verwässerung eines aufgepfropften Produktionsapparates. Zwar arbeiteten nie sehr viele bedeutende Regisseure für PRC, doch Leute wie Joseph H. Lewis, William K. Howard, Edgar Ulmer und Frank Wisbar haben (entweder sehr früh oder aber sehr spät in ihrer Karriere) hier Aufgaben gefunden, und Wisbars Film *Strangler of the Swamp* ist, obwohl nur knappe 60 Minuten lang und selbst für PRC-Verhältnisse billig, wohl von ihren wenigen Horrorfilmen der interessanteste Beitrag zu diesem Genre.

Um wirkungsvoll zu sein, benötigen Horrorfilme nicht unbedingt große Budgets – was sie benötigen, sind Zeit, Sorgfalt und eine gewisse Hintergründigkeit, also Dinge, die es bei PRC nicht gerade im Überfluß gab. Ihr Film *The Devil Bat* war eine durchschnittliche Geschichte über einen verrückten Arzt, die durch die Kraft, die Bela Lugosi der bösen Gestalt verlieh, einigermaßen erträglich wurde. Später gab es davon eine noch billigere Neuverfilmung unter dem Titel *The Flying Serpent,* wobei die Erträglichkeit diesmal dem fähigen George Zucco zu verdanken war. PRC drehte auch noch eine Fortsetzung namens *The Devil Bat's Daughter,* in der nun ein Psychiater der Bösewicht ist, welcher sich etwas davon verspricht, die Tochter des früheren verrückten Arztes ihrerseits in den Wahnsinn zu treiben. Ein wenig überzeugendes Finale (vor allem für die, die das Original gesehen hatten) stellte die Lugosi-Figur plötzlich als freundlichen und mißverstandenen Wohltäter der Menschheit dar, der eigentlich keines der Verbrechen begangen hat, die Bela aber doch vor unseren Augen mit solcher Begeisterung in Szene gesetzt hatte! *Dead Men Walk* war ein üblicher, billiger, spekulativer Vampir-Stoff, und *The Mad Monster* war nicht besser. *The Monster Maker* besaß wenigstens ein etwas glaubwürdigeres Drehbuch und zwei verläßliche Hauptdarsteller (J. Carroll Naish und Ralph Morgan) und lag deshalb einiges über dem Durchschnitt. Womit wir zu *Strangler of the Swamp* kommen.

Zu Beginn der dreißiger Jahre drehte Frank Wisbar, ein Regisseur, den künstlerische Experimente schon immer mehr interessiert hatten als kommerzieller Erfolg, in Deutschland einen bemerkenswerten phantastischen Film mit dem Titel *Fährmann*

Ein Werbefoto für *The Devil Bat's Daughter* mit Rosemary LaPlanche und John James; Frank Wisbars zweiter Horrorfilm für PRC.

Maria, mit der einzigartigen Sybille Schmitz, unvergeßlich als Opfer der Vampirin in Carl Dreyers *Vampyr*, in der Hauptrolle. Wenngleich kein Horrorfilm, kam in dem Film doch Übernatürliches vor, und er präsentierte – wie so viele deutsche Filme seiner Art – einen personifizierten Tod. Vermutlich geht er auf Fritz Langs *Der müde Tod* zurück, und er war ein ungewöhnlicher und origineller Film, der überraschenderweise von den filmgeschichtlichen Standardwerken – einschließlich Lotte Eisners ansonsten gründlicher Übersicht des deutschen phantastischen Films, *Die dämonische Leinwand* – übersehen wird. Lediglich in David Stewart Hulls *Film in the Third Reich* von 1969 wird der Film endlich be-

Charles Middleton steht dem wirklichen Mörder des Mannes gegenüber, für dessen Tod er hat hängen müssen.

rücksichtigt und, glücklicherweise, gelobt.

Wisbars Hollywood-Arbeiten – hauptsächlich »B«-Filme für PRC und Republic in den vierziger Jahren (einschließlich des oben erwähnten *The Devil Bat's Daughter*) – waren seiner meistens nicht würdig. Doch die action- und melodrama-orientierten Produzenten der PRC hatten endlich einmal selbst einen guten Stoff in der Hand, denn Wisbars *Strangler of the Swamp* ist eine vereinfachte Neufassung seines alten Klassikers *Fährmann Maria*. Die Heldin – Maria mit Namen und gespielt von Rosemary LaPlanche – kommt angereist, um den Betrieb einer einsamen Fähre zu übernehmen, als der Eigentümer, ihr Großvater, stirbt. Die Gegend wird von dem Geist eines Mannes heimgesucht, der vor Jahren unschuldig für einen Mord gehängt wurde; nun kehrt er regelmäßig zurück, um den Tod der Männer herbeizuführen, die für seinen Tod verantwortlich waren. Sein Fluch trifft auch deren Nachkommen und kann nur aufgehoben werden, wenn ihm einer von ihnen freiwillig sein oder ihr Leben als letzte Buße opfert. Zum Schluß will Maria ihr eigenes Leben dem Geist geben, um den Mann zu retten, den sie liebt (Blake, Edwards, vor seiner Zeit als Regisseur und mit Julie Andrews). In den traditionellen deutschen romantisch-phantastischen Filmen – wie etwa *Nosferatu* – würde das Opfer angenommen und die Frau sterben, wodurch die, die sie liebt, weiterleben könnten. Eine derartige Lösung wäre für PRC, wo sie sich bereits zu diesem gotischen Stimmungsfilm hatten hinreißen lassen, allerdings undenkbar gewesen. Man einigte sich darauf: Der Geist ist schon mit der Geste zufrieden und kehrt in sein Grab zurück, nachdem er seinen Frieden mit Gott geschlossen hat und so einem traditionellen Happyend nicht länger im Wege steht.

Ähnlich den meisten alten deutschen phantastischen Filmen ist der Film vollkommen stilisiert und praktisch ganz im Studio entstanden. Es gibt höchstens drei echte Außenaufnahmen: eine von einer Landstraße, die in das Dorf führt, und zwei von einem baumgesäumten Feld, die aber beide so dunkel und unterbelichtet sind, daß sie fast noch irrealer wirken als der Rest des Films. Die Hauptkulisse mit der verlassenen Fähre, dem Fluß und dem Waldrand am anderen Ufer – mit der Schlinge, die an einem Baum hängt – ist so optimal konstruiert, daß sie sich für Übersichtstotalen aus verschiedenen Blickwinkeln eignet, was der Kamera dann ihre Großaufnahmen ermöglicht, aber auch ebenso für lange Kamerafahrten neben der Fähre her. Die krummen Bäume, das Fehlen von Sonnenschein oder Mondlicht und der ständige Bodennebel wirken zusammen, um die Grenzen der Dekoration – die in der Tat sehr klein gewesen sein muß – zu verwischen und ihr wirklichen Stil zu verleihen. Die übrigen Kulissen beschränken sich auf ein paar Innendekorationen (eine Hütte, ein Wohnzimmer, ein Büro) und einen Friedhof, doch der größte Teil der Handlung spielt sich wohlweislich in der Dekoration ab, die das meiste Geld gekostet hat: Fluß und Fähre.

Das erste Drittel des Films ist besonders wirkungsvoll: die Ängste und der Aberglaube der Dorfbewohner, das nüchterne Hinnehmen des Übernatürlichen, das schaurige Läuten der Fährglocke bei Nacht, die graduale Offenbarung des Geistes und dann der erste Höhepunkt, wenn er dem wirklichen Mörder gegenübertritt, der seinen Tod herbeiführt, indem er sich mit dem Seil der Fähre stranguliert. Die Erscheinungen des Geistes (gespielt von Charles Middleton) sind nicht zu häufig und gut realisiert; keine Spezialeffekte oder leuchtendes Licht, sondern nur ein düsterer, kaum erkennbarer Umriß, der eins ist mit den Schatten und der Nacht. Später ist es zugegebenermaßen ein Lapsus, den Geist sprechen zu lassen – zumal er nur das bestätigt, was der Zuschauer ohnehin schon weiß. Wenn er auch eine zum Teil sympathische Figur sein soll, wird er irgendwie zu menschlich, wenn er spricht, und weniger gefährlich, da er ja vermutlich für Vernunft und Gespräch empfänglich ist. Außerdem (und dies geht wahrscheinlich auf das Konto der PRC, die versuchte, das, was für sie bestenfalls ein Fehlschlag und schlimmstenfalls eine Katastrophe war, zu Standard-Horrorware zu machen) schadet die Musik dem Film erheblich. Musik kann in einem Horrorfilm selbstverständlich enorm wirkungsvoll sein, indem sie Stimmung schafft und Schocks verstärkt; doch auch Stille ist sehr wichtig, vor allem in einer Geschichte wie dieser, mit ihrer Atmosphäre aus Stille und Trostlosigkeit. Die aufgeregte Buhmann-Musik erinnert uns nur allzu oft daran, daß es sich um einen »B«-Horrorfilm handelt – und hält uns davon ab, auf Geräusche und Stimmen der Nacht zu lauschen. Wie so viele Horrorfilme behält auch dieser nie ganz die Spannung seiner Eingangsszenen bei – doch er ist zu kurz, als daß diese Spannung sich je ganz verflüchtigen könnte, und die letzten Minuten stellen einiges davon wieder her. Daß kein Mißverständnis entsteht: *Strangler of the Swamp* ist ein »B«-Film und kein unerkanntes Meisterwerk.

Seine Mittel waren so beschränkt, daß sogar (ganz effektvoll) gemalte Kulissen – mit ein bißchen wildem Wein und ein paar Büschen davor und diffus gemacht durch Trockeneis oder optisch erzeugten Nebel – eingesetzt werden, die als einleitende Totalen dienen, wobei die Kamera auf sie zufährt, um den Eindruck von Tiefe und Räumlichkeit zu erzeugen. Der Film gibt sich auch keine große Mühe, furchterregend zu sein, sondern läßt es dabei bewenden, ein atmosphärisches Stimmungswerk zu sein. Da der Geist/Würger und seine potentiellen Opfer alle irgendwie sympathisch sind, gibt es auch da keine großen Konflikte. Die Liebesgeschichte mit Happyend ist ja ganz zufriedenstellend – doch man spürt, daß das Publikum nicht allzuviel dagegen gehabt hätte, wenn der Würger es geschafft hätte, alle seine ahnungslosen Feinde und deren Nachkommen ins Jenseits zu befördern, bevor er in sein Grab zurückkehrt.

Aber unterste »B«-Kiste oder nicht – der Film ist ein lobenswerter Versuch, ein eingefahrenes Genre einmal anders anzugehen (ernsthafte Gespenstergeschichten waren 1945 immer noch eine Seltenheit auf der Leinwand, obwohl *Dead of Night* in diesem Jahr neue Impulse setzte), und vor allem ist er ein Beispiel dafür, wie unverfälschtes Gefühl und wahrer Stil selbst aus dem billigsten Film herausgeholt werden können, wenn er dem Regisseur am Herzen liegt. *Fährmann Maria*, ein echter, wenn auch weniger bedeutender Klassiker, ist von Filmkritikern und -historikern unbeachtet geblieben; *Strangler of the Swamp* entging sogar der Aufmerksamkeit von solch gründlichen Chronisten des Horrorfilms wie Carlos Clarens und Dennis Gifford.

Wisbar, der nach dem Kriege nach Deutschland zurückkehrte, lebt heute nicht mehr. Vielleicht ist die Aufnahme dieses Films in ein Buch mit dem Titel *Klassiker des Horrorfilms* – in dem Bewußtsein, daß er weit davon entfernt ist, ein Klassiker zu sein – die Art von romantischer Geste, die Wisbar und seine beiden Fährmann-Marias zu schätzen gewußt hätten.

31 The Body Snatcher

DER LEICHENDIEB 1945

Boris Karloff und Bela Lugosi.

Regie Robert Wise. *Drehbuch* Philip MacDonald und Carlos Keith (Val Lewton), nach der Kurzgeschichte von Robert Louis Stevenson. *Kamera* Robert de Grasse. *Musik* Roy Webb. *Produktion* RKO Radio (Val Lewton). *Darsteller* Boris Karloff, Bela Lugosi, Henry Daniell, Edith Atwater, Russell Wade, Rita Corday, Sharyn Moffet, Donna Lee, Robert Clarke, Mary Gordon, Bill Williams, Jim Moran, Carl Kent, Jack Welch, Larry Wheat, Ina Constant.

Val Lewton produzierte neun Horrorfilme für RKO Radio, von denen alle auf suggeriertem anstatt auf gezeigtem Horror aufbauten und an denen intelligente Drehbuchautoren und neue, junge Regisseure arbeiteten, die noch unverbraucht und voller Enthusiasmus waren. *Cat People* war der erste und vermutlich beste, obgleich er in den letzten Jahre so hochgepriesen worden ist, daß diejenigen, die ihn heute zum ersten Mal sehen, unweigerlich enttäuscht sein müssen. Eines der ständigen Probleme bei »B«-Filmen ist, daß Kritiker so wenige davon zu sehen bekommen; wenn sie dann zufällig einmal auf einen guten stoßen, fehlt ihnen jeder Sinn für den richtigen Maßstab, und sie preisen den Film aufgrund von Qualitäten und Intentionen, die aber, um gültig zu sein, auf den Überraschungs- und Entdeckungseffekt angewiesen sind. Hebt man *Cat People* auf die Ebene von *The Picture of Dorian Gray,* verliert er viel von seiner Originalität; begegnet man ihm aber auf der Etat- und Auswertungsebene von einem Film wie *Mad Ghoul,* so ist dies aufregend und lohnend.

Die großen Momente in *Cat People* konzentrieren sich alle auf die zweite Hälfte, und die gehobene, aber etwas langsame erste Hälfte läßt nicht ganz einsehen, was all das Geschrei darum soll. Die Lewton-Filme waren stets von Interesse, wenn ihr Niveau auch nicht gleichbleibend war. *The Leopard Man* hat einen grandiosen Anfang und einzelne brillante Momente, aber dafür einen schwachen Höhepunkt, und die Ausstattung verrät das schmale Budget. Trotz seiner gut eingefangenen Atmosphäre klaustrophobischer Bedrohung erzielt *The Seventh Victim* nicht voll seine Wirkung und *The Ghost Ship* den Eindruck, als würde er sich zu sehr Mühe geben, aus einem psychologischen Melodrama einen Horrorfilm zu machen, nur *weil* es eine Lewton-Produktion ist. *The Curse of the Cat People* wird an anderer Stelle dieses Buches besprochen, und die anderen – Tourneurs *I Walked With a Zombie* und Robsons *Isle of the Dead* und *Bedlam* – sind alle sehr bekannt.

Leider war es in den letzten Jahren praktisch unmöglich, diese Filme im Kino zu sehen, und eine ganze Generation von Kinogängern ist herangewachsen, die sie nur vom Fernsehen her kennt – was in vielen Fällen bedeutet, sie überhaupt nicht zu kennen, wie sie wirklich sind. Abgesehen von dem Schaden, den man diesen sorgfältig konstruierten Filmen durch das Unterbrechen für Werbespots zufügt, haben sie auch stark unter Kürzungen zu leiden gehabt. Gerade die Szene, die hauptsächlich dazu beigetragen hat, daß *Cat People* als Klassiker gilt – die schöne und schaurige Episode im Swimmingpool – fehlt fast ausnahmslos bei jeder Fernsehausstrahlung, nicht nur, weil es eine dunkle Sequenz ist, bei der auf dem Bildschirm kaum etwas zu erkennen ist, sondern auch, weil sie – eine Schlüsselszene! – eine abgeschlossene kleine Einheit für sich bildet: Man kann sie vollständig entfernen, ohne daß äußerlich ein Bruch entsteht. Da andere (allerdings weniger dynamische) Sequenzen inhaltlich dasselbe aussagen, ist die Kontinuität nicht gefährdet – obwohl der Gesamtwirkung des Films ein Todesstoß versetzt wird.

The Body Snatcher ist *Cat People* zwar sicher ebenbürtig und möglicherweise sogar überlegen, gehört aber seltsamerweise zu den weniger angesehenen Lewton-Filmen. Sogar heute noch gilt er hauptsächlich als ein Beispiel für den frühen Robert Wise und nicht als ein bedeutender Film an sich. In England wurden – obwohl das Publikum damals nichts merkte – einige der grausigeren Szenen sorgfältig entfernt. Es blieb immer noch ein guter Film, da es mehr um die Dialoge und Figurenzeichnung ging als um visuelle Dinge, doch stieß er nur auf mäßige Resonanz bei der Kritik, die ihn durchweg als »mittelmäßig« und »wirkungslosen Thriller« bezeichnete. Eines seiner Probleme war vielleicht, daß er sich nach einem Horrorfilm *anhörte.* Aus kommerziellen Gründen standen die Namen von Boris Karloff und Bela Lugosi an oberster Stelle, wodurch noch einmal der falsche Eindruck entstand, hier handele es sich um »Blut und Mut« der alten Schule; dabei spielte in Wirklichkeit Henry Daniell die Hauptrolle und Boris Karloff nur die größte Nebenrolle.

Trotz der Tatsache, daß allein schon sein Thema mehr »physischen« Horror verspricht als viele der anderen, eher psychologisch motivierten Lewton-Filme, ist *The Body Snatcher* einer der anspruchsvollsten und zurückhaltendsten Horrorfilme überhaupt. Auch hier gibt es zwar gelegentliche Schockeffekte (die so gut geschnitten sind, daß sie selbst bei wiederholtem Sehen ihre Wirkung beibehalten und ihren aufmerksamkeitserregenden Zweck erfüllen) und einen Höhepunkt von reinster Alptraumqualität, doch ist das Gelungenste des Films das Bild latenter Bösartigkeit, das Karloff als der Kutscher und Grabschänder heraufbeschwört, der Leichen für die Ärzteschule beschafft. Gut zu Kindern und zu seinem Pferd, stellt er doch einem im Grunde anständigen, über ihm stehenden Mann nach, nur wegen des Gefühls von Macht und pervertierter Selbstachtung, das dies ihm verschafft. Karloff ist in dieser Rolle großartig, und hier zeigt sich, wie sehr sein Talent in anspruchslosen Horror-Rollen verschwendet worden ist. In diesem Film sind seine Dialoge hervorragend geschrieben und werden von ihm ebenfalls großartig interpretiert. Henry Daniell, dieser ausgezeichnete Darsteller, wird von Karloff ein wenig an die Wand gespielt, aber dennoch ist auch seine Leistung erstklassig, und es tut gut, ihn auch einmal in einer Hauptrolle zu sehen.

Der gesamte Film spiegelt alle Sorgfalt, photographische Exzellenz und Produktionseffektivität wider (nicht zuletzt in dem Gebrauch von Bauten aus größeren Filmen), die Lewtons beste Arbeiten kennzeichneten. Ein wie guter Film *The Body Snatcher* wirklich war, wird deutlich, wenn man ihn mit einem englischen Film aus dem Jahre 1959, *The Flesh and the Fiends,* vergleicht, der ebenfalls die Geschichte von Burke und Hare zum Thema hat, sie aber mit weit weniger Geschmack und Feingefühl behandelt.

Bei all seiner Zurückhaltung serviert *The Body Snatcher* doch einen der grausigsten Horrorfilm-Höhepunkte überhaupt. Nachdem Dr. MacFarlane (Henry Daniell) die Leiche einer Frau aus einem frischen Grab geraubt hat, wird er durch sein Gewissen in den Wahnsinn getrieben. Während er inmitten eines Gewitters in seiner Kutsche dahinschliddert, bildet er sich ein, die Leiche wäre die von Gray, dem Kutscher (Boris Karloff), den er zuvor getötet hat. Als er anhält, um die Leiche anzusehen und sicherzugehen, erhellt ein Blitz (begleitet von einer raschen Kamerafahrt in die Großaufnahme) das kreidebleiche Gesicht Karloffs. Voller Panik schlägt Daniell mit der Peitsche auf die Pferde ein, der hagere Leichnam Karloffs, noch halb eingehüllt ins Leichentuch, fällt in einer unseligen Umarmung über ihn, und man hört, wie Karloffs Stimme eine frühere Drohung (»Du wirst mich niemals los!«) wiederholt, während die Kutsche eine Klippe hinunterstürzt. Eine anschließende Aufnahme von den beiden Leichen enthüllt, daß der gestohlene Leichnam natürlich nach wie vor der der Frau war. Doch dieses eine klassische Bild des Terrors, dem sicher jeder schon einmal in einem Alptraum begegnet ist, von einem Toten umarmt zu werden, ist so überwältigend, daß die »rationale« Erklärung der Halluzination noch längst nicht alle Zweifel aus dem Wege räumt.

The Body Snatcher ist nicht nur ein guter, sondern auch ein aufrührender Horrorfilm, da die »Bösen« zugleich faszinierend und sogar sympathisch sind und die Verbrechen selbst sogar einem lobenswerten Zweck dienen. Das zweideutige semi-mystische literarische Zitat, mit dem Lewton seine Filme gerne beendete, bringt in letzter Minute noch etwas Optimismus ins Spiel, kann aber sicherlich die nachhaltige Wirkung des Vorausgegangenen nicht entkräften.

Russell Wade, Henry Daniell und Boris Karloff.

Boris Karloff und Bela Lugosi.

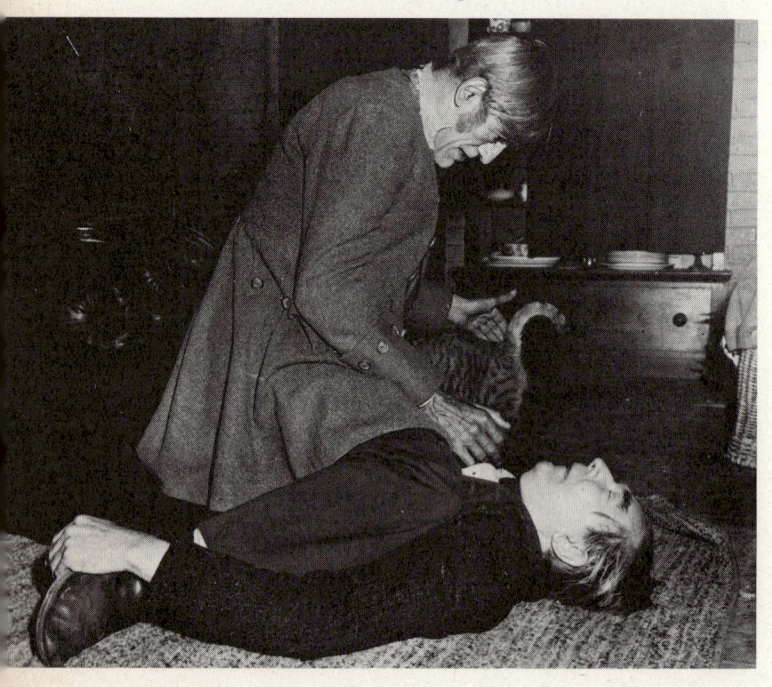

32 Katzenmenschen

Night of the Demon.

CAT PEOPLE
KATZENMENSCHEN 1942

Regie Jacques Tourneur. *Drehbuch* DeWitt Bodeen. *Kamera* Nicholas Musuraca. *Musik* Roy Webb. *Produktion* RKO Radio (Val Lewton). *Darsteller* Simone Simon, Kent Smith, Jane Randolph, Alan Napier, Tom Conway, Jack Holt, Alec Craig, Elizabeth Russell, Elizabeth Dunne, Mary Halsey, Dot Farley, Teresa Harris, Charles Jordan, Don Kerr, Betty Roadman.

NIGHT OF THE DEMON
DER FLUCH DES DÄMONEN 1958

Regie Jacques Tourneur. *Drehbuch* Charles Bennett und Hal E. Chester, nach *Casting The Runes* von Montague R. James. *Kamera* Ted Scaife. *Musik* Clifton Parker. *Produktion* Columbia (Hal E. Chester). *Darsteller* Dana Andrews, Peggy Cummins, Niall MacGinnis, Maurice Denham, Athene Seyler, Liam Redmond, Reginald Beckwith, Ewan Roberts, John Salew, Peter Elliott, Rosamund Greenwood, Brian Wilde, Richard Leech, Lloyd Lamble, Peter Hobbes, Charles Lloyd-Pack, Janet Barrow, Percy Herbert, Lynn Travy.

THE CURSE OF THE CAT PEOPLE
(DER FLUCH DER KATZENMENSCHEN) 1944

Regie Robert Wise und Gunther Fritsch. *Drehbuch* DeWitt Bodeen. *Kamera* Nicholas Musuraca. *Musik* Roy Webb. *Produktion* RKO Radio (Val Lewton). *Darsteller* Simone Simon, Kent Smith, Jane Randolph, Ann Carter, Elizabeth Russell, Eve March, Julia Dean, Erford Gage, Sir Lancelot, Joel Davis, Juanita Alvarez, Charley Bates, Gloria Donovan, Ginny Wren, Linda Ann Bieber, Sarah Selby, Mel Sternlight.

Jacques Tourneur, der Sohn von Maurice Tourneur, des vielleicht größten visuellen Regisseurs des Stummfilms, begann als Cutter und machte sich mit *Cat People* und *I Walked With a Zombie,* den ersten beiden der neun intelligenten Horrorfilme, die Val Lewton in den vierziger Jahren für RKO Radio produzierte, einen Namen als Regisseur. Weitere Regisseure für Lewton waren Mark Robson (der den Schnitt von *Cat People* besorgt hatte) und Robert Wise (Cutter bei *Citizen Kane*).

Tourneurs Bedeutung innerhalb der Lewton-Mannschaft ist oft von Kritikern unterschätzt worden, obwohl Hollywood sein Talent rasch erkannte und ihm schon bald kommerziell wichtigere Projekte anbot. Seine ersten größeren Filme spiegelten etwas von der visuellen Ausdruckskraft seines Vaters wider und von dem Understatement, das so kennzeichnend für die Lewton-Filme war. Sein großer Western *Cannyon Passage* (1946) enthielt nur kurze, sprunghafte Momente von Gewalt und Action, ein großer Teil seiner Grausamkeit wurde nur angedeutet, und viele der traditionellen Handlungselemente spielten sich außerhalb der Leinwand ab. Als Val Lewton Jahre später selber einen Western produzieren sollte *(Apache Drums),* war es ziemlich offensichtlich, daß ihm Tourneurs stilisierte Methode gefallen hatte, er sich daran erinnerte und diese nun für sich ausprobierte. Anfang der fünfziger Jahre dann schien es – obwohl er weiterhin ein kommerziell verläßlicher

Cat People: Simone Simon und Tom Conway.

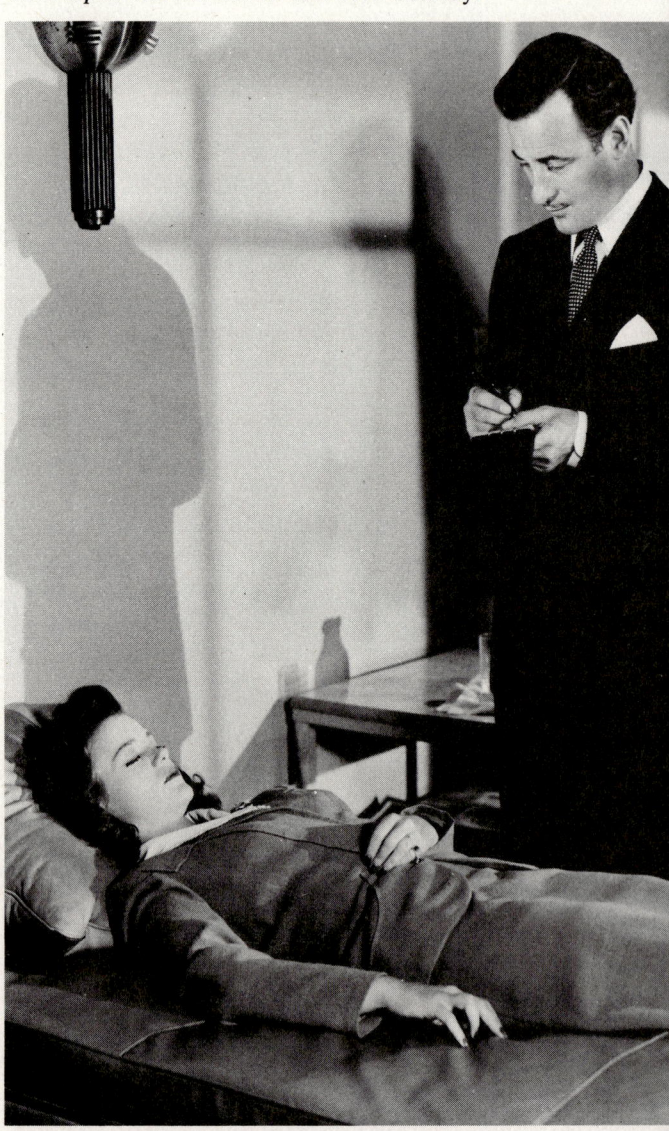

Regisseur blieb – vorbei zu sein mit Tourneurs originellem und erkennbarem Regiestil. Und plötzlich kam *Night of the Demon,* den er in England drehte und mit dem er bewies, daß er in den sechzehn Jahren seit *Cat People* nichts von seinem Talent verloren hatte.

Betrachtet man die beiden Filme zusammen, läßt sich ein interessanter stilistischer Kontrast erkennen. Beiden ist gemeinsam, daß sie Geschichten über übernatürliche Dinge erzählen, und beide haben einen methodischen Skeptiker als Helden. Wenn er trotz aller Logik, die er aufbieten kann, Angst bekommt, ergeht es dem Publikum genauso. In beiden Filmen wird auf fast dieselbe Weise das gesamte Arsenal filmsprachlicher Mittel aufgeboten: Einige der wirksamsten Effekte werden durch harte Schnitte in Ton oder Bild oder Ton *und* Bild erzeugt; oder durch das Hinauszögern bzw. Vorverlegen von *erwarteten* Szenen, die deshalb den Zuschauer dennoch überraschen.

Doch was die Gesamtgestaltung betrifft, sind die beiden Filme doch recht verschieden. *Cat People,* mit seiner total überarbeiteten Variation des Werwolf-Themas, verzichtet auf alle Standardeffekte wie Nebel, knarrende Türen, Trickaufnahmen und Verwandlungsszenen. Getreu Langs altem Motto, daß nichts, was die Kamera zeigen könnte, so schrecklich sein kann wie das, was sich die Phantasie ausmalen kann, zeigt es nichts und suggeriert doch alles. (Nur einmal wird ein Leopard in einem übernatürlichen Kontext gezeigt; Lewton wollte das nicht, wurde aber überstimmt. Allerdings schadet die Szene wenig, da sie immer noch als subjektive Einbildung seitens der in der Falle sitzenden Protagonisten gedeutet werden kann.) Die Schauplätze sind modern, normal und unspektakulär, schlichte Studiorekonstruktionen von New Yorks Büros, Museen, dem Central Park Zoo und seiner Umgebung. Die Personen sind gewöhnliche Durchschnittsmenschen. Die Horrorszenen bleiben unklar und fragmentarisch, und der Film vermittelt das gewollt unangenehme Gefühl, daß als einzige Erklärung das Akzeptieren des Übernatürlichen übrigbleibt. Die Sequenz, in der die Heldin in einem dunklen Hotel-Swimmingpool schwimmt und von der unsichtbaren und doch gegenwärtigen Katzenfrau – oder einem wirklichen Leoparden – bedroht wird, ist nicht nur eine klassische Episode ökonomischen Leinwand-Terrors, sondern funktioniert auch noch auf einer zweiten Ebene, da ihre Bilder voll von freudschen Symbolen sind. Die im Grunde realistische Ausstattung und der folgerichtige Einsatz von Licht, Schatten und verfremdetem Ton machen die Szene zu einem perfekten Beispiel für Fritz Langs *modus operandi,* wie man das Alltägliche in eine schwarze Alp-

Kent Smith, Jack Holt, Alan Napier und Jane Randolph.

traumwelt voller unsichtbarer Bedrohung verwandeln kann.

The Night of the Demon, gleichfalls intelligent konzipiert, geht den anderen extremen Weg und *zeigt* sein Monster. Zum Glück ist der Dämon so ein Trumm, daß er den gräßlichen Beschreibungen von ihm auch entspricht (was bei den meisten Film-Monstern nämlich nicht der Fall ist). Tourneur behauptet in jüngeren Interviews, daß es nie seine Absicht war, den Dämonen zu zeigen, daß er dem Muster seiner Lewton-Filme treu bleiben wollte und nur eine Ahnung davon vermitteln wollte und daß seine offene, physische Darstellung auf Betreiben des Produzenten eingebaut wurde, der in seinem Film wirklich etwas zeigen wollte. Als der Film herauskam, hat Tourneur diese Proteste allerdings nicht angeführt, und es ist fraglich, ob diese späten Beteuerungen ganz aufrichtig sind. Der Aufbau des Films und die Szenen, in denen der Dämon zwar nicht sichtbar, doch seine Gegenwart unbestreitbar zu spüren ist, lassen sicherlich nicht den geringsten Zweifel an der Existenz der Kreatur. Der ganze Sinn des Films liegt in der Tat nicht darin, daß Horror in der Einbildung geschaffen werden kann, sondern daß es Horror gibt, der so undenkbar ist, daß der Verstand ihn leugnen muß, um nicht verrückt zu werden. Der letzte Satz des Films – das altbekannte »Es gibt Dinge, denen man lieber nicht auf den Grund gehen sollte!« – kommt nach einer Materialisierung des Dämonen,

Night of the Demon: Niall MacGinnis und Dana Andrews.

der nur für diejenigen unklar ist, die wollen, daß er unklar bleibt.

Tourneur nimmt wie Lang seine Thriller ernst. In *Night of the Demon* gibt es lediglich in der Figur der Mutter des Bösewichts ein wenig Humor; sie befaßt sich mit Séancen, während ihr Sohn (eine weitere Leinwandvariante von Aleister Crowley und ausgezeichnet gespielt von dem einstigen Heldendarsteller Niall MacGinnis) die böse, zentrale Kraft in einem Strudel von Hexerei ist und der Dämonen, riesige Katzen und plötzliche Gewitter heraufbeschwört, um seine Macht unter Beweis zu stellen. Aber die Mutter ist hauptsächlich da, um die Ohnmacht des Normalen angesichts solch allumfassenden Bösen zu verdeutlichen, ähnlich wie Hitchcocks Meisterverbrecher in *Saboteur* und *The 39 Steps* von liebenden Ehefrauen und Familien umgeben waren. Auch in *Cat People* gibt es ein wenig beißenden Humor, was aber in erster Linie auf Bodeens Drehbuch zurückgeht. Den Psychiater, der glaubt, einen Patienten heilen zu können, indem er ihm einfach sagt, er solle nach Hause gehen und ein normales Leben führen, kann man schwerlich ernst nehmen! Und die muntere schwarze Kellnerin, die die Kunden anscheinend sehr individuell bedient (eine Bayerische Sahnetorte für den einen und – etwas verächtlich zu dem unbeholfenen Helden – »Den Apfelkuchen für *Sie*!«), unterstreicht auf sehr heitere Weise, daß jeder in gewissem Sinne ein Gefangener seines Schicksals und vom Leben in seine Rolle gedrängt ist. Doch es gibt keinen andauernden unterschwelligen Humor, wie etwa stets bei Hitchcock. Der hätte beispielsweise zweifellos die beunruhigende Szene, in der die Katzenfrau eine Tierhandlung betritt, worauf die sonst folgsamen Katzen und Vögel voller Panik lärmen und kreischen, bis der ganze Laden in Aufruhr ist, mit einigen visuellen Gags gespickt. Tourneur möchte, daß der Zuschauer an das glaubt, was er ihm zeigt, und es ernst nimmt. Wenn er zitiert, dann bezeichnenderweise von Lang, nicht von Hitchcock.

Ein großer Teil von *Night of the Demon* spielt nachts, und zwei Szenen in einem verlassenen Wald erinnern stark an die Verfolgungsjagd am Schluß von *Das Testament des Dr. Mabuse*. Selbst die eintönige, alte Clapham Junction Station – ein äußerst unattraktiver Schauplatz – scheint fast die fatalistischen Eigenarten von einer von Langs irrealen Wegstationen zwischen Leben und Tod anzunehmen. Tourneurs Unfähigkeit zur Parodie zeigte sich bei der viel jüngeren Horror-Satire *Comedy of Terrors* mit Karloff, Rathbone und Lorre, die in Tourneurs Händen zur schwerfälligen Burleske geriet.

Night of the Demon, der viele Ideen und einzelne Schnittpassagen von dem früheren *Cat People* übernahm, konnte dessen Muster aus Verfolgung und Spannung noch steigern. Er ist ohne Zweifel besser und furchterregender als *Cat People* und, was noch wichtiger ist, er ist der letzte wahre Horror-»Klassiker«, den wir haben. In den einundzwanzig Jahren, die seit seiner Entstehung vergangen sind, kamen ein oder zwei Filme nahe an ihn heran – insbesondere *Burn Witch Burn* –, aber keiner hat ihn je erreicht oder gar übertroffen. Vielleicht stellt sich irgendwann heraus, daß dies wirklich der absolute Höhepunkt des Genres der »denkenden« Horrorfilme war, das Val Lewton mehr als zehn Jahre früher ins Leben gerufen hatte.

The Curse of the Cat People hatte das zweifache Pech, einmal einen Titel zu haben, der eine märchenhafte Geschichte als Horror-Stoff verkaufen sollte, und zum anderen daß er als Fortsetzung von *Cat People* ausgegeben wurde. Als solche mußte er die traditionellen Horror-Liebhaber einfach enttäuschen, und die, die ihn zu schätzen gewußt hätten, konnten ihn nicht sehen, weil er nur begrenzt verliehen wurde. Abgesehen davon, daß einige der Hauptpersonen hier wieder auftauchen, ist es wirklich nur im entferntesten Sinne eine Fortsetzung des Originals. Tatsächlich mußte der Drehbuchautor, um zu erklären, wie eine bösartige »Werkatze« nach

Curse of the Cat People: Simone Simon.

ihrem Tode ein freundlicher und beschützender Geist werden kann, der sich mit dem Kind des früheren Ehemannes anfreundet, einige aufklärende Dialogsätze einbauen, die die Ereignisse des Originals jedoch verfälschten und verzerrten. Nur in einer Hinsicht gab es eine richtige Fortsetzung: Der Vater (Kent Smith in beiden Filmen), ursprünglich ein phantasieloser Dummkopf, ist als Vater noch unfähiger denn als Ehemann. Den ganzen Film hindurch hat sein Verhalten etwas von naiver Überheblichkeit, und wenn der Film zum Schluß ausblendet, belügt er immer noch seine Tochter, die mit viel mehr Phantasie gesegnet ist.

Die Bedrohung in *The Curse of the Cat People* (in dem weder ein Fluch noch Katzenmenschen vorkommen) ist unklar und bewußt vage. Der einzige Horror in dem Film ist die gruselige Legende vom »Reiter ohne Kopf«, die eine halbverrückte alte Schauspielerin einem ängstlichen Kind erzählt – und wenn das Kind dann später (als es sich nachts auf einer Landstraße verläuft) glaubt, daß es dem Gespenst begegnen würde. Und doch erreichen die Schreckensmomente, die sich die Phantasie aus nichts zusammenbaut (auf die Weise entstehen die meisten kindlichen Ängste), die gleiche großartige Wirkung wie das Kratzen aus dem Sarg in *Isle of the Dead*, das Einmauern von Karloff in die Wand des Asyls in *Bedlam*, das plötzliche Stoppen des Busses mit einem katzengleichen Fauchen in *Cat People* oder das Schluchzen in dem verlassenen Dorf und der unheimliche Marsch zu dem Voodoo-Dorf in *I Walked With a Zombie*. Und wie in allen guten Märchen gehen Rührseligkeit und Schönheit Hand in Hand mit Furcht und Angst. Es wäre übertrieben zu behaupten, *The Curse of the Cat People* habe die ästhetische Vollendung von Cocteaus *La Belle et la Bête* oder Autant-Laras *Sylvie et le Fantôme*, doch besitzt er die gleiche Art von Schönheit.

Man möchte glauben, daß sich niemand sicher war, ob dieser Film nun ganz phantastischer Film oder ganz Horrorfilm werden sollte. Auch die Aufteilung der Regie war für den Film nicht gerade von Vorteil: Gunther Fritsch begann den Film und übergab dann an Robert Wise, weil er zur Armee berufen wurde. Die Auswirkungen von Kompromiß und Unschlüssigkeit kann man sehen. Bestimmte Szenen sind auf ein paar verschiedene Arten gedreht worden. In einer Fassung des Höhepunktes beispielsweise spielte der Geist der früheren Katzenfrau eine weit positivere und melodramatischere Rolle; so öffnete er auch eine verklemmte Schranktür, damit das Kind sich vor der verrückten Frau, die es umbringen will, verstecken kann. In der endgültigen Verleihfassung fiel dieses Element fort, und Märchenzauber siegte über ausgedehnte Spannung – sicher eine bessere Lösung. Trotz des hin und wieder unebenen Gesamteindrucks hat man das Gefühl, daß dies einer jener seltenen Fälle ist, bei denen das viele Hin und Her gerechtfertigt war und wo die Endversion nicht zu dem zusammengestoppelten Durcheinander geraten ist, das es hätte werden können.

33 Ein letzter Blick in die Runde

Eines der Hauptprobleme bei der Zusammenstellung eines Buches wie diesem ist, daß das Genre des Horrorfilms seit 1960 nur noch aus immer gleichen Massenprodukten besteht und fast buchstäblich den »B«-Western ersetzt hat, der sein Leben Mitte der fünfziger Jahre ausgehaucht hatte. *Frankenstein*- und *Dracula*-Filme schießen wie Pilze aus dem Boden, und es hat massenhaft Poe-»Adaptionen«, Monster- und Mutanten-Filme und verrückte Wissenschaftler gegeben, meistens natürlich in Farbe. Nur wenige dieser neueren Horrorfilme sind wirklich gut; viele von ihnen sind Neuverfilmungen von älteren Filmen und eindeutig schwächer als diese, trotz des in einigen Fällen größeren Aufwandes. Doch allein ihre ungeheure Anzahl und ihre allgemein geringe Qualität haben in einem automatischen Prozeß von Prozentsätzen und Vergleichen selbst den Routine-Horrorfilm von gestern auf eine sehr viel höhere Qualitätsstufe gehievt. Von daher findet sich ein Film wie *Dracula's Daughter* (1936), der Mitte der vierziger Jahre als mittelmäßig abgetan worden wäre, heute automatisch auf einem der höheren Ränge wieder. In Anbetracht der zugegebenermaßen willkürlichen Maßstäbe, nach denen viele Filme ausgesucht wurden, um in diesem Band gewürdigt zu werden, verdienen viele andere sicherlich zumindest eine kurze, anerkennende Erwähnung.

Dracula (1931): Bela Lugosi, Helen Chandler und Dwight Frye.

34 Vampire

Nosferatu – Eine Symphonie des Grauens (1922): Max Schreck.

NOSFERATU – EINE SYMPHONIE DES GRAUENS
1922

Regie F. W. Murnau. *Drehbuch* Henrik Galeen. *Kamera* Fritz Arno Wagner, Günther Krampf. *Bauten* Albin Grau. *Musik* Hans Erdmann. *Produktion* Prana. *Darsteller* Max Schreck, Alexander Granach, Gustav von Wangenheim, Grete Schröder.

NOSFERATU – PHANTOM DER NACHT
1979

Regie Werner Herzog. *Drehbuch* Werner Herzog, nach dem Roman *Dracula* von Bram Stoker und dem Murnau-Film *Nosferatu*. *Kamera* (Eastman Color) Jörg Schmidt-Reitwein. *Production Design* Henning von Gierke, Ulrich Bergfelder. *Special Effects* Cornelius Siegel. *Musik* Popol Voh, Richard Wagner, Charles Gounod. *Produktion* Werner Herzog-Gaumont/20th Century-Fox. *Darsteller* Klaus Kinski, Isabelle Adjani, Bruno Ganz, Roland Topor, Walter Ladengast.

DRACULA
DRACULA 1930

Regie Tod Browning. *Drehbuch* Garret Fort, Dudley Murphy, nach dem Roman von Bram Stoker. *Kamera* Karl Freund. *Art Director* Charles D. Hall. *Produktion* Universal (Carl Laemmle jr.). *Darsteller* Bela Lugosi, Edward Van Sloan, Dwight Frye, David Manners, Helen Chandler.

DRACULA'S DAUGHTER
(DRACULAS TOCHTER) 1936

Regie Lambert Hillyer. *Drehbuch* John L. Balderston, Oliver Jeffries. *Kamera* George Robinson. *Art Director* Albert D'Agostino. *Special Effects* John Fulton. *Musik* Heinz Roemheld. *Produktion* Universal (E. M. Asher). *Darsteller* Otto Kruger, Gloria Holden, Marguerite Churchill, Edward Van Sloan, Irving Pichel.

DRACULA
DRACULA 1958

Regie Terence Fisher. *Drehbuch* Jimmy Sangster, nach dem Roman von Bram Stoker. *Kamera* (Technicolor) Jack Asher. *Art Director* Bernard Robinson. *Musik* James Bernard. *Produktion* Hammer, England (Michael Carreras). *Darsteller* Peter Cushing, Cristopher Lee, Michael Gough, Melissa Stribling, Carol Marsh.

KISS OF THE VAMPIRE
DER KUSS DES VAMPIRS 1963

Regie Don Sharp. *Drehbuch* John Elder. *Kamera:* (Eastman Color) Alan Hume. *Art Director* Don Mincaye. *Special Effects* Les Bowie. *Musik* James Bernard. *Produktion* Hammer, England (Anthony Hinds). *Darsteller* Clifford Evans, Noel Willman, Edward De Souza, Jennifer Daniel.

LA MASCHERA DEL DEMONIO
DIE STUNDE, WENN DRACULA KOMMT 1960

Regie Mario Bava. *Drehbuch* Ennio de Concini, Mario Bava, Marcello Coscia, Mario Serandre, nach der Erzählung *Der Vij* von Nikolai Gogol. *Kamera* Ubaldo Terzano. *Art Director* Giorgio Giovannini. *Musik* Roberto Nicolosi. *Produktion* Galatea-Jolly, Italien. *Darsteller:* Barbara Steele, Andrea Checchi, Arturo Doninici, Ivo Garrani.

ET MOURIR DE PLAISIR
UND VOR LUST ZU STERBEN 1961

Regie Roger Vadim. *Drehbuch* Roger Vailland, Roger Vadim, Claude Brulé, Claude Martin, nach der Erzählung *Carmilla* von Sheridan Le Fanu. *Kamera* (Eastman Color, Scope) Claude Renoir. *Art Director* Jean Andre. *Musik* Jean Prodromides. *Produktion* EGA-Documento, Frankreich-Italien (Raymond Eger). *Darsteller* Mel Ferrer, Elsa Martinelli, Annette Stroyberg, Gaby Farinon.

THE FEARLESS VAMPIRE KILLERS
TANZ DER VAMPIRE 1967

Regie Roman Polanski. *Drehbuch* Roman Polanski, Gerard Brach. *Kamera* (Metrocolor, Scope) Douglas Slocombe. *Art Director* Fred Carter. *Musik* Krysztof Komeda. *Produktion* Cardre-Filmways, England (Martin Ranosohoff, Gene Gutowski). *Darsteller* Jack MacGowran, Roman Polanski, Sharon Tate, Alfie Bass, Ferdy Mayne.

JONATHAN
1969

Regie Hans W. Geissendörfer. *Buch* Hans W. Geissendörfer, nach dem Roman *Dracula* von Bram Stoker. *Kamera* (Farbe) Robby Müller. *Bauten* Hans Grailing. *Musik* Roland Kovac. *Produktion* Iduna, BRD. *Darsteller* Jürgen Jung, Ilse Künkele, Paul Albert Krumm, Oskar von Schab, Arthur Brauss.

Dracula: Bela Lugosi und Helen Chandler.

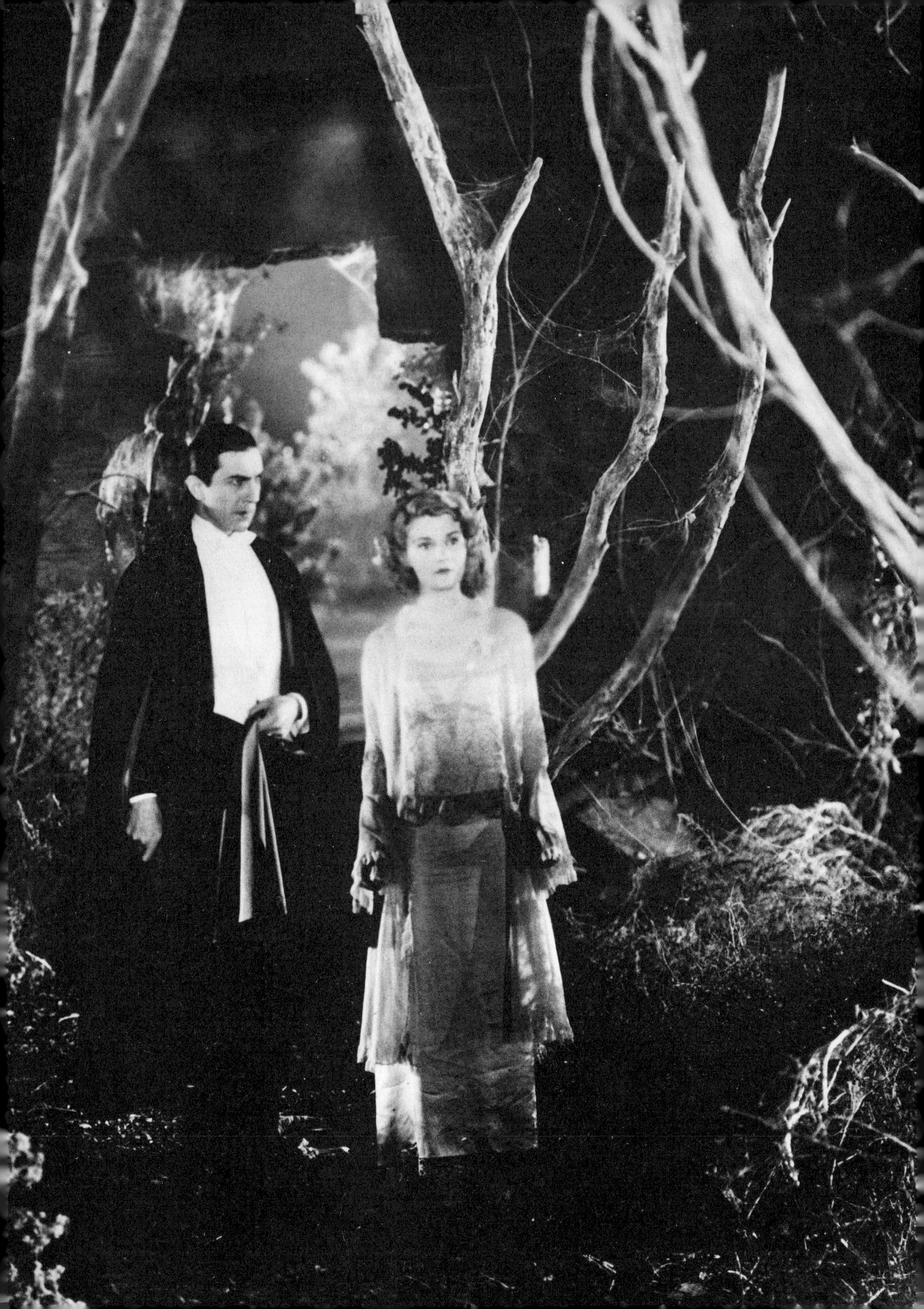

> Say "DRACULA" to them and their hair stands on end in delightful anticipation of the mystery and thrills to come. Say "DRACULA" and you're talking of a stage play that broke records for attendance in New York and every road-show city on the map. Louis Bromfield author of "The Green Bay Tree" and other best sellers is adapting it for the screen... The director is Tod Browning who gave you THE UNHOLY THREE and OUTSIDE THE LAW (now breaking records in first run houses everywhere).

In einer Anzeige, die die Produktion von *Dracula* ankündigt, ist von Bela Lugosi noch nicht die Rede; dafür wird Louis Bromfield als Drehbuchautor versprochen.

Die Vampir-Legende hat dem Horrorfilm unserer Tage wahrscheinlich mehr Stoff geliefert als irgendein anderes spezifisches Genre, und zwar nicht nur weil die Figur des Dracula rein rechtlich gesehen frei ist, sondern auch, weil der Vampirismus weit mehr erotische Möglichkeiten eröffnet als die meisten Grusel-Spielarten; als die Zensur lockerer wurde, waren die Produzenten rasch zur Stelle, um die Möglichkeiten für Sex und Nacktheit im Vampir-Bereich durchzuspielen. Eigentlich gab es diese Zutaten schon von Anfang an, obwohl sie damals selten ausgebeutet wurden. F. W. Murnaus deutscher Klassiker *Nosferatu – Eine Symphonie des Grauens* aus dem Jahre 1922, die erste *Dracula*-Bearbeitung überhaupt, enthält das ausgesprochen erotische (und typisch romantische) Element, daß die Heldin den Vampir in ihrem Schlafgemach empfängt und ihn bis zum Sonnenaufgang an ihrer Seite behält, wodurch sie ihn vernichtet und ihr Leben opfert, um ihren Mann und ihre Freunde zu retten. Diese Szenen besaßen eine deutlich sinnliche Qualität und die typisch germanische Verwendung stilisierter Schatten – trotz der widerwärtigen Erscheinung des Vampirs.

Nosferatu, der einmal von einem Kritiker treffend als »ein kühler Windstoß am Jüngsten Tag« bezeichnet wurde, ist höchstwahrscheinlich der erste *wahre* Horrorfilm, wenn man den zwei Jahre früher entstandenen *Dr. Jekyll and Mr. Hyde* mit John Barrymore einmal nicht berücksichtigt. Beeinflußt von der Schnittechnik D. W. Griffiths, besaß *Nosferatu* ein wesentlich schnelleres Tempo als der Durchschnitt der deutschen Phantastischen Filme dieser Zeit. Außerdem filmte Murnau den größten Teil des Films unter freiem Himmel, in echten Dörfern und einem authentischen Schloß, wodurch der Film wesentlich realistischer wirkte als die meisten anderen, im Studio entstandenen deutschen Filme. Er bewahrte sich den Expressionismus dieser Periode, doch war es ein Expressionismus, der eher auf naturalistischen als auf artifiziellen Formen beruhte.

Das Make-up von Max Schreck, dem Darsteller des Dracula, ändert sich im Verlaufe des Films unmerklich, so daß – obwohl man sich dessen nicht bewußt wurde – sein Aussehen mehr und mehr abstoßend wird; man betrachtete ihn nie als normales Schreckgespenst. Er hatte nichts von dem versöhnenden weltmännischen Benehmen Bela Lugosis in der späteren Hollywood-Version und sah buchstäblich aus wie ein aschfahler, lebender Leichnam. In vielen Szenen, in denen er auf Beutefang geht, wandert ihm sein grotesker, in die Länge gezogener Schatten wie ein böses Omen voraus, potentielle wie auch unmittelbare Opfer sind ständig in seiner Nähe, und die Wahrzeichen des Todes – Beerdigungen, Krankheit, Pest, Ratten – säumen seinen Weg. Die

Dracula: Bela Lugosi.

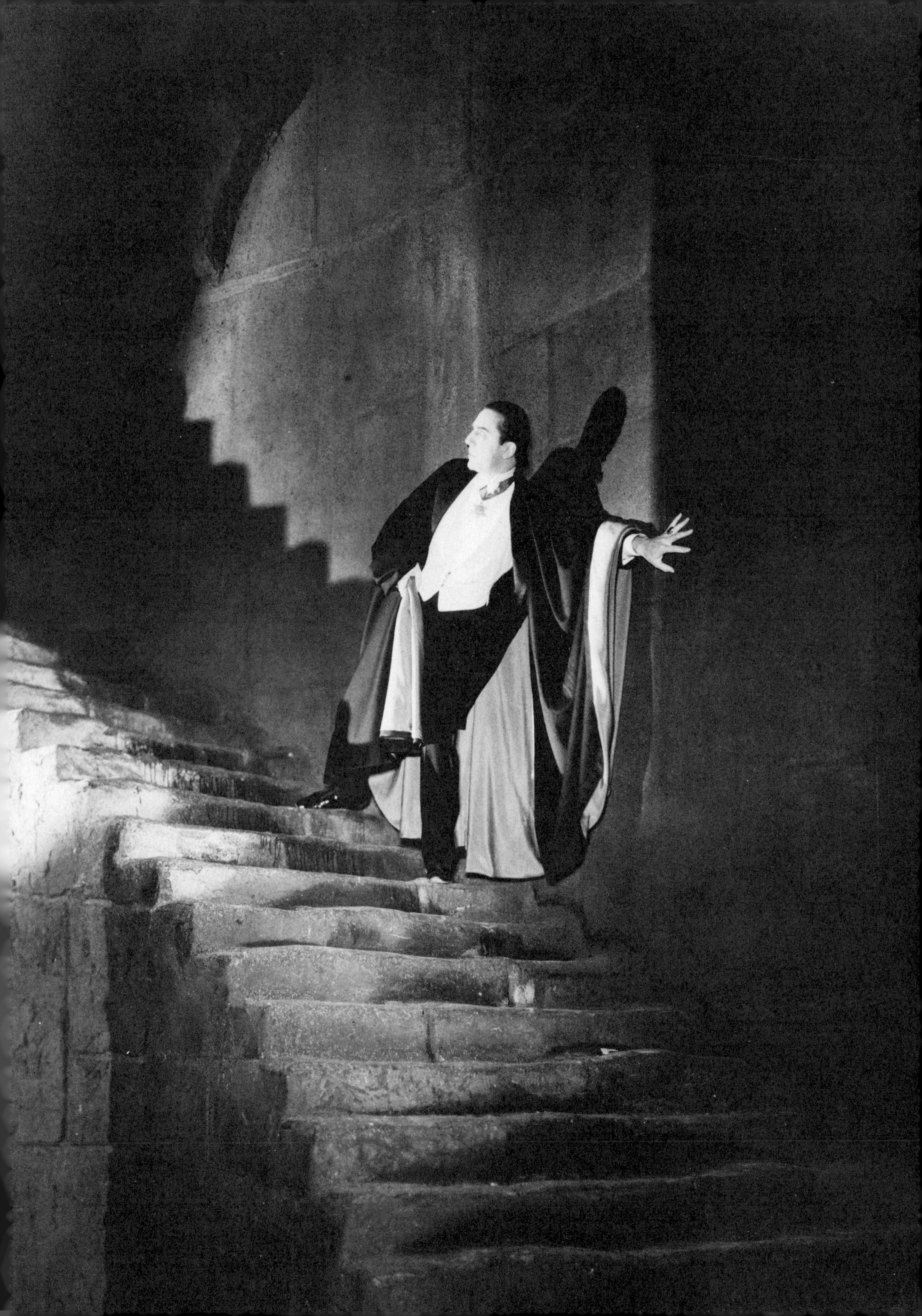

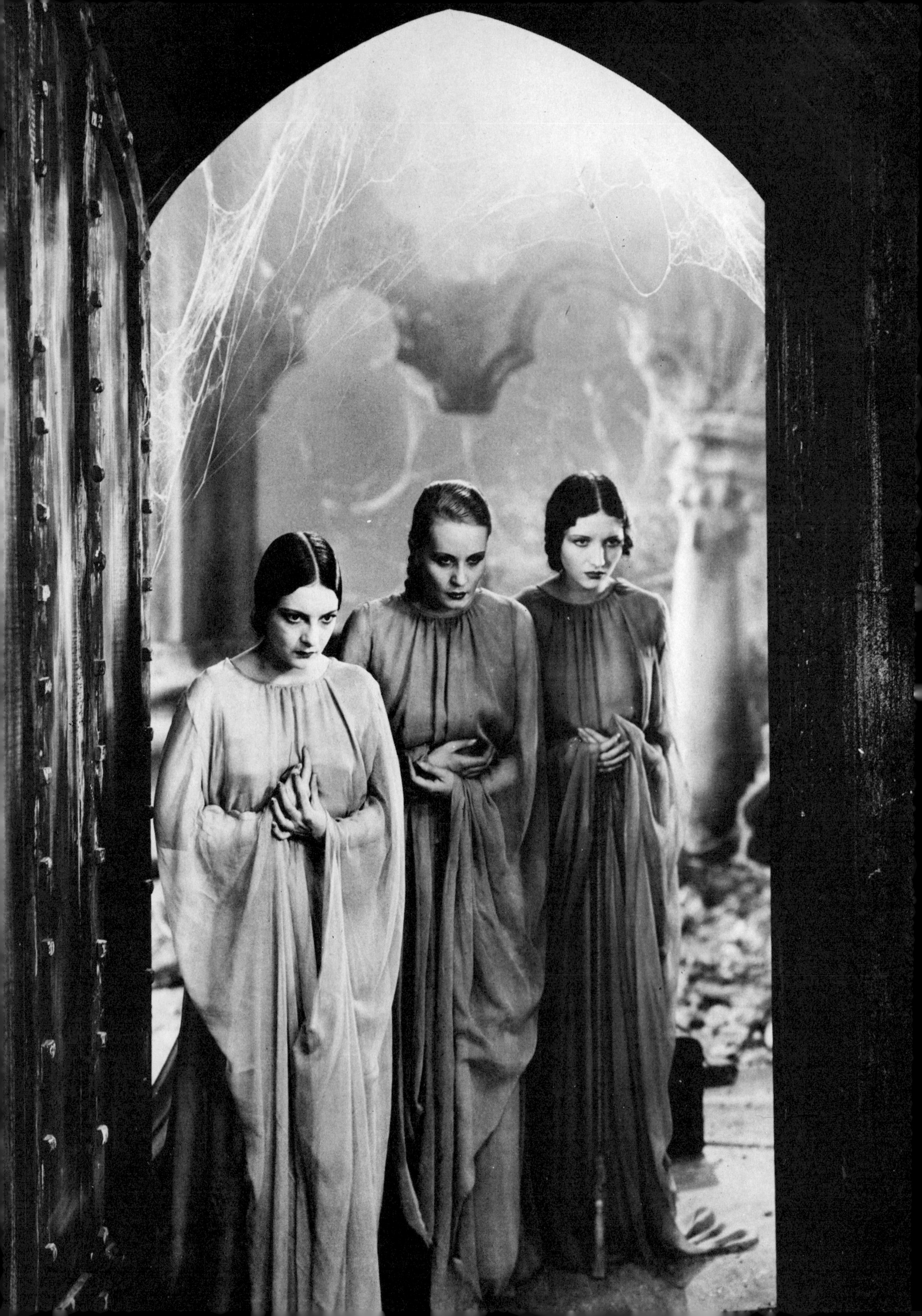

Dracula: Draculas Frauen.

Dracula: Bela Lugosi und Dwight Frye.

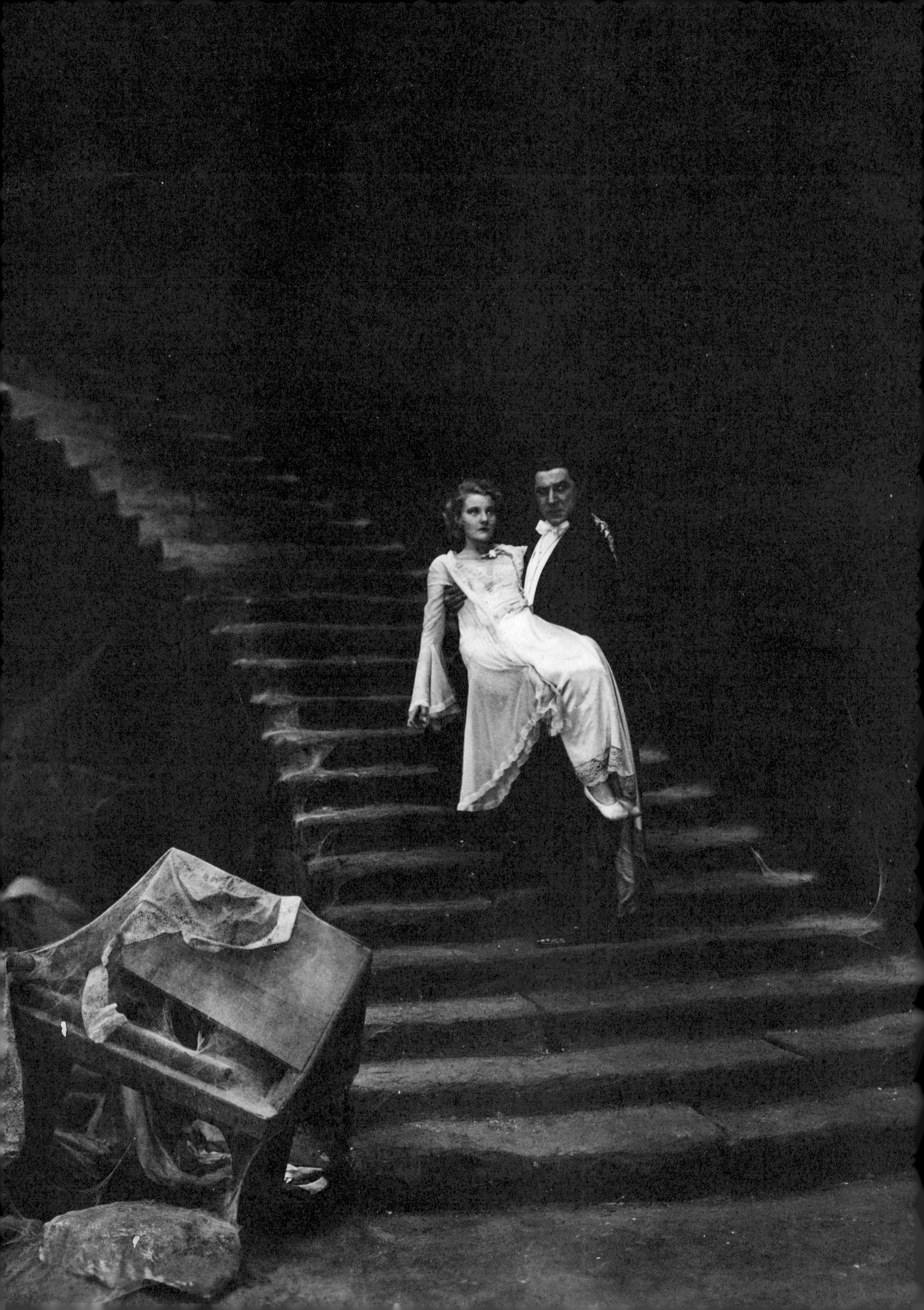

Dwight Frye als Renfield (links) und Edward Van Sloan als Professor Van Helsing.

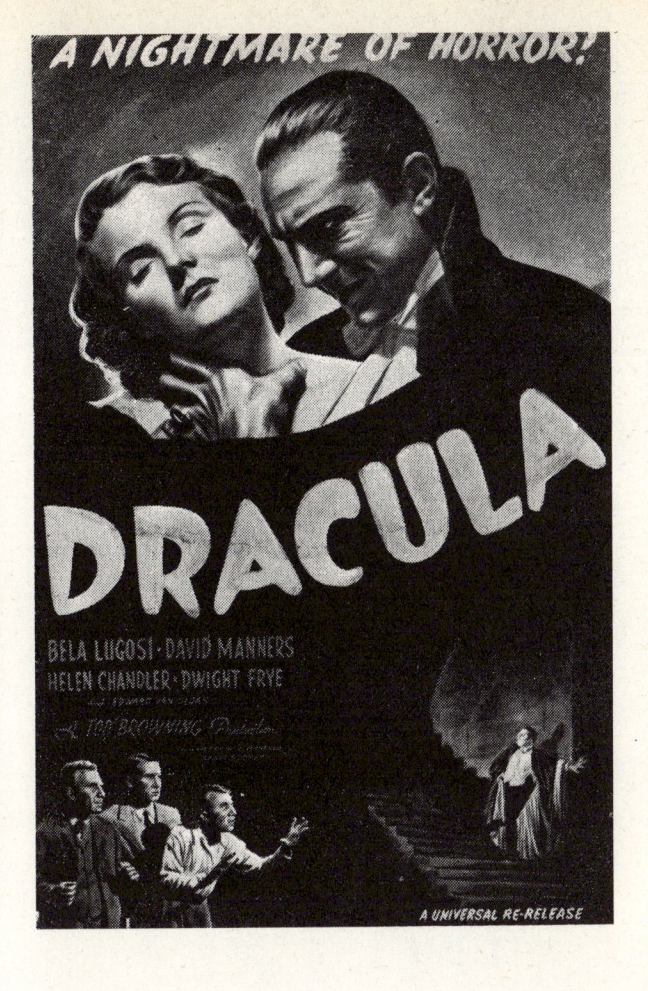

Bilder sind abwechselnd furchterregend und romantisch, und der Film – eine beachtliche Leistung, besonders im Hinblick auf die vorherrschenden Maßstäbe im damaligen Deutschland – ist nach wie vor einer der besten Vampir-Bearbeitungen und leidet lediglich unter dem extrovertierten und reichlich überzogenem Spiel von Alexander Granach (in einer Rolle, die der Renfield-Figur entspricht) sowie praktisch allen anderen Mitgliedern der Besetzung außer Schreck.

Mitte der siebziger Jahre kündigte der als einer der führenden Vertreter des Neuen Deutschen Kinos geltende Regisseur Werner Herzog, dessen Kaspar-Hauser-Film *Jeder für sich und Gott gegen alle* in vielen Momenten Murnau indirekt Hommage zollte, eine Neuverfilmung von *Nosferatu* an. Das Projekt wurde mit gemischten Gefühlen verfolgt und der Film, als er 1979 in die Kinos kam, äußerst zwiespältig aufgenommen. Trotz der Qualitäten, die Lotte Eisner ihm – vor allem aber seinem Regisseur – bescheinigt, muß *Nosferatu – Phantom der Nacht* als Fehlschlag gewertet werden. Anstatt seinen eigenen *Nosferatu* zu drehen, hat Herzog Murnaus Film mit Farbe, einer Tonspur und neuen Darstellern ausgestattet – fast schon eine barbarische, sicherlich aber eine anmaßende Methode. Lediglich in den prologähnlichen Aufnahmen einer fliegenden Fledermaus in extremer Zeitlupe und einigen mumifizierten Leichen, in ein paar landschaftlichen Kompositionen während Harkers Ritt zu Schloß Dracula, in dem Verhalten der Stadträte und Gelehrten und in der – reichlich aufgesetzt wirkenden – Wendung am Schluß (Lucys Opfer war umsonst: Harker ist schon selbst zum Vampir geworden) bringt Herzog Eigenes, Neues in den Film ein, das sich aber ausnahmslos gegen den Murnau'schen Kontext (mit formalen Rekonstruktionen, die bis in Details der Requisite, Bildkompositionen und sogar Schnittfolgen gehen!) zu sperren scheint. Klaus Kinski hat als Dracula einige unfreiwillig komische Dialogstellen und ist – im Gegensatz zu dem eher rätselumwobenen Max Schreck im Jahre 1922 – einfach zu populär für diese Gestalt, die ohne das Anonyme, Unfaßbare und Überirdische, das von ihr in Murnaus Film ausgeht,

Bela Lugosi und Helen Chandler.

Carlos Villarias als Dracula in der spanischen *Dracula*-Version der Universal, die gleichzeitig mit der Lugosi-Fassung gedreht wurde, inszeniert von George Melford.

den größten Teil seiner potentiellen Wirkung einbüßt.

Tod Brownings *Dracula*-Version von 1930 war nie ganz der definitive Vampir-Film, der er mit gutem Recht hätte sein können bzw. der er aufgrund seiner ersten zwei Akte versprach zu sein. Diese ersten Akte, mit sparsamem Dialog und ausdrucksstarken Bildern, werden eindeutig mehr von dem visuellen Stil von Kameramann Karl Freund (der später bewies, daß er auch Regie führen konnte) geprägt als von dem statischen und bühnenmäßigen Stil Brownings. Die Kamera, fast selbst wie ein Gespenst, schwebt gemächlich und ohne Hast durch die Gruft von Schloß Dracula. Die stimmungsvollen Bauten, die Beweglichkeit der Kamera, die Kunstfertigkeit der Spiegeltrick-Aufnahmen (besonders an der Stelle, als die Kutsche in den Borgo-Paß einfährt) und die Gestaltung einzelner Einstellungen (wie etwa, als Draculas drei weißgekleidete Frauen hereinschweben, um ein Opfer zu verlangen) sind alle charakteristischer für Freunds Arbeit als für Brownings.

Die Aufnahmen besitzen hier etwas Undefinierbares, Magisches: Die steifen, unfreundlichen Passagiere in der Kutsche bekommen dadurch ein Aussehen, als würden sie schreckliche Geheimnisse bewahren. Und wenn die Kutsche den Gasthof hinter sich läßt und über den kleinen Hügel ins Zwielicht fährt, hat man das Gefühl, dies *sei* Transsylvanien und Gespenster warteten schon hinter dem Hügel. Und doch war dies derselbe vertraute kleine Hügel auf dem Universal-Gelände, den Westernhelden und die Meuten des Sheriffs seit Jahren hinauf- und hinuntergaloppiert sind – und der auch noch in den sechziger Jahren seine Dienste tun sollte, als das Gelände bebaut und der Hügel für Touristen-Rundfahrten reserviert wurde. Jegliche Qualität, die Freund dem Film verliehen hatte, verschwand, als die Handlung Transsylvanien verließ und in London fortgesetzt wurde. Von da an folgte sie mehr dem Theaterstück als Bram Stokers schwierigem, aber dafür schauerlichen Roman. Über all die herrlichen visuellen Höhepunkte des Buches wurde im Film nur *gesprochen,* und in einigen Fällen wurden sie – was einen schier verrückt machen konnte – beschrieben, während sie sich gerade außerhalb des Blickfeldes der Kamera abspielten. Die dennoch schillernde Handlung, das vorzügliche Spiel Edward Van Sloans als Van Helsing und die prächtigen Dialoge bei seinen Begegnungen mit Lugosi machen den Film immer noch zu einem Erlebnis, aber er ist gestelzt und trocken und benötigt dringend eine Musik, um die vielen toten Momente mit Leben zu füllen.

Dracula war allerdings so erfolgreich, daß es verwundert, warum nicht unverzüglich eine Fortsetzung geplant wurde, um zum einen den Stoff selbst weiter auszupressen, zum anderen aber auch, um Lugosi auszubeuten, wie Karloff nach dem Erfolg von *Frankenstein* ausgebeutet werden sollte. Doch es dauerte fast sechs Jahre, bis ein Nachfolge-Film entstand. Im Jahre 1936 vertrauten Universal – obwohl James Whale, Louis Friedlander und andere Regisseure, die bereits erfolgreiche Horrorfilme gedreht hatten, noch bei diesem Studio unter Vertrag standen – ihre zwei größten Horror-Projekte seltsamerweise Lambert Hillyer an, einem bekannten Regisseur von sparsamen »A«-Filmen und William S. Hart-Western in der Stummfilmzeit, der sich in den dreißiger Jahren auf solide (aber ziemlich unwichtige) »B«-Western spezialisierte.

Keiner der beiden Filme, weder *Dracula's Daughter* noch *The Invisible Ray,* kann als bedeutender Horrorfilm bezeichnet werden, und eigentlich wäre *The Invisible Ray,* der weitaus aufwendigere der zwei, genauer unter Science Fiction einzuordnen.

Dracula's Daughter: Gloria Holden.

Dracula's Daughter: Irving Pichel und Gloria Holden.

Aber sie sind bemerkenswert gut gemacht und lassen so gekonnt Stimmung aufkommen, daß es überrascht, daß sie Hillyers einzige Arbeit in diesem Genre darstellten. Auch bei anderen Gelegenheiten brachte der Einsatz eines Western-Regisseurs bei Horrorfilmen gute Resultate. Da er gewohnt ist, schnell zu arbeiten und häufig zu improvisieren, ist der Western-Regisseur – vorausgesetzt, er taugt was – in der Lage, die bescheidenen Produktionsmittel viel besser auszunutzen als der reguläre Regisseur, denn im Vergleich zu der Summe, die er sonst zur Verfügung hat, ist dies für ihn der reinste Luxus. Ford Beebe, ein weiterer Western- und Serial-Veteran der Universal, verlieh als Produzent, Regisseur und/oder Autor Filmen wie *Son of Dracula* und *The Invisible Man's Revenge* durchaus Qualitäten, während Lesley Selander bei Republic mit *Catman of Paris* ähnliches gelang.

Viele Jahre lang wurde *Dracula's Daughter* achtlos beiseite geschoben, vielleicht, weil der Film keine Schlüsselfigur wie Karloff oder Lugosi aufzuweisen hat, auf die man seine Aufmerksamkeit richten konnte. Außerdem ebbte 1936 die erste Tonfilm-Horror-Welle gerade ab, und ein Film wie dieser – viel Handlung und Stimmung, aber wenig Spannung oder spektakuläre Momente – wirkte zahm im Vergleich zu zur selben Zeit entstandenen Filmen wie *The Bride of Frankenstein* oder *The Raven*. Heute allerdings lassen sich seine Qualitäten leichter erschließen. Es ist ein durchdachter und gut aufgebauter kleiner Film mit einiger exzellenter Kameraarbeit, einer erstklassigen Musik und ein paar wirklich großartigen Dialogstellen. Die darstellerischen Leistungen sind durchweg gut; Edward Van Sloan ist wieder Van Helsing, Otto Kruger spielt einen interessanten, außergewöhnlichen Helden und Gloria Holden und Irving Pichel geben ein gutes Paar als Vampirin und ergebener Sklave. Die ersten Minuten sind besonders zufriedenstellend: Es geht genau da weiter, wo *Dracula* aufhörte. Dafür werden aber ein paar Figuren fallengelassen, und auch auf eine Rückschau wird verzichtet, da man wohl voraussetzte, daß jeder *Dracula* gesehen hat.

Mit seinem fein abgestimmten unterschwelligen Humor (der gleich eine bizarre Wendung nimmt, wenn der lustige Polizist Billy Bevan überraschend ermordet wird) ist dieser erste Teil des Films wirklich äußerst gelungen. Die mittleren Partien haben gelegentliche Längen, der Rhythmus hängt, und es gibt zuviel Geplänkel zwischen Held und Heldin. Aber rechtzeitig vor Schluß werden die losen Enden wieder zusammengeknüpft, und die letzten Minuten lassen nichts zu wünschen übrig. Selbst im langsameren Mittelteil gibt es lohnende Sequenzen, besonders die, in der die Vampirin ein junges Mädchen dazu

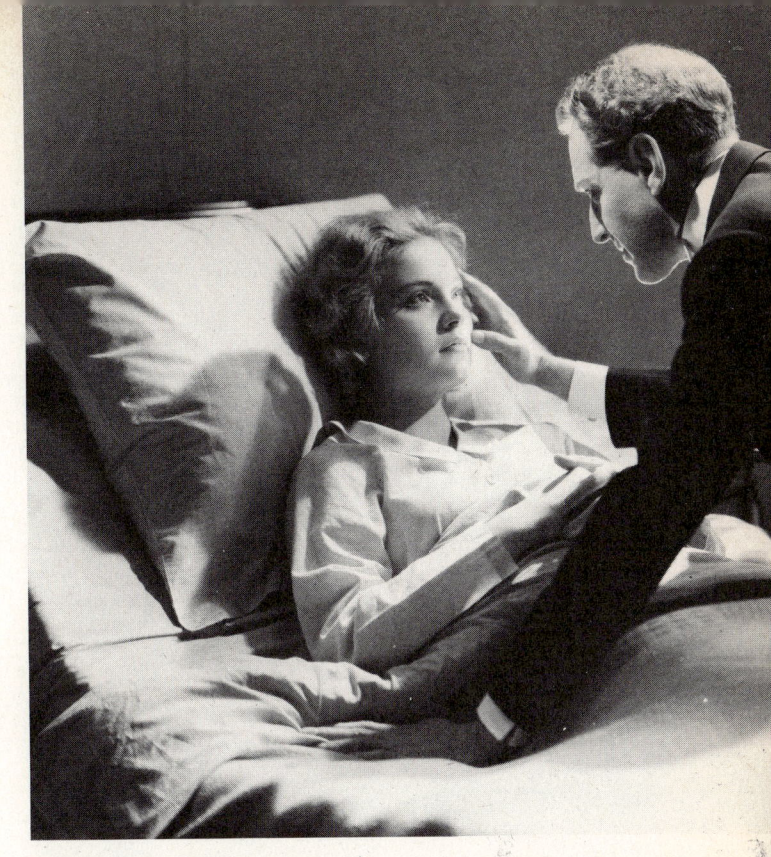

Dracula's Daughter:
Nan Grey und Otto Kruger.

benutzt, ihre eigene Kraft, der vampirischen Versuchung zu widerstehen, auf die Probe zu stellen; dadurch wird eine lesbische Beziehung zwischen den Vampirinnen angedeutet, was Roger Vadim auf extremere erotische Weise in *Et Mourir de Plaisir* fortführte.

Die meisten unserer Lieblings-Dialogsätze und -situationen werden hier der Reihe nach präsentiert. Edward Van Sloan bringt seinen unvermeidlichen Satz »Wir müssen es vernichten!«, ein Symptom der Engstirnigkeit, die er schon bei seinen früheren Begegnungen mit Dracula, dem Frankenstein-Monster und der Mumie an den Tag legte. Wieder einmal zerbrechen sich die Ärzte über die Bedeutung der zwei kleinen Einstiche über der *vena jugularis* den Kopf, und die Vampirin bringt nicht nur den altbekannten Sermon über ewiges Leben, sondern wiederholt wortwörtlich eine der bekanntesten Bemerkungen ihres Vaters: »Ich trinke niemals – *Wein*.« Die Szenen, wie sie sich in den mit Heimaterde gefüllten Sarg legt und aus ihm erhebt, sind auf exakt die gleiche Weise gefilmt (Kamera: George Robinson) wie die entsprechenden Szenen mit Lugosi im Original – eine Hand, die den Sargdeckel anhebt, ein Zwischenschnitt und dann eine rasche Fahrt zurück –, vermutlich in der Annahme, daß das Hinein- und Herausklettern sowohl mühsam als auch lächerlich

Dracula's Daughter: Nan Grey und Gloria Holden.

Son of Dracula: Louise Allbritton, Lon Chaney jr. und Robert Paige.

ist und der Illusion untoter Eleganz mehr gedient ist, wenn der Vorgang selbst nicht gezeigt wird.

Alles in allem schneidet *Dracula's Daughter* nicht schlecht ab. Die wenigen, aber großen Bauten machen einen teuren Eindruck, und Kulissen aus früheren Filmen (z.B. Mings Laboratorium aus *Flash Gordon*) sind auf raffinierte Weise integriert worden. Auf seine Weise ist der Film fast ein Musterbeispiel dafür, wie Sorgfalt und Stil einem ziemlich billigen Film das Aussehen einer viel größeren Produktion verleihen können. Dennoch bleibt es rätselhaft, warum Universal keine aufwendigere Fortsetzung zu *Dracula* drehte, ebenso wie es unerklärlich bleibt, warum ein schnell heruntergekurbelter Film wie *Son of Kong* dem Original-*King Kong* folgen konnte. Doch während *Son of Kong* eine äußerst unwürdige Fortsetzung war und sogar alles so lächerlich machte, als wollte sie dem Ganzen ein für allemal ein Ende machen, ist *Dracula's Daughter* ein Nachfolger, den man sowohl genießen als auch respektieren kann.*

*In den letzten Jahren sind mehrere authentische geschichtliche Studien der vampiristischen Folklore und über den richtigen (nicht vampirischen, aber ausgesprochen blutdürstigen) Grafen Dracula erschienen. Hoffen wir, daß die Ausführungen zu Folklore und Legende verläßlicher sind als die »filmgeschichtlichen« Anmerkungen, die sich in diese Bände verirrt haben. Ein englisches Buch mit dem Titel *The Vampire In Legend, Fact and Art* (*Der Vampir in Legende, Wirklichkeit und Kunst*, 1973 erschienen), das von sich behauptet, »die erschöpfendste populäre Studie über Vampire, die je erschienen ist« zu sein, schwärmt von Szenen in Lugosis *Dracula,* die *nie* gedreht worden sind und nur im Roman vorkommen – wie etwa die herrliche Stelle, die in den Film hätte eingebaut werden sollen, wo Dracula wie eine Fledermaus mit dem Kopf zu unterst an der Mauer seines Schlosses herunterklettert. Der Autor baut noch weitere Fehler ein und spricht zum Beispiel davon, daß Lugosi in *Dracula's Daughter* wieder als Dracula zu sehen ist – Dracula ist hier aber nur für einen kurzen Augenblick zu sehen, wenn sein Körper (eine Puppe!) vom Feuer vernichtet wird.

In den darauffolgenden Jahrzehnten – bis zum heutigen Tag – kehrte der Vampir immer wieder – wenn auch in unregelmäßigen Abständen – auf die Leinwand zurück. *Son of Dracula* (1943) von Robert Siodmak war ein zurückhaltender, intelligenter Thriller, der zwar ein wenig mit den üblichen Horror-Zutaten, die die Anhänger des Genres erwarteten, sparte, aber dafür mit guten Dialogen, einem guten Aufbau der Handlung und ein oder zwei außergewöhnlich gut gelungenen Bildtricks aufwarten konnte. Neu in dieser Sparte war, daß die Heldin (Louise Allbritton) den Annäherungsversuchen des Vampirs (Lon Chaney jr.) einfach nicht widerstehen konnte, sich auf Gedeih und Verderb zu ihm hingezogen fühlte und ohne zu zögern von sich aus die Schwelle zum Vampirismus überschritt. *Return of the Vampire*, der im darauffolgenden Jahr entstand, war wieder mehr der gewohnte Stoff. Lew Landers, ein alter Hase, bei temporeichen, wenn auch nicht gerade einfallsreichen Gruselfilmen, hatte ihn für Columbia gedreht; der Film verlegte den Vampirismus in die Gegenwart, indem er während des Zweiten Weltkrieges in London spielte, und auch ein Werwolf (Matt Willis) tauchte darin auf.

Die Kulissen (in der Hauptsache natürlich bestehend aus Friedhof und Gruft) waren recht attraktiv, trotz der etwas übermäßig großzügigen Ausstattung mit Trockeneis-Nebel, und die Besetzung lag eindeutig über dem Durchschnitt. Nina Foch, stets eine interessante Schauspielerin und übrigens ein Werwolf in *Cry of the Werwolf,* verlieh der Rolle des potentiellen Vampir-Opfers weit mehr Format, als das Drehbuch eigentlich verlangte, und Frieda Inescourt war eine erfrischende Abwechslung als die rührige englische Ärztin, ein weibliches Gegenstück zu Professor Van Helsing. Doch die wahre *raison d'être* des Films war natürlich, daß man Lugosi zum ersten Male seit *Dracula* wieder in seiner verläßlichen Rolle als Vampir erleben konnte, und er spielte seine prächtigen Dialoge und nebelumwölkten Auf- und Abtritte wieder meisterhaft. Sein Vampir war diesmal ausgesprochen schlecht gelaunt, und von den galanten Umgangsformen Draculas war nichts mehr zu spüren. Der Film hatte ein beständiges Tempo und

The Vampire's Ghost: John Abbott in einem der weniger gelungenen Filme.

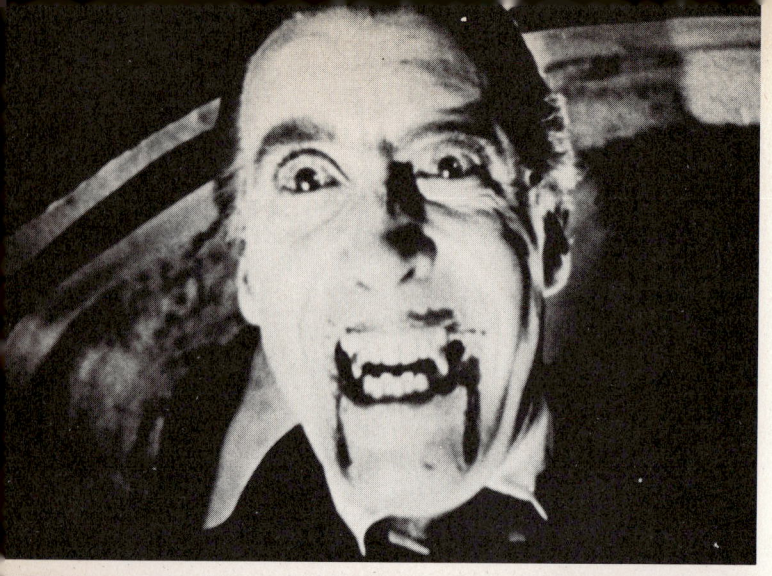

wesentlich weniger Dialoge als *Dracula*, und doch erreichte er offensichtlich nicht dessen Format; es ist schon tragisch, daß Lugosi, der definitive Vampir, nie einen definitiven Vampir-Film gemacht hat.

Der Erfolg von *Return of the Vampire* bewirkte, daß sich nun »B«-Film-Spezialisten dem Genre zuwandten – und der erste (und mit der schlechteste) Film, der so entstand, war der großspurig betitelte *The Vampire's Ghost* (1945). Einer seiner Höhepunkte bestand – bezeichnend für Republic – aus einer Wirtshausschlägerei! Der »B«-Film hat sich mit Vampiren immer schwer getan, da diese Art von Filmen einfach nicht lang genug sind und nicht das Budget besitzen, um sorgfältig Stimmung aufzubauen und gewöhnlich ohne Umschweife nur billige Spannungsmomente liefern können. Eine bemerkenswerte Ausnahme bildete *Condemned to Live* (1935), wahrscheinlich der einzige wirklich interessante Film, den die ärmliche, unabhängige Gesellschaft Invincible je gemacht hat. Er ist gut geschrieben, gut gespielt (besonders von Ralph Morgan) und außergewöhnlich gut photographiert, doch fehlte ihm selbst das Geld für die notdürftigsten Spezialeffekte, und so wurde er einer der am meisten vernachlässigten Vampir-Filme überhaupt.

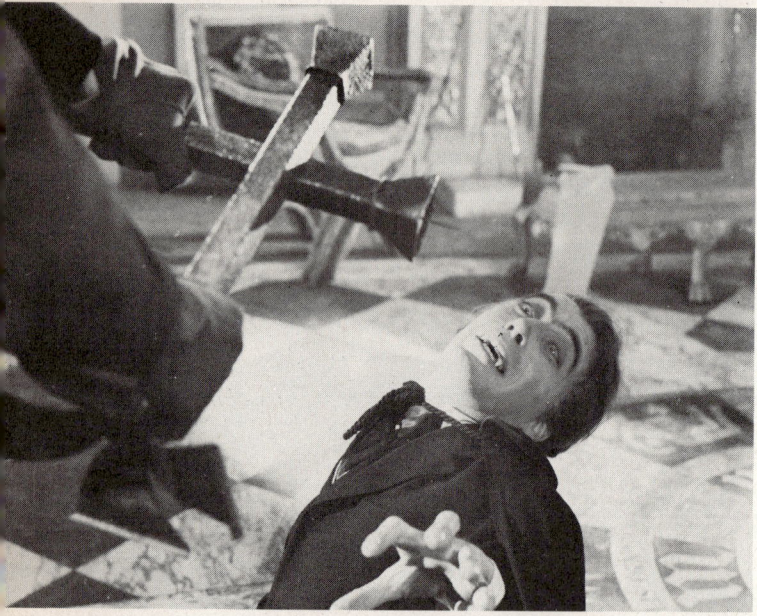

Im Jahre 1958 ließen Hammer Films in England den Grafen Dracula mit dem Film *Dracula,* einer Neuverfilmung des Originals, wiederauferstehen, was eine ganze Serie von Filmen nach sich zog. Farbe hatte dem Horrorfilm noch nie zum Vorteil gereicht (außer in den wenigen Fällen, wo sie wirklich kreativ verwendet wurde), und Hammer zeichnete sich nicht gerade durch Kreativität und Feingefühl aus. Abgesehen von dem Schockeffekt, wenn das Blut von Draculas Vampirzähnen tropfte oder beim Pfählen aus einem Körper spritzte (was allerdings durch zu häufigen Einsatz an Wirkung rasch verlor), brachte die Farbe dem Großteil der Hammer-Filme nichts ein, sondern beeinträchtigte sie eher noch. Außerdem spielten viele von ihnen irgendwo in Europa, doch die seltsame Mischung aus ländlichen und städtischen Akzenten wies die Kutscher, Gastwirte, Totengräber und Bauern unmißverständlich als Briten des zwanzigsten Jahrhunderts aus. Nur das Talent eines englischen Schauspielers vom Schlage eines Laurence Olivier, Clive Brook oder Ralph Richardson hätte diesen Rollen überzeugend Leben verleihen können – wenn diese sich dazu herabgelassen hätten. Zu Anfang setzten die Hammer-Filme mehr auf Schock, Sensation und Tempo als auf Atmosphäre und Überzeugungskraft. Nichtsdestoweniger war der erste ihrer *Dracula*-Filme *wirklich* der beste. Christopher Lees Dracula war ein wenig eindimensional, und im weiteren Verlauf der Serie spielte Dracula selbst eine immer kleinere Rolle. Auf der

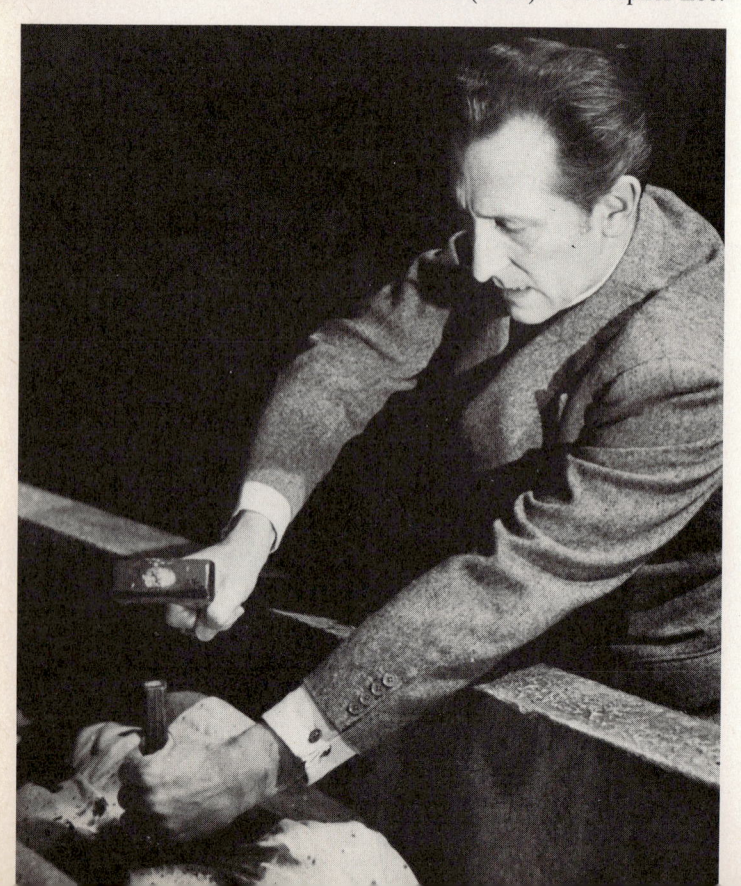

Dracula (1958): Christopher Lee.

Brides of Dracula (1960): Peter Cushing als der neue Van Helsing, Draculas zuverlässige Nemesis.

anderen Seite gab Peter Cushing, ein exzellenter Schauspieler, dessen Talent während seiner fast zwanzigjährigen Filmarbeit vor *Dracula* nicht richtig erkannt worden war, einen erstklassigen Van Helsing und hat seitdem den vielen absurden Horrorfilmen, in denen er mitwirkte, wahren Stil, Präsenz und sogar Glaubwürdigkeit verliehen.

Hammers bester Vampir-Film war einer, der nach ihren Maßstäben relativ unwichtig war: *Kiss of the Vampire* (1963), Regie: Don Sharp. Dies ist endlich einmal eine kleine Geschichte, die auf Mysterien und Atmosphäre Wert legt und auf ein geschmacklich vertretbares blutiges Finale. Sie beschäftigt sich viel mehr mit den sinnlichen Aspekten des Vampirismus als dies die Dracula-Filme desselben Studios tun, und eine makabre Ballszene, in der die Vampire in bizarren Masken tanzen, scheint von den semi-surrealistischen Phantasie- bzw. Kriminalfilmen der Franzosen Feuillade, Cocteau und Franju beeinflußt zu sein. *Kiss of the Vampire* verschwand recht bald wieder aus den Kinos, da man ihn zweifellos für zu zahm hielt im Vergleich zu den anderen, weit grausameren Horrorfilmen, doch wird er die Zeit vermutlich wesentlich besser überstehen als die meisten Filme seiner Art. Obwohl es eine Farbproduktion war, wurde die Farbe nie aufdringlich, sondern häufig gedämpft eingesetzt, und vorherrschendes Grau und Braun verliehen Innen- und Außenaufnahmen ein angemessen tristes Aussehen.

Zu einem Zeitpunkt, wo sich alles nur noch farbig um Vampire drehte, kam 1960 aus Italien ein willkommener und ungeheuer stilvoller Schwarzweißfilm: *La Maschera del Demonio*. Regisseur war Mario Bava, sozusagen Italiens Antwort auf James

Kiss of the Vampire (1962): Der einfachste und beste unter den Vampir-Filmen der Hammer. Vampir Noell Willman und Opfer Jennifer Daniel.

Kiss of the Vampire: Noell Willman (rechts) und seine Gefolgschaft.

Kiss of the Vampire: Clifford Evans in der Funktion eines Van Helsing und Vampirin Jacqueline Wallis.

Kiss of the Vampire: Die Ball-Szene im Stil der alten Feuillade-Filme.

La Maschera del Demonio (1961): Der beste von Mario Bavas dekorativen Filmen des gotisch-italienischen Stils.

Whale. Italienische Horrorfilme – die seit mehr als zehn Jahren in Mengen produziert werden – tendieren stets auf ziemlich ungesunde Weise zu exzessivem *Grand Guignol* mit ausführlichen, unangenehmen Darstellungen von Tod und Folter. Entstellte Gesichter spielen darin eine ganz besondere Rolle, und wie es dazu kommt, wird fast klinisch genau dargelegt (der Kopf eines Mädchens, der in einen Käfig voller lebender Ratten gesteckt wird, ist ein typisches Beispiel dafür). *La Maschera del Demonio* ist nicht ganz frei von dieser Morbidität, und die unangenehm detaillierte Hinrichtungsszene am Anfang und die späteren Gesichtsverstümmelungen der wiederbelebten Vampire beuten Sadismus und Schmerz in übertriebener Weise aus. Doch ansonsten ist der Film eine (visuell) phantastische Fingerübung in barockem Horror, düster und beklemmend von Anfang bis Ende, und trotz der ausufernden Dekoration gelingt es ihm, ein Land zu beschwören, in dem Phantome nichts Besonderes sind und als selbstverständlich akzeptiert werden. Es ist vielleicht der beste der vielen Bava-Horrorfilme, und Übertreibung – nicht nur in der Ausstattung, sondern auch in formaler und inhaltlicher Hinsicht – ist sein einziger größerer Fehler.

Es passiert zu viel, zu schnell; es gibt zu viel zu betrachten in der prächtig gestalteten Dekoration; es gibt zu viel formale Spielereien, und der übertriebene Gebrauch von harten Schnitten und Zooms erinnert einen zu oft daran, daß dies ja nur ein Horror-*Film* ist. Außerdem gibt es Ungereimtheiten: Der böse Vampir kehrt zurück, weil ihn ein jahrhundertealter Fluch gerufen hat; er verbreitet sowohl durch Willenskraft als auch durch physische Gewalt Tod und Verderben und ist doch in einem simplen Zweikampf mit einem Sterblichen (dabei noch nicht einmal einem sehr muskulösen) automatisch ebenso benachteiligt wie der Schurke in einer Western-Schlägerei. Wenn man allerdings die Unlogik akzeptiert, die einige der gelungensten Überraschungen des Films möglich machen, dann muß man dieselbe Unlogik auch an anderen Stellen akzeptieren, und *La Maschera del Demonio* ist einer der wenigen neueren Horrorfilme, der neben all seinem Schwelgen in physisch widerwärtigen Einzelheiten doch ein atmosphärisch gelungener Film ist.

Et Mourir de Plaisir (1961) ist wohl der beste Film Roger Vadims, dieses interessanten, doch unbeständigen französischen Regisseurs, und schon allein deshalb bemerkenswert, weil dies den einzigen ernsthaften Versuch darstellt, Sheridan LeFanus klassische Horror-Erzählung *Carmilla* zu verfilmen.*

Et Mourir de Plaisir ist ein praller, eleganter Film, der zum größten Teil an Originalschauplätzen im pittoresken ländlichen Italien entstanden ist, wo es immer noch viele Schlösser und Burgen gibt. Auch hier ist der Einfluß von Cocteau und Feuillade deutlich zu spüren, und die sinnliche Verarbeitung der lesbischen Aspekte gab dem ganzen eine geschmackvolle Erotik. Der Film erzeugte insgesamt eher Unbeha-

La Maschera del Demonio: Barbara Steele, als Heldin und Hexe eine faszinierende Kultfigur aus Horrorfilmen der sechziger Jahre.

---

*Obgleich Dreyers großartiger *Vampyr* angeblich darauf basiert, ist die einzige Gemeinsamkeit jedoch nur der weibliche Vampir. In den frühen siebziger Jahren produzierte Hammer zwei Vampir-Filme, die offiziell auf *Carmilla* basierten (*The Vampire Lovers* und *Lust of a Vampire*), doch beide benutzten lediglich die Grundidee der Vorlage als Vorwand für Sex und lesbische Darstellungen; Grusel und Atmosphäre waren zweitrangig. Nach diesen beiden Filmen spielten Nacktheit und Sex in den Hammer-Horrorfilmen eine immer größere Rolle. Vom kommerziellen (wenn schon nicht vom ästhetischen) Standpunkt aus war dies verständlich, da diese Filme in England automatisch von den Zensoren als »nur für Erwachsene« eingestuft werden und somit zwei Publikumsschichten auf einmal angesprochen wurden. Für den US-Markt allerdings, wo Horrorfilme hauptsächlich das jugendliche Publikum ansprechen, wurden die meisten Sexszenen herausgeschnitten, so daß zum Schluß nicht mehr viel übrigblieb.

Et Mourir de Plaisir (1961): Roger Vadims stilvolle Adaption von Le Fanus Carmilla.

gen als Furcht und war im Grunde ein groteskes Märchen. Allerdings wurde intelligent mit der Farbe gespielt, und der Farbe verdankt der Film denn auch seine gruseligste Szene: das Traum-Delirium eines Opfers der Vampirin, in dem sein Blutverlust – und sein Zustand wachsender Schwäche – in einem schwachen, blassen Rot ausgedrückt wird, in dem der Traum gefilmt bzw. kopiert worden ist.

Ein anderer in Europa entstandener Film, Roman Polanskis *The Fearless Vampire Killers* (US-Titel: *Dance of the Vampires*; 1967) gälte als unbestrittener Klassiker, wenn seine US-Verleihfassung nicht durch schwerwiegende Schnittänderungen und Kürzungen verunstaltet wäre (vermutlich ein Versuch, den bizarren Humor des Films abzuschwächen und aus ihm einen ernsteren Horrorfilm zu machen). Es ist einer der sorgfältigsten Vampir-Filme überhaupt, und er rekonstruiert die Zeit, die Kostüme und das Milieu Transsylvaniens gekonnt und realistisch; seine innere Spannung wird dadurch erhöht, daß seine »Helden« ungemein verwundbar und nur mit den gröbsten Kenntnissen im Umgang mit Vampiren beschlagen sind.

Es gibt zwar ein oder zwei Gags »für Eingeweihte«, doch diese zollen hauptsächlich auf zarte Weise den älteren Vampir-Filmen Tribut, und der am meisten ins Auge springende von ihnen ist Polanskis Entschlossenheit, den jungen Helden selbst zu verkörpern – vielleicht weil er dem Helden aus Murnaus *Nosferatu* so ähnlich sieht. Andere Gags verulken die inzwischen so vertrauten Vampir-Verhaltensweisen. Man erinnert sich da besonders an den jüdischen Vampir, der nur höhnisch kichert, als ihm sein potentielles Opfer ein Kruzifix entgegenstreckt!

Komik und Horror vereinen sich in diesem Film auf beunruhigende Weise, und »beunruhigend« ist vielleicht das richtige Wort. Es verstört schon ein wenig, zu sehen, wie komische (oder zumindest sympathische) Figuren als tödliche Vampire wieder auftauchen; sich dabei zu ertappen, daß man den eleganten Vampir-Grafen (außergewöhnlich gut gespielt von Ferdy Mayne, dessen Talent – wie Peter Cushings – ebenfalls lange für unwichtige Charakterrollen vergeudet wurde) nett findet und ihn zunächst als recht sympathische Persönlichkeit akzeptiert, und mitzuerleben, wie sich der Held mehr vor den Annäherungsversuchen des homosexuellen jungen Vampirs fürchtet als vor dessen Hang zum Blutsaugen. Die Komik in *The Fearless Vampire Killers* läßt einen auch fälschlicherweise glauben, daß es sich um eine reine Parodie handelt, und deshalb ist man umso schockierter angesichts des völligen Ernstes der Schlußsequenzen. Komik ist eine viel persönlichere Sache als Horror; es ist relativ leicht, Leuten Angst zu machen, aber es ist nicht so leicht (da weniger universelle Themen und Gefühle eine Rolle spielen), sie zu amüsieren.

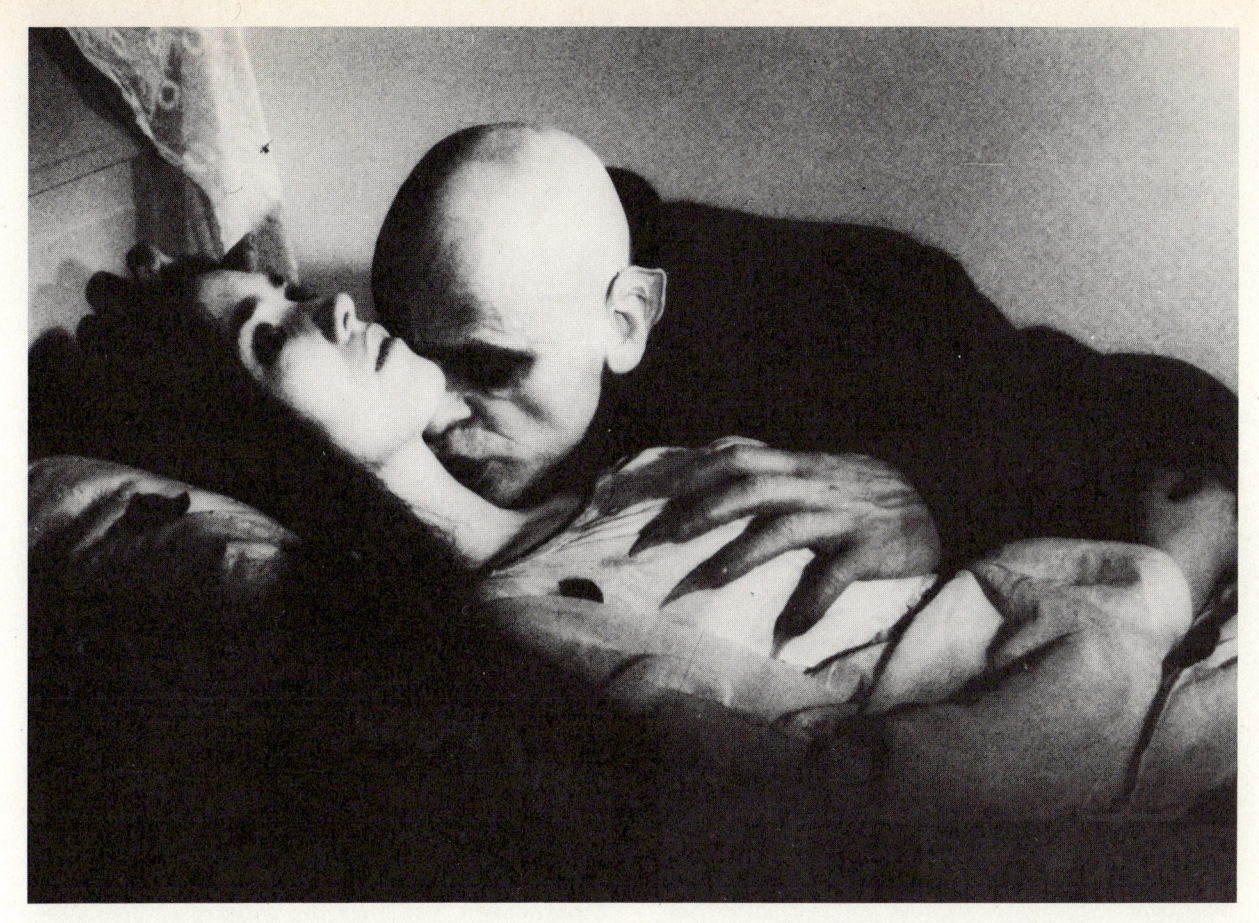

Von daher ist die Wirkung von *The Fearless Vampire Killers* unvorhersehbar und hängt zu einem großen Teil davon ab, wie der einzelne auf die Komik des Films reagiert. Doch es ist ein wesentlich originellerer Horrorfilm als Polanskis nächster Film, *Rosemary's Baby,* zu dessen Erfolg die Romanvorlage und die intelligente Rollenbesetzung und Darstellung wesentlich mehr beigetragen haben als Polanskis professionelle Regie. *The Fearless Vampire Killers* aber ist neben Carl Dreyers *Vampyr* der vielleicht beste Vampir-Film überhaupt.

Nebenbei bemerkt war es der erste Vampir-Film, der das Böse über das Gute triumphieren ließ. In den fünfziger Jahren hatten Science Fiction-Filme allmählich mit der Tradition des automatischen Happyends und mit dem Prinzip, daß das Gute im Menschen schon einen Weg finden würde, um die Invasion, Krankheit oder anderes Übel aus dem All zu vernichten, aufgeräumt. Mehrere Science-Fiction-Filme schlossen wie von ungefähr und oft schockierend entweder mit dem Untergang der Welt oder mit der Machtergreifung der Erde durch Wesen oder Mächte von anderen Planeten. Da die »Bösewichte« selten einzelne Individuen waren, stand die Zen-

Mühsam schließt sich der Kreis: In Werner Herzogs *Nosferatu – Phantom der Nacht* (1978) gibt sich Lucy Harker (Isabelle Adjani) dem Grafen Dracula (Klaus Kinski) hin.

Et Mourir de Plaisir: Elsa Martinelli, Annette Stroyberg und Mel Ferrer.

sur-Forderung, daß Gut über Böse triumphieren und der »moralische Lohn« des Bösen angedeutet werden müsse, nicht zur Diskussion. Außerdem befand sich die Zensur in einem Stadium der Veränderung und Revision. Deshalb dauerte es nicht lange, und der Horrorfilm schlug in die gleiche Bresche; in Filmen wie *The Haunting, The Haunted Palace* und *The Fearless Vampire Killers* siegt das Böse am Ende tatsächlich. Meistens allerdings (mit *The Haunting* als Ausnahme) wurde diese Wendung am Schluß halb als Gag angelegt, als Augenzwinkern in letzter Sekunde, damit das Publikum nicht verstört und verängstigt nach Hause ging (wie bei den Science-Fiction-Filmen), sondern damit es daran erinnert wurde, daß das ganze ein Spiel war, das man nicht ernst zu nehmen brauchte. Glücklicherweise ist der allerletzte Gag in *The Fearless Vampire Killers* von dergleichen Doppelbödigkeit wie der Rest des Films: Nach dem ersten spontanen Lachen dämmert einem, welchem Entsetzen der Schlitten entgegenfährt.

Auch Deutschlands *Jonathan* (1969) von Hans W. Geissendörfer besaß gute Voraussetzungen dafür, ein Klassiker zu werden, was in diesem Falle aber nicht nur durch Kürzungen, sondern auch durch nachträglich eingefügte Szenen leider verhindert wurde. Als er zum ersten Mal ausländischen Filmkaufleuten vorgestellt wurde, nahmen ihn die Kritiker, die zur Begutachtung eingeladen worden waren, mit Begeisterung auf – doch die potentiellen Verleiher meinten, er sei zu langsam und biete dem heutigen Publikum zu wenig Action. Der Film verkaufte sich also nicht, und so beschlossen die Produzenten, ihr Verkaufsobjekt dadurch attraktiver zu machen, daß Sex und vor allem Gewalt hinzugefügt wurde. Das Ergebnis: Es ist nun ein Film mit uneinheitlicher Stimmung, in dem die sorgfältig erarbeitete und eindrucksvolle Atmosphäre der ursprünglichen Fassung (die ein wenig an eine Mischung aus Dreyers *Vampyr* und den rätselhaften inhaltlichen Wendungen aus Hitchcocks *Vertigo* erinnerte) durch plötzliche Einschübe von Szenen von fast schon hysterischer Grausamkeit und übelkeitserregender Brutalität abgeschwächt wird.

Ein Teil der Gewaltszenen war auch schon im Original vorhanden, was auf eine ganz bewußte Absicht des Regisseurs zurückging. Obwohl der Film auf diesem Punkt nicht herumreitet, ist er doch zumindest zum Teil als Allegorie gedacht, indem die Tyrannei des Vampirismus (eine ganze Gemeinde wird von einer Gruppe von Vampiren unterjocht) mit der des Dritten Reichs oder irgendeiner anderen faschistischen Unterdrückung verglichen wird. Die letztliche Aussage ist, daß Faschismus und Terror (oder Vampirismus und Terror) nur mit denselben Mitteln zerstört werden könnten, mit denen sie selber arbeiten. Daher ist die Barbarei der Bauern, als sie sich zum Schluß endlich zu wehren beginnen und zu den Waffen greifen, ebenso blutdürstig, ekelhaft und die Würde des Menschen verleugnend wie die der Vampire. Durch forcierte Brutalität den ganzen Film hindurch verliert der Höhepunkt diese Aussage jedoch völlig. Die besten Elemente des arg verunstalteten Films bleiben die stillen, ruhigen Stellen. Die gedämpften Farben und der langsame Rhythmus der Kamera-Arbeit (Robby Müller) tragen dazu bei, das gleiche Bild einer von Geistern heimgesuchten Gegend entstehen zu lassen wie Dreyers älterer Film.

Eine bemerkenswerte Idee war auch der Einsatz von klassischer Musik, wenn die Vampire Frauen attackieren; die Bereitwilligkeit der Opfer und die ritualisierte Reverenz des Vampirs verwandeln diese Szenen buchstäblich in wahrhaft erotische und sogar ergreifende Liebeszenen. Ein weiterer beachtlicher Aspekt des Films war sein deutlicher Anspruch, eine Art Hommage an Bram Stokers Romanvorlage *Dracula* zu sein. Die äußere Ähnlichkeit ist zwar nur vage, doch er berücksichtigt Einzelheiten des Buches, die frühere Filmbearbeitungen unbeachtet gelassen haben, wie etwa die greuliche Vorstellung, daß der Vampir die Babies einer Bauersfrau entführt, um seinen Frauen Blut zu verschaffen, und daß die Mutter dann von Wölfen getötet wird, als sie versucht, ihre Kinder zu befreien. (Wie im Buch wird das Grauen der Situation ganz der Phantasie überlassen; es wird kein Baby wirklich gezeigt, und auch ihr Schicksal wird nie zur Sprache gebracht.) Den meisten Kritikern ist die Beziehung des Films zu *Dracula* anscheinend völlig entgangen – und manche taten so, als sei Jonathan – eine Figur, die aus dem Helden des Romans, Jonathan Harker, entstanden ist – der Vampir! Der neue Schnitt brachte ironischerweise nicht den beabsichtigten geschäftlichen Erfolg. Die Kritiken waren insgesamt zwar ernsthaft und anerkennend, aber eben exakt die Art von Kritiken, die die Anhänger anspruchsloser Horror-Ware von einem Besuch *abhalten*. In den USA zumindest verschwand der Film sehr schnell wieder in der Versenkung, und die Aussicht, daß er je seine ursprüngliche, weniger Brechreiz erregende Form wiedererhält, ist äußerst gering.

35 Werwölfe

The Wolf Man (1941): Lon Chaney jr.

THE WOLF MAN
DER WOLFSMENSCH 1941

Regie George Waggner. *Drehbuch* Curt Siodmak. *Kamera* Joseph Valentine. *Art Director* Jack Otterson. *Musik* Charles Previn. *Produktion* Universal. *Darsteller* Claude Rains, Ralph Bellamy, Evelyn Ankers, Lon Chaney jr.

THE UNDYING MONSTER
(DAS MONSTER, DAS NICHT STIRBT) 1942

Regie John Brahm. *Drehbuch* Lillie Hayward, Michael Jacoby, nach dem Roman von Jessie D. Kerruish. *Kamera* Lucien Ballard. *Art Director:* Richard Day. *Musik* Emil Newman, David Raksin. *Produktion* 20th Century-Fox. *Darsteller* James Ellison, Heather Angel, John Howard, Bramwell Flatcher.

Werwölfen sind wesentlich weniger Filme gewidmet worden als Vampiren, vielleicht weil das Makeup und die Spezialeffekte für die Verwandlungsszenen (wenn gut gemacht) kostspielig und zeitraubend sind, und außerdem, weil der Werwolf eine wenig sympathische Figur mit nur begrenzten Möglichkeiten ist. Während Vampire und diverse andere Monster schon in der Stummfilmzeit die Leinwand unsicher machten, kam der erste richtige Werwolf nicht früher als 1935, in Universals *Werewolf of London*, ins Kino. Schon damals bereitete die Notwendigkeit, daß das Monster gleichzeitig bedrohlich und sympathisch sein mußte, Probleme, und das eigenwillige und im Grunde unsympathische Spiel Henry Hulls machte die Sache nicht leichter. Ebensowenig wie die umständliche Handlung, die eindeutige Elemente aus *Dr. Jekyll and Mr. Hyde* mit verarbeitete. Der Film war zwar wie alle Universal-Horrorfilme dieser Zeit gut gemacht und hübsch anzuschauen, doch lag er weit unter ihrem gewohnten Durchschnitt.

Erst 1941 wagte man mit *The Wolf Man* einen neuen Versuch, und dies wurde einer der besten der neuen Sorte von Universal-Thrillern, mit Stars besetzt, prunkvoll und schnittig. Er besaß nicht gerade viele Horror-Elemente, was vermutlich daran lag, daß diesmal mehr auf die Figuren als auf die Handlung Wert gelegt wurde, und um den Werwolf (gespielt von Lon Chaney jr.) nicht unsympathisch erscheinen zu lassen, blieben seine nächtlichen Beutezüge relativ kurz und zurückhaltend. Was allerdings den Produktionsapparat anging, war der Film wirklich hervorragend: Musik, Bauten, Kamera, Makeup und Besetzung waren alle erste Garnitur. Warren Williams Rolle beschränkte sich fast ausschließlich darauf, von Zeit zu Zeit auszurufen: »Man hat die Halsschlagader durchtrennt!«; Claude Rains, Bela Lugosi, Evelyn Ankers, Maria Ouspenskaya, Ralph Bellamy und Patric Knowles waren da besser dran und stellten eine Besetzung dar, die für einen Film dieser Sorte sicher überdurchschnittlich stark war.

The Wolf Man lag einiges über dem »B«-Niveau von solchen Universal-Thrillern wie *The Night Monster,* war aber dennoch keineswegs ein reiner »A«-Film; er war anspruchsvoll, zurückhaltend und kaum der Horrorfilm, der er hätte sein können, trotzdem aber der »definitive« Werwolf-Film. Im darauffolgenden Jahr produzierte Fox – wohl um von seinem Erfolg zu profitieren – einen beachtlichen kleinen

Werewolf of London (1935): Henry Hull.

Werewolf of London: Warner Oland und Henry Hull.

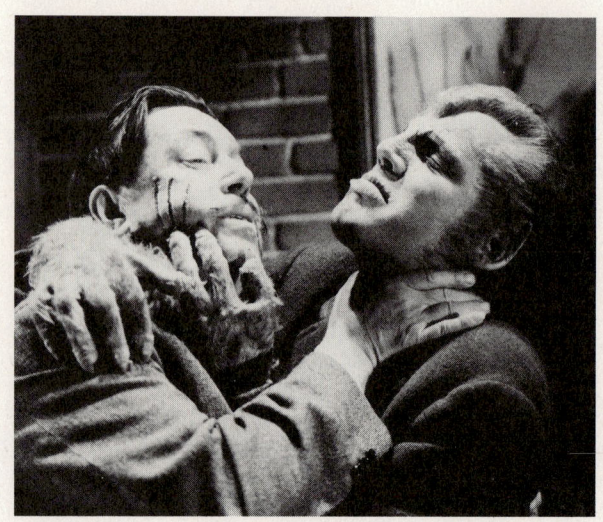

The Undying Monster (1942): Im Film ist der Werwolf nie so nah zu sehen und wird eigentlich von einem der Stars des Films verkörpert; für die Aushangfotos trägt ein nichtgenannter Schauspieler das Makeup, und vermutlich spielt er auch in allen Totalen im Film selbst.

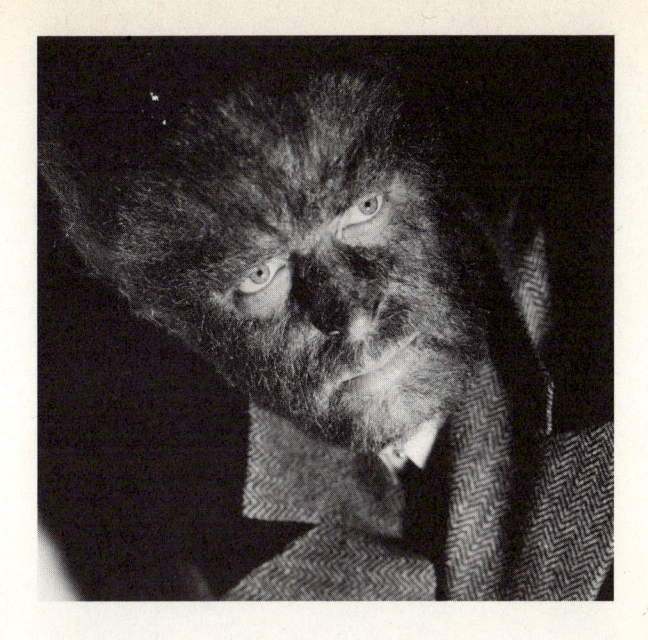

Film mit dem Titel *The Undying Monster,* praktisch ein Musterbeispiel dafür, wie man einem »B«-Film wirklich Format verleiht. Wahrscheinlich hatte man gar nicht vor, einen ausgesprochenen Horrorfilm zu machen, sondern zielte mehr auf ein Mittelding ab, so daß der Film sowohl als Teil eines Horror-Doppelprogramms (zusammen mit *Dr. Renault's Secret*) als auch als normales Krimi-Beiprogramm zu anderen Fox-Filmen benutzt werden konnte; so setzte Fox denn mehr auf Rätselraten und Spannung als auf Horror.

Wie in *The Wolf Man* war eine einsame Gegend auf den Britischen Inseln der Schauplatz der Handlung, und ein hübscher kleiner Werwolf-Reim wurde zitiert, um an Familienflüche und den märchenhaften Ursprung des Abenteuers zu erinnern. Den Werwolf bekam man allerdings kaum zu Gesicht, selbst bei seinem Untergang am Schluß nicht, und die Betonung lag insgesamt auf Atmosphäre und unsichtbarem Horror. Regisseur war John Brahm, dem mit seinem Jack the Ripper-Thriller *The Lodger* noch Prächtiges gelingen sollte, und der Film hat einige der besten Kulissen, Innen- und Außendekorationen und vielleicht die am schönsten ausgeleuchteten Aufnahmen von allen »B«-Filmen. Vielleicht ist er kein Horrorfilm-Klassiker, doch in seiner Art, eine billige Produktion so aussehen zu lassen, als

Beispiel für die schöne Ausleuchtung und die atmosphärischen Bauten dieses bemerkenswerten kleinen »B«-Films:

John Howard.

John Howard und Dudley Digges.

The Wolf Man: Claude Rains, Lon Chaney jr. und Evelyn Ankers.

The Undying Monster: Heather Thatcher und Dudley Digges.

Curse of the Werwolf (1961): Oliver Reed.

habe sie den verschwenderischen Apparat und die Sorgfalt eines super-luxuriösen Werkes zur Verfügung gehabt, ist schon etwas Klassisches.

Lon Chaney jr. schlüpfte noch in einer ganzen Reihe von Universal-Filmen in die Rolle des Wolfsmenschen, und die Werwolf-Figur wurde rasch in die Monstergalerie der Universal-, Columbia- und PRC-Billigfilme aufgenommen.

Keiner der späteren Filme brachte den Werwolf so wirkungsvoll und so ansehnlich auf die Leinwand wie diese beiden direkten, intelligenten Filme der frühen vierziger Jahre, *The Wolf Man* und *The Undying Monster.* Columbias *The Werewolf* (1956) war ein lobenswerter Versuch, Lycanthropie auf zurückhaltende und auch humane Weise zu behandeln, und widmete den Problemen der Angehörigen des Werwolfs ebensoviel Zeit wie denen des Wolfsmenschen selbst. Da allerdings sein tragisches Ende schon von vornherein feststand und um Sympathie für den Werwolf zu erwecken, beschränkten sich seine nächtlichen Streifzüge und Attacken auf ein Minimum; der Film besaß äußerst wenig Spannung und Action, schien ständig auf der Stelle zu treten und die vertraute Geschichte wesentlich weniger spektakulär abzuhandeln als üblich.

Es sollte vielleicht nicht überraschen, daß es das Fernsehen ist, das den übernatürlichen Horror-Thriller mit einem Elan und in einer Größenordnung wiederaufleben läßt, die Hollywood längst hinter sich gelassen hat. *The Night Stalker*, ein erstklassiger Gruselfilm über einen Vampir im heutigen Las Vegas, hatte im Fernsehen 1973 einen solchen Erfolg, daß es zunächst hieß, man würde ihn unverzüglich auch in die Kinos bringen. Das passierte dann aber doch nicht, und es ist immer schwierig, die wahre Qualität eines Thrillers zu beurteilen, wenn man nicht gleichzeitig die Zuschauerreaktion beobachten kann. Dennoch war es einer der besten unter den vergleichsweise wenigen ernsthaften Vampir-Filmen. 1974 sah es erst so aus, als würde das Fernsehen dem Werwolf ebenfalls einen Auftritt bieten, doch wie so oft, stellte sich auch bei *Scream of the Wolf* heraus, daß sich trotz der Werbung und der Atmosphäre zu Beginn des Films hinter allem nur ein bizarrer, aber ganz und gar nicht übernatürlicher Mörder verbarg.

Lycanthropus (1963): Barbara Lass und Curt Lowens.

36 Edgar Allan Poe

The Black Cat (1941): Von allen »Adaptionen« der Poe-Klassiker hatte diese am wenigsten Ähnlichkeit mit der Vorlage.

LA CHUTE DE LA MAISON USHER
(DER UNTERGANG DES HAUSES USHER)
1928

Regie Jean Epstein. *Drehbuch* Jean Epstein, nach der Erzählung von Edgar Allan Poe. *Regieassistenz* Luis Bunuel. *Kamera* Jean und Georges Lucas. Bauten Pierre Kefer. *Produktion* Jean Epstein, Frankreich. *Darsteller* Margaret Gance, Jean Debucourt, Charles Lamay, Abel Gance.

Die Zahl der Filme, die vorgeben, auf Geschichten von Edgar Allan Poe zu basieren, ist gewaltig, doch nur wenige sind mit den Original-Erzählungen wirklich verwandt, und die, die ihnen gerecht werden, sind sogar noch seltener. Poe war für Horrorfilm-Produzenten so etwas wie ein Retter in der Not, denn seine Geschichten sind rechtefrei und somit jedermann zugänglich, ohne daß ein Honorar oder Tantiemen gezahlt werden müßten. Hinzu kommt, daß sein Name so sehr mit Horror und Makabrem verbunden wird, daß er in der Werbung häufig ein ebenso wichtiger Faktor ist wie der eines Stars. Leider ist sein Name – oder eine einzelne Idee aus einer seiner Geschichten – allzuoft das einzige, was auf der Leinwand in Filmen, die nominell seine klassischen Erzählungen bearbeiten oder auf ihnen »basieren«, übrigbleibt.

Um gegenüber Hollywood (und England, Frankreich und Deutschland, anderen Ländern, die aus seinen Werken Filme gemacht haben) fair zu sein: Es ist nicht leicht, Poe für den Film zu bearbeiten. Obwohl seine Werke voll sind von grandiosen visuellen Momenten, verlieren diese durch den klaren erzählerischen Stil, den ein durchschnittlicher Film verlangt, viel von ihrer Kraft. Man liest sie nicht wegen ihres Inhalts, sondern wegen ihrer Stimmung – und man sollte sie mit einer lebhaften Phantasie lesen, die dort fortfahren kann, wo seine Feder Halt macht. Seine äußerst unangenehme kleine Erzählung *The Strange Case of M. Valdemar,* über einen Mann, dessen Gehirn weiterlebt, als sein Körper stirbt, ist gräßlich zu lesen, weil seine Ausgangssituation so entsetzlich ist und dem Leser erlaubt, sich den Körper, der lebt und trotzdem verwest, selbst auszumalen. Wenn man sie liest, meint man, den Geruch des Todes in der Nase zu verspüren. Als man sie jedoch in ein knappes Kurzgeschichtenformat preßte, als eine der drei Geschichten in dem Episodenfilm *Tales of Terror,* lag der Hauptaugenmerk auf dem rein Visuellen – und Vincent Price, mit haufenweise zerfließendem Schokoladensirup im Gesicht, war nichts weiter als einer der üblichen Film-Buhmänner.

Eine ideale Gelegenheit für Poe-Filmadaptionen hätte sich in Val Lewtons Zeit bei RKO Radio geboten – wenn die damaligen Produktionsverhältnisse zwei oder drei Akte lange Poe-Bearbeitungen erlaubt hätten. So aber finden sich – was nicht überrascht – einige der besten Filme nach Poe in der Stummfilmzeit, wo das Fehlen des Tons automatisch diese Welt des Irrealen und der Phantasie erschuf, die bei Poe so entscheidend ist. Jean Epsteins *La Chute de la Maison Usher* – recht kurz, semi-surrealistisch, ohne die Belastung einer komplizierten Handlung oder die Notwendigkeit, inhaltliche oder charakterliche Elemente irgendeinem Star anzupas-

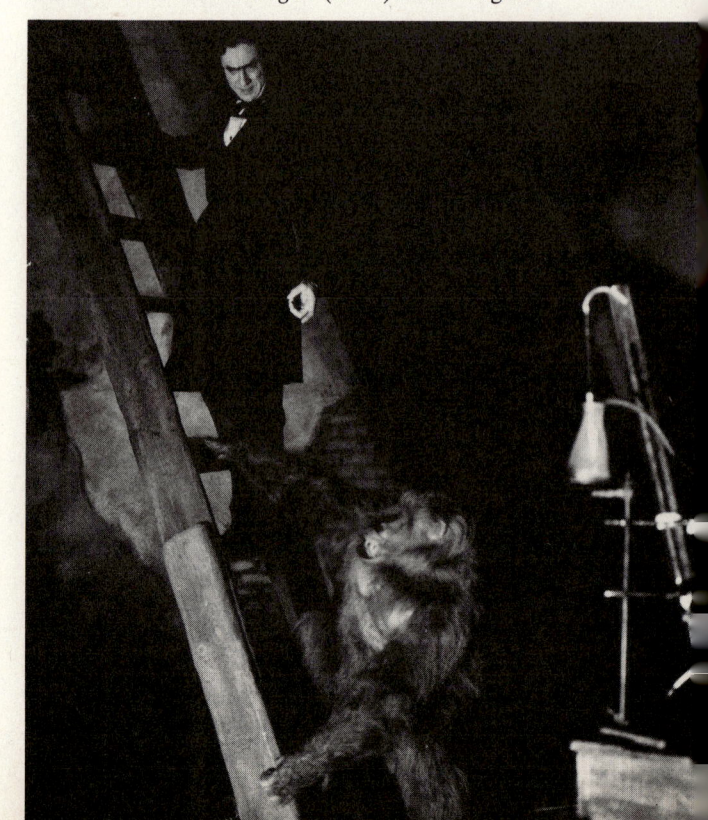

Murders in the Rue Morgue (1932): Bela Lugosi und Noble Johnson.

Murders in the Rue Morgue (1932): Bela Lugosi.

Murders in the Rue Morgue: Bela Lugosi und Noble Johnson.

Murders in the Rue Morgue: Leon Ames, Sidney Fox und caligareske Kulissen.

sen – war und ist bis heute die mit Abstand beste Poe-Bearbeitung auf der Leinwand. Wesentlich früher benutzte D. W. Griffiths *The Avenging Conscience* eine Reihe von Poes Themen und vermischte sie zu einer neuen, aber doch Poe gerechten Geschichte von Wahnsinn, Mord und schlechtem Gewissen; es ist ein für diese frühe Zeit bemerkenswert subtiler und hintergründiger Film. *(Murders in the Rue Morgue* entstand im selben Jahr, doch leider scheinen keine Kopien erhalten geblieben zu sein.)

Doch erst mit dem Tonfilm und der ersten Horrorfilm-Welle wurde Poe zu einem Begriff an der Kinokasse – obwohl einige der gelungensten Poe-Adaptionen die waren, die von jungen Regisseuren quasi als Experimente gemacht werden: Brian Desmond Hursts interessante und expressionistische englische Version von *The Tell-Tale Heart* oder Jules Dassins Einakter-Version derselben Geschichte für MGM in

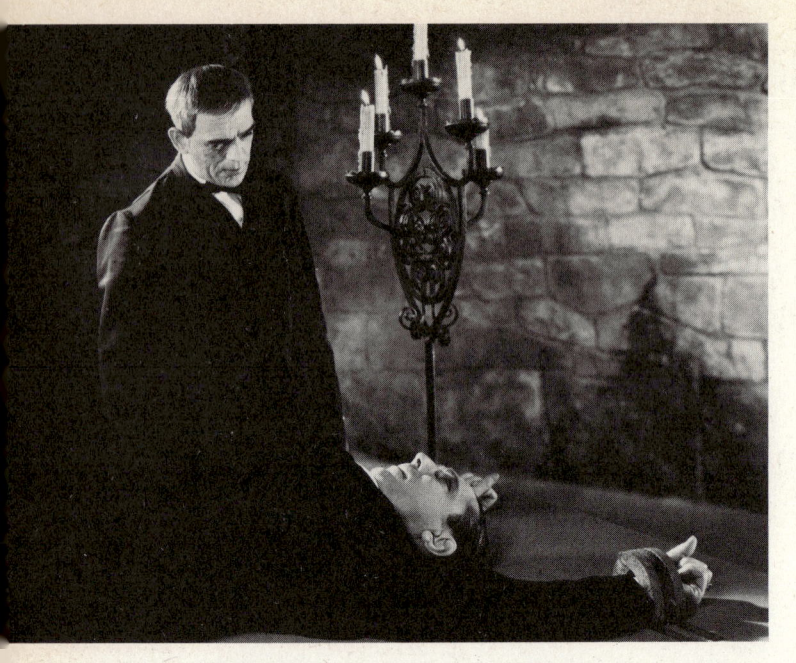

The Raven (1935): Boris Karloff und Bela Lugosi.

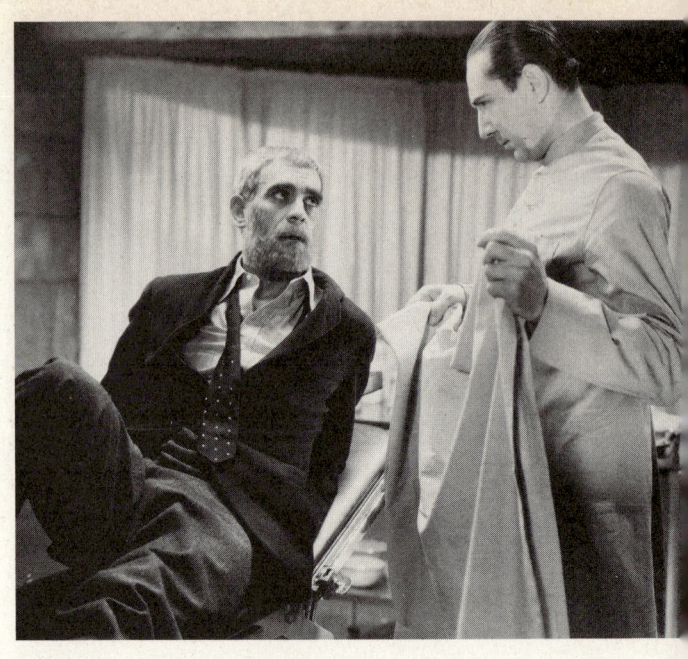

The Raven: Boris Karloff *vor* der Operation durch Lugosi.

The Raven: Boris Karloff *nach* der Operation durch Lugosi.

The Masque of the Red Death (1964): Hazel Court in einer der Teufelsanbetungs-Sequenzen, mit denen Roger Corman seine Poe-Adaption ausstaffierte.

The Raven: Karloff.

The Haunted Palace (1936): Einer der besseren Roger Corman-Horrorfilme der sechziger Jahre, als Poe-Verfilmung ausgegeben, tatsächlich eher von Lovecraft inspiriert. Mit Debra Paget und Vincent Price.

den frühen vierziger Jahren. In den meisten Fällen allerdings wurde Poes Name ohne weiteres auf Filme gedrückt, die die Titel seiner Werke übernahmen und eventuell eine einzelne Idee daraus, um die Ausbeutung des jeweiligen Titels zu rechtfertigen. *Murders in the Rue Morgue* (1932) hatte viel mehr Ähnlichkeit mit *Das Kabinett des Dr. Caligari* als mit Poe. Die Karloff/Lugosi-Filme *The Raven* und *The Black Cat* waren vielleicht Hommagen an Poe, aber sicher keine Adaptionen, während ihre jüngeren »Versionen« so sehr auf Humor ausgerichtet waren, daß es schon einer Beleidigung gleichkam, Poes Namen damit in Verbindung zu bringen.

Die lange Reihe von Roger Cormans »Adaptionen« war vom Konzept her ernsthafter – doch handelte es sich in erster Linie um Horrorfilme, in zweiter um Vincent-Price-Filme und in dritter um Musterbeispiele für Roger Cormans immer gleiche Arbeitsweise; als Poe-Adaptionen waren sie nur von geringfügigem Interesse. Angesichts der Unzahl von Poe-Filmen, die produziert worden sind (seine Themen sind inzwischen durch die andauernde Wiederverwendung abgedroschen, obwohl die grundlegenden Qualitäten seiner Geschichten nie berührt worden sind, und sein Name ist – zumindest für den Kinogänger – nur mehr eine Genre-Bezeichnung, wie der Zane Greys für Western), ist es traurig festzustellen, daß einzig und allein Epsteins *La Chute de la Maison Usher* nahe daran war, den wirklichen Poe auf die Leinwand zu bringen. Doch etwa das gleiche gilt für Bram Stoker, dessen schwieriger (aber brillant wirkungsvoller) Schreibstil von Hollywood ebenfalls im großen und ganzen unberührt geblieben ist. *Dracula* ist natürlich auf seine Figuren und Ereignisse hin ausgeplündert worden, doch sein wahrer Stil ist den Bearbeitern entgangen, und die vielen anderen Werke Stokers wurden einfach ignoriert. Lovecraft und Ambrose Bierce sind vom Film bisher nur gestreift worden; kann sein, daß sie – und ein ernsthaftes, respektvolles und verständiges Herangehen an Poe und Stoker – helfen könnten, den Ausgangspunkt für einen künftigen Zyklus von stilvollen Horrorfilmen eines noch unentdeckten oder noch nicht geborenen James Whale, Jacques Tourneur oder Val Lewton zu bilden.

The Haunted Palace: Die Dürftigkeit des im Atelier gebauten Friedhofs (der auch in *Comedy of Terrors* und anderen Filmen Verwendung fand) ist nur auf Standfotos derart ins Auge fallend, im Film selbst wird sie durch Farbe und Ausleuchtung kaschiert. Links Lon Chaney jr., rechts Vincent Price.

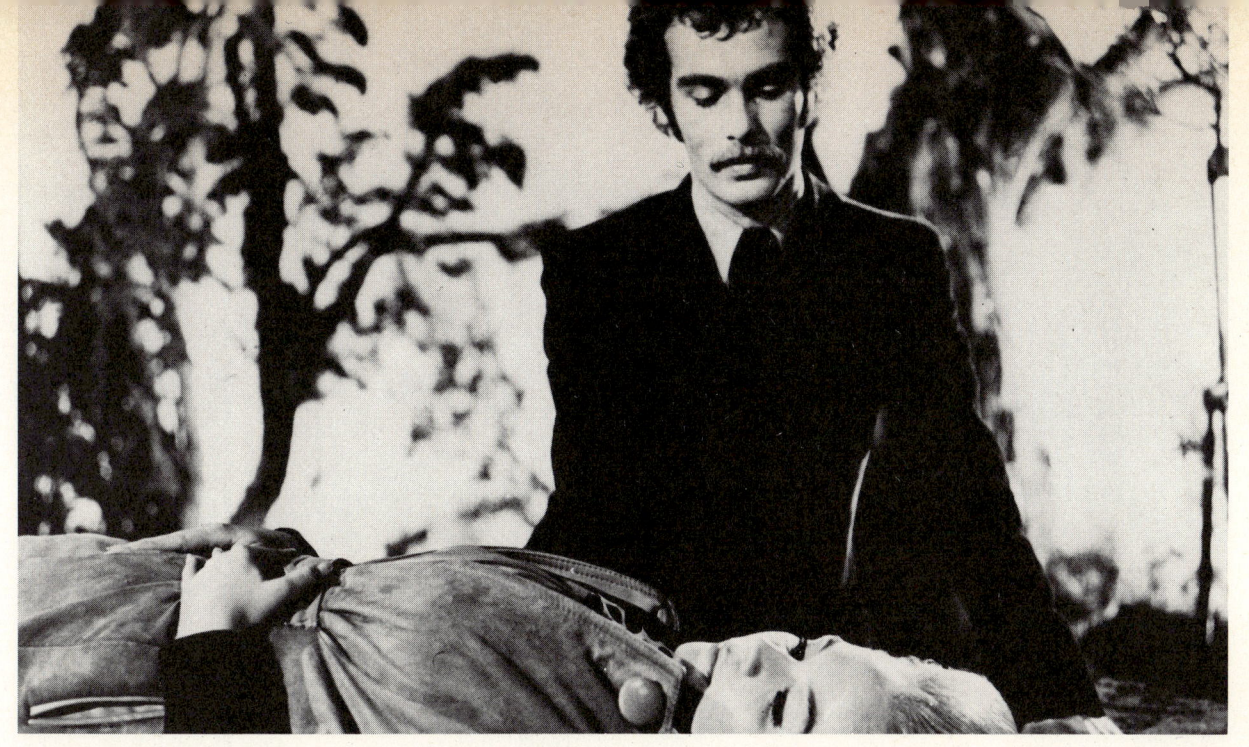

The Dunwich Horror (1970): Obwohl es letzten Endes auf dasselbe herauskommt, ist in dieser stilvollen Lovecraft-Verfilmung mehr vom Geist des Autoren zu spüren als in den Poe-Adaptionen. Mit Dean Stockwell und Sandra Dee.

The Dunwich Horror: Sam Jaffe, einst der Große Lama von Shangri La, erlebt einen spektakulären Aufstieg (oder Niedergang) als Hoher Priester eines neu-englischen Satanskultes.

37 Wahnsinn

The Beast with Five Fingers (1946): Victor Francen, Robert Alda und J. Carrol Naish.

DAS KABINETT DES DR. CALIGARI
1919

Regie Robert Wiene. *Drehbuch* Carl Mayer, Hans Janowitz. *Kamera* Willy Hameister. *Bauten* Walter Reimann, Hermann Warm, Walter Röhrig. *Produktion* Decla (Erich Pommer). *Darsteller* Conrad Veidt, Werner Kraus, Lil Dagover, Hans Heinrich von Twardowsky.

THE BEAST WITH FIVE FINGERS
DIE BESTIE MIT DEN FÜNF FINGERN 1946

Regie Robert Florey. *Drehbuch* Curt Siodmak. *Kamera* Wesley Anderson. *Musik* Max Steiner. *Special Effects* William McGann. H. Koenekamp. *Produktion* Warner Bros. (William Jacobs). *Darsteller* Peter Lorre, Robert Alda, Andrea King, Pedro de Cordoba.

The Beast with Five Fingers: Victor Francen und Peter Lorre.

Abgesehen von den traditionellen verrückten Ärzten und Wissenschaftlern ist Wahnsinn kaum als Handlungselement in Horrorfilmen benützt worden, und zwar aus recht einleuchtenden Gründen. Erstens ist die Welt eines Wahnsinnigen nicht gerade eine sehr unterhaltsame oder auch nur visuelle Welt. Eine intelligente und ehrliche Studie über den Wahnsinn könnte nur quälend und für manchen äußerst schmerzhaft sein (wie sich bei *The Snake Pit* zeigte). Die paar Horrorfilme, die sich entfernt mit Wahnsinn befaßten, tendierten meistens dazu, ihn als bequeme Erklärung in letzter Minute zu benutzen, und den Großteil der vorhergegangenen Ungereimtheiten und visuellen Feuerwerke als Halluzinationen im Kopf des Wahnsinnigen zu rechtfertigen. Robert Wienes deutscher Klassiker *Das Kabinett des Dr. Caligari* (1919) benutzt eine solche Auflösung, ebenso *The Beast with Five Fingers* (1946) von Robert Florey, dessen wenige Horrorfilme eindeutige Anspielungen auf *Caligari* enthielten. In der Tat war sein *Murders in the Rue Morgue* (1932) eine derart sorgfältige Rekonstruktion der *Caligari*-Geschichte und ein so gewissenhafter Versuch, die Bauten und den Kamerastil der deutschen Stummfilme neu zu schaffen (Kameramann war Karl Freund), daß der Film gar nicht zu den anderen, viel glatteren Horrorfilmen seiner Zeit passen will und selbst heute wie ein verstaubter und altmodischer Film wirkt, obwohl das eigentlich nichts besagen will.

The Beast with Five Fingers ist jedenfalls einer der besten Hollywood-Horrorfilme, die den Wahnsinn in einer ironischen und verulkenden Weise behandeln. Die prächtige Dekoration, die Musik von Max Steiner, die hervorragende Kameraarbeit mit ihren subjektiven Aufnahmen von der abgehackten Hand eines toten Musikers, wie sie Klavier spielt und über den Fußboden krabbelt, und nicht zuletzt die interessante, gar nicht stereotype Besetzung machen ihn zusammen zu einem der interessantesten Horrorfilme der vierziger Jahre, wenn er auch durch die stellenweise unnötige Komik ein wenig beeinträchtigt wird. Durch letzteres wird nämlich die Atmosphäre reinen Horrors, die der Film aufbaut und die nur zum Teil in der Halluzinationstheorie ihre Erklärung findet, fast wieder zerstört (allerdings erst ganz am Ende des Films). Laut Florey war dies eines von vielen Elementen, die den ursprünglichen Absichten des Films zuwiderliefen und auf die er keinen Einfluß hatte; doch Schwächen oder nicht – *The Beast with Five Fingers* ist auf jeden Fall einer der letzten eleganten Beispiele für Hollywoods stilvolle alte Horrorfilme.

Man kann Luis Bunuels mexikanischen Film *El* (1952) kaum als Horrorfilm bezeichnen, doch enthält er Momente buchstäblich unerträglichen Horrors (wo man sich fast weigert, das zu glauben, was auf der Leinwand nur angedeutet wird), und er ist bestimmt die bisher klinisch exakteste Beschreibung des Verfalls eines Paranoikers in den Wahnsinn. Es gibt darin für Bunuel typische Szenen mit surrealistischen und halluzinatorischen Bildern und ein paar seiner ausgeklügeltsten (und schärfsten) Angriffe gegen die Kirche. Doch der Film fasziniert nicht nur durch seine filmisch bravourösen Szenen, sondern noch mehr durch seine stetig wachsende Anhäufung von Details, durch die sich das Publikum – nur allmählich und widerstrebend – der Geisteskrankheit des charmanten und gutaussehenden Helden bewußt wird.

Arturo de Cordova macht diesen Mann zu einer völlig glaubwürdigen und letztlich tragischen Figur. In der letzten Szene, in der er in einem Kloster scheinbar seinen Frieden gefunden hat, wird er von seiner inzwischen wieder verheirateten Frau und seinem Kind getrennt, bekommt nicht einmal Hilfe von der Kirche (die ihm nur Platitüden, aber kein Heil zu bieten hat) und geht – überzeugt, daß er nach wie vor normal ist – in einer Zickzacklinie in die Bildtiefe (ein Motiv, mit dem vorher bereits sein Wahnsinn verdeutlicht wurde), auf das schwarze, grabähnliche Kloster zu, wobei die schrille, dissonante Musik unterstreicht, daß er seinen Frieden noch nicht gefunden hat und wohl niemals finden wird. Obwohl *El* äußerlich ein unterhaltsamer Film im Sinne eines *Suspense*-Thrillers ist (und zumindest zum Teil Hitchcocks *Vertigo* beeinflußt hat), ist es insofern ein Film voller Horror, als daß er den Weg in den Wahnsinn gnadenlos beschreibt. In dieser Hinsicht ist der Film Roman Polanskis *Repulsion* weit überlegen, der zwar einige beeindruckende visuelle Manifestationen des Wahnsinns zu bieten hat, aber dessen psychopathische Heldin schon von Anfang an nicht ganz richtig im Kopf ist, ohne daß nach Art Bunuels aufgezeigt würde, wie es dazu gekommen ist.

38 Spukhäuser

The Maze (1953): Veronica Hurst und Katherine Emery.

Der Stummfilm *The Cat and the Canary* (1927) und der Tonfilm *The Old Dark House* (1932) waren derartig gelungene Beispiele für das Spukhaus – Genre, daß kein späterer Film annähernd so erfolgreich war wie sie. Viele von ihnen zielten sowieso eher auf Humor als auf Spannung ab, obwohl die wachsende Aufmerksamkeit, die man der ernsthaften Gespenstergeschichte wieder widmet, in jüngerer Zeit zu einer häufigen Verwendung des »Spukhauses« als Schauplatz geführt hat. Überraschenderweise griff man auf die bewährten Thrillerkomödien (*The Cat and the Canary* und *The Gorilla* sind je dreimal verfilmt worden, zuletzt 1939) nicht zurück, als Stoffe für die Attraktionen des kurzlebigen 3-D-Verfahrens gesucht wurden, obwohl sie dort vielleicht durchaus gewirkt haben könnten. Eine dritte, schwächere Version von *The Bat* entstand erst, als die Begeisterung für 3-D längst wieder abgeflaut war. Die jüngsten Versionen von *The Cat and the Canary* und *The Gorilla,* beide 1939 entstanden, als der Horrorfilm vor einer neuen Wiederbelebung stand, waren besser gemacht und streckenweise interessant, aber insgesamt enttäuschend durchschnittlich.

The Gorilla hätte unter der findigen Regie von Allan Dwan (für Fox) ein erstklassiger heiterer Horrorfilm werden könen, wenn er sich nur an seinen vorgegebenen Handlungsverlauf gehalten hätte. Sehr gute Ausleuchtung, Kameraarbeit und Bauten sowie amüsante, wenn auch offensichtlich auf falsche Fährten lockende Figuren von Bela Lugosi und Lionel Atwill schufen unverzüglich die richtige Atmosphäre, und die zugegebenermaßen wenigen Szenen, in denen der Gorilla vorkam, besaßen wirklich etwas Grausiges. Doch die Ritz Brothers spielten in dem Film die Hauptrolle, alberne Komiker, die nicht jedermanns Geschmack waren, jedoch sehr komisch sein konnten, wenn sie einen guten Stoff fanden. Leider war *The Gorilla* einer ihrer letzten Filme für Fox, und – wie das so oft bei den letzten vertraglichen Verpflichtungen von Stars vorkommt – niemand hatte große Lust, sie noch groß herauszustellen, damit das nächste Studio (Universal) dann die Früchte ernten konnte. Die Komik, die sie im Drehbuch fanden, war gleich null, und als eingespieltes Team gaben sie sich zwar redlich Mühe, unterstrichen aber das Defizit an Humor, indem sie den Film von Zeit zu Zeit für ihre Grimassenschneiderei und Kalauer unterbrachen.

Da war *The Cat and the Canary* aus demselben Jahr schon erfolgreicher, der bei Paramount entstand, eine stark vereinfachte Fassung des alten Klassikers, der der phantasievolle Bildstil der alten Universal-Filme fehlte, sich aber immerhin an das Muster der Vorlage hielt und nicht versuchte, das bereits ausreichende Maß an Humor zu erweitern. Da der ganze Film sich in dem stimmungsvollen alten Haus (aus dem Hinterland New Yorks in einem Sumpf in Louisiana verlegt) abspielt, waren Rätselhaftigkeit und kriechende Spannung das wichtigste. Bob Hopes witzige Bemerkungen bereicherten den Film und verringerten sein Tempo tatsächlich weniger als Creighton Hales lang ausgespielte komische Szenen in der Version von 1927. Die verläßlichen Darsteller George Zucco (als Anwalt) und Gale Sondergaard (als Haushälterin) spielten ihre Rollen ohne Ironie und bekamen dafür auch einige der besten Dialogsätze. Leider ist der Einsatz der »Katze« ein wenig spärlich, und in den letzten Minuten ging der Film über seine potentiell besten Szenen zu rasch hinweg, um ein plötzliches und nicht allzu aufregendes Ende zu finden. Übrigens waren sowohl *The Cat and the Canary* als auch *The Gorilla* – so harmlos sie heute wirken – immerhin so gruselig, daß sie von den britischen Zensoren das »H«-Zertifikat bekamen, obwohl es auch möglich ist, daß die Zensoren diese Einstufungen ziemlich wahllos vornahmen und hofften, Hollywood dadurch davon abzuhalten, allzuviele solcher Filme zu produzieren. So verliehen sie das »H« sogar einer vielleicht geschmacklosen, aber nicht gerade furchterregenden Zweiakter-Komödie der Columbia mit dem Titel *Sweet Spirits of Nighter!*

The Cat and the Canary kam wesentlich besser an als erwartet, und Paramount machte mit dem harmonischen Hauptdarstellerpaar – Bob Hope und Paulette Goddard – rasch noch eine »Spukhaus«-Thrillerkomödie, *The Ghost Breakers,* die zuletzt in den frühen zwanziger Jahren verfilmt worden war und später noch ein drittes Mal für eine Jerry Lewis/Dean Martin-Komödie herangezogen wurde. Das Ergebnis war vollauf zufriedenstellend, und auch heute noch erzielt der Film als einer der besten mit Bob Hope seine Wirkung und ist außerdem ein optimales Beispiel dafür, wie gut das Bühnengenre der Thrillerkomödie auf die Leinwand übertragen werden kann. Wenn er auch – im Gegensatz zu *The Cat and the Canary* – erst in der zweiten Hälfte im »Spukhaus« spielt, besitzt er doch insgesamt ein rasantes Tempo.

Der Film beginnt mit einem gigantischen (Spezialeffekt-)Gewitter über New York, und schon nach wenigen Minuten haben wir einen Mord und eine ganze Parade von finsteren, unheimlichen Gestalten. Abgesehen von dem unvermeidlichen ängstlichen Neger-Kammerdiener (Willie Best) gibt es praktisch keine der üblichen Komödien-Versatzstücke, die in Filmen wie Abbot und Costellos *Hold That Ghost* so ermüdend wirkten, und der Humor beschränkt sich auf die Schlag auf Schlag erfolgenden Pointen von Bob Hope, die eine Art Interpunktion darstellen und den bereits temporeichen Film noch mehr beschleunigen. Wenn der Film zu dem Spukhaus auf der Insel vor der Küste Kubas kommt, wird er tatsächlich noch eine Stufe besser. Die Bauten und die glänzenden Aufnahmen würden einem der besseren Horrorfilme der dreißiger Jahre Ehre machen, und die Auftritte eines Zombie und eines richtigen Gespenstes sind wirklich grauenerregend, so daß sie nicht einfach rasch als obligatorische »Spukhaus«-Zutaten eingeschoben werden und dann wieder verschwinden, wie es zu oft in *The Cat and the Canary* der Fall gewesen war. Regie führte Altmeister George Marshall, und *The Ghost Breakers* ist sowohl lustig als auch spannend und zudem einer der wenigen Filme seiner Art, die bis heute nichts von ihrer Wirkung verloren haben.

In den letzten Jahren haben sich die besseren »Spukhaus«-Thriller mehr dem ernsteren Genre der Gespenstergeschichte angepaßt. Das möglicherweise letzte interessante Beispiel eines traditionellen »Spukhaus«-Films war William Cameron Menzies' *The Maze,* der zwar schnell und mit wenig Aufwand heruntergedreht wurde, um von der 3-D-Welle in den frühen fünfziger Jahren zu profitieren, aber doch eine interessante Ausstattung und Räumlichkeit suggerierende Kulissen besaß. Selbst die Enthüllung des sorgsam gehüteten Geheimnisses am Schluß – der Hausherr ist in Wirklichkeit ein riesiger (aber gutartiger) Frosch – war längst nicht so lachhaft, wie es sich anhören mag, dank der bemerkenswerten Nüchternheit des Drehbuches und der darstellerischen Leistungen.

The Gorilla (1927): Alice Day.

The Cat and the Canary (1927): Martha Mattox und eine der vielen schönen Dekorationen des Films.

The Cat and the Canary: Anwalt Corsby (Tully Marshall) wird davon abgehalten, das Geheimnis des Testaments bekanntzugeben.

The Cat and the Canary: Anwalt Corsbys Leiche wird hinter einer Geheimtür entdeckt.

The Cat Creeps (1930): Eine Tonfilm-Neufassung von *The Cat and the Canary;* wieder wird Anwalt Corsby (Lawrence Grant) erfolgreich davon abgehalten, der Erbin Helen Twelvetrees entscheidende Einzelheiten zu verraten.

239

The Cat Creeps: Neil Hamilton, Montague Love.

The Cat and the Canary (1939): Paulette Goddard in den Klauen der »Katze«.

The Cat and the Canary: Bob Hope und Paulette Goddard zwischen den Hauptverdächtigen Douglas Montgomery und John Beal (rechts).

The Gorilla (1939): The Ritz Brothers und der Titelstar.

The Ghost Breakers (1940): Bob Hope und Paulette Goddard werden von Zombie Noble Johnson bedroht.

The Gorilla: Edward Norris, Bela Lugosi und Anita Louise.

The Monster and the Girl (1940): Noch mehr Affentheater: Ellen Drew verteidigt sich gegen einen Gorilla mit menschlichem Gehirn. Eigenartigerweise drehte es sich in diesem Horrorfilm um eine Mädchenhändler-Maffia – was aber kaum jemandem auffiel.

The Terror (1928): Dieser vermutlich verschollene Film war der erste Horror-Tonfilm. Mit May McAvoy.

Horror Island (1941): Eine kleine, aber unterhaltsame Spukhaus-Geschichte mit Peggy Moran.

245

39 Spuk und Besessenheit

Night of the Eagle (1961): Margaret Johnston.

Durch Gemeinsamkeiten in ihren Themen sind Filme über Hexerei, Besessenheit und Geister seit den sechziger Jahren zu einem einzigen Genre verschmolzen. Einer der besten, *Night of the Eagle,* entstand 1962 in England unter der Regie von Sidney Hayers. Der US-Titel dieses Films – *Burn Witch Burn* – hat schon zu einigen Mißverständnissen geführt; der Film hat mit dem Roman von A. Merritt, der damals von Tod Browning als *The Devil Doll* verfilmt wurde, nichts zu tun. Es handelt sich um eine Verfilmung des Romans *Conjure Wife* von Fritz Leiber, der seinerseits bereits in den frühen vierziger Jahren in Hollywood dem interessanten, aber kurzen und simplen *Weird Woman* aus der Universal-Filmreihe *Inner Sanctum* mit Lon Chaney jr. als Vorlage diente. *Night of the Eagle* litt darunter, daß es sich anbot, ihn mit *Night of the Demon* von Jacques Tourneur zu vergleichen, zumal schon die Titel betonten, daß der eine wahrscheinlich von dem anderen beeinflußt war.

Der Film folgte dem hilfreichen, wenn auch mehr und mehr üblichen Muster, einen steifen Wissenschaftler als Helden zu präsentieren, der nicht an übernatürliche Dinge glaubt, aber letztlich gezwungen wird, ihre Existenz zu akzeptieren. Vom Atmosphärischen her besaß der Film einige wirklich gruselige Szenen, doch war er insgesamt zu lang. Außerdem war von Anfang an klar, wer sich hinter dem unbekannten menschlichen Schurken verbarg, und obwohl das Element des Übernatürlichen vollauf genügt hätte und am Ende nicht »aufgeklärt« wurde, war man gezwungen, seine Aufmerksamkeit auch noch auf das Böse und Bedrohliche von menschlicher Seite zu richten. Schließlich waren auch die Spezialeffekte weit weniger überzeugend als in *Night of the Demon.* Trotz allem aber bot der Film eine gute Geschichte und eine hervorragende darstellerische Leistung von Janet Blair als Voodoo-besessene Ehefrau. Der stellenweise etwas sprunghafte Schnitt kam zumindest teilweise dadurch zustande, daß der Held darauf bestand, übertrieben enge Hosen zu tragen, wodurch der Regisseur sich gezwungen sah, ihn entweder in extremen Totalen oder in extremen Großaufnahmen zu filmen! (Diese nebensächlich erscheinende Information wird nur geliefert, um Anhängern der Autorentheorie vorzugreifen, die in dem Kamerastil vielleicht Methode sehen und feststellen möchten, daß halbnahe Einstellungen bei der Ehefrau und keine beim Helden Symbole sind für die fehlende Kommunikation zwischen den beiden!)

Es gibt keine Geistergeschichte, die so schauerlich und überzeugend ist wie *The Uninvited,* den wir bereits besprochen haben, obwohl viele nahe daran und ein paar wesentlich anspruchsvoller waren.

Ohne Frage ist einer der am wenigsten bekannten Geisterfilme überhaupt (besonders in den USA, wo er nie zu sehen war) ein kleiner englischer Streifen mit dem Titel *The Fatal Night*, 1948 ausgerechnet von Mario Zampi, einem Komödienspezialisten, gedreht. Er basiert auf der Kurzgeschichte *The Gentleman from America* von Michael Arlen über einen Mann, der eine Nacht in einem Raum verbringt, in dem es spukt, und der Film funktioniert, weil er den Rahmen der Kurzgeschichte beibehält, auf das Einfügen zusätzlicher Figuren, Nebenhandlungen oder anderen Erweiterungen verzichtet. Er war nur 50 Minuten lang (einer der Gründe, warum er von geringem kommerziellem Interesse war) und liefert – wie alle guten Gespenstergeschichten – nur Andeutungen und überläßt alles weitere der Phantasie des Zuschauers. Obgleich keine visuellen Horrorelemente vorkamen, war er doch furchterregend genug, um von den britischen Zensoren ein »H«-Zertifikat zu bekommen.

Bert Gordons *Tormented* (1960) ist wesentlich weniger subtil, denn hier wird *alles* gezeigt, mehrmals hintereinander und verstärkt durch harte Schnitte und schrille Musik. Doch auch dieser Film schafft Momente eiskalten Terrors, sobald er sich dazu entschließt, eher anzudeuten als zu zeigen. Es geht um einen Mann (Richard Carlson), der kurz vor seiner Hochzeit steht und von dem Geist seiner ehemaligen Geliebten heimgesucht wird. Sie ist bei einem Sturz von einem Leuchtturm getötet worden (was Carlson zwar nicht verschuldet, aber auch nicht verhindert hatte, da sie sein künftiges Glück bedrohte), und ihr spezielles Talent besteht darin, matschig-feuchten Seetang auf das Hochzeitskleid der Braut fallen zu lassen! Eine gelungene Szene ist die wirklich furchterregende Unterbrechung der Hochzeitszeremonie durch den Geist, der – obwohl unsichtbar – von einem Windstoß begleitet wird, der die Kirchentüren aufsprengt, systematisch alle Kerzen ausbläst und eine Spur von Tang und Algen hinterläßt, die bis zum Altar führt. Angesichts der entsetzten Reaktion der versammelten Gemeinde ist das unbekümmerte Übergehen dieses Themas in den anschließenden Unterhaltungen etwas schwer zu akzeptieren! Mit der Feinfühligkeit eines Val Lewton hätte *Tormented* zu einer der gruseligsten Gespenstergeschichten überhaupt werden können; aber auch so erzielen die Schocks, so plump sie auch sind, manchmal ihre Wirkung.

Der am besten durchdachte und anspruchsvollste von allen Gespensterfilmen ist Robert Wises *The Haunting* (1960) für MGM. Er ist zwar einzigartig, indem die Geisterwelt schließlich die Oberhand behält und von der Heldin des Films (Julie Harris) Besitz ergreift, erzielt aber insgesamt doch nicht die Wirkung der früheren Horrorfilme von Wise, vor allem nicht die von *The Body Snatcher* für Val Lewton. Die Bauten und die Kameraarbeit (in der gekonnt verzerrende Objektive verwandt werden) sind vorzüglich und die Spezialeffekte (besonders eine »atmende« Tür) auf unheimliche Weise überzeugend; doch sämtliche formalen Mittel sind so betont souverän, daß man sich wieder – wie in *La Maschera del Demonio* – der filmischen Technik zu sehr bewußt ist, um ganz in den Film eintauchen zu können. Man hat nie richtig Angst, weil man sich unterschwellig immer bewußt ist, daß es sich ja um Filmaufnahmen handelt. In etwa trifft dies auch auf *The Legend of Hell House* (1973) zu, einer ähnlichen Geschichte über Forscher, die freiwillig einige Zeit in einem Gespensterhaus verbringen, um dem Phänomen auf den Grund zu gehen.

Die Forscher sind allerdings so selbstsicher, daß, weil sie sich nicht fürchten, auch für uns, die Zuschauer, wenig Grund besteht, Angst zu bekommen.

Außerdem strebt der Film zu methodisch auf seinen Höhepunkt zu, indem die mysteriösen Dinge sich häufen und ausweiten und die pyrotechnischen Kunststückchen der Spezialeffekte an Lautstärke und Heftigkeit immer mehr zunehmen und uns so auf eine Laboratoriumsfeuersbrunst am Schluß vorbereiten wie in den Horrorfilmen von anno dazumal. Wenn diese dann kommt – allerdings erst nach der heute obligatorischen Sexszene –, ist sie einigermaßen zufriedenstellend realisiert, doch trotz all ihres Lärms und ihrer Entschlossenheit, das Publikum zu Tode zu erschrecken, kommt sie nicht einen Moment lang an die subtile Szene in *The Uninvited* heran, in der das jungverheiratete Paar zum ersten Male die feuchte Kälte in dem kleinen Zimmer am Ende der Treppe spürt!

Geistergeschichten erscheinen heute etwas altmodisch, da sie von der Welle der weitaus greulicheren und ekligeren Filme abgelöst wurden, in denen

Night of the Eagle: Peter Wyngarde.

es um Besessenheit und Teufelsaustreibung geht. Selbst die üblichen Pseudo-Hitchcock-Thriller wie etwa *Don't Look Now* haben diese metaphysische Seite übernommen, was ihnen vielfach zum Nachteil gereicht. *Don't Look Now* ist sicherlich ein visuell faszinierender Film, und es wäre ungerecht, ihm zum Vorwurf zu machen, daß er nicht die Hitchcock'sche Leichtigkeit besitzt. Letzten Endes ist es eben nicht diese Art von Film. Doch er ist von Anfang an so schicksalsschwanger, daß man automatisch das Ende vorausahnt, wenn man sich auch nicht über den Weg im klaren ist, über den der Film dort hingelangt. Sämtliche »Überraschungen« sind vorhersehbar. Die Filme der letzten Jahre, in denen es direkt um Besessenheit ging, hatten allerdings die beunruhigende Tendenz, immer unangenehmer und ekliger zu werden. *The Other* hat sicherlich seine Vorzüge, nicht zuletzt darin, daß er in seinen Implikationen immer gruseliger wird, je mehr das Publikum bereit ist mitzudenken. Auf der anderen Seite ist *The Posession of Joel Delaney* so ekelerregend und primitiv und hat einen so sinnlos widerlichen Höhepunkt, daß es die Anstrengung nicht lohnte mitzudenken.

Vor fünf Jahren, also 1974, wurde ein Film angekündigt, der laut Werbung der grauenerregendste Horrorfilm aller Zeiten sein müßte: William Friedkins *The Exorcist*. Neben anderen Superlativen, die auf ihn angewandt worden sind, ist er sicherlich einer der Horrorfilme, die an der Kinokasse am erfolgreichsten waren. Da die Bösewichte des Films Teufel sind – oder *der* Teufel, wenn man so will –, kehrt er damit zu den Anfängen des Horrorfilms zurück, als es in den frühesten Méliès-Trickfilmen, lange vor der Zeit der Monster, Vampire und normalen Mörder, der Satan persönlich war, der als der elementarste aller Schurken erwählt wurde, da er das Kinopublikum garantiert schockieren und erschrecken würde.

Bei *The Exorcist* (der von einem vom Teufel besessenen Mädchen handelt) wurde das Publikum gewarnt, daß der Film abstoßend und ekelerregend sei, und dennoch stellte man sich fast masochistisch in die Schlange vor seinem Kino, um es an sich auszuprobieren. Es gab Berichte (viele davon sicher authentisch), wie die Leute gleich in Massen den Saal verlassen haben, wie Zuschauer sich im Saal übergeben mußten oder in Ohnmacht fielen und daß das Publikum an einigen Stellen des Films bei jeder Vorführung wie aufs Stichwort laut aufschrie. Auch sollen viele, die es beim ersten Male nicht durchgestanden und den Saal verlassen haben, später heimlich noch einmal eine Karte gelöst haben, um bis zum Ende auszuhalten. Der Film hat ohne Zweifel seine gelungenen Momente. Die Spezialeffekte, die sich wohlweislich in Grenzen halten, sind stellenweise wirklich furchterregend, wenn auch relativ leicht zu durchschauen. Farbe und Ton werden auf kreative Weise eingesetzt. Der Ton ist sogar in hohem Maße für den Erfolg des Films verantwortlich, da praktisch der ganze Horror darin liegt, *daß* der Teufel spricht, *was* er spricht und *wie* er spricht. Mercedes McCambridge (Hanne Wieder in der von Bernhard Wicki besorgten deutschen Synchronfassung) leiht ihm die Stimme, und ihr brillantes Spiel rettet letztlich die schwache Leistung des Kinderstars Linda Blair, aus dessen Mund die Stimme kommt. Aber auch *The Exorcist* macht es sich zu leicht. Es ist nicht schwer, ein Publikum zu manipulieren, nachdem man ihm plötzlich und ohne Vorwarnung in allen Details eine Rückenmarkspunktion vorgeführt hat, bei der das Blut in die Kamera spritzt, oder indem man das Kind (allerdings mit überzeugenden Trickeffekten) grüne Galle spucken läßt. Es wäre viel schwerer gewesen, das Publikum zu manipulieren, wenn der Film auf Farbe und Spezialeffekte verzichtet hätte. Nicht daß ein Filmemacher nicht alle ihm zur Verfügung stehenden Mittel auch benützen sollte, doch sehr oft sind diese Mittel lediglich der Ersatz für wirkliches Talent. Man kann nicht bestreiten, daß *The Exorcist* ein Publikum wirklich mitreißt; und trotzdem ist es ein billiger und minderwertiger Film – häufig ungeheuer plump in seiner Unfähigkeit, auch nur glatte Szenenanschlüsse zustandezubringen –, der nichts von der Professionalität besitzt, die den älteren und sicher konventionelleren Film über Besessenheit, *The Lady and the Monster*, auszeichnete. Trotz all seines Hokuspokus gelingt es *The Exorcist* nicht, den Teufel fürchterlicher erscheinen zu lassen als die Vampirin in Carl Dreyers *Vampyr!* Es ist wohl ein Symptom für unsere wirre Zeit, daß die Leute in *The Exorcist* gerannt sind, um sich Angst machen zu lassen, weil sie schreien *wollten*, verschreckt und angeekelt wieder herauskommen, aber irgendwie doch stolz darauf, daß sie es ausgehalten haben.

Wie nicht anders zu erwarten, löste der (zumindest geschäftliche) Erfolg von *The Exorcist* eine ganze Welle von Imitationen aus, die nicht nur in den USA, sondern auch in Italien und Deutschland entstanden. Zwei Jahre nach Friedkins Film erschien *The Omen*, den Richard Donner nach einem Stoff von David Seltzer drehte und der einmütig als bester Horrorfilm des Jahres 1976 bezeichnet wurde. Tatsächlich ist die Geschichte, in der diesmal ein kleiner Junge vom Teufel besessen ist (genauer gesagt: von Satan auf die Erde geschickt wurde) und mit Hilfe seiner übernatürlichen Fähigkeiten jeden auf grauenvolle Weise sterben läßt, der sein furchtbares Geheimnis zu ahnen beginnt (einschließlich seiner Adoptiveltern), von Gil Taylor rasant photographiert worden und hält sein Publikum bis buchstäblich zur letzten Einstellung in Atem. Aber noch stärker als bei *The*

The Innocents (1961): Pamela Franklin und Martin Stephens als die besessenen Kinder, Deborah Kerr als ihre Gouvernante.

The Haunting (1963): Claire Bloom, Russ Tamblyn, Julie Harris und Richard Johnson.

The Legend of Hell House (1973): Roddy McDowall, Gayle Hunnicutt und Clive Revill.

The Legend of Hell House: Pamela Franklin, das besessene Mädchen aus *The Innocents,* ist zwölf Jahre später hinreichend gereift, um von dem Geist dieses Films physisch verführt zu werden.

Exorcist wurde hier deutlich, daß die Zeiten des subtilen Horrors in dichter Atmosphäre vorerst vorbei zu sein scheinen. Die simple Erfolgsmasche von *The Omen* war, das halbe Dutzend der Todeskandidaten auf immer greuslichere, ausgefallenere und schokkierendere Weise sterben zu lassen: das Kindermädchen springt aus dem Fenster und hängt sich dabei gleichzeitig auf; der Priester wird von einem herabstürzenden Blitzableiter der Länge nach durchbohrt, und der Fotograf – zweifelhafter »Horror«-Höhepunkt des Films – wird von einer Glasscheibe geköpft. *The Omen* reiht diese makabren Schaustücke mit der durchdachten Präzision und Sorgfalt einer Zirkus-Programmfolge aneinander und – was sich inzwischen von selbst versteht – überläßt auch nicht das geringste Detail der Phantasie des Zuschauers. Die erste von mehreren geplanten Fortsetzungen des Films erschien 1978 als *Damien Omen II* und wiederholte exakt das bewährte Muster des Originals bzw. setzte es fort: Die Todesarten waren *noch* entsetzlicher.

Natürlich war es unvermeidlich, daß auch *The Exorcist* selbst, der ja die ganze Welle eingeleitet hatte, einen zweiten Teil bekommen mußte: *Exorcist II The Heretic* (1977). Wenn der Film auch ein geschäftlicher Mißerfolg war und im Gegensatz zu seinem Vorgänger den Illustrierten kaum Stoff für Sensationsmeldungen liefern konnte, sorgte er immerhin in der Fachpresse für einiges Aufsehen, da sich hinter den Kulissen ein zwar nicht beispielloses, aber in dieser Form doch recht außergewöhnliches Gerangel um die endgültige Form des Films abspielte. Regisseur des Films war John Boorman, der sich besonders mit seinen beiden Filmen *Deliverance* und *Zardoz* einen Namen als individualistischer Filmautor gemacht hat, der seine thematisch anspruchsvollen Geschichten (mit Helden auf der Suche nach der Wahrheit und dem Selbst) visuell faszinierend umzusetzen versteht. So ist auch *Exorcist II The Heretic* in erster Linie ein Boorman-Film: Richard Burton ist der zweifelnde, suchende und ver-suchende Priester, der den Dämonen Pazuzu (also den Bösewicht aus dem ersten Teil) zum Zweikampf herausfordert, und während der Film eine Reihe atemberaubender Spezialeffekte aufweisen kann, ist er doch eher eine (durchaus ernst gemeinte) metaphysische Auseinandersetzung zwischen den absoluten Werten Gut und Böse als ein Horrorfilm im traditionellen Sinne; und ganz besonders war es nicht die Art von Horrorfilm, die sich das Publikum unter dem »offiziellen« zweiten Teil des thematisch nun wirklich nicht gerade anspruchsvollen *The Exorcist* vorstellte! Die Zuschauerreaktionen bei den Testvorführungen ließen daran nicht den geringsten Zweifel. Um das Ausmaß der finanziellen Katastrophe (der Film

Carrie (1976): Piper Laurie als wahnsinnige Mutter.

The Legend of Hell House: Clive Revill, Pamela Franklin.

The Other (1972): Martin und Chris Udvarnoky sind eineiige Zwillinge und spielen die Hauptrollen in diesem Gruselfilm, der sich bis zum Schluß nicht entschließen kann, womit er eigentlich das Publikum erschrekken will.

Don't Look Now (1973): John Baxter (Donald Sutherland) hält seine ertrunkene Tochter in den Armen.

The Exorcist II – The Heretic (1978) mit Linda Blair: Der Leibhaftige kommt überhaupt nicht mehr zu sich.

The Exorcist (1974): Eine Umkehrung des traditionellen Horrorfilm-Musters: Hier ist die sonst immer bedrohliche schwarze Silhouette des Fremden ein Priester, der Hilfe bringt.

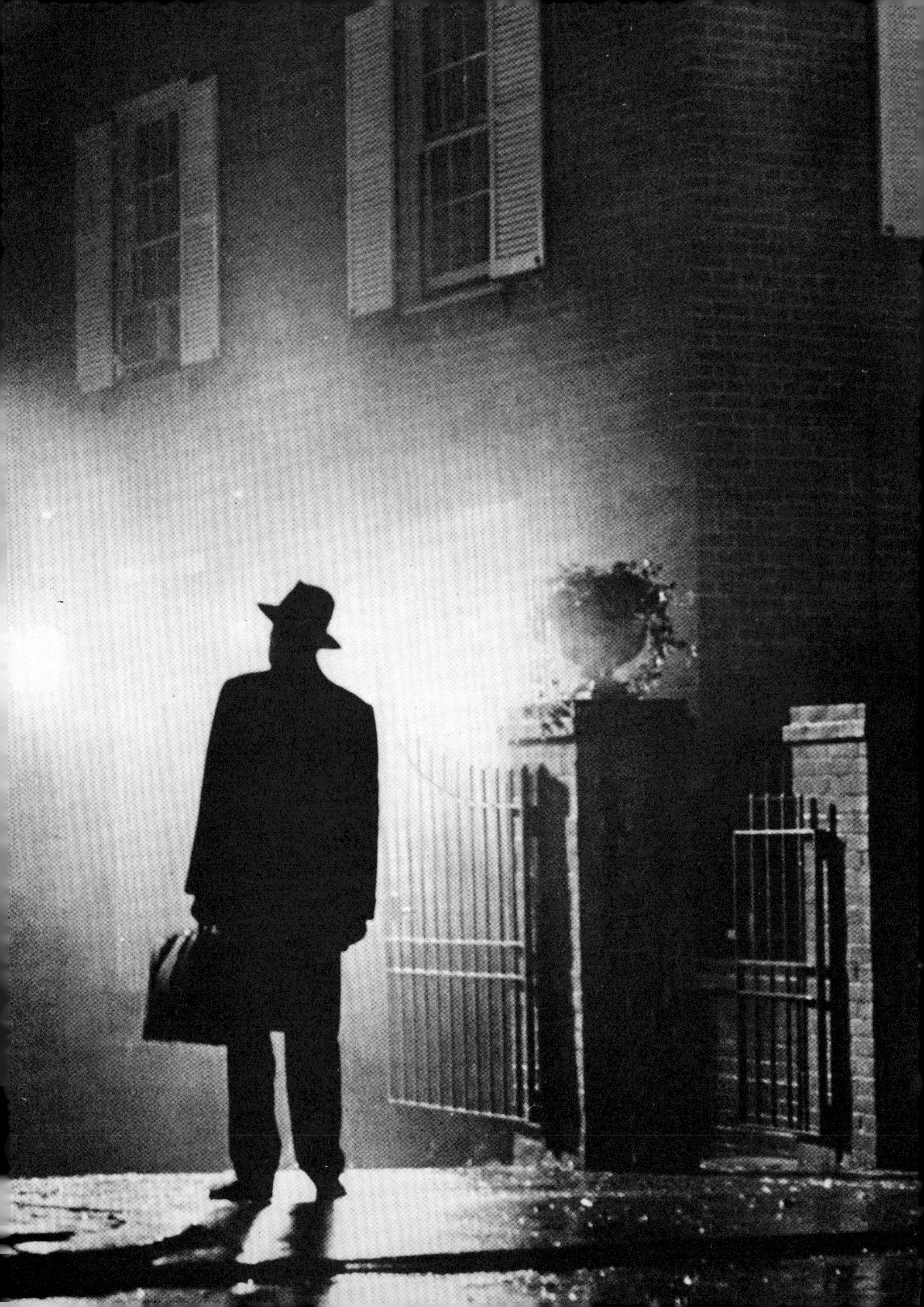

hatte Warner Brothers nicht weniger als 14 Millionen Dollar gekostet) zumindest in Grenzen zu halten, griff man zur Schere. Zunächst ließ man sich die Anweisungen aus Irland von Boorman telephonisch durchgeben, und die letzten Schliffe besorgte der Regisseur dann persönlich in Hollywood. Inzwischen waren aber bereits 700 Kopien der ersten Fassung gezogen worden, und da sich die Produktionsgesellschaft weigerte, eine weitere Million für deren Neubearbeitung auszugeben, existieren nunmehr zwei Versionen von *Exorcist II The Heretic:* Das US-Publikum sieht Boormans integralen, ursprünglichen Film, und der Überseemarkt (also auch Europa) muß mit der um fünfzehn Minuten gekürzten Fassung vorliebnehmen.

Der neben *The Exorcist* wohl einflußreichste und typischste Horrorfilm der siebziger Jahre ist Brian de Palmas *Carrie* (1976). Ein an sich harmlos-nettes Mädchen (Sissy Spacek) – allenfalls aufgrund der Erziehung durch eine religiöse fanatische Mutter ein wenig wunderlich – birgt telekinetische Kräfte in sich, derer sie sich bedient, als sie auf gemeine Weise von Klassenkameraden erniedrigt wird: Sie verwandelt einen gefüllten Ballsaal erbarmungslos in Schutt und Asche, ein Höhepunkt, auf den de Palma geschickt hinarbeitet und den er virtuos inszeniert (wobei er nicht einmal vor Effekten mit geteilter Leinwand zurückschreckt). Kaum hat sich der Zuschauer wieder bequem in seinen Sessel zurückgelehnt, wird er von der nächsten brutalen Sequenz überfallen, der Auseinandersetzung zwischen Carrie und ihrer inzwischen komplett wahnsinnigen Mutter. Auch hier arbeitet sie gründlich und läßt, nachdem sie die sie attackierende Mutter mit Messern und anderen spitzen Haushaltsutensilien an die Wand genagelt hat, das ganze Haus über sich zusammenbrechen.

Carrie macht noch einmal deutlich, wie der Horrorfilm der siebziger Jahre funktioniert (auch daß die Hauptakteure des Films in dem gleichen Alter sind wie die Jugendlichen, die heute den weitaus größten Teil des Kinopublikums darstellen, erwies sich als – nicht nur im Horrorfilm – trendmarkierend): Die Bedrohung kommt nicht mehr von Monstern, Vampiren oder anderen Un-Menschen und die Geschichte spielt nicht mehr in Transsylvanien oder einem anderen im Studio geschaffenen Niemandsland, sondern Ort und Zeit sind hier und jetzt, und das Böse manifestiert sich im Durchschnittsbürger, im Mitmenschen, im Freund – oder im Kind. Ob nun ein Mädchen vom Teufel besessen ist wie in *The Exorcist* oder Babies bereits als menschenfressende Ungeheuer auf die Welt kommen wie in den beiden Filmen *It's Alive* (1974) und *It Lives Again* (1978) von Larry Cohen, ob ein Junge Satans Vertreter auf Erden ist wie in *The Omen* oder Teenager telekinetische Kräfte besitzen wie in *Carrie* und de Palmas eigenem Nachfolgefilm *The Fury* (1978) – immer ist das Übernatürliche nur fadenscheiniger und den Regisseuren oft sichtbar lästiger Vorwand für gesteigert detaillierte, ausführliche, ekelhafte und selbstzweckhafte Szenen des Grauens (Mord, Verstümmelung, Massenvernichtung, Sadismus), die entweder geschickt dosiert über den ganzen Film verteilt sind oder in der letzten Viertelstunde die alltägliche Umgebung in ein Inferno verwandeln.

Nachdem in *The Texas Chain Saw Massacre* (1974) Menschen von Menschen bestialisch verstümmelt und geschlachtet wurden und die Köpfe menschenfressender »Zombies« in George Romeros *Dawn of the Dead* (1978) in einer nicht enden wollenden Reihe von Großaufnahmen zerschossen, zermatscht, zerschmettert werden, scheint eine Steigerung der physischen Brutalität im Horrorfilm kaum noch möglich. Zum Glück kann sich der klassische Status eines Films erst mit zeitlichem Abstand und entsprechenden Vergleichsmöglichkeiten erweisen. Die Entscheidung, ob *The Texas Chain Saw Massacre* und *Dawn of the Dead* nun »Klassiker des Horrorfilms« sind oder nicht, bleibt deshalb zukünftigen Chronisten mit unempfindlicherem Magen vorbehalten.

FILMREGISTER

Das Register dient zugleich als Suchliste für die deutschen Filmtitel und die entsprechenden Originaltitel. Deutsche Titel in Klammern sind wörtliche Übersetzungen der Originaltitel, deutsche Titel ohne Klammern die Verleih- oder Fernsehtitel, unter denen die jeweiligen Filme nach 1945 in der Bundesrepublik gezeigt wurden. Die Seitenverweise stehen bei den Originaltiteln.

Abbott and Costello Meet Frankenstein · Abbott und Costello treffen Frankenstein, auch: Mein Gott, Frankenstein! 64 f
Abbott und Costello treffen Frankenstein · Abbot and Costello Meet Frankenstein
(Das alte finstere Haus) · The Old Dark House (1932)
Das alte finstere Haus · The Old Dark House (1962)
(Die Amsel) · The Blackbird
(Der andere) · The Other
And Now the Screaming Starts · (Und jetzt beginnt das Schreien) 16
Arzt und Dämon · Dr. Jekyll and Mr. Hyde (1940)
Der Arzt und der Teufel · The Flesh and the Fiends
Aufstand in Sidi Hakim · Gunga Din
(Außerhalb des Gesetzes) · Outside the Law
The Avenging Conscience · (Das rächende Gewissen) 227
The Bat · Das Biest 89
The Beast From 20.000 Fathoms · Panik in New York 109
The Beast with Five Fingers · Die Bestie mit fünf Fingern 233 ff
Bedlam · (Irrenhaus) 187, 194
Before I Hang · (Noch ehe ich hänge) 156
La Belle et la Bête · Es war einmal 194
Die Bestie aus dem Weltenraum · 20 Million Miles to Earth
Die Bestie mit den fünf Fingern · The Beast with Five Fingers
Das Biest · The Bat
Das Bildnis des Dorian Gray · The Picture of Dorian Gray (1945)
The Birds · Die Vögel 17
Bis das Blut gefriert · The Haunting
The Blackbird · (Die Amsel) 86
The Black Cat · Die schwarze Katze 27, 35, 129 ff, 225
Black Friday · Schwarzer Freitag
The Black Room · (Das schwarze Zimmer) 142 ff
Blumen des Schreckens · Day of the Triffids
Blutgericht in Texas · The Texas Chain Saw Massacre
The Body Snatcher · Der Leichendieb 10, 13, 101, 130, 186 ff
The Bride of Frankenstein · Frankensteins Braut 17, 44, 48, 51 ff, 91, 101, 123, 136, 153
Brides of Dracula · Dracula und seine Bräute 214
Buried Alive · (Lebendig begraben)
Burn Witch Burn · Hypno 152, 192
Caltiki, il monstro immortale · Caltiki, Rätsel des Grauens 15
Carrie · Carrie 252
The Cat and the Canary (1927) · (Die Katze und der Kanarienvogel) 33, 89, 236,
The Cat and the Canary (1939) · Erbschaft um Mitternacht 236
Catman of Paris · (Der Katzenmensch von Paris)
Cat People · Katzenmenschen 17, 187, 190 ff
Chamber of Horrors (1940) · (Die Schreckenskammer)
Chamber of Horrors (1965) · Die Schreckenskammer 119
La Chute de la Maison Usher · (Der Untergang des Hauses Usher) 226

Comedy of Terrors · Ruhe Sanft GmbH 192
Condemned to Live · (Zum Leben verdammt)
The Creature from the Black Lagoon · Der Schrecken vom Amazonas 66
Cry of the Werewolf · (Der Schrei des Werwolfs) 213
The Curse of the Cat People · (Der Fluch der Katzenmenschen) 187, 190 ff
Curse of the Mummy's Tomb · Die Rache des Pharao 101
Curse of the Werewolf · Der Fluch von Siniestro 224
Damien – Omen II 253
Dance of the Vampires, siehe The Fearless Vampire Killers
Dante's Inferno · (Dantes Inferno) 20
Dark Eyes of London · (Die toten Augen von London) 164
Dawn of the Dead · Zombie 95, 257
Day of the Triffids · Blumen des Schreckens 14
Dead of Night · Traum ohne Ende 28, 169 ff, 185
Dead Men Walk · (Tote wandeln) 182
Den Dødes Halsbaand · (Halsband des Todes) 12
The Devil Bat · (Die Teufels-Fledermaus) 182
The Devil Bat's Daughter · (Die Tochter der Teufels-Fledermaus) 182
The Devil Commands · (Der Teufel befiehlt) 16, 155 ff
The Devil Doll (1936) · (Die Teufelspuppe) 151 ff
Devil Doll (1963) · (Die Teufelspuppe) 152
Don't Look Now · Wenn die Gondeln Trauer tragen 249, 253
Dracula (1930) · Dracula 90, 94, 98, 149, 152, 198, 200 ff
Dracula (1958) · Dracula 200 ff
Dracula's Daughter · (Draculas Tochter) 180, 197, 200 ff
Dracula's House · (Draculas Haus)
(Draculas Sohn) · Dracula's Son
(Draculas Tochter) · Dracula's Daughter
Dracula und seine Bräute · Brides of Dracula
Dr. Cyclops · Dr. Zyklops 153, 165 ff
Dr. Jekyll and Mr. Hyde (1932) · Dr. Jekyll und Mr. Hyde 81 ff
Dr. Jekyll and Mr. Hyde (1940) · Arzt und Dämon 82 ff
Dr. Mabuse, der Spieler 11, 37 ff
Dr. Renauld's Secret · (Dr. Renaults Geheimnis)
Dr. Terror's House of Horrors · Die Todeskarten des Dr. Schreck 15
Dr. X · Dr. X 102 ff, 113, 116
The Dunwich Horror · (Der Dunvich-Horror) 231
Ekel · Repulsion
Erbschaft um Mitternacht · The Cat and the Canary
(Es) · It
Es war einmal... · La Belle et la Bête
Et Mourir de Plaisir · Und vor Lust zu sterben 200 ff
The Exorcist · Der Exorzist 249, 254
The Exorcist II – The Heredic · Der Exorzist II – Der Ketzer 252, 256
The Fearless Vampire Killers, auch: Dance of the Vampires · Tanz der Vampire 200 ff

257

The Flesh and the Fiends · *Der Arzt und der Teufel* 188
Die Fliege · *The Fly*
(Die fliegende Schlange) · *The Flying Serpent*
The Florentine Dagger · *(Der Florentiner-Dolch)* 119
(Der Fluch der Katzenmenschen) · *The Curse of the Cat People*
(Der Fluch der Mumie) · *The Mummy's Curse*
Der Fluch von Siniestro · *Curse of the Werewolf*
The Fly · *Die Fliege* 149
The Flying Serpent · *(Die fliegende Schlange)* 182
Die Folterkammer des Hexenjägers · *The Haunted Palace*
Formicula · *Them!*
Frankenstein · *Frankenstein* 9, 45 ff, 97, 130
(Frankenstein: Die wahre Geschichte) · *Frankenstein: The True Story*
Frankenstein Junior · *Young Frankenstein*
Frankenstein Meets the Wolf Man · *(Frankenstein trifft den Wolfsmenschen)* 61 ff, 143
Frankenstein 70 · *Die Hexenküche des Dr. Rambow* 68, 130
Frankensteins Haus · *(The House of Frankenstein)*
Frankensteins Horror-Klinik · *Horror Hospital*
Frankenstein: The True Story · *(Frankenstein: Die wahre Geschichte)* 66
(Frankenstein trifft den Wolfsmenschen) · *Frankenstein Meets the Wolf Man*
Frankensteins Braut · *The Bride of Frankenstein*
(Frankensteins Sohn) · *Son of Frankenstein*
Freaks · *Freaks* 85 ff, 123
The Fury · *Teufelskreis Alpha* 257
(Der Geist des Vampirs) · *The Vampire's Ghost*
(Das Geheimnis des Wachsfigurenkabinetts) · *The Mystery of the Wax Museum*
(Geister der Gruft) · *Spøgelset i Gravkaelderen*
(Das Geisterschiff) · *The Ghost Ship*
Geschichten aus der Gruft · *Tales from the Crypt*
Ghidora, Sandai Kaiju Chikyu Sadai no Kessan · *(Ghidora, das dreiköpfige Monster)* 110
The Ghost of Frankenstein · *(Frankensteins Geist)* 59 ff, 124, 159
The Ghost Ship · *(Das Geisterschiff)* 187
The Ghoul · *(Der Ghul)* 17, 125 ff, 164
(Der Glöckner von Notre Dame) · *The Hunchback of Notre Dame (1923)*
Der Golem (1914 und 1920) 45
Le Golem (1936) 69
The Gorilla · *(Der Gorilla)* 89, 236
(Das Grab der Mumie) · *The Mummy's Tumb*
Graf Zaroff – Genie des Bösen · *The Most Dangerous Game (1932)*
Der grauenvolle Mr. X · *Tales of Terror*
Gruft der Vampire · *The Vampire Lovers*
(Die Gruft des Grauens) · *The Vault of Horror*
(Halsband des Todes) · *Den Dødes Halsbaand*
(Die Hand der Mumie) · *The Mummy's Hand*
The Hands of Orlac · *Die unheimlichen Hände des Dr. Orlac* 140 f
The Haunted Palace · *Die Folterkammer des Hexenjägers* 220, 230
The Haunting · *Bis das Blut gefriert* 170, 220, 247, 250
Der Henker von London · *Tower of London (1939)*
Die Hexenküche des Dr. Rambow – Frankenstein 70
(Der Hexenmeister) · *The Wizard*
Hold That Ghost · *Vorsicht: Gespenster*
Horror Hospital · *Frankensteins Horror-Klinik* 119
The Horror of Party Beach · *(Der Schrecken von Party Beach)* 67
The House of Dracula · *(Draculas Haus)* 64
The House of Frankenstein · *(Frankensteins Haus)*
House of Wax · *Das Kabinett des Professor Bondi* 113 ff
The Hunchback of Notre Dame (1923) · *(Der Glöckner von Notre Dame)* 21, 34

Hypno · *Night of the Eagle*, auch: *Burn Witch Burn*
Ich folgte einem Zombie · *I Walked with a Zombie*
Im Stahlnetz des Dr. Mabuse 37 ff
The Incredible Shrinking Man · *Die unglaubliche Geschichte des Mr. C.* 153
The Innocents · *Schloß des Schreckens* 16, 170, 250
(Insel der verlorenen Seelen) · *Island of Lost Souls*
Die Insel des Dr. Moreau · *The Island of Dr. Moreau*
The Invisible Man · *Der Unsichtbare* 23, 161
The Invisible Man's Revenge · *(Die Rache des Unsichtbaren)* 211
The Invisible Ray · *(Der unsichtbare Strahl)* 130, 180
The Island of Dr. Moreau · *Die Insel des Dr. Moreau* 124
Islands of Lost Souls · *(Insel der verlorenen Seelen)* 121, 122 ff
Isle of the Dead · *(Die Toteninsel)* 10, 11, 187, 194
(Irrenhaus) · *Bedlam*
It · *(Es)* 69
It Lives Again · *Die Wiege des Satans* 257
It's Alive · *Die Wiege des Bösen* 257
I Walked With a Zombie · *Ich folgte einem Zombie* 94, 187, 190
Jane Eyre · *Die Waise von Lowood* 164
Jonathan 200 ff
Das Kabinett des Dr. Caligari 45, 46, 139, 230, 233 ff
Das Kabinett des Professor Bondi · *House of Wax*
Kampf der Welten · *War of the Worlds*
Katzenmenschen · *Cat People*
(Der Katzenmensch von Paris) · *Catman of Paris*
King Kong (1933) · *King Kong und die weiße Frau* 17, 105 ff, 166, 167
King Kong (1976) · *King Kong* 106
Kiss of the Vampire · *Der Kuß des Vampirs* 200 ff,
Der Kuß des Vampirs · *Kiss of the Vampire*
Kwaidan 172
(Das Labyrinth) · *The Maze*
(Der lachende Mann) · *The Man who Laughs*
(Die Lady und das Monster) · *The Lady and the Monster*
The Lady and the Monster · *(Die Lady und das Monster)* 178 ff, 249
The Last Performance · *(Die letzte Vorstellung)* 33
The Last Warning · *(Die letzte Warnung)* 33
(Lebendig begraben) · *Buried Alive*
The Legend of Hellhouse · *Tanz der Totenköpfe* 170, 251
Der Leichendieb · *The Body Snatcher*
The Leopard Man · *(Der Leopardenmensch)* 187
(Liebe von einem Fremden) · *Love from a Stranger*
The Lodger · *Scotland Yard greift ein*
London After Midnight · *(London nach Mitternacht)* 133 ff
(London nach Mitternacht) · *London After Midnight*
The Lost World · *(Die verlorene Welt)* 106
Love from a Stranger · *(Liebe von einem Fremden)* 17
Lust of a Vampire · *Nur Vampire küssen blutig* 11, 39
The Mad Ghoul · *(Der wahnsinnige Ghul)* 126, 162, 187
Mad Love · *(Wahnsinnige Liebe)* 136, 138 ff
The Mad Monster · *(Das wahnsinnige Monster)* 182
Magic · *Magic – Eine unheimliche Liebesgeschichte* 175
The Magician · *(Der Zauberer)* 17, 23 ff
The Man in Half Moon Street · *(Der Mann auf der Halbmondstraße)*
Man Made Monster · *(Vom Menschen erschaffenes Monster)* 159 ff
Der Mann auf der Halbmondstraße · *The Man in Half Moon Street*
(Der Mann, den sie nicht hängen konnten) · *The Man They Couldn't Hang*
(Der Mann, der es sich anders überlegte) · *The Man Who Changed His Mind*
(Der Mann mit den neun Leben) · *The Man With Nine Lives*
The Man They Couldn't Hang · *(Der Mann, den sie nicht hängen konnten)* 156
The Man Who Changed His Mind · *(Der Mann, der es sich anders überlegte)* 148 ff

The Man Who Laughs · (Der lachende Mann) 33 ff
The Man With Nine Lives · (Der Mann mit den neun Leben) 156
Mark of the Vampire · (Das Zeichen des Vampirs) 133 ff,
La Maschera del Demonio · Die Stunde, wenn Dracula kommt 200 ff, 248
Die Maske des roten Todes · Masque of the Red Death
The Mask of Fu Man Chu · (Die Maske des Fu Man Chu) 130
Masque of the Red Death · Die Maske des roten Todes, auch: Satanas, das Schloß der blutigen Bestie 119, 229
(Die Maulwurfsmenschen) · The Mole People
The Maze · (Das Labyrinth) 235, 237
Mein Gott, Frankenstein! · Abbott and Costello Meet Frankenstein
Metropolis 37, 38, 41
The Mole People · (Die Maulwurfsmenschen) 67
The Monster and the Lady · (Das Monster und die Lady) 13
(Das Monster, das nicht stirbt) · The Undying Monster
Monster on the Campus · Der Schrecken schleicht durch die Nacht 67
(Der Monster-Macher) · The Monster Maker
The Monster Maker · (Der Monster-Macher) 182
(Morde im Zoo) · Murders in the Zoo
Morde in der Rue Morgue (1932) · Murder in the Rue Morgue
(Mord nach der Uhr) · Murder by the Clock
The Most Dangerous Game · Graf Zaroff – Genie des Bösen 59
Mr. Sardonicus · Der unheimliche Mr. Sardonicus
Die Mumie · The Mummy
The Mummy · Die Mumie 15, 16, 93, 96 ff, 116, 126, 130
The Mummy's Curse · (Der Fluch der Mumie) 100
The Mummy's Hand · (Die Hand der Mumie) 98, 100, 159
The Mummy's Tomb · (Das Grab der Mumie) 100
Murder by the Clock · (Mord nach der Uhr) 78 ff
Murder in the Rue Morgue (1932) · (Morde in der Rue Morgue) 126, 230, 233,
Murders in the Zoo · (Morde im Zoo) 120 ff
Mystery of the Wax Museum · (Das Geheimnis des Wachsfigurenkabinetts) 17, 23, 31, 103, 112 ff, 166
Der Fluch des Dämonen · Night of the Demon
(Nacht des Schreckens) · Night of Terror
(Die Nacht hat Augen) · The Night Has Eyes
(Der nächtliche Jäger) · The Night Stalker
(Der neunte Gast) · The Ninth Guest
The Night Has Eyes · (Die Nacht hat Augen) 163
Night of Terror · (Nacht des Schreckens) 89
Night of the Demon · (Die Nacht des Dämonen) 13, 27, 42, 189 ff, 247
Night of the Eagle · Hypno 152, 246, 248
The Night Stalker · (Der nächtliche Jäger) 224
The Ninth Guest · (Der neunte Gast) 143
(Noch ehe ich hänge) · Before I Hang
Nosferatu – Eine Symphonie des Grauens 36, 199 ff
Nosferatu – Phantom der Nacht 200 ff
Nur Vampire küssen blutig · Lust of a Vampire
The Old Dark House (1932) · (Das alte finstere Haus) 10, 17, 51, 88 ff, 93, 113, 126, 128, 164, 236
The Old Dark House (1962) · Das alte finstere Haus
The Omen · Das Omen 249
One More River · (Ein weiterer Fluß) 91
Orlacs Hände 140
The Other · (Der andere) 249
Outside the Law · (Außerhalb des Gesetzes) 152
Panik in New York · The Beast From 20.000 Fathoms
(Das Phantom der Oper) · The Phantom of the Opera (1925)
The Phantom of the Opera (1925) · (Das Phantom der Oper) 13, 14, 21 f, 31, 134
Phantom der Oper · Phantom of the Opera (1943)
Phantom of the Opera (1943) · Phantom der Oper 14
The Phantom Speaks · (Das Phantom spricht) 179

(Das Phantom spricht) · The Phantom Speaks
The Picture of Dorian Gray (1945) · Das Bildnis des Dorian Gray 16 f, 187
Planet der Affen · Planet of the Apes
Planet of the Apes · Planet der Affen 124
Psycho · Psycho 12, 16, 17
Der Rabe · The Raven (1935)
Die Rache des Pharao · Curse of the Mummy's Tomb
Die Rache des Toten · The Walking Dead
Radon · Rodan 111
(Das rächende Gewissen) · The Avenging Conscience
(Die Rache des Unsichtbaren) · The Invisible Man's Revenge
The Raven (1935) · Der Rabe 35, 94, 130, 228
Repulsion · Ekel
The Return of Dr. X · Das zweite Leben des Dr. X 104
Return of the Apeman · (Die Rückkehr des Affenmenschen)
Return of the Vampire · (Die Rückkehr des Vampirs) 231 f
(Die Revolte der Zombies) · Revolt of the Zombies
Revolt of the Zombies · (Die Revolte der Zombies) 95
Rodan · Radon
Rosemaries Baby · Rosemary's Baby
Rosemary's Baby · Rosemaries Baby 18
(Die Rückkehr des Affenmenschen) · Return of the Apeman
(Die Rückkehr des Vampirs) · Return of the Vampire
Ruhe Sanft GmbH · Comedy of Terrors
Satanas – das Schloß der blutigen Bestie · Masque of the Red Death
(Die Schaubude) · The Show
Schloß des Schreckens · The Innocents
Der Schrecken vom Amazonas · The Creature from the Black Lagoon
Der Schrecken schleicht durch die Nacht · Monster on the Campus
(Der Schrecken von Party Beach) · The Horror of Party Beach
(Der Schrei des Werwolfs) · Cry of the Werewolf
(Die schwarze Katze) · The Black Cat (1934)
(Das schwarze Zimmer) · The Black Room
Scotland Yard greift ein · The Lodger
Seven Footprints to Satan · (Sieben Fußstapfen zum Satan) 89
The Seventh Victim · (Das siebte Opfer) 187
The Show · (Die Schaubude) 86, 152
(Das siebte Opfer) · The Seventh Victim
(Die Sonne geht nie unter) · The Sun Never Sets
Son of Dracula · (Draculas Sohn) 211, 212 f
Son of Frankenstein · (Frankensteins Sohn) 56 f, 161, 166
Son of Kong · (Kongs Sohn) 212
Sparrows · (Spatzen) 28 ff
(Spatzen) · Sparrows
Spogelset i Gravkaelderen · (Geister in der Gruft) 13
Spuk im Schloß · The Cat and the Canary
Strangler of the Swamp · (Der Würger vom Moor) 13, 14, 181 ff
Straw Dogs · Wer Gewalt sät 257
Die Stunde, wenn Dracula kommt · La Maschera del Demonio
The Sun never Sets · (Die Sonne geht nie unter) 56
Supernatural · (Übernatürlich) 95
Sylvie et le Fantôme · Sylvia und das Gespenst 194
Sylvia und das Gespenst · Sylvie et la Fantôme
Tag der Rache - Dies Irae · Vredens Dag
Tales of Terror · Der grauenvolle Mr. X 226
Tales from the Crypt · Geschichten aus der Gruft 173
Tanz der Vampire · The Fearless Vampire Killers
Tarantula · Tarantula 66
Die tausend Augen des Dr. Mabuse 37 ff
The Tell-Tale Heart · (Das verräterische Herz) 227
Das Testament des Dr. Mabuse 36 ff, 116, 192
(Der Teufel befiehlt) · The Devil Commands
(Die Teufels-Fledermaus) · The Devil Bat
Teufelskreis Alpha · The Fury
(Die Teufelspuppe) · The Devil Doll (1936)
(Die Teufelspuppe) · Devil Doll (1963)

The Texas Chain Saw Massacre · Blutgericht in Texas 257
Theater des Grauens · Theatre of Blood
Theatre of Blood · Theater des Grauens 15
Them! · Formicula 17
They Drive by Night · Nachts unterwegs 17
(Die Tochter der Teufels-Fledermaus) · The Devil Bat's Daughter
Die Todeskarten des Dr. Schreck · Dr. Terror's House of Horrors
Tormented · Der Turm der schreienden Frauen 247
(Die toten Augen von London) · Dark Eyes of London
(Die Toteninsel) · Isle of the Dead
(Tote wandeln) · Dead Men Walk
Tower of London (1939) · Der Henker von London 56
Trilby (1915) · (Trilby)
Traum ohne Ende · Dead of Night
Der Turm der schreienden Frauen · Tormented
20 Million Miles to Earth · Die Bestie aus dem Weltenraum 109
(Übernatürlich) · Supernatural
(Und jetzt beginnt das Schreien) · And Now the Screaming Starts
Und vor Lust zu sterben · Et Mourir de Plaisir
The Undying Monster · (Das Monster, das nicht stirbt) 222
Die unglaubliche Geschichte des Mr. C · The Incredible Shrinking Man
Der unheimliche Gast · The Uninvited
Der unheimliche Mr. Sardonicus · Mr. Sardonicus
Die unheimlichen Hände des Dr. Orlac · The Hands of Orlac
The Unholy Three · (Die unseligen Drei) 152, 153
The Uninvited · Der unheimliche Gast 170 ff, 247
(Die unseligen Drei) · The Unholy Three
Der Unsichtbare · The Invisible Man
(Der unsichtbare Strahl) · The Invisible Ray
(Der Untergang des Hauses Usher) · La Chute de la Maison Usher
(Die Vampire) · Les Vampires
The Vampire Bat · (Die Vampir-Fledermaus)
The Vampire-Lovers · Gruft der Vampire
Les Vampires · (Die Vampire) 37
The Vampire's Ghost · (Der Geist des Vampirs) 213 f
(Die Vampir-Fledermaus) · The Vampire Bat
Vampyr 13, 17, 70 ff, 172, 219

The Vault of Horror · (Die Gruft des Grauens) 173
(Die verlorene Welt) · The Lost World
(Das verräterische Herz) · The Tell-Tale Heart
Die Vögel · The Birds
(Vom Menschen geschaffenes Monster) · Man Made Monster
Voodoo Island · (Die Voodoo-Insel) 130
Voodoo Man · (Der Voodoo-Mann) 13
Vorsicht: Gespenster · Hold That Ghost
Vredens Dag · Tag der Rache – Dies Irae 77
(Der wahnsinnige Ghul) · The Mad Ghul
(Wahnsinnige Liebe) · Mad Love
(Das wahnsinnige Monster) · Mad Monster
Die Waise von Lowood · Jane Eyre
The Walking Dead · Die Rache des Toten 145 ff
The War of the Worlds · Kampf der Welten 17
(Weißer Zombie) · White Zombie
(Der weiße Tiger) · The White Tiger
(Welch ein Gemetzel) · What a Carve Up
(Ein weiterer Fluß) · One More River
Wenn die Gondeln Trauer tragen · Don't Look Now
The Werewolf (1956) · (Der Werwolf) 225
Werewolf of London · (Der Werwolf von London) 222
Wer Gewalt sät · Straw Dogs
What a Carve Up · (Welch ein Gemetzel) 128
The White Tiger · (Der weiße Tiger) 152
White Zombie · (Weißer Zombie) 92 ff
Die Wiege des Bösen · It's Alive
Die Wiege des Satans · It Lives Again
The Wizard · (Der Hexenmeister) 31 ff
The Wolf Man · Der Wolfsmensch 61, 159, 221 ff
Der Wolfsmensch · The Wolf Man
(Der Würger vom Moor) · Strangler of the Swamp
Young Frankenstein · Frankenstein Junior 66, 69
(Der Zauberer) · The Magician
(Das Zeichen des Vampirs) · Mark of the Vampire
Zombie · Dawn of the Dead
Das zweite Leben des Dr. X · The Return of Dr. X